浙东唐诗之路文旅融合的范本建构

张环宙 著

ZHEJIANG UNIVERSITY PRESS
浙江大学出版社
·杭州·

图书在版编目(CIP)数据

浙东唐诗之路文旅融合的范本建构 / 张环宙著. —
杭州:浙江大学出版社,2024.5
ISBN 978-7-308-24814-3

Ⅰ.①浙… Ⅱ.①张… Ⅲ.①地方旅游业—旅游业发
展—研究—浙江 Ⅳ.①F592.755

中国国家版本馆 CIP 数据核字(2024)第 074369 号

浙东唐诗之路文旅融合的范本建构

张环宙 著

责任编辑	赵　静	
责任校对	胡　畔	
封面设计	周　灵	
出版发行	浙江大学出版社	
	(杭州市天目山路 148 号　邮政编码 310007)	
	(网址:http://www.zjupress.com)	
排　　版	浙江大千时代文化传媒有限公司	
印　　刷	杭州宏雅印刷有限公司	
开　　本	710mm×1000mm　1/16	
印　　张	20.75	
字　　数	400 千	
版 印 次	2024 年 5 月第 1 版　2024 年 5 月第 1 次印刷	
书　　号	ISBN 978-7-308-24814-3	
定　　价	118.00 元	

浙江省文化研究工程指导委员会

浙江文化研究工程成果文库总序

　　有人将文化比作一条来自老祖宗而又流向未来的河,这是说文化的传统,通过纵向传承和横向传递,生生不息地影响和引领着人们的生存与发展;有人说文化是人类的思想、智慧、信仰、情感和生活的载体、方式和方法,这是将文化作为人们代代相传的生活方式的整体。我们说,文化为群体生活提供规范、方式与环境,文化通过传承为社会进步发挥基础作用,文化会促进或制约经济乃至整个社会的发展。文化的力量,已经深深熔铸在民族的生命力、创造力和凝聚力之中。

　　在人类文化演化的进程中,各种文化都在其内部生成众多的元素、层次与类型,由此决定了文化的多样性与复杂性。

　　中国文化的博大精深,来源于其内部生成的多姿多彩;中国文化的历久弥新,取决于其变迁过程中各种元素、层次、类型在内容和结构上通过碰撞、解构、融合而产生的革故鼎新的强大动力。

　　中国土地广袤、疆域辽阔,不同区域间因自然环境、经济环境、社会环境等诸多方面的差异,建构了不同的区域文化。区域文化如同百川归海,共同汇聚成中国文化的大传统,这种大传统如同春风化雨,渗透于各种区域文化之中。在这个过程中,区域文化如同清溪山泉潺潺不息,在中国文化的共同价值取向下,以自己的独特个性支撑着、引领着本地经济社会的发展。

　　从区域文化入手,对一地文化的历史与现状展开全面、系统、扎实、有序的研究,一方面可以藉此梳理和弘扬当地的历史传统和文化资源,繁荣和丰富当代的先进文化建设活动,规划和指导未来的文化发展蓝图,增强文化软实力,为全面建设小康社会、加快推进社会主义现代化提供思想保证、精神动力、智力支持和舆论力量;另一方面,这也是深入了解中国文化、研究中国文化、发展中国文化、创新中国文化的重要途径之一。如今,区域文化研究日益受到各地重视,成为我国文化研究走向深入的一个重要标志。我们今天实施浙江文化研究工程,其目的和意义也在于此。

　　千百年来,浙江人民积淀和传承了一个底蕴深厚的文化传统。这种文化传统的独特性,正在于它令人惊叹的富于创造力的智慧和力量。

浙江文化中富于创造力的基因,早早地出现在其历史的源头。在浙江新石器时代最为著名的跨湖桥、河姆渡、马家浜和良渚的考古文化中,浙江先民们都以不同凡响的作为,在中华民族的文明之源留下了创造和进步的印记。

浙江人民在与时俱进的历史轨迹上一路走来,秉承富于创造力的文化传统,这深深地融汇在一代代浙江人民的血液中,体现在浙江人民的行为上,也在浙江历史上众多杰出人物身上得到充分展示。从大禹的因势利导、敬业治水,到勾践的卧薪尝胆、励精图治;从钱氏的保境安民、纳土归宋,到胡则的为官一任、造福一方;从岳飞、于谦的精忠报国、清白一生,到方孝孺、张苍水的刚正不阿、以身殉国;从沈括的博学多识、精研深究,到竺可桢的科学救国、求是一生;无论是陈亮、叶适的经世致用,还是黄宗羲的工商皆本;无论是王充、王阳明的批判、自觉,还是龚自珍、蔡元培的开明、开放,等等,都展示了浙江深厚的文化底蕴,凝聚了浙江人民求真务实的创造精神。

代代相传的文化创造的作为和精神,从观念、态度、行为方式和价值取向上,孕育、形成和发展了渊源有自的浙江地域文化传统和与时俱进的浙江文化精神,她滋育着浙江的生命力、催生着浙江的凝聚力、激发着浙江的创造力、培植着浙江的竞争力,激励着浙江人民永不自满、永不停息,在各个不同的历史时期不断地超越自我、创业奋进。

悠久深厚、意韵丰富的浙江文化传统,是历史赐予我们的宝贵财富,也是我们开拓未来的丰富资源和不竭动力。党的十六大以来推进浙江新发展的实践,使我们越来越深刻地认识到,与国家实施改革开放大政方针相伴随的浙江经济社会持续快速健康发展的深层原因,就在于浙江深厚的文化底蕴和文化传统与当今时代精神的有机结合,就在于发展先进生产力与发展先进文化的有机结合。今后一个时期浙江能否在全面建设小康社会、加快社会主义现代化建设进程中继续走在前列,很大程度上取决于我们对文化力量的深刻认识、对发展先进文化的高度自觉和对加快建设文化大省的工作力度。我们应该看到,文化的力量最终可以转化为物质的力量,文化的软实力最终可以转化为经济的硬实力。文化要素是综合竞争力的核心要素,文化资源是经济社会发展的重要资源,文化素质是领导者和劳动者的首要素质。因此,研究浙江文化的历史与现状,增强文化软实力,为浙江的现代化建设服务,是浙江人民的共同事业,也是浙江各级党委、政府的重要使命和责任。

2005年7月召开的中共浙江省委十一届八次全会,作出《关于加快建设文化大省的决定》,提出要从增强先进文化凝聚力、解放和发展生产力、增强社会公共服务能力入手,大力实施文明素质工程、文化精品工程、文化研究工程、文化保护工程、文化产业促进工程、文化阵地工程、文化传播工程、文化人才工程等"八项工程",实施科教兴国和人才强国战略,加快建设教育、科技、卫生、体育等"四个强省"。作为文化建设"八项工程"之一的文化研究工程,其任务就是系统研究浙江文化的历史成就和当代发展,深入挖掘浙江文化底蕴、研究浙江现象、总结浙江经验、指导浙江未来的发展。

浙江文化研究工程将重点研究"今、古、人、文"四个方面,即围绕浙江当代发展问题研究、浙江历史文化专题研究、浙江名人研究、浙江历史文献整理四大板块,开展系统研究,出版系列丛书。在研究内容上,深入挖掘浙江文化底蕴,系统梳理和分析浙江历史文化的内部结构、变化规律和地域特色,坚持和发展浙江精神;研究浙江文化与其他地域文化的异同,厘清浙江文化在中国文化中的地位和相互影响的关系;围绕浙江生动的当代实践,深入解读浙江现象,总结浙江经验,指导浙江发展。在研究力量上,通过课题组织、出版资助、重点研究基地建设、加强省内外大院名校合作、整合各地各部门力量等途径,形成上下联动、学界互动的整体合力。在成果运用上,注重研究成果的学术价值和应用价值,充分发挥其认识世界、传承文明、创新理论、咨政育人、服务社会的重要作用。

我们希望通过实施浙江文化研究工程,努力用浙江历史教育浙江人民、用浙江文化熏陶浙江人民、用浙江精神鼓舞浙江人民、用浙江经验引领浙江人民,进一步激发浙江人民的无穷智慧和伟大创造能力,推动浙江实现又快又好发展。

今天,我们踏着来自历史的河流,受着一方百姓的期许,理应负起使命,至诚奉献,让我们的文化绵延不绝,让我们的创造生生不息。

2006 年 5 月 30 日于杭州

浙江文化研究工程成果文库序言

易炼红

国风浩荡、文脉不绝,钱江潮涌、奔腾不息。浙江是中国古代文明的发祥地之一、是中国革命红船启航的地方。从万年上山、五千年良渚到千年宋韵、百年红船,历史文化的风骨神韵、革命精神的刚健激越与现代文明的繁荣兴盛,在这里交相辉映、融为一体,浙江成为了揭示中华文明起源的"一把钥匙",展现伟大民族精神的"一方重镇"。

习近平总书记在浙江工作期间作出"八八战略"这一省域发展全面规划和顶层设计,把加快建设文化大省作为"八八战略"的重要内容,亲自推动实施文化建设"八项工程",构筑起了浙江文化建设的"四梁八柱",推动浙江从文化大省向文化强省跨越发展,率先找到了一条放大人文优势、推进省域现代化先行的科学路径。习近平总书记还亲自倡导设立"文化研究工程"并担任指导委员会主任,亲自定方向、出题目、提要求、作总序,彰显了深沉的文化情怀和强烈的历史担当。这些年来,浙江始终牢记习近平总书记殷殷嘱托,以守护"文献大邦"、赓续文化根脉的高度自觉,持续推进浙江文化研究工程,接续描绘更加雄浑壮阔、精美绝伦的浙江文化画卷。坚持激发精神动力,围绕"今、古、人、文"四大板块,系统梳理浙江历史的传承脉络,挖掘浙江文化的深厚底蕴,研究浙江现象、总结浙江经验、丰富浙江精神,实施"'八八战略'理论与实践研究"等专题,为浙江干在实处、走在前列、勇立潮头提供源源不断的价值引导力、文化凝聚力、精神推动力。坚持打造精品力作,目前一期、二期工程已经完结,三期工程正在进行中,出版学术著作超过 1700 部,推出了"中国历代绘画大系"等一大批有重大影响的成果,持续擦亮阳明文化、和合文化、宋韵文化等金名片,丰富了中华文化宝库。坚持砺炼精兵强将,锻造了一支老中青梯次配备、传承有序、学养深厚的哲学社会科学人才队伍,培养了一批高水平学科带头人,为擦亮新时代浙江学术品牌提供了坚实智力人才支撑。

文化是民族的灵魂,是维系国家统一和民族团结的精神纽带,是民族生命力、创造力和凝聚力的集中体现。在以中国式现代化全面推进强国建设、民族复兴伟业的新征程上,习近平文化思想在坚持"两个结合"中,以"体用贯通、明体达用"的鲜明特质,茹古涵今明大道、博大精深言大义、萃菁取华集大成,鲜明提出我们党在新时代新的文化使命,推动中华文脉绵延繁盛、中华文明历久弥新,推动全党全国各族人民文化自信明显增强、精神面貌更加奋发昂扬。特别是今年9月,习近平总书记亲临浙江考察,赋予我们"中国式现代化的先行者"的新定位和"奋力谱写中国式现代化浙江新篇章"的新使命,提出"在建设中华民族现代文明上积极探索"的重要要求,进一步明确了浙江文化建设的时代方位和发展定位。

文明薪火在我们手中传承,自信力量在我们心中升腾。纵深推进文化研究工程,持续打造一批反映时代特征、体现浙江特色的精品佳作和扛鼎力作,是浙江学习贯彻习近平文化思想和习近平总书记考察浙江重要讲话精神的题中之义,也是浙江一张蓝图绘到底、积极探索闯新路、守正创新强担当的具体行动。我们将在加快建设高水平文化强省、奋力打造新时代文化高地中,以文化研究工程为牵引抓手,深耕浙江文化沃土、厚植浙江创新活力,为创造属于我们这个时代的新文化贡献浙江力量。要在循迹溯源中打造铸魂工程,充分发挥习近平新时代中国特色社会主义思想重要萌发地的资源优势,深入研究阐释"八八战略"的理论意义、实践意义和时代价值,助力夯实坚定拥护"两个确立"、坚决做到"两个维护"的思想根基。要在赓续厚积中打造传世工程,深入系统梳理浙江文脉的历史渊源、发展脉络和基本走向,扎实做好保护传承利用工作,持续推动优秀传统文化创造性转化、创新性发展,让悠久深厚的文化传统、源头活水畅流于当代浙江文化建设实践。要在开放融通中打造品牌工程,进一步凝炼提升"浙学"品牌,放大杭州亚运会亚残运会、世界互联网大会乌镇峰会、良渚论坛等溢出效应,以更有影响力感染力传播力的文化标识,展示"诗画江南、活力浙江"的独特韵味和万千气象。要在引领风尚中打造育德工程,秉持浙江文化精神中蕴含的澄怀观道、现实关切的审美情操,加快培育现代文明素养,让阳光的、美好的、高尚的思想和行为在浙江大地化风成俗、蔚然成风。

我们坚信,文化研究工程的纵深推进,必将更好传承悠久深厚、意蕴丰富的浙江文化传统,进一步弘扬特色鲜明、与时俱进的浙江文化精神,不断滋育浙江的生命力、催生浙江的凝聚力、激发浙江的创造力、培植浙江的竞争力,真正让文化成为中国式现代化浙江新篇章中最富魅力、最吸引人、最具辨识度的闪亮标识,在铸就社会主义文化新辉煌中展现浙江担当,为建设中华民族现代文明作出浙江贡献!

2023 年 12 月

引　言

古诗词是中华民族智慧的结晶,也是最具想象力的一种文学艺术形式。其中,唐诗独领风骚数百年。唐诗是我国古代文化的瑰宝,或气势恢宏,或情感细腻;有鸢飞鱼跃,有鸟兽草木,字里行间无不折射出中国人对人世温情的洞察、对生灵超拔的感悟。中国唐诗,穿古越今,熠熠生辉。古时之情和当下之情很大程度上其实是可以相通的,读过去的诗,很多时候也是在说当下的事。触摸和品读唐诗,可以触摸当下生活的温度。

一句诗就是一处花开,一首诗就是一方乐土。有我之境,以我观物,故物皆着我之色彩。无我之境,以物观物,故不知何者为我,何者为物。古诗词语言优美,充满情趣和审美的空灵,所蕴含的价值和对现代生活的影响润物无声,形式多样。汲取古诗词的琼浆玉露,浸润心田,灵动鲜活的文字会润泽生命,丰饶生活。一个人的一生若有幸可以与唐诗邂逅,犹如身行满地花草之中,未尝不是一种不可名状的温暖幸福。

岁月长河缓缓流淌,流过身边,淌过脚下,汇聚浙东。从钱塘江开始沿浙东运河,经绍兴柯桥、上虞,过曹娥江,溯古剡溪,取道嵊州、新昌、天台、临海、椒江,东达余姚、宁波,及至舟山,成为一条专属于浪漫诗人的浪漫之路。许多壮游的文人、失意的诗人、宦游的官吏、隐游的高士、探游的侠客、神游的外人,在浙东这一带流连忘返、吟咏不绝,使浙东一带成为唐诗发展中一个特异的诗歌高地。古代诗人们以诗歌这样一种独特方式,打开了浙东的山山水水,创作了无数脍炙人口的传世之作。沉没在历史长河之中的浙东唐诗之路也开始借此浮出水面。

是诗路,也是思路。古代诗人们凭借对浙东山态水容和丰富多彩的文化底蕴的感性体悟,通过想象、联想甚至是幻想,结合个人炽热的情感,进行熔炼和重塑,带领我们进入一个由想象力编织而成的魔力世界。本书从文化和旅游融合这一视角切入,将视野放宽至全国视野下的线性遗产保护、传承与利用,对我国以唐诗为主题的文旅融合现状、历史高度、当代价值进行了全面回顾。在此基础上,课题组对杭州、绍兴、台州、宁波、舟山等地区的唐诗遗存进行了翔实的田野调查,包括文物古迹、非物质文化遗产、旅游资源和文化节事等内容。除了文献研究和田野调查,课题组还重点对浙东唐诗之路居民文化感知、文化认同和居民对旅游发展态度的关系,以及基于大数据分析的浙东唐诗之路游客感知意象两个研究对象进行了数据收集与分析,从中得到一些研究发现,推进了浙东唐诗之路的理论建构。最后,为了更深入翔实地解读浙东唐诗之路,课题组重点选择了天台、新昌、柯桥、仙居四个县(市区)进行了案例研究,对这些案例存在的问题和涌现出的优秀做法进行了调查与提炼。同时,从价值、空间、文化、旅游、服务、生活等六个维度对浙东唐诗之路进行了重构,致力于打造一个具有鲜明地域特色的文旅融合新范式。

浙东唐诗之路历史悠久、内涵深远、体系庞杂,唐诗只是浙东唐诗之路的一个相对显眼的横截面,并不能完全概括浙东唐诗之路全貌尤其是纵向的脉络特征。未来,从社会学、人类学、历史学等多元学科视角去打开这一宝库,或许能够得到更多的惊喜与发现。这不仅是我们的责任,更应该是我们的使命。囿于时间、精力和水平有限,本研究难免存在不足之处,还请诸位方家不吝斧斫指正。万分感谢。

目　录

第一章 文旅融合:背景与模式

第一节 文化旅游融合的背景

一、文化旅游融合的国际背景

(一)国际文化旅游发展的概念与起源

世界旅游组织(UNWTO)指出,全世界约有 37% 的旅游活动涉及文化因素,并且文化旅游者以每年 15% 的幅度增长。① 文化和旅游相结合,作为一种社会现象和学术研究对象的出现,可以追溯到第二次世界大战后休闲旅游的激增。与国内文旅融合概念对应的国际概念是"文化旅游""文化和遗产旅游"。

1966 年,联合国教科文组织杂志《信使》(Courier)在第 12 期为联合国"世界国际旅游年"活动发行的专刊中发表的《文化旅游:尚未开发的经济发展宝藏》(Cultural Tourism—the Unexploited Treasure of Economic Development)一文中,率先肯定了文化旅游发展的经济意义,自此文化旅游成为各国学者聚焦点。

"文化旅游"这一概念最早由美国学者罗伯特·麦金托什(1977)等在《旅游学——要素·实践·基本原理》一书中提出:文化旅游包括旅游的各个方面,旅游者可以从中学到他人的历史、遗产及其当代生活和思想。②

1999 年,《信使》杂志刊载《旅游与文化:融合的反思》(Tourism and Culture—Rethinking the Mix)一文,聚焦文化旅游发展过程中存在的新问题、案例和解决方案,以及如何规范文化旅游发展的议题。同年,世界旅游组织发布了《全球旅游伦理规范》(Global Code of Ethics for Tourism),探讨如何在旅游的发展和融合过程中保护文化。

---

① 王衍用:《文旅融合,要探索政、产、资、学、研、用一体模式》,《中国文化报》2019 年 3 月 9 日。http://nepaper.ccdy.cn/html/2019-03/09/content_254566.htm.

② 罗伯特·麦金托什、夏希肯特·格波特:《旅游学:要素·实践·基本原理》,上海文化出版社,1985,第 37 页。

2017 年,联合国世界旅游组织定义"文化旅游"时指出,文化旅游的基本动机是便于游客在文化旅游景点学习、发现、体验和消费旅游目的地的物质和非物质文化。文化旅游景点以其独特的社会、物质、文学、精神和情感特征,包括艺术和建筑、历史和文化遗产、烹饪遗产、文学、音乐、创意产业、生活方式、价值体系、信仰等,来满足旅游者的各种文化需求。同年,法国旅游局在发布旅游政策时表示,该国旅游吸引力主要来源于各个领域的多样性,包括文化、物质和非物质文化遗产、艺术创作的活力、文化和创意产业、语言、生活艺术等。

总结可得,世界各国、各类文化及旅游组织定义的"文化旅游""文化与遗产旅游"中的文化包括以下内容:社会独特的物质、文学、精神和情感特征,包括艺术、建筑、历史和文化遗产(物质文化遗产与非物质文化遗产)、文学、创意产业、生活方式、价值体系、信仰、节日庆典等。

(二)国际文化旅游发展的阶段和趋势

国际文化和旅游融合发展大致可分为以下几个阶段:(1)文化旅游逐步受到关注的起步阶段;(2)着重文化遗产旅游的发展阶段;(3)从文化遗产走向多元文化的成熟阶段;(4)文化、旅游和科技融合向前的未来趋势。

1. 起步阶段:文化旅游逐步受到关注

20 世纪 50 年代,美国和加拿大学者首先提出"文化旅游"的概念。1959 年,法国组建文化事务部,致力于"让大多数法国人能够接近人类尤其是法国的文化杰作以确保世界对本国文化遗产的兴趣不灭,从而促进文化艺术创作、繁荣艺术园地"[1]。如前所述,联合国第一个以旅游为主题的"世界国际旅游年"活动在《信使》杂志 1966 年第 12 期发了专刊,其头条文章《文化旅游:尚未开发的经济发展宝藏》首次提出了文化旅游发展的经济意义,引发了各国学者对文化旅游的关注。

2. 发展阶段:着重文化遗产旅游

自 20 世纪 80 年代开始,伴随着经济蓬勃发展、文化实践迅猛发展、遗产热潮得到大力推动,政府、游客、企业和学界对文化旅游的兴趣持续增长。文化旅游被认定为一种能"刺激经济、保护文化"的优质旅游类型。此阶段文化旅游主要是历史文化遗产旅游,包括古建筑、博物馆、工业遗产等。具体表现在:

其一,主要目的为参观历史文化遗产的游客数量上升。1996 年,有 5400 万美

---

[1] 田珊珊:《法国的文化政策:一个基于民族文化视角的研究》,《法国研究》2010 年第 2 期,第 80—86 页。

国人进行至少一次 161 公里的旅游活动，主要是为了参观博物馆和历史景点；有 3300 万人专门为参加文化活动或艺术节而旅游；27％的美国人每年在文化旅游上的花费达数十亿美元。据同时期英国旅游官方的调查，来英国的旅游者最重要目的就是参观历史文化遗产：访问历史景点和故居的旅游者占 40％；参观画廊和博物馆的旅游者占 30％。

其二，历史文化吸引物数量激增。如在欧洲，以博物馆为代表的历史文化吸引物获得了空前的发展。欧盟有 20 万个受保护的纪念物以及 250 万处历史名胜建筑。英国遗产数从 1992/1993 年的 27 万个上升到 1996/1997 年的 37.4 万个。20 世纪 90 年代初期，德国政府策划"工业遗产旅游之路"用于开发工业遗产旅游，此后便有了德国鲁尔区的工业遗产的保护和再利用。

其三，文化旅游在政府和国际组织发展战略中的地位日益重大。欧洲议会一直在积极发展文化旅游，视其为支持文化的一种方式。根据《马斯特里赫特条约》(Maastricht Treaty)，欧洲认为应在所有的政策领域考虑文化因素，文化旅游景点和文化吸引物已经成为欧盟投资区域经济开发活动的核心。联合国教科文组织在《1988—1997 十年来文化开发报告》中强调了保护文化遗产的重要性，认为这不仅有利于刺激经济发展，而且促进了文化的代表性与多样性。1999 年，《信使》杂志发表了《旅游与文化：融合的反思》，讨论在文化旅游发展过程中出现的新问题、案例和解决方案，以及如何规范文化旅游的发展。同年 10 月，世界旅游组织发布的《全球旅游伦理规范》中谈到了如何在旅游的发展和融合过程中保护文化。

该阶段的文化旅游融合主要着力于开发历史建筑等物质文化遗产，较之现在较为狭隘。在该发展阶段，文化与遗产旅游也成为各国文化政策、旅游政策的重中之重。各国、各组织通过首创、推行各类法律条文、政策文件、节日庆典、营销方案等大力推动了历史遗产保护开发与文化遗产旅游的发展。

3.成熟阶段：从文化遗产走向多元文化

进入 21 世纪，文化旅游已经从过去西方强调传统物质文化遗产景点逐步转向世界各个角落广泛和包容的多元文化习俗领域，游客的重点逐步转向无形的文化休闲度假。各国、各地区大力发展创意文化旅游经济，开发具有地方特色并极具影响力的文化 IP 形象。其方式主要是利用主题公园、文化节庆活动、文创产业、改造升级的工业遗产来吸引大量游客，从而形成新型文化旅游业态。其一，主题公园盛行有利于文化 IP 汇聚影响力。迪士尼乐园、环球影城通过文化 IP 的打造，为美国开发出新流行文化吸引物。2017年,美国加利福尼亚州的迪士尼乐园接待游客1830万人次。同年,全球十大主题公园游客总量增长达8.6%,好莱坞环球影城的哈利·波特主题区在首个运营全年中游客总量增长了接近100万人次。其二,地方大力发展文化节庆活动展示本土文化特色。如布达佩斯举行的"布达佩斯春节"、布鲁塞尔举办的"文化之城2000"等大型文化节庆展示了本地特殊的历史文化吸引物,重塑了区域文化形象。巴西里约旅游局数据显示,2018年里约狂欢节吸引了600万人参加,其中游客达150万人,同比增长近40%。2018年,世界旅游组织《旅游和文化协同报告》将文化旅游不断变化的性质作为焦点,对该组织成员国及国际专家学者进行了在线调查。该研究证实了文化旅游融合在成熟阶段的特性。89%的国家旅游主管部门表示文化旅游是其旅游政策的一部分;文化旅游占全球旅游业的40%。

4. 未来趋势:文化、旅游和科技融合向前

世界旅游组织《旅游和文化协同报告》(2018年)指出,未来五年,文化旅游将以每年15%的幅度增长。同时,未来文旅产业将要面临以下趋势和问题:利益相关者的目标差异;各级政府之间的协调困难;如何确保旅游收入流入文化产业;利益相关者之间的文化差异;新技术在文化旅游中的应用;如何促进文化和旅游利益相关者的接触以及建立强大的文化旅游品牌等。具体如:"大众文化旅游"的发展导致旅游目的地人满为患,过度旅游及其在"游客"与"居民"间产生的二元对立矛盾。未来文化旅游还将从受过良好教育和高收入游客组成的利基市场转变为向更广泛人群开放的大众市场。长期以来,文化旅游一直被视为对文化和旅游两个领域都有好处,这导致高雅文化与通俗文化、文化与经济之间的界限更加模糊,刺激文化吸引物的供应增长。如在抖音、Instagram等视觉化网络平台的盛行之下,昔日的小众文化吸引物得到了更多曝光。而在现有融合过程中也存在一些仍未得到有效解决的实际问题,牵绊文旅融合向前发展。可以说,文化与旅游之间的协同与融合、文化旅游与科技应用的融合等,是未来发展的重要方向。

二、文化旅游融合的国内背景

(一)国内文旅融合发展的概念与起源

早在1986年,我国著名学者于光远先生就曾提出"旅游是经济性很强的文化

事业,又是文化性很强的经济事业"的观点,认为旅游具有经济和文化的双重属性。①

国家对文旅融合问题重视已久,对"文化是旅游的灵魂,旅游是文化的载体"的认识也早就非常深刻。在2009年8月31日,文化部和国家旅游局提出促进文化旅游融合发展,以文化提升旅游内涵,以旅游扩大文化传播。但是,该阶段文化与旅游一直是点状结合,距离真正文旅融合发展还是存在较大差距。在这样的背景下,国家下定决心,进一步加强加深文旅融合。

2018年,文化部、国家旅游局的职责整合,组建文化和旅游部,其主要职责之一就是在发展理念、工作方式、产业引导、公共服务等各个方面按照"宜融则融、能融尽融、以文促旅、以旅彰文"的原则探索文化和旅游融合发展之路,推进文化和旅游体制机制改革。文化和旅游部的成立标志着文化与旅游融合发展局面的开启,从机构设置的角度确立了文旅融合体制保障、机制互补、职责整合和统筹规划的基本架构。我国地方的行政机构设置也基本遵循中央机构改革方案的精神,设立了省级、市级和县级文化和旅游部门,为文旅融合发展提供了制度安排。② 基于国家政策的推动及机构改革后文化和旅游部的正式成立,中国文旅融合步入新时代。

从2009年到2020年,国家层面颁布了174份文化旅游相关政策③,可以说,文化旅游融合是新时代国家综合治理的必然要求,是国家文化治理模式的顶层设计,是从文化自信、文化自觉和文化自强这个高度来构建的一种新的国家文化治理和文化发展模式。

(二)国内文旅融合政策的阶段与趋势

我国文旅融合在政策层面大致经历了三个阶段的探索,分别是文化旅游探索期、文旅结合推动期和文旅融合提升期。

1. 文化旅游探索期(2009—2012年)

2009年,中国首份文旅政策《文化部、国家旅游局关于促进文化与旅游结合发展的指导意见》颁布出台。该政策指出"文化是旅游的灵魂,旅游是文化的重要载体",明确了文化旅游融合发展的必要性。2010—2011年,为更好地推进文旅产业

① 于光远:《旅游与文化》,《瞭望周刊》1986年第14期,第35—36页。
② 吴理财、郭璐:《文旅融合的三重耦合性:价值、效能与路径》,《山西师大学报(社会科学版)》2021年第1期,第62—71页。
③ 于帆、卢章平:《中国文旅融合政策分析与启示》,《中国发展》2020第5期,第31—39页。

5

融合发展,相关部门相继出台各项政策,如文化部、中国农业银行《关于加强全面战略合作的通知》,国家旅游局《关于进一步加快发展旅游业促进社会主义文化大发展大繁荣的指导意见》等。2012年颁布的文旅政策内容集中在对文旅产业的发展与规划,政策明确了"十二五"期间中国文旅产业发展的目标,如文化部的《"十二五"时期文化产业倍增计划》和《"十二五"时期文化改革发展规划》等。

2. 文旅结合推动期(2013—2017年)

在推动期,国家开始大力引导文旅产业的建设,文旅政策颁布机构从文化部、国家旅游局扩展到国务院层面。2013—2014年,各部门从文化产业或旅游业的产业视角出发,就如何提升旅游业、文化产业高质量发展出台相关政策,如《旅游质量发展纲要(2013—2020年)》《关于推进文化创意和设计服务与相关产业融合发展的若干意见》及《关于促进旅游业改革发展的若干意见》等。2015年颁布的文旅政策多集中于对文旅市场的监督管理,如国家旅游局《关于打击旅游活动中欺骗、强制购物行为的意见》、文化部和公安部《关于进一步加强游戏游艺场所监管　促进行业健康发展的通知》等。以上政策的颁布,为文旅产业的健康发展提供了支撑与保障。2016年,国务院发布的《"十三五"旅游业发展规划》明确提出对中国旅游业提质升级、高质量发展的新要求。推动期的文旅政策集中在文旅产业提质升级和高质量发展。此外,对文旅市场的规范与监督管理较为重视。

3. 文旅融合提升期(2018年至今)

2018年4月,随着国家机构改革方案的提出,文化和旅游部正式成立。文旅融合发展成为我国文化产业与旅游业发展的新指向。同年,国务院发布《关于促进全域旅游发展的指导意见》,将全域旅游作为文旅产业未来发展的重点。2019年,文旅部颁布《关于实施旅游服务质量提升计划的指导意见》《关于促进旅游演艺发展的指导意见》《文化和旅游规划管理办法》等政策,分别从文化金融、文化消费、人才培养、资源建设、产业监督管理等方面对文旅产业健康发展给予支撑和保障。综上,提升期国家对文旅产业融合的认识逐渐成熟,文旅政策涉及产业融合发展的各个层面,为中国文旅融合提供了良好的发展环境与条件。①

从政策发展角度看,文化与旅游之间经历了从"结合"到"融合"的政策转型。在文旅结合推动期,文化与旅游之间的结合更多的是文化与旅游两条曲线之间的

---

① 于帆、卢章平:《中国文旅融合政策分析与启示》,《中国发展》2020第5期,第31—39页。

点状结合，并且这种结合更多地表现为具体的文化产业和旅游产业之间的合作，所以表现出来的还是经济产业内部的合作。各类政策文件也将各领域的发展范畴和措施做了较为具体的规定。在这个时期，文化与旅游之间是一种较为机械的结合模式。文化部门与旅游部门的合并，打破了文化与旅游之间的体制壁垒，从顶层设计的角度表达了文化与旅游线性融合的需求，也就是以价值观念点、经济增长点、社会效益点、实践路径点构成文旅之间的线性融合并逐步推进。①

第二节　文化旅游融合发展的关系研究

一、文化、旅游融合发展的关系

(一)文化是旅游的灵魂

1.文化是旅游产业发展的重要资源

旅游资源划分为自然资源和人文资源，前者包括地貌、水文、气候、生物；后者包括人文景物、文化传统、民情风俗、体育娱乐。两者结合的综合性旅游吸引物最能带给旅游者美好体验和感受。"山不在高，有仙则名"，纯粹物理性质的自然景观带给旅游者的体验是相对单薄的，对中国游客来说更是如此。国人在看风景的时候，总是喜欢探寻风景背后的文化元素。文化风景的融入，如故事传说、诗文篆刻和福地庙宇等，使其人文景观的性质凸显，提升了旅游体验的深度和内涵。这体现了文化与旅游共同目标所在，即美好精神体验的创造和传递②，文化资源为旅游业发展提供了最深厚持久的资源基底。

2.文化是旅游产业发展的原始动力

思想家墨子云："食必常饱，然后求美；衣必常暖，然后求丽；居必常安，然后求乐。"当生存这一基本需求得到满足后，随之而来的是精神层面享受的追求。旅游者出游动机的产生是经济发展驱动的结果，而深层次的驱动力则在于对精神满足的追求。旅游兼具经济生活和文化生活的双重属性，文化是旅游业的灵魂和支柱，是旅游业重要的经济增长点和可持续发展的源泉。③

---

① 吴理财、郭璐：《文旅融合的三重耦合性：价值、效能与路径》，《山西师大学报(社会科学版)》2021年第1期，第62—71页。

② 尹华光、彭小舟：《文化与旅游关系探微》，《中国集体经济(下半月)》2007年第10期，第117—118页。

③ 喻学才：《旅游文化研究二十年》，《东南大学学报(哲学社会科学版)》2004年第1期，第63—70页。

3.文化是旅游者追寻的出发点与归宿

区域文化特质的差异反映在不同地理区域的风土人情、名胜古迹、特色美食和艺术产品等差异上。旅游活动是旅游者离开惯常环境,追求新知识和乐趣的一种社会活动,旅行过程中,旅游者触摸文化脉搏、感知文化神韵、汲取文化营养。文化要素的空间非均衡性和文化异质性是影响旅游者出行决策的重要因素。旅游活动的空间位移属性使得旅游者能够感受异域社区文化,具有文化体验和内涵的旅游是推动旅游者走向幸福的钥匙。[①]

4.文化性是旅游主体活动的魅力所在

现代社会,人们寻找生活意义、追求精神家园,进入了深度旅游阶段。根据调查,60%的游客愿意通过购买获得更多文化体验的机会。[②] 文化性是旅游活动的本质属性,旅游需求必然是文化的产物,是文化驱动的结果。了解和感受不同地区的文化异质性是吸引游客产生旅游行为的根本动力。旅游的本质是消遣和审美,旅游本身是一种文化活动,是两种不同地域文化的际遇与整合。

(二)旅游是文化的载体

1.旅游是深度挖掘文化内涵的重要方式

旅游活动既是旅游者鉴赏和体验文化的过程,也是开发和创造文化的过程。深邃的文化内涵只有通过旅游产业的开发与利用、旅游者的欣赏与感悟,才能满足主体精神层面的享受和发展的需求。旅游空间实践参与是充分挖掘文化资源、开展审美文化创造活动、活化文化内涵的重要路径。[③] 旅游业的创造性体现在提炼文化要素、提升文化品位、升华文化内涵、丰富文化底蕴和强化文化功能等五个方面。旅游是文化教化功能与娱乐休闲功能相结合的典型场景,是挖掘、保护和优化文化的重要途径。

2.旅游是文化互动变迁的重要渠道

文化是一定区域内人类精神活动与行为方式的总和,包括语言文字、认知思想、审美标准、物质生产、行为规范和相互关系的准则等。文化根植于所在地区和人群中,其传播空间和途径受到限制。现代交通技术的发展为人们旅游创造了基

---

① 金海:《文化和旅游关系刍论:幸福的视角》,《旅游学刊》2019 年第 4 期,第 3—5 页。
② 徐仁立:《旅游产业与文化产业融合发展的思考》,《宏观经济管理》2012 第 1 期,第 61—65 页。
③ 马勇、童昀:《从区域到场域:文化和旅游关系的再认识》,《旅游学刊》2019 年第 4 期,第 7—9 页。

础条件，借此契机，不同地域的不同人群汇集到一起，旅游者自身的流动性有利于各地文化彼此镜鉴，并孵化衍生出新的文化。随着不同区域人们彼此联系的增强，旅游将无意识的文化传播转变为有意识的文化呈现和文化认识，拓宽了文化的传播渠道和接受途径。

3.旅游是文化价值共创的重要契机

文旅融合其实是一种以旅游业为联结的空间生产与再生产过程，是当地政府、居民、旅游者、移民、旅游企业、学者、媒体在目的地文化场域中进行的一种包含有形旅游商品的生产、无形旅游文化氛围的营造，以及前述各主体间博弈权衡的较为稳定的社会关系的生产。旅游者的凝视和旅游经营者的展演之间的互动，成为主客信息传递的渠道，以及相互表达认知和情感的途径。在此过程中，符号性和表征性的文化通过仪式性和舞台性的叙事，形成特殊的旅游空间实践情境，"我者"与"他者"之间的互视、互判、互仿形成了文化价值共创的一个重要驱动力。

4.旅游为文化再生产提供空间载体

旅游者涉入目的地的行为包含文化场域的进入，并以一种区别于原有文化语境的主体习惯进行空间实践和权力置换。文化场域并非凝固静态的，而是因时演变的，旅游活动是影响区域文化再生产的重要因素。在大众旅游时代的背景下，旅游在区域间的跨文化、大规模的交流作用更加凸显，促进了文化间的"血液循环"，提供了旅游者自身文化和当地居民文化进行优劣比较和对话互动的空间和机会，并将成为区域文化交流、模仿、融合和再生产的重要渠道。

后工业化社会的背景下，文化与旅游之间的关系不断增强，文旅融合成为推动经济转型的新动能。文化与旅游相互渗入、彼此提托、互为支撑、协同并进、共同发展、深度融合；缺乏文化内涵的旅游会沦落为浅尝辄止的观光游览，无法达成精神教化的目标；没有旅游业的传播和熏陶，地方文化亦难以形成更大范围的影响力，遑论发挥其应有的作用。只有二者深度融合、有机结合，才可能形成相互促进、持续发展的局面，并推动文化产业和旅游产业的高质量发展。

二、文化、旅游融合发展的机理

文化和旅游的融合，是一种强调相融共生、互利共赢的发展思路和理念。[①] 文化和旅游的融合，是从基础与保障、核心与抓手、传播与助推三大角度，在理念、职

---

① 范周：《文旅融合的理论与实践》，《人民论坛·学术前沿》2019年第11期，第4—5页。

能、资源、产业、市场、服务、科技和交流等八个基本要素上的深度融合。

在文旅融合发展机理的八个基本要素中，理念融合是必要基础，职能融合是有力保障，这二者是文旅融合发展的前提，能够为文化和旅游的交叉融合提供良好的文化土壤和有利的政策环境。在此基础上，文化和旅游在资源、产业、市场和公共服务四大领域的交融是核心与关键所在，体现了文旅融合发展的市场供给结构与供给质量，也是居民与游客体验文化服务与游憩活动的直接接触对象，是国民美好生活的直接贡献者、中华优秀文化的主要承载者。科技融合是文旅融合发展的有力助推器，能够以数字科技精准识别国民的文化旅游需求、重塑文旅体验、提升文旅融合的内在魅力。对外交流融合能够进一步升华文化和旅游融合协同发展的价值，帮助中国声音、中国故事和中华文化走向世界，赢得更加广泛的认同，助力中华民族的伟大复兴与中华文化永世延存。

（一）理念融合

"理念是行动的先导。"文旅融合应从理念上认识文化与旅游的共通之处，树立融合发展的意识，推动文化和旅游的深融合、真融合。在日常的工作与实践中，应坚持"以文促旅、以旅彰文"的发展理念，不断促进文化事业繁荣兴盛，持续提升旅游产业发展质量。

一方面，要树立"以文促旅"的理念。文化能够为旅游发展注入强大活力，文化需求是旅游活动的重要动力，文化资源是旅游目的地的核心吸引力，文化创意是提升旅游产品品质和竞争力的重要依托。旅游活动的每一个环节都与文化的生产、展示、传播与消费密不可分。思想观念上的融合有利于文化的承载者、经营者和管理者更好地挖掘和梳理地方特色文化，将其以游客喜闻乐见的方式呈现出来；也有利于旅游活动的经营开发者更充分地利用文化资源、开发文化创意，进而提升旅游品位、丰富旅游业态、增强旅游产品的品质与吸引力、拓展旅游产业发展的空间，为游客提供更加丰富、更具有文化内涵的文旅服务。

另一方面，要树立"以旅彰文"的理念。旅游是文化建设、传播和交流的重要载体与推动力。首先，旅游的规模化、产业化、市场化优势能够丰富文化产品的供给方式、拓宽文化产品的供给渠道、增加文化产品的供给种类，助推文化产业的发展，促进文化市场的繁荣。其次，旅游活动的临场性和体验性增强了文化传播的真实性和趣味性，能够强化或重构人们的文化意识，进而提升人们对区域文化的认同与共鸣。① 另外,旅游还具有受众多、传播范围广的优势,能够扩大文化产品和服务的覆盖面,从而更好地传播中华优秀文化,增强国家文化软实力。

（二）职能融合

政府职能融合是文旅融合发展的必要保障。2018 年 3 月,在全面深化改革、推动国家治理体系和治理能力现代化等国家战略的号召下,中华人民共和国文化和旅游部正式组建,这是文化和旅游融合在政府部门机构层面的一大重要举措,有助于解决多年来文化和旅游主管部门在行政管理体制上存在的多头管理、职责分散交叉等问题,以及文化旅游资源在保护利用方面的统筹协调问题。

在部门机构融合的基础上,还应大力推进从中央到地方的文化和旅游体制机制、职责职能以及日常行政管理工作的融合,对文化与旅游事务进行统筹规划、统筹管理,充分整合和发挥资源融合、产业融合、市场融合、公共服务融合的优势,推动文化和旅游的可持续发展。② 首先,从中央到地方的各部门应遵循文旅融合发展的要求,打破文化和旅游的边界,设计好部门内职责分工,形成有据可循的法定依据,并将各项职能落到实处,在具体工作中不断细化和完善,确保履职到位。其次,应加强顶层设计,提前规划好文旅融合发展的目标与方向。在充分调查研究的基础上,总结已有经验,开拓发展新思路,制定出具有引领性和前瞻性的发展规划和政策。再次,要对文化和旅游领域已有的政策、法规、标准进行整合对接与修订。从实际出发,确保已有的政策文件相互兼容,积极推进资源、产业、市场、服务等多方面的融合,确保其发挥出最佳效益。

（三）资源融合

资源融合是文旅融合发展的重要抓手。应加大对文化资源和旅游资源的挖掘与梳理,识别出其中能够融合、适合融合的部分,辅以一定的科技手段和创意开发理念,推出一批兼具文化内涵和体验价值的文化旅游产品,打造出一批文化主题鲜明、内涵丰富、要素完善的特色旅游目的地。

我国现有文化产品中较容易与旅游相融合的包括文化艺术服务、文化创意和设计服务、文化休闲娱乐服务、工艺美术品,与这些类型的文化资源相对应的文化旅游产品包括旅游演艺、主题公园、节庆会展、旅游纪念品等。在旅游资源中,人文

---

① 厉新建、张丹:《旅游增强文化自信》,《中国旅游报》2017 年 12 月 13 日第 3 版。

② 刘治彦:《文旅融合发展:理论、实践与未来方向》,《人民论坛·学术前沿》2019 年第 16 期,第 92—97 页。

类旅游资源由于内涵的相似性,更容易与文化相融合,形成文化遗产景区、少数民族村寨、传统手工艺体验等文化旅游产品和文化体验项目。相较而言,自然类旅游资源与文化相融合的难度更大,现有的成功案例往往借助科技手段进行文化与内涵的重塑,比如"印象西湖""印象刘三姐"等"印象"系列的实景演艺。

总体而言,我国现有的文化旅游资源非常丰富。世界经济论坛《旅游业竞争力报告》显示,中国自然文化旅游资源常年排行世界第一。然而,中国旅游总体竞争力的排名却始终在十名开外。由此可见,我国的文化与旅游融合发展在资源层面还存在可提升的空间。在今后的工作中,应该进一步深入挖掘现有文化旅游资源的潜力,将存量资源发挥出最大效益,释放经济发展的最大动能。[①] 与此同时,还应不断深入地方,发掘新的文化资源,找寻失落的文化记忆,通过旅游开发帮助它们更好地"说话",促进各地区文化旅游资源的保护性开发。[②]

在文化旅游资源融合发展的实践中,应充分发挥文化、旅游资源各自的独特价值,实现优势互补。一方面,应以创意为依托,将更多静态的文化资源加以活化利用,赋予其超越时空的生命力,使之成为能够被人们直观感受和体验的文化资本,助力文化资源的可持续利用、保护与传承。另一方面,在旅游资源的开发利用过程中,也应注重保留文化的独特性与原真性,避免由旅游开发带来的外来资本、权力的入驻使得资源本身的文化内涵被消解与重塑,保障文化旅游资源的可持续开发与利用。

(四)产业融合

在资源融合的基础上,文化与旅游融合发展应进一步落实到产业融合这一核心命题上来,以迎合新时期我国产业结构高度化转向的重要战略方向。而产业融合要求我们运用产业链"整合延伸,集聚互补"的融合机制,积极寻找文化和旅游产业链条各环节的对接点,打通文化和旅游产业的价值链,针对其中的契合点和融合点,发挥各自优势、形成新的增长点,推动发展文化旅游新业态,打造文化旅游新名片,生产文化旅游新产品,建设文化与旅游协调发展的目的地,使其成为区域经济社会可持续发展的重要力量。

从文化与旅游产业的发展目标、发展逻辑和业务范围上来看,这两大产业存在许多交叉重合的部分,有着较高的产业关联度,因此具有跨界、融合的可能性。具

---

① 范周:《文旅融合的理论与实践》,《人民论坛·学术前沿》2019年第11期,第4—5页。
② 刘治彦:《文旅融合发展:理论、实践与未来方向》,《人民论坛·学术前沿》2019年第16期,第92—97页。

体而言，文化产业指"为社会公众提供文化产品和文化相关产品的生产活动的集合"，涵盖了9大类和146小类，涉及生产、存储、营销与销售等多个环节，具有极强的综合性。与此同时，旅游产业的蓬勃发展也是基于人民对精神世界、美好生活的不懈追求，涵盖了"食、住、行、游、购、娱"六大要素，涉及约110个细分产业，也具有整体性和综合性的特征。从文化和旅游产业的优劣势上来看，文化产业附加价值高、变现能力强，但受众范围较为有限；旅游产业规模庞大、消费带动力强，但产品质量良莠不齐。由此可见，尽管文化和旅游产业在资源、市场和技术等方面均具有清晰的边界，面临的发展阶段和问题各不相同，但这两大产业涉及的业务范围广、产业链的拓展程度高、产业发展的原始动力和最终目标高度一致，并且能够实现优势互补。因此，这两大产业必然会产生全方位、多层次、高质量的交叉与融合，进而衍生出文化旅游产业。[①]

在国家层面组建文化和旅游部之前，我国文化和旅游产业实践中已经产生了一批文旅融合的成功案例[②]，其中最典型的莫过于单霁翔对故宫的文旅融合发展的实践。以博物馆、美术馆、科技馆为代表的文化机构转变了自身的发展思路与功能定位，使故宫逐步从文化殿堂、科教中心转型为兼具文化传承、科学教育、休闲娱乐于一体的综合性文化休闲场所，形成了博物馆旅游、文化遗产旅游等多种新型文旅业态。杭州运河边的京杭大运河博物馆、中国刀剪剑博物馆、中国伞博物馆、杭州工艺美术博物馆、手工活态展示馆等五大博物馆以及良渚博物院，在这方面也树立了典范。传统的观光型景区也开始注重文化内涵与文化消费体验，并借助虚拟现实、增强现实等一系列的科技手段重现地方历史文化的原真性体验，推出了旅游演艺、旅游文创纪念品等诸多特色文旅项目。今后应在这些成功经验的基础上，深入实施"互联网＋""文旅＋"战略，不断培育拓展新业态，稳步推动文化、旅游及相关产业高质量融合发展。

（五）市场融合

统一有序、供给有效的生产者市场和富有活力、需求旺盛的消费者市场是文化和旅游融合发展的关键所在。在文旅融合发展的过程中，一方面，要以文化市场综合执法改革为契机，部署、推进和落实文化和旅游市场培育监管工作一体化；另一

---

① 李志刚：《特色小（城）镇建设中的文旅融合》，《人民论坛·学术前沿》2019年第11期，第56—63页。
② 白长虹：《文旅融合背景下的行业人才培养——实践需求与理论议题》，《人民论坛·学术前沿》2019年第11期，第36—42页。

方面,要顺应居民日益增长的美好生活需要,建立促进文化和旅游消费的长效机制,积极培育文化消费、体验消费、时尚消费等消费新热点。

一方面,应以县域为基本单位,促进文化和旅游市场主体的融合,鼓励文化机构和旅游企业对接合作,推动形成一批以文化和旅游为主业、以融合发展为特色、具有较强竞争力的龙头企业、骨干企业。在此基础上,促进市场监管机制的融合,及时关注和引导融合发展的新业态,不断更新和提高监管理念;推动建立信用体系,实施各类专项保障和整治工作,促进创新创业平台和众创空间服务升级,将文化市场、旅游市场统一考虑。此外,还应整合并组建文化、旅游市场综合执法队伍,抓紧建立文化和旅游市场执法改革制度框架,优化经商环境,为文化和旅游领域小微企业、民营企业融合发展营造良好的政策环境。

另一方面,应持续释放大众的文化和旅游需求,顺应国民消费升级的趋势,推动建立文化和旅游消费增长的长效机制,完善文化和旅游行业的标准体系、服务质量评价体系和消费反馈处理体系等。

(六)服务融合

在统筹好资源、产业、市场三大关键性要素的同时,还应该协同推进公共文化服务和公共旅游服务的融合,发挥好公共服务机构的综合效益,将文化和旅游服务场所打造成居民和游客共享的文化传播和休闲游憩空间。换句话说,要把休闲、文化和旅游三者融合在一起,才能把文旅融合真正落到实处。这是深化文化和旅游融合发展的重要内容。

首先,要统筹公共服务设施建设管理。在文化和旅游综合服务设施的建设和改造过程中,应做到统一规划、统一实施、统一管理,打造一批质量可控、便民惠民的文化与旅游咨询中心、集散中心、公共厕所等。其次,要统筹公共服务机构的功能设置。在旅游公共服务设施修建、改造过程中,要注重挖掘与梳理地方文化特色,彰显历史底蕴、文化内涵。在公共文化平台的建设和使用过程中,也应该注重其休闲体验价值,加大文化旅游的宣传力度,通过科技手段和创意开发,让静态的文化鲜活生动起来,以大众喜闻乐见的方式进行呈现。再次,要统筹公共服务机构的资源配置,统筹实施文化和旅游服务惠民项目。在游客聚集区积极引入影院、剧场、书店等文化设施,在传统的文化场所中融入旅游的经营管理模式,注重访客的体验价值,构建一批主客共享的文化和旅游服务新空间,让居民和游客在休闲游憩的过程中充分感受到优秀、浓郁的地域文化和时尚文化。

（七）科技融合

科技融合是文旅融合的助推器,能够给文旅产业融合创新发展带来许多新的机遇。这里的科技主要包括大数据、虚拟现实、增强现实、云计算、物联网、人工智能等数字科技,这些技术的迅猛发展有利于推动文化与旅游产品形式、产业组织形态、销售渠道等多方面的颠覆性变革,提升产业效能。2015年9月,国务院印发《促进大数据发展行动纲要》,提出要推动数据资源整合,以数据推动产业创新和新业态培育。随后的"十三五"规划纲要确定了"实施国家大数据战略",进一步强调了大数据在统筹规划、宏观调控上的积极作用。2018年3月,国务院印发《关于促进全域旅游发展的指导意见》,提出要推动旅游与文化、科技融合发展,再次强调要借助大数据技术推动全域旅游发展。2019年,文化和旅游部部长雒树刚在全国文化和旅游厅局长会议中明确指出,要深入实施"互联网＋"战略,推动文化、旅游与科技融合发展。2019年8月,科技部、中央宣传部、中央网信办、财政部、文化和旅游部、广播电视总局六部门印发《关于促进文化和科技深度融合的指导意见》,提出要促进文化和科技深度融合,全面提升文化科技创新能力,转变文化发展方式,推动文化事业和文化产业更好更快发展,更好满足人民精神文化生活新期待,增强人民群众的获得感和幸福感。

在行业实践中,随着文化与旅游产业的日益发展壮大,人民群众在文旅活动中的参与面越来越广,需求越来越多元,消费方式也日新月异。数字科技的运用能够精准地捕捉需求规模与结构的时空变化规律,有效应对文旅体验中供需错配、信息不及时等消费痛点,提升产业发展质量。除此之外,虚拟现实、人工智能、传感器、移动通信等机器感知技术的新应用,将重新塑造用户的文化旅游体验内容、体验方式、体验质量,融汇感官体验与人文内涵的文旅融合新产品将层出不穷。例如,许多文化遗产博物馆通过沉浸式技术让参访者获得身临其境的体验,感受到"穿越时空"与文物对话的魅力;一些传统景区也开始运用高科技声光电技术,打造具有高沉浸感的体验空间,在绚丽的光影世界中展现地方的历史渊源与文化脉搏。

（八）交流融合

文化和旅游是推动不同文明相互交流、传播先进文化、增进国际友谊的重要桥梁,是中华民族讲好中国故事、对外传播中国声音的重要渠道。文化和旅游融合的过程,能够塑造并强化民族形象,增强民族文化认同和文化自信。① 值得注意的是,民族文化认同和文化自信的传播不应该局限于本国,还应该更广泛地延伸到海外。正是在对外交流的过程中,文化和旅游融合发展的价值和意义得到了升华。

在政府工作层面,要进一步整合对外文化和旅游工作机构,统筹安排交流项目和活动,同步推进文化传播和旅游推广。在交流渠道方面,要发挥好博物馆、艺术馆、美术馆等文化机构和旅游景区景点在传播中国特色社会主义文化方面的重要作用,引导文化传承者、导游、讲解员和亿万游客成为中国故事的生动讲述者和自觉传播者,以润物细无声的方式将中华民族的精神面貌、文化养分、历史积淀绵延千里。在交流载体方面,要充分发挥文化和旅游各自的优势,推动更多优质的文化旅游产品走向海外,向主流市场和主流人群展示中华民族优秀的传统文化和精神标识,呈现当代中国的发展进步和中国人的美好生活,为提高国家文化软实力和中华文化影响力添砖加瓦。

第三节 国内外文化旅游融合的成功模式

一、国内文化旅游融合成功范例及模式

（一）国内文化旅游融合成功范例

目前我国逐步将原有的文化景点深度旅游化,在国际、省际、微观维度上都有较为成功的范例。

1. 国际维度的文旅融合:丝绸之路

丝绸之路的贯通始于西汉年间,以西安为起点,经甘肃、新疆,到中亚、西亚,并连接地中海各国,自古以来便是不同国家、不同民族、不同文明之间贸易往来、政治互动、文化交流和思想传播的重要通道,是迄今为止人类文明融合最古老、最重要的线性文化与商贸空间。② 2014 年,中国、哈萨克斯坦、吉尔吉斯斯坦三国联合申报的"丝绸之路:长安—天山廊道路网"顺利进入世界文化遗产名录,成为首例跨国合作、成功申遗的项目,这也是当代社会多元文明深度交融的优秀典范。自 2013 年"一带一路"倡议提出之后,丝绸之路在当今时代又有了全新的战略意义,迎来了

① 柴焰:《关于文旅融合内在价值的审视与思考》,《人民论坛·学术前沿》2019年第11期,第112—119页。
② 把多勋、王瑞、陈芳婷:《基于"一带一路"建设的中国丝绸之路国际文化旅游廊道构建研究》,《世界经济研究》2019年第9期,第97—104页。

千载难逢的发展机遇。丝绸之路沿线地区文化旅游资源遗存丰富、历史古城集中、资源类型多元,具有生态文化、历史文化、长城文化、边塞文化、多元民族与宗教文化、红色文化等多文化叠加的特质,拥有教育、科研、游览和休闲等多重功能,对当地居民、国内游客、国际游客而言均具有极强的吸引力。[①] 作为"文化旅游黄金廊道",丝绸之路通过"文化＋互联网"的云旅游方式,成为中华民族向世界讲述中国故事、传播中华文化、增强民族认同和文化自信的重要通道,以及实现"政策沟通、设施联通、贸易畅通、资金融通、民心相通"的美好愿景、构建人类命运共同体的重要推手。

2. 省际维度的文旅融合：中国大运河

中国大运河于2014年被列入世界遗产,与长城、长征线路一起入选首批国家文化公园。它起于兴兵,止于漕运,促进了经贸繁荣、文化交流、民族融合,是中华文明进程中的重要推动力。作为《"十三五"旅游业发展规划》重点打造的十大国家精品旅游带、首批国家文化公园、全球范围内唯一活着的运河文化遗产,涉及北京、天津、河北、江苏、浙江、安徽、山东、河南8个省市,其省际协调发展、合作共赢的发展模式值得国内其他线性廊道文化带建设参考。此外,大运河不仅仅是深度建设的文化旅游项目,其丰富的文化和景观财富更是沿线居民休闲身心、进行遗产教育的重要资源。这种居民与游客共赢的文化旅游开发模式,对国内游客具有很强的吸引力,也成为国际社会了解中国百姓生活方式和中国文化的重要平台。

3. 微观维度的文旅融合：杭州西湖

杭州西湖文化景观于2011年正式进入世界遗产名录。坐落于古代吴越国和南宋故都杭州腹地的西湖,有着悠久的历史、深厚的文化内涵以及丰富的文化史迹,被诗人苏东坡誉为杭州的"眉目",是中国历史上最具有人文精神、栖居功能的"文化名湖",也是享誉古今中外的"人间天堂"。作为中国著名的文化旅游胜地,占地49平方公里的杭州西湖有着秀丽的湖光山色,拥有断桥、雷峰塔、钱王祠、净慈寺、苏小小墓等众多兼具文化内涵和游憩功能的自然与人文景观,既是国内居民和游客休闲游憩、文化体验的好去处,又是向国际游客、国际社会展示杭州风貌、浙江精神、中华文化的极佳载体。自2002年西湖综合保障工程实施以来,西湖除了少

[①] 刘兴全、许艳丽:《"丝绸之路"河西走廊段民族文化遗产保护策略研究》,《西北民族大学学报(哲学社会科学版)》2019年第5期,第20—27页。

数几个遗产景点外,绝大部分景点向游客免费开放,是国内第一个免费开放的5A级景区。西湖景区因其独特的文化内涵、迷人的自然环境,成为国内外游客向往之地。根据高德地图数据,2018年西湖景区接待国内外游客数高达2813.94万人次,位列全国十大最具人气景区之首。杭州以西湖一景拉动全城乃至周边区域的发展,这种以点带面促进文化旅游在更广范围内繁荣发展的内在逻辑值得其他地区学习。

（二）我国文旅融合发展的典型模式

自改革开放以来,我国的文化和旅游一直处于不断融合的过程中。学者们结合我国各地开展的乡村旅游、风情小镇建设以及全域旅游等实践活动,从不同角度和层面探索了文旅融合发展的模式,如:以主导力量为动力的发展模式、以产业融合为基础的发展模式、以空间联动为纽带的发展模式等。

1. 基于主导力量的文旅融合发展模式

"政府、企业、民众"是推动地区文旅融合发展的三股核心动力,由其推动形成了"政府统筹保育型、市场驱动投资型、民众参与活化型"三种极具特色的文旅融合模式。

（1）政府统筹保育型

即政府统筹顶层设计,强化保护和开发并重。这一模式突出政府在资源统筹与保护培育过程中的主导作用,用顶层设计理念统筹文旅融合,以资源保育为目标,同时解决环境治理、基础设施短板补齐、公共服务升级等一系列问题。例如,江苏省文化和旅游厅近年来出台了一系列扶持政策,建设了一批文旅产业集聚区,培育出广受大众喜爱的知名文旅品牌（"南京云锦""苏州刺绣""宜兴紫砂""东海水晶"等）,这些已经成为江苏的名片。

（2）市场驱动投资型

即市场资本驱动,文化创意引领。市场的金融资本与文化创意的对接,成为大型文旅项目的驱动力。通过文创激活资源的融合因子,市场提升文旅融合发展动力,实现高品质文旅融合产品的供给。例如,上海青旅集团按照"文化＋旅游＋创新＋体验"的发展战略,培育出了生态旅游、定制旅游、会展服务、亲子研学、团建活动、文旅生活、文创设计等全新板块。另外,浙江宋城演艺集团也成功打造了"宋城"和"千古情"品牌,产业链覆盖旅游休闲、现场娱乐、互联网娱乐,成为世界大型的线上和线下演艺企业。

（3）民众参与活化型

即资源保护传承，文化生活共享。这一模式充分激活民间力量，唤醒民众的自觉保护意识，注重活态传承和生产性保护，实现文旅产品的生活化和共享化。很多乡村社区积极参与成立"三馆一基地"（博物馆、艺术馆、展示馆、传承基地），构建文化保护的空间载体。例如，在浙江淳安县下姜村、安吉县余村、磐安县乌石村等入选人气旅游景区村，乡村居民积极地参与到旅游民宿发展中，努力传播民俗文化和乡村文化。江苏省淮安市龟山村，利用古淮河文化遗址集聚优势，对一些闲置老屋进行改造，打造了石屋民宿、书画馆、咖啡馆等特色产品。

2.基于产业融合的文旅融合发展模式

（1）现代农业主导型

一些区域农业自然条件优越，特色农产品丰富，以现代农业为基础促进乡村文化和旅游融合，既可以提高农业市场化程度，又能够带动区域经济发展。例如，浙江省着力推广"千村示范、万村整治"工程经验，促进农产品加工、休闲农业与乡村旅游和相关配套服务融合发展，发展精而美的特色乡村经济。江苏省则以"水韵江苏，美丽乡村"为主题连续十多年坚持举办乡村旅游节，逐步迈向"乡村旅居"发展阶段。由于注重当地文化的植入，"行走在田园乡村，体验在创意空间，生活在时尚社区"的宜居宜业宜游乡村，成为江苏乡村振兴的重要力量。

（2）文创产业带动型

近年来文化创意产业发展迅速，出现一系列与文化关联的、产业规模集聚的园区，这些集生产、交易、休闲、居住于一体的多功能园区具有鲜明的文化形象并对外界产生一定吸引力。例如，上海就是将原创IP和中国文化相结合，通过讲好故事来打造迪士尼乐园和Hello Kitty上海滩乐园。浙江省陈青松打造了"旅游＋物联网＋乡村＋创客"共生孵化模式的"廿玖间里"。安徽省合肥市通过规划建设艺术创意村落，塑造了集画室、摄影工作室、陶艺坊等于一体的"画家村"。

（3）信息技术引领型

信息技术是现代社会发展的重要动力，在文旅融合过程中充分发挥了信息化对旅游经济的驱动引领作用。各地区利用互联网优化配置各种文化资源、自然资源、社会资源，主动融合"互联网＋"各项行动的主旋律。例如，江苏省以"5G遇上智慧文旅"为主题开展智慧高峰论坛，旨在搭建数字信息技术产业与文旅产业的交流平台，深入探讨"文化＋旅游＋科技"的融合发展路径。上海市通过深化"建筑可阅读"项目,为1237处不可移动文物、优秀历史建筑和历史风貌区设置了二维码,市民游客通过扫码阅读,便可了解建筑的历史和背后的故事。浙江良渚古城遗址也通过构建景区数据中台,实现区域内数据整合、利用和共享,全方位提升了访客的场景体验。

3.基于空间联动的文旅融合发展模式

(1)乡村—城市互助发展模式

城乡互助发展是文旅融合的典型模式。现代城市力量扩张带动了乡村建设,乡村特有的文化和自然资源又弥补了城市资源不足、空间局限等问题。例如,浙江启动大花园建设项目,全域是景区,处处成花园,大花园已成为现代化浙江的普遍形态。杭黄铁路开通运营后,将沿途7个5A级景区50多个4A级景区串珠成链,连点成片,为推进区域文旅融合发展奠定了坚实基础。

(2)城市—城市联动发展模式

城市之间的联动发展,是地区文旅融合的前提条件。浙江全域"大花园"建设项目为整个省内城市联动发展提供了便利。安徽也全力推进省内城市景区之间的互动。2018年,安徽省合肥市万达乐园与黄山风景区、九华山风景区、天柱山风景区等王牌景区联合成立营销战略联盟,促进了省内各个景区文旅融合的联动发展。除了省内城市,一些区域也加强了跨省合作。例如,2019年上海市举办文化旅游节,江苏南通、浙江丽水、安徽岳西等长三角的城市都提供支持。另外,沪宁杭三地联手举办红色主题展,清晰地反映当年南京、杭州、上海解放的全过程。

(3)区域一体化协同发展模式

区域一体化发展模式是国家重要战略,也是文旅融合发展的大势所趋。在资源利用方面,一些区域共同加强了跨界江河湖荡、丘陵山地、近海沿岸等自然与人文景观的保护开发。在文旅融合方面,加强文化政策互惠互享,推动文化资源优化配置,全面提升区域文化创造力、竞争力和影响力,如长三角地区共同努力办好国际文化产业博览会,集中展示推介长三角文化整体形象。各个省市还进一步加强广播电视产业跨区域合作发展,推动美术馆、博物馆、图书馆和群众文化场馆区域联动共享,实现城市阅读一卡通、公共文化服务一网通、公共文化联展一站通、公共文化培训一体化等目标。

二、国际文化旅游融合经验借鉴

我国文旅融合成为专门概念并上升到国家战略,是这两年才刚刚开始的。因此我国的文旅融合发展机制尚处于探索之中,融合发展模式尚未成熟,融合发展产业体系有待健全。国际上,一些旅游发达国家结合本国文化和旅游资源,比我国更早制定了文旅融合战略,对文化和旅游的有效融合进行了更全面系统的探索,建立了不少世界级的文化旅游融合品牌,打造了众多极具价值的文化旅游产业项目。这些经验给我国的文旅融合发展提供了宝贵的借鉴。

（一）政府层面经验总结借鉴

国外文化和旅游融合发展迅速的一个重要原因在于坚持政府主导地位,注重文化和旅游融合的顶层设计,颁布完备的政策法律法规体系、管理机制,从政策上宏观调控文化和旅游发展,引导文化和旅游互相融合,优化文化旅游产业结构,提高文化旅游服务等级,进而促进相关行业的协调统一发展。

1.政策法规方面

（1）打造特色文旅融合发展政策战略

国际上许多国家重视文化旅游产业发展,并将其作为国家战略产业。例如英国的文旅融合以博物馆文化旅游为代表,根据自身文化旅游发展形势和需求,依托丰富的历史文化资源,通过政府政策战略扶持来活化文化资源、设计文化创意产品、更新公共文化设施。向游客展示文化旅游产品的同时也重视文化旅游体验,通过将博物馆文化和旅游有机结合起来,将原有公共文化资源市场化、自足化和创新化。这既满足国民和游客日益多元化的休闲娱乐需求,也利于增强人们对文化的理解和体验。

（2）建立地方文旅产业法律体系,保障国家文旅产业利益

中国文旅融合相关的文化产业、旅游产业法规制度建设较早,但针对文旅融合的国家层面法律体系尚未完善,而各地的地方性法规又有着一定的局限性和地域性。相关部门亟须针对文化旅游、遗产旅游、文旅融合、文旅资源等方面制定全面详细的法律法规,完善国家和地方两个层面的相关法律法规体系。法国最早立法实施带薪年休假制度,保障国民休闲度假权利,为文旅产业发展提供市场需求和动力;意大利将文化遗产保护写入宪法;美国给予国家公园管理体系重要的立法保障,保护文化遗产、国家公园、博物馆等文旅资源,为文旅产业提供可持续发展基础;其他许多国家也为文化旅游产业发展颁布多种多样的法律,引导市场多元投资,规范市场产业运行,保障产业合法权益,维护文化旅游产业的良性发展循环。

2.管理机制方面

(1)充分发挥文化旅游部门职能,健全部门间协调配合机制

文化和旅游产业的综合性、关联性、依托性强,要求经济、社会、文化各部门的支持和配合,建立健全部门间协调配合机制。目前,法国、英国、美国、韩国、土耳其等旅游发达国家都成立了专门机构负责文化旅游产业,建立文化旅游管理综合机制,完善国家公园、文化遗产、博物馆等文旅资源体系,明确主体责任分工。通过整合文化旅游资源,进行差异化发展,避免同质化恶性竞争,鼓励文旅产业实现产品升级与质量提升,推动国家文化和旅游建设协同一体化发展。例如土耳其的文化旅游产业目前由文化和旅游部主管,作为土耳其旅游业的主要协调、监督和指导机构,在全国设有 81 个文化和旅游局,在 39 个国家设有 44 个文化促销办公室,主要负责旅游市场营销、投资、教育培训及文化遗产保护等方面的工作。

(2)政府行业协同合作推进宣传营销

目前,国际上各国文化旅游宣传推广由政府主管机构包揽向主管机构与行业组织结合转型,从行政式宣传向专业化、市场化促销转型。越来越多的国家建立政府主导、行业合作、企业参与、专业运作的市场营销宣传推广机构,其中最为成功的是日本观光振兴会、韩国观光公社、法国法兰西之家、美国国家旅游组织、希腊国家旅游组织、加拿大旅游委员会、澳大利亚旅游委员会、新加坡旅游促进局等。这些专业促销机构一般都会成立董事会,由政府主管部门代表、旅游行业组织代表和市场营销专家组成,雇用市场促销专业人员,开展市场调研、制订营销计划、组建国外旅游宣传推广机构,进行符合市场经济规律的专业化宣传推广,从而推进国家政府和文旅部门积极与周边国家加强文旅合作,参与国际旅游事务。而宣传推广资金主要由政府财政拨款,同时也由行业协会等社会组织资助。

(3)坚持政府主导,实行多重监管,树立规制标准

文旅开发在其过程中涉及众多利益主体,出现了开发不当、利益分配不均、利益侵袭、权力失语等诸多现象。加之部分文旅企业盲目性开发、粗放式经营、非专业化管理,而政府也尚未建立完善的市场监管机制,导致当地居民、政府、游客、环境、资源等之间产生诸多问题,影响着国家整体文旅融合发展的品质和前景。针对上述问题,政府应加强文化旅游产业监管,更新原有旅游监管理念,建设文旅产业信用体系、文化和旅游市场执法改革制度框架。如墨西哥规定了三级政府责任与角色,并在联邦、州、市政府之间建立协调监管机制,在旅游规制标准方面,出台了

《可信保险要求》《专业活动指导服务标准》《消费者保护条例》《大众旅游与文化指导服务准则》《探险旅游服务经营者安全要求》等一系列旅游标准，为游客旅游体验和安全提供了规范和保障。

（4）政府主导、多方协力，建立文旅投资保障机制

英国在文化旅游方面有一整套完备的投融资机制作为其文化旅游可持续发展的有力保障，也是旅游文化传播的保证，堪称文化盾牌效应。在投融资模式机制体系里，英国政府起的是引导作用，积极帮助中小型文化企业进行融资，动员和挖掘社会各方集资力量投资文化，并促成文化创意资产朝证券化方向发展。英国政府还会主动汇合相关行业协会，促成各类科学、技术及艺术基金会，将政府、银行、基金会和文化产业协同力量凝结成一体，以期为相关文化产业注入资金。如政府鼓励相关机构发行国家彩票，通过各种创意进行社会集资，将文化创意资产证券化，使得相关文化产业部门迅速获得大量资金，提高资本流转速度。旅游文化产业也顺其自然得到相应保护与发展。

（二）社会民众层面经验总结借鉴

国际上许多国家的基层民众以及社会组织在文旅领域的广泛参与，不仅可以有效地推动文化遗产保护、旅游宣传工作进行和文旅产业融合发展，而且可以有效地促进相关行业以及区域的合作，发挥集思广益、动员全社会的广泛联动作用。

1. 基层民众方面

（1）鼓励引导民众力量，辅助文旅发展繁荣

充分鼓励基层民众参与文旅融合发展，可以有效地促进其在推动政府建立法律、健全制度、保护遗产、社会宣传等方面发挥重要作用。例如意大利"博洛尼亚模式"（关于协调市民和市政府之间对城市公共资源进行保护和再生的制度），这项政策主要做了两件事情：第一，为那些愿意在市政资产和合作项目上贡献时间和才华的人提供了清晰的途径；第二，清楚规定了城市管理者可以给市民或公民团体提供不同形式的实物支持（比如闲置房产或者市政员工的技术帮助）。民众的参与协助，使得博洛尼亚在政府旧城更新上取得了成功。这一模式既对硬件设施加以改进以适应现代生活，又在对城市的历史、文脉加以保护的同时，对城市活力进行维持，从而为博洛尼亚文旅发展保留文化资源与特色。

（2）满足民众文旅消费需求，推进文旅经济多元增长

文化旅游产业的发展必须深入考察不同人群的具体需求和本质要求，持续释

放基层民众的文旅需求。如英国、日本等国家根据年轻人夜间活动活跃的生活特性,开发了夜文旅经济模式,具体如 24 小时地铁、24 小时书店等,顺应民众文旅消费升级趋势,提升文旅产业整体发展,促进文旅产业经济活态更新,从而带动相关行业如住宿、餐饮、旅游商品、娱乐、交通等收入的共同增长,并且创造了大量就业机会。

2. 社会组织方面

(1)鼓励民间参与监督,及时反馈基层意见,激发文旅资源活力

国际上,民间文化和旅游团体是公民志愿参与、不以营利为目的开展文化和旅游活动的非政府团体组织。在众多的民间文化和旅游团体组织的协助下,更多来自民众、社会的文化旅游建议得以有效、快速地反映到政府主管部门,并在政府文化旅游政策战略制定中起到建设性甚至决定性作用。例如英国民间团体组织古迹协会、不列颠考古委员会、古建筑保护协会、乔治小组和维多利亚协会,它们在一定程度上介入文化遗产的保护和旅游发展等方面,相关政府部门都征求这些民间团体组织的意见并作为参考依据。

(2)政府赋权行业,协会自立自主,互助共赢

国际上各类旅游行业组织、中介机构和非政府组织不断成长,行业规范、协调、自律、促销、联络、沟通、咨询、调研和培训等服务功能得到越来越多的发挥,政府行政主管机构的部分职能转向旅游行业组织、中介机构和非政府组织,如行业服务标准制定推广、饭店星级评定、旅行社等级评定、旅游企业信用认可、游客中心管理服务质量监督、从业人员培训、市场调研、信息分析和咨询服务等。例如美国旅游行业协会作为美国主要的非政府性质的旅游组织,作为非营利机构充当美国旅游行业各个部门的统一组织,为旅游行业提供广泛的服务,协调各政府有关部门及各文化旅游行业之间的关系。

(三)市场产业层面经验总结借鉴

文旅产业市场不但规模庞大,同时还具有很强的活力和潜力。目前绝大多数国家将文化旅游产业作为其国家战略产业,放宽文化旅游投资环境和渠道,积极培育开发新型文旅融合发展模式,继而带动相关行业的共同发展。

1. 面向国际游客建立全国性文化旅游营销品牌

世界各国高度重视文旅产业营销发展,着力推动国家文旅品牌的建设与推介,而文化旅游目的地品牌建造更是重中之重。例如西班牙着力塑造"西班牙品牌",

以此提升国家整体旅游形象，西班牙主要文化和旅游产业及相关利益者共同协作，以塑造与提升"西班牙品牌"。通过在文旅目的地举办节日庆典、民俗艺术活动等，大力开发文旅产品，提高文旅目的地的知名度，改善文旅基础设施和文旅环境，树立良好的文旅品牌形象。

2. 巧建 IP 打造文旅融合发展新品牌

国际上有许多知名企业充分利用自身产业和品牌形象作为文化旅游发展的核心 IP，打造基于企业品牌、产品的文化旅游目的地，例如美国好时巧克力小镇。好时巧克力作为北美地区最大的巧克力及巧克力类糖果制造商，也是全球领先的巧克力和糖果公司，其企业品牌形象深入人心。好时巧克力小镇将其品牌产品作为文旅发展核心 IP，各类道路、景观、建筑、设施、服务、商品都与好时巧克力文化紧密结合，充分利用了巧克力元素。依托好时 IP 打造的好时巧克力世界和好时乐园，以及好时酒店拥有的独一无二的巧克力 SPA，共同构成了好时小镇的旅游吸引力和品牌形象，打造了企业文化与旅游融合发展的典型案例。

3. 注重文旅资源整合，开创文旅产品新业态

一些国家开发各种文化旅游路线，并积极发展乡村旅游、都市旅游、生态旅游、康养旅游、艺术旅游、美食旅游等多元文化旅游。如瑞士将温泉保健文化与旅游相结合，韩国将影视剧文化与医疗美容旅游相结合，印度不少城市在原有瑜伽文化的基础上推出瑜伽修行旅游。再如西班牙政府，一方面，积极巩固传统的"海水、阳光、沙滩"海滨度假产品；另一方面，注重培育"旅游＋文化"的新型旅游业态，促进旅游与文化的融合发展，开发各种文化旅游路线，如安达努西亚之旅(阳光和文化、古迹和美食)、塞法尔之旅(犹太文化)、城堡游、葡萄酒之旅、艺术之旅、民间建筑之旅、美食之旅等。《堂吉诃德》作为西班牙伟大的文学作品，其对欧洲乃至整个世界的文化影响巨大，所以在西班牙国家旅游局的指导下，不同的区域、不同的单位或部门共同合作，在 2004 年 2 月 5 日开始建设并推广"堂吉诃德之旅"旅游路线，将其建设为欧洲重要的生态和文化旅游路线之一。

4. 推动科技创新赋能文旅融合

积极提升文旅体验并促进科技创新运用是国际文旅产业融合发展的重要经验。"科技改变生活的同时，也在形塑文旅的未来。"例如"环球影城"文化主题公园注重运用虚拟现实技术，重现电影中的科幻场景，把游客变为电影世界主角，满足了游客深度体验的旅游精神需求，呈现了多样化的文化旅游空间。在文旅产业发

展过程中应加大创新力度,重视高科技在文化和旅游产业中的运用,借力"互联网＋旅游",将多元文化转化为场景、故事、记忆等形式,带给游客感官、行为、思维和情感体验,实现文化旅游产业链的延伸。

第二章　全球视野下的线性遗产:保护、传承与利用

第一节　线性遗产的概念与内涵

一、线性遗产的概念

近年来,线性遗产(也称线性文化遗产,lineal cultural heritage)在国际文化遗产保护领域日益受到关注。目前,国际文化遗产保护趋势正在经历着从重视"点""面"保护向同时关注"线性文化遗产""大型文化遗产"保护的转变。[①] 线性遗产一般是指"那些跨越不同地理单元和文化板块的线状或带状遗产族群"[②],是以历史时期某种经济、文化或政治功能为纽带而形成[③]。单霁翔对线性遗产概念进行了更为具体的界定,即"在拥有特殊文化资源集合的线形或带状区域内的物质和非物质的文化遗产族群,往往出于人类的特定目的而形成一条重要的纽带,将一些原本不关联的城镇、村庄等串联起来,构成链状的文化遗存状态,真实再现了历史上人类活动的移动、物质和非物质文化的交流互动,并赋予作为重要文化遗产载体的人文意义和人文内涵"[④],这一定义在我国文化遗产研究中得到较为广泛的认可。

在不同文化背景与遗产语境下,国际上对于线性遗产的称谓及研究有所不同,大体可分为三类:(1)欧洲对"文化线路"(cultural route)开展的保护和研究;(2)美国对"遗产廊道"(heritage corridor)系统的构建和研究;(3)中国对线性遗产及其相关概念的研究。学者们对于线性遗产及其相关概念关系有不同的理解,刘庆余认

---

① 俞孔坚、奚雪松、李迪华等:《中国国家线性文化遗产网络构建》,《人文地理》2009 年第 3 期,第 11—16 页。

② 王吉美、李飞:《国内外线性遗产文献综述》,《东南文化》2016 年第 1 期,第 31—38 页。

③ 任唤麟:《跨区域线性文化遗产类旅游资源价值评价——以长安—天山廊道路网中国段为例》,《地理科学》2017 年第 10 期,第 115—123 页。

④ 单霁翔:《大型线性文化遗产保护初论:突破与压力》,《南方文物》2006 年第 3 期,第 2—5 页。

为线性遗产具体包括文化线路、遗产廊道、历史路径（historic pathway）、线状遗迹（serial monuments and sites）等①，陶犁、王立国则认为线性遗产与文化线路、遗产廊道、文化廊道（cultural corridor）、风景道（scenic byway）、历史路径等概念相联系②。文化线路和遗产廊道是线性遗产最主要的两种形式，线性遗产是在这些概念基础上形成的③，与这些概念相似④。为进一步了解线性遗产的概念与内涵，本书对遗产廊道、文化线路、风景道等重要概念进行系统的梳理与比较。

"遗产廊道"概念于 20 世纪 60 年代起源于美国，是美国针对本国大尺度文化景观保护的一种区域化的遗产保护战略方法，是"遗产区域"（heritage area）的线性形式。⑤ 1984 年美国最早确定了伊利诺伊和密歇根运河（Illinois and Michigan Canal）国家遗产廊道，标志着遗产廊道概念的形成。美国国家公园局从资源和价值的角度来界定遗产廊道的概念，即"在人类活动基础上所形成的由自然、文化、历史、风景等资源组成的在某方面具有独特性的国家景观，这些由人类活动所形成的物质资源及蕴含其中的传统文化、民俗风情等使其在某种意义上成为国家历史的见证者"。⑥ Charles 则从遗产廊道所蕴含的经济、旅游、生态等功能的角度，将遗产廊道定义为"拥有特殊文化资源集合的线性景观，通常带有明显的经济中心、蓬勃发展的旅游、老建筑的适应性再利用、娱乐及环境改善"，并强调了"对廊道历史文化价值的整体认识，利用遗产复兴经济，同时解决景观趋同、社区认同感消失、经济衰退等相关问题"。⑦ 该定义在线性遗产保护研究中得到了较为广泛的应用。遗产廊道的表现形式既可以是河流、峡谷、运河、道路及铁路线，也可以是把单个遗产点串联起来具有历史与文化意义的线性廊道，还可以是多条线性遗产组合而成的遗产网络。⑧

---

① 刘庆余：《国外线性文化遗产保护与利用经验借鉴》，《东南文化》2013 年第 2 期，第 29—35 页。

② 陶犁、王立国：《国外线性文化遗产发展历程及研究进展评析》，《思想战线》2013 年第 3 期，第 108—114 页。

③ 朱晗、赵荣、郗桐笛：《基于文化线路视野的大运河线性文化遗产保护研究——以安徽段隋唐大运河为例》，《人文地理》2013 年第 3 期，第 70—73 页。

④ 任唤麟：《基于地理特征的跨区域线性文化遗产旅游形象策略研究》，《地理与地理信息科学》2017 年第 1 期，第 95—101 页。

⑤ 陶犁、王立国：《国外线性文化遗产发展历程及研究进展评析》，《思想战线》2013 年第 3 期，第 108—114 页。

⑥ Daly J. "Heritage Areas：Connecting people to their place and history"，*Forum Journal*，2003，17：5-12.

⑦ Charles A F. *Greenways*，Washington：Island Press，1993，pp. 34-45.

⑧ 王吉美、李飞：《国内外线性遗产文献综述》，《东南文化》2016 第 1 期，第 31—38 页。

从遗产廊道的概念发展来看,遗产廊道是绿线公园(greenline park)、国家保护区(national reserves)、绿道(greenway)思想进化的产物①,是与美国绿道运动、风景道建设和区域文化遗产保护理念相结合的成果②。其中,绿线公园的概念于1975 年由 Little 提出③,而绿道则是绿线公园的线性形式④,其提出是为了在更大范围内保护水资源等线性文化遗产,从最初为了提供生态景观和游憩功能发展成为兼具生态景观、游憩娱乐、文化审美、遗产保护等综合性功能⑤。随着绿道运动的兴起,美国又开始通过立法来设计、建设风景道,风景道不仅强调美化道路和景观、注重人们在旅途中的视觉愉悦,还关注对道路沿线历史、生态、非物质文化遗产的保护和发展。绿道、风景道的建设与发展,使得美国遗产保护区域化的实践日益成熟,作为绿色廊道和遗产区域的综合,遗产廊道的概念应运而生,为线性遗产保护提供了新思路。相比于绿道更加注重景观生态和游憩功能,遗产廊道除了景观生态功能外,更加强调区域内历史文化的保护和社区经济的发展。综合来看,遗产廊道的概念与遗产区域、绿线公园、绿道、风景道的概念是一脉相承的,如图2-1所示,不同概念之间既有重合之处,也有不同的侧重点,概念及内涵没有非常严格的界限,但均强调了对生态景观、生活环境的美化,休闲游憩功能的提供以及对文化遗产的保护。

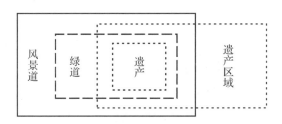

图 2-1　美国遗产廊道相关概念关系

"文化线路"概念最早在 1964 年由欧洲理事会提出,在 1993 年圣地亚哥·

---

①　王立国、陶犁、张丽娟等:《文化廊道范围计算及旅游空间构建研究——以西南丝绸之路(云南段)为例》,《人文地理》2012 年第 6 期,第 36—42 页。

②　李伟、俞孔坚:《世界文化遗产保护的新动向——文化线路》,《城市问题》2005 年第 4 期,第 7—12 页。

③　Charles A F. *Greenline Parks: An Approach to Preserving Recreational Landscapes in Urban Areas*, Library of Congress, 1975, pp.74-90.

④　Zube E H. "Greenways and the US National Park System", *Landscape and Urban Planning*, 1995, 33:17-25.

⑤　王吉美、李飞:《国内外线性遗产文献综述》,《东南文化》2016 年第 1 期,第 31—38 页。

德·卡姆波斯特拉朝圣之路(Santiago de Compostela)被成功列入世界遗产名录后得到了更为系统的研究。① 2005年联合国教科文组织制定的《实施世界遗产公约操作指南》正式将"文化线路"纳入"世界遗产名录"中的"特定遗产类型"。《2008文化线路宪章》系统而具体地介绍了文化线路的定义,即"文化线路是陆路、水路或其他类型的交流线路,有明确地理界限,为实现既定目标而拥有动态的特定历史功能,其形成源于人类的迁徙和与之相伴的民族、国家、地区或洲之间商品、思想、知识和价值观等多维度的持续交流,在特定的时空范围内促进了相关文化的相互滋养,并通过物质和非物质文化遗产得以体现,文化线路把相关的历史联系和文化遗产整合为统一的动态系统"(国际古迹遗址理事会文化线路科学委员会,简称CIIC,2008)。该定义在国际文化线路的研究中得到较多的采用,强调了文化线路由物质和非物质要素组成、与所依存的环境密切相关、具有整体跨文化性和典型动态性的特征。② 该定义的提出也标志着文化线路正式成为世界遗产保护的新领域,它与其他遗产类别的不同之处在于,它更为强调线路所带来的各文化地区、领域之间的相互沟通、交流和影响。③ 文化线路能够通过跨越时空的旅行向人们展示不同国家和文化是如何促成共享的、活态的文化遗产。④

国内外学者对"遗产廊道""文化线路""风景道"等相关概念的异同进行了大量的研究,尤其是对"遗产廊道""文化线路"两大概念从发展历程、范围尺度、内涵主题、应用目的、管理方式等多方面进行了系统的比较分析,如表2-1所示。在概念内涵上,这两大概念均强调了空间、时间和文化因素,强调了线状各个遗产节点共同构成的文化功能和价值以及至今对人类社会、经济可持续发展产生的影响⑤,都是一种具有动态性的文化景观,集生态保护、有形与无形的文化遗产保护、地区振兴、旅游开发等多维度于一体⑥。而两者的区别主要体现在,CIIC所定义的文化线路本身便是一种客观存在的遗产类型,而遗产廊道更多作为一种区域化遗产保护

① 李伟、俞孔坚:《世界文化遗产保护的新动向——文化线路》,《城市问题》2005年第4期,第7—12页。
② 王丽萍:《文化线路:理论演进、内容体系与研究意义》,《人文地理》2011年第5期,第43—48页。
③ 同①。
④ Campolo D, Bombino G, Meduri T, eds. "Cultural Landscape and Cultural Routes: Infrastructure Role and Indigenous Knowledge for a Sustainable Development of Inland Areas", *Procedia-Social and Behavioral Sciences*, 2016, 223: 576-582.
⑤ 刘蒋:《文化遗产保护的新思路——线性文化遗产的"三位一体"保护模式初探》,《东南文化》2011年第2期,第19—24页。
⑥ 同①。

战略方法;文化线路更加要求线路文化意义和社会意义的严格性,更关注线路在文化上的影响,强调交流和对话;遗产廊道在本质上只是拥有文化资源的线性景观,虽然也关注线路的文化意义和遗产保护,但更加侧重经济振兴的目的。[①] 同时,遗产廊道强调廊道景观的建设及沿线的生态环境保护,提供休闲游憩空间,也对廊道沿线的历史文化资源进行保护;而文化线路则是将文化线路遗产的整体保护放在首位,强调历史文化价值的重要性和不同文化之间的交流与联系,兼顾保护线路沿线文化和自然景观的任务。[②] 此外,CIIC 对文化线路的界定非常严格,对原真性、历史性、文化性要求较高,那些精心设计把相类似的或是与当代的遗产资源连接起来的线路,或是连接着遗产但并非历史发展形成的线路,或是连接的遗产元素与文化主题联系不强的线路,均不能称为文化线路;遗产廊道则常将一些近现代的遗迹进行景观整理,以形成一条线性景观带。[③]

表 2-1　遗产廊道、文化线路的比较

比较内容		遗产廊道	文化线路
不同	理论源地	美国	欧洲
	溯源	1984 年	1993 年
	发展轨迹	绿线公园—国家保护区—绿道思想进化的产物,绿道运动、风景道建设、文化遗产保护区域化的成果	线性文化遗产的核心内质:文化景观的衍射
	性质	廊道(非遗产)	遗产(文化遗产)
	历史	历史较短(几十年)	历史较长(上百年)
	涵盖区域	北美为主	世界性
	涉及主要机构	NPCA;NPS	ICOMOS;CIIC
	特征	保护遗产;遗产休闲;可包括现代和近代遗迹;线性;尺度可大可小,多为中尺度	与一定历史事件相联系的人类交往和迁移的路线;价值多元性;尺度多样性;强调公众参与

---

① 李伟、俞孔坚:《世界文化遗产保护的新动向——文化线路》,《城市问题》2005 年第 4 期,第 7—12 页。
② 王吉美、李飞:《国内外线性遗产文献综述》,《东南文化》2016 年第 1 期,第 31—38 页。
③ 同①。

续 表

比较内容		遗产廊道	文化线路
不同	空间结构	线状、环状、十字状、放射状、网状等	串珠状等
	范围界定	历史重要性,建筑或工程的重要性,自然对文化资源的重要性,经济重要性	空间标准,时间标准,文化标准
	线路主题	不唯一,线路要素与主题关系不严格,文化真实性要求相对宽宥	唯一,线路要素与主题关系严格,文化真实性要求高
	概念意义	文化资源的线性景观,以遗产保护、振兴经济为目标;更倾向于有形文化遗产;是地方发展战略	将遗产保护放在首位,强调无形的精神属性和可传承性;倾向于无形文化遗产;注重线路文化意义和社会意义
	典型案例	圣地亚哥·德·卡姆波斯特拉朝圣之路	伊利诺伊和密歇根运河国家遗产廊道
相同		均具有多维度、时空性、大尺度、开放动态性,强调整体性保护、自然与文化遗产相结合、有形与无形遗产并存,注重文化意义,强化景观观赏、休闲游憩、体验教育和信息引导等功能	

资料来源:根据文献资料整理。①

注:NPCA(National Parks and Conservation Association,美国公园保护协会);NPS(National Park Service,美国国家公园管理局);ICOMOS(International Council on Monuments and Sites,国际古迹遗址理事会);CIIC(International Scientific Committee on Cultural Routes,文化线路科学委员会)

综合国内外对于"线性遗产"以及对相关概念的研究,可以发现,线性遗产与"遗产廊道""文化线路""风景道""绿道"等概念有共通之处,这些概念体系体现了线性遗产的核心,一是强调文化遗产是线路空间构成的核心要素,二是具有线性空间的整体性特征。②

---

① 李飞、宋金平:《廊道遗产:概念、理论源流与价值判断》,《人文地理》2010 年第 2 期,第 74—77 页;李伟、俞孔坚:《世界文化遗产保护的新动向——文化线路》,《城市问题》2005 年第 4 期,第 7—12 页;陶犁、王立国:《国外线性文化遗产发展历程及研究进展评析》,《思想战线》2013 年第 3 期,第 108—114 页;王国立、陶犁、张丽娟等:《文化廊道范围计算及旅游空间构建研究——以西南丝绸之路(云南段)为例》,《人文地理》2012 年第 6 期,第 36—42 页;席岳婷:《基于线性文化遗产概念下唐蕃古道(青海段)保护与开发策略的思考》,《青海社会科学》2012 年第 1 期,第 47—51 页。
② 陶犁、王立国:《国外线性文化遗产发展历程及研究进展评析》,《思想战线》2013 年第 3 期,第 108—114 页。

二、线性遗产的特点

线性遗产通常具有以下特点：

（1）在地理空间上，尺度可大可小，但一般都为中等尺度；边界模糊；与所依存的环境密切联系。

（2）在地域范围上，跨越不同区域（地理区、文化区或行政区）甚至不同国家，涉及地域众多。

（3）在时间维度上，形成于特定的历史时期，或开始形成于特定的历史时期，至今仍处于不断演进中，具有动态性；一般经过较长期的发展，历史相对较长，体现了地区文化的发展历程。

（4）在文化层面上，是线性的文化景观，景观类型丰富，由物质和非物质文化要素共同构成[1]，包含有形和无形的文化现象[2]，涉及的遗产元素一般类型多、丰度大、级别高[3]；一般具有跨文化性，文化积淀厚重，与特定历史现象相对应，见证文化交流与对话[4]。

（5）在表现形式上，河流、峡谷、运河、道路以及铁路线是线性遗产的重要载体。

（6）在功能上，具有特定的历史目的和功能，具有游憩、休闲、教育、遗产保护、生态服务等多维度的价值与功能。

（7）在保护上，对遗产的保护采用整体而非局部的观念，需要跨区域的协调机制。

这些特点使得线性遗产具有独特的魅力，但同时线性遗产涉及的问题也更加广泛而复杂，线性遗产的保护与管理更加有难度。

线性遗产也是一类重要的、特殊的旅游资源，在开发、发展成为旅游目的地时，也呈现出与一般旅游目的地不同的地理特征。这体现在：线性遗产空间跨度大，呈现出"点—轴"式的空间结构；文化景观类型丰富、动态多元、环境变化复杂、整体体

---

① 王丽萍：《文化线路：理论演进、内容体系与研究意义》，《人文地理》2011年第5期，第43—48页。

② Shishmanova M V. "Cultural Tourism in Cultural Corridors, Itineraries, Areas and Cores Networked", *Procedia-Social and Behavioral Sciences*, 2015，188：246-254.

③ 朱尖、维公：《黄河故道线性文化遗产旅游价值评价与开发研究》，《资源开发与市场》2013年第5期，第553—556页。

④ 王建波、阮仪三：《作为遗产类型的文化线路——〈文化线路宪章〉解读》，《城市规划学刊》2009年第4期，第86—92页。

量大、游览时间较长。① 这些特征也一定程度上为线性遗产的旅游发展带来了旅游形象弱化、区域利益博弈、管理协调难、产权界定难等问题。相比于"跨界旅游区",线性遗产的利益主体关系要更为复杂。②

三、线性遗产的类型

王丽萍基于《2008 文化线路宪章》中文化线路的定义,依据不同的划分标准对文化线路的类型进行了探讨:

(1)根据领域范围,可分为本地的、国家的、地区的、洲内的或跨洲的文化线路;

(2)根据文化范围,可分为在一个既定的文化区域或延伸的不同地理区域,或共享对文化价值的形成或演变发生相互影响的过程;

(3)根据目标和功能,文化线路有社会性、政治性、文化性或经济性;

(4)根据时间期限,文化线路包括不再使用的和那些在社会经济、政治和文化交流影响下不断发展的线路;

(5)根据轮廓结构,可分为线状、圈状、十字状、放射状和网状的文化线路;

(6)根据自然环境的不同,分为陆路的、水路的或混合型的文化线路。③

在国际上,自 1993 年西班牙的圣地亚哥·德·卡姆波斯特拉朝圣之路列入《世界遗产名录》以来,法国的米迪运河、奥地利的赛默林铁路、阿曼的乳香之路、以色列的熏香之路等一些线性文化遗产相继成为世界遗产。《世界遗产名录》中录入的线路遗产分为运输线路、贸易线路、宗教线路和线性遗产四种不同类型。④

国内学者也对于我国线性文化遗产的类型进行梳理,俞孔坚、奚雪松、李迪华等便着重探讨了中国国家线性文化遗产网络的构建,通过文献研究与专家问卷德尔菲法,初步判别出了我国重要的线性文化遗产并进行了归类,主要分为道路交通、军事工程、自然河流与水利工程、历史主题事件四大类型⑤,如表2-2所示。第

① 任唤麟:《基于地理特征的跨区域线性文化遗产旅游形象策略研究》,《地理与地理信息科学》2017 年第 1 期,第 95—101 页。

② 任唤麟:《跨区域线性文化遗产类旅游资源价值评价——以长安—天山廊道路网中国段为例》,《地理科学》2017 年第 10 期,第 115—123 页。

③ 王丽萍:《文化线路:理论演进、内容体系与研究意义》,《人文地理》2011 年第 5 期,第 43—48 页。

④ 朱晗、赵荣、郗桐笛:《基于文化线路视野的大运河线性文化遗产保护研究——以安徽段隋唐大运河为例》,《人文地理》2013 年第 3 期,第 70—73 页。

⑤ 俞孔坚、奚雪松、李迪华等:《中国国家线性文化遗产网络构建》,《人文地理》2009 年第 3 期,第 11—16 页。

一类是道路交通型,这些交通线路既包括古代重要的商贸通道,这些通道在不同历史时期的政治、经济、文化交流上扮演了重要角色,如著名的丝绸之路、茶马古道、古蜀道;也包括近现代具有显著作用的公路,如近代民国时期的滇缅公路。第二类是军事工程,如以线性构筑物联系的长城,与其他类型有所区别。第三类是自然河流与水利工程,其中河流、峡谷不仅是线性廊道空间的载体和主要脉络,也动态影响着文化遗产的历史发展,是其重要的环境依托,一般具有多维度的价值和功能,如水利灌溉、交通运输、人口流动、文化沟通与交往、生态服务等,如我国的大运河、三峡等。第四类是历史主题事件,如具有代表性的红军长征线路。该分类在国内线性遗产研究中得到较广的采用。①

表 2-2　中国国家线性文化遗产提名及所属类型

序号	类型		名称
1	道路交通	古驿道	丝绸之路、茶马古道、古蜀道、海上丝绸之路、客家迁徙线路、秦直道、秦驰道、草原之路、西南丝绸之路
		公路	滇缅公路
2	军事工程		长城、苗疆边墙(湘西长城)、金界壕
3	自然河流与水利工程		大运河、长江及其沿线文化带、黄河及其沿线文化带
4	历史主题事件		红军长征线路、徐霞客游线

资料来源:根据文献资料整理。②

四、线性遗产的分布与规模

截至 2020 年 2 月,《世界遗产名录》收录的遗产总数达 1121 项。根据线性遗产的定义与类型,结合已有研究所整理的部分数据、联合国教科文组织世界遗产中心网站及相关网站的最新数据,对《世界遗产名录》收录的线性遗产数量进行不完全统计,发现已列入《世界遗产名录》的线性遗产有 44 项,如表 2-3 所示。已有多处线性遗产被列入世界遗产的名单,为世人所知晓,如西班牙的圣地亚哥·德·卡姆波斯特拉朝圣之路、法国的米迪运河、日本的纪伊山脉胜地和朝圣之路、以色列的熏香之路——内盖夫地区的沙漠城市、印加古道等。这些被列入世界遗产名录

---

① 刘庆余:《国外线性文化遗产保护与利用经验借鉴》,《东南文化》2013 年第 2 期,第 29—35 页;张定青、王海荣、曹象明:《我国遗产廊道研究进展》,《城市发展研究》2016 年第 5 期,第 70—75 页。

② 俞孔坚、奚雪松、李迪华等:《中国国家线性文化遗产网络构建》,《人文地理》2009 年第 3 期,第 11—16 页。

的线性遗产类型复杂多元,既包括印度大吉岭喜马拉雅铁路这样的环山铁路系统,也包括法国米迪运河这样的水路工程,还包括西班牙的圣地亚哥·德·卡姆波斯特拉朝圣之路这样的文化线路。这些线性遗产广泛分布于发达国家和发展中国家等几十个国家,且往往由多个国家共享。中国列入世界遗产名录的线性遗产有长城、大运河以及"丝绸之路:长安—天山廊道路网"。

表 2-3 已列入《世界遗产名录》的线性遗产概况

序号	遗产名称	所属国	批准年份	遗产类型
1	加德满都谷地(2003 年被列入濒危名录)	尼泊尔	1979	线性文化景观(峡谷)
2	长城	中国	1987	线状遗迹
3	罗马帝国的边界(另一部分在德国):哈德良长城	英国	1987	线状遗迹
4	多瑙河岸、布达城堡地区和安德拉希大街	匈牙利	1987、2002	线性文化景观(河流)
5	巴黎塞纳河畔	法国	1991	线性文化景观(河流)
6	圣地亚哥·德·卡姆波斯特拉朝圣之路(西班牙段)	西班牙	1993	文化线路
7	阿姆斯特丹的防御战线	荷兰	1996	线状遗迹
8	米迪运河	法国	1996	遗产运河
9	塞默林铁路	奥地利	1998	线状遗迹
10	圣地亚哥·德·卡姆波斯特拉朝圣之路(法国段)	法国	1998	文化线路
11	中央运河上的四座船舶吊车及周围地区	比利时	1998	遗产运河
12	圣谷	黎巴嫩	1998	线性文化景观(山谷)
13	比尼亚莱斯山谷	古巴	1999	线性文化景观(山谷)
14	乳香之路	阿曼	2000	文化线路
15	沙洛纳河卢瓦尔河畔叙利间的卢瓦尔河流域	法国	2000	线性文化景观(河流)

续　表

序号	遗产名称	所属国	批准年份	遗产类型
16	山地铁路(即大吉岭喜马拉雅铁路)	印度	1999、2005、2008	线状遗迹
17	中上游莱茵河河谷	德国	2002	线性文化景观(河谷)
18	巴米扬山谷(2003年被列入濒危名录)	阿富汗	2003	线性文化景观(山谷)
19	科布拉达·德·胡迈海卡山谷	阿根廷	2003	文化线路
20	马德留一塔一克拉罗尔峡谷	安道尔	2004/2006	线性文化景观(峡谷)
21	额尔浑峡谷文化景观	蒙古国	2004	线性文化景观(峡谷)
22	纪伊山脉圣地和朝圣路线	日本	2004	文化线路
23	罗马帝国的边界:上日耳曼一雷蒂安边墙	德国	2005	线状遗迹
24	熏香之路一内盖夫的沙漠城镇	以色列	2005	文化线路
25	斯特鲁维测量地点及路线	10个国家	2005	线状遗迹
26	阿夫拉贾灌溉系统	阿曼	2006	线状遗迹
27	塞内冈比亚石圈	冈比亚	2006	线状遗迹
28	里多运河	加拿大	2007	遗产运河
29	阿尔布拉一伯尔尼纳文化景观中的雷塔恩铁路	瑞士、意大利	2008	线状遗迹
30	舒什塔尔的古代水利系统	伊朗	2009	遗产运河
31	庞特斯沃泰水道桥和运河	英国	2009	遗产运河
32	阿姆斯特丹的运河带	荷兰	2010	遗产运河
33	皇家内陆大干线	墨西哥	2010	文化线路
34	特拉蒙塔纳山区文化景观	西班牙	2011	线性文化景观

续 表

序号	遗产名称	所属国	批准年份	遗产类型
35	艾恩文化遗址:哈菲特、西里、比达一宾特一沙特以及绿洲	阿拉伯联合酋长国	2011	线状遗迹
36	耶稣诞生地:伯利恒主诞堂和朝圣线路(濒危)	巴勒斯坦	2012	文化线路
37	带驻防的边境城镇埃尔瓦斯及其防御工事	葡萄牙	2012	线性文化景观
38	印加古道	阿根廷、玻利维亚、智利、厄瓜多尔、秘鲁	2014	文化线路
39	丝绸之路:起始段和天山廊道的路网	中国、吉尔吉斯斯坦	2014	文化线路
40	大运河	中国	2014	文化线路
41	腾布里克神父水道桥水利设施	墨西哥	2015	线性文化景观
42	15—17世纪威尼斯共和国的防御工事:西方的陆地之国到海洋之国(与意大利/克罗地亚共享)	黑山、克罗地亚、意大利	2017	线状遗迹
43	哈萨绿洲	沙特阿拉伯	2018	线状遗迹
44	赫德比和丹内维尔克的边境遗址	德国	2018	线性文化景观

资料来源:根据文献资料整理。①

　　值得注意的是,线性遗产的规模不仅仅局限于列入《世界遗产名录》的文化线路、遗产运河、线性文化景观以及线状遗迹,还应关注发源于美国的遗产廊道。1984年,美国指定了第一条遗产廊道——伊利诺伊和密歇根运河,美国各个州也在积极规划本地区内的遗产廊道与遗产区域。截至2015年11月,美国共有国家遗产区域49个,其中8个线性遗产区域使用了遗产廊道这一称谓②,如表2-4所示。

————————

① 联合国教科文组织世界遗产中心网站(http://whc.unesco.org)、世界遗产专题集邮(http://www.guwh.com);刘庆余:《国外线性文化遗产保护与利用经验借鉴》,《东南文化》2013年第2期,第29—35页;单霁翔:《大型线性文化遗产保护初论:突破与压力》,《南方文物》2006年第3期,第2—5页;陶犁、王立国:《国外线性文化遗产发展历程及研究进展评析》,《思想战线》2013年第3期,第108—114页;王吉美、李飞:《国内外线性遗产文献综述》,《东南文化》2016年第1期,第31—38页;朱晗、赵荣、郗桐笛:《基于文化线路视野的大运河线性文化遗产保护研究—以安徽段隋唐大运河为例》,《人文地理》2013年第3期,第70—73页。

② 王娟:《遗产廊道视角下京杭运河沿线古镇的旅游发展探究》,西安建筑科技大学硕士论文,2015。

表 2-4　美国国家遗产廊道

序号	廊道名称	批准年份
1	伊利诺伊和密歇根运河国家遗产廊道	1984
2	黑石河峡谷国家遗产廊道	1986
3	特莱华州和莱海运河国家遗产廊道	1988
4	奎恩博格和夏特科特河峡谷国家遗产廊道	1994
5	俄亥俄州和伊利运河国家遗产廊道	1996
6	南卡罗来纳州国家遗产廊道	1996
7	伊利运河之路国家遗产廊道	2000
8	古拉赫吉奇文化国家遗产廊道	2006

资料来源:根据文献资料整理。[①]

第二节　线性遗产研究的主要流派及观点

一、文化线路

文化线路的概念起源于欧洲,该流派的研究成果主要集中在概念内涵及线路解读、线路环境、线路价值评价、保护和管理等方面。对于文化线路的概念解读,ICOMOS 强调了文化线路是不同地区、民族因持续交流而产生文化融合的现象,具有明显的动态特征,它必须满足的条件是:产生于、并反映了人们之间的相互往来和特定历史时期各种要素的相互交流;必须促进了文化之间的融合发展,形成了物质和非物质遗产;具有动态性。可见,ICOMOS 对于文化线路的界定标准是较为严格的。

文化线路跨度大,形式多样,对环境的依托性较强,因此不少学者对线路的环境进行了分析,如 Sugio 提出线路环境可以分为线路位置、核心区、一级缓冲区、二级缓冲区四种类型。[②] Ono 则进一步以日本纪伊朝圣之路为例,利用 GIS(地理信息系统)技术来系统分析文化线路的环境问题,得到了较好的效果[③]。

文化线路的价值得到了较广泛的认同,如 Božič & Tomic 将遗产价值、经济影响纳入考虑,建立了文化线路评价模型以衡量文化线路对旅游发展的重要性,并应

---

① 王吉美、李飞:《国内外线性遗产文献综述》,《东南文化》2016 年第 1 期,第 31—38 页。

② Sugio K. *A Consolidation on the Definition of the Setting and Management /Protection Measures for Cultural Routes*,Xi'an:Xi'an World Publishing Corporation,2005,pp. 134-170.

③ Ono W. *A Case Study of a Practical Method of Defining the Setting for a Cultural Route*. Xi'an:Xi'an World Publishing Corporation,2005,pp. 29-50.

用于塞比亚罗马皇帝游线,衡量其科学价值、路线相关价值、经济价值、保护价值以及其他价值。[1] Cojocariu 分析了罗马尼亚的文化线路,提出文化线路是珍贵的资产,具有重要的经济、社会、环境和文化影响。[2] Shishmanova 认为文化线路整合好文化、旅游信息设施,开发成文化旅游产品,形成地区网络,能够有效地促进旅游客流的引导,推动旅游经济的发展。[3]

文化线路往往跨越不同国家和地域,其保护和管理也需要特别的关注,如 Genovese 分析了文化线路的意义和本质,提出由于文化线路遗产对发展可持续社会经济、维护文化多样性具有跨越国界的重要价值,因此不同国家应联合起来共同保护,保护政策应考虑跨领域、文化完整性、行动协调性。[4] Louis 主张从建立完善法律体系、搭建国际合作平台、提高专业素养、鼓励学术研究、加强遗产教育、推动多方参与的方式来应对目前文化线路面临的快速城市化、文物日益被破坏、技术资金不足、公众保护意识不足等问题。[5] 随着国际上遗产保护与管理技术及经验的日趋成熟,学者们研究了更加快速有效的方式,如 Adie & Amore 分析了意大利跨国跨边界遗产的元治理问题,发现意大利体制问题尤其是过度层级化的遗产政策导致了治理和元治理失败,有必要构建更加网络化的元治理模式来提高遗产管理效率。[6]

从文化线路的类型来看,可分为三类,一是线性交通设施线路,包括铁路线、运河等;二是历史形成的文化线路;三是将资源点串联,进行规划后形成的当代文化线路,如尼亚加拉葡萄酒线路。[7]

在国内,李伟、俞孔坚最早将文化线路引入中国,系统介绍了文化线路的定义、

---

[1]　Božić S，Tomić N，eds. "Developing the Cultural Route Evaluation Model (C)REM and its Application on the Trail of Roman Emperors, Serbia"，*Tourism Management Perspectives*，2016，17：26-35.

[2]　Cojocariu S. "The Development of Cultural Routes：A Valuable Asset for Romania"，*Procedia Economics and Finance*，2015，32：959-967.

[3]　Shishmanova M V，"Cultural Tourism in Cultural Corridors，Itineraries，Areas and Cores Networked"，*Procedia-Social and Behavioral Sciences*，2015，188：246-254.

[4]　Genovese R A，"Cultural Routes between East and West：A Network for Cooperation between Mediterranean Cities"，*Procedia-Social and Behavioral Sciences*，2016，223：619-625.

[5]　Louis C W. *Conservation and Management of Ceramic Archaeological Sites along the Maritime Silk Road*. Xi'an：Xi'an World Publishing Corporation，2005，pp.54-79.

[6]　Adie B A & Amore，eds. "Transnational World Heritage，(meta)Governance and Implications for Tourism：An Italian case"，*Annals of Tourism Research*，2020，80：102844.

[7]　Telfer D J. "Strategic Alliances along the Niagara Wine Route"，*Tourism Management*，2011，22：21-30.

特征以及作为世界文化遗产的判别标准,提出文化线路与其他遗产类别的不同在
于线路所带来的文化社区间的交流和影响,文化线路范围的界定应遵循空间、时间
和文化标准,并与遗产廊道进行了对比。对文化线路概念和内涵的理解大多基于
《2008 文化线路宪章》①,王建波、阮仪三便基于此提出对文化线路的理解应关注交
通线路、特定用途和历史功能、不同文化交流现象这三个要素②。王丽萍也据此对
文化线路理论演进、内容体系与研究意义进行了解读,提出文化线路可以通过多维
度内涵、真实性、完整性标准来界定。③

二、遗产廊道

遗产廊道起源于美国,国外相关研究成果丰富,主要有生态保护④、历史文化
保护⑤、视觉美学评价⑥、规划思想与方法⑦、使用者体验⑧、管理及与相关政策的关
系⑨等研究。国际上对遗产廊道的研究非常关注使用者的体验,如 Denstadli &
Jacobsen 研究分析了自驾游客对于风景道的体验满意度与忠诚度,发现游客动机
和对设施的满意度是游客对线路整体满意度的最重要决定因素。⑩ Ginting 则关注
印度尼西亚历史廊道内当地居民和游客的自我能效问题,提出人们对地区产生信

①　李伟、俞孔坚:《世界文化遗产保护的新动向——文化线路》,《城市问题》2005 年第 4 期,第 7—12 页。
②　王建波、阮仪三:《作为遗产类型的文化线路——〈文化线路宪章〉解读》,《城市规划学刊》2009 年第 4
期,第 86—92 页。
③　王丽萍:《文化线路:理论演进、内容体系与研究意义》,《人文地理》2011 年第 5 期,第 43—48 页。
④　Dawson K J. "A Comprehensive Conservation Strategy for Georgias Greenways", *Landscape and Urban Planning*, 1995, 33(1): 27-43.
⑤　Frederick J C. "Local and Public Heritage at a World Heritage Site", *Annals of Tourism Research*, 2014, 44(5): 143-155.
⑥　Blumentrath C & Tveit M S, eds. "Visual Characteristics of Roads: A Literature Review of People's Perception and Norwegian Design Practice", *Transportation Research Part A: Policy and Practice*, 2014, 59(1): 58-71.
⑦　Linehan J, Gross M, Finn J, eds. "Greenway Planning: Developing a Landscape Ecological Network Approach", *Landscape and Urban Planning*, 1995, 33(7): 179-193.
⑧　Ginting N. "How Self-efficacy Enhance Heritage Tourism in Medan Historical Corridor, Indonesia", *Procedia-Social and Behavioral Sciences*, 2016, 234(10): 193-220.
⑨　Hashemi H, Abdelghany K, Hassan A, eds. "Real-time Traffic Network State Estimation and Prediction with Decision Support Capabilities: Application to Integrated Corridor Management", *Transportation Research Part C: Emerging Technologies*, 2016, 73(10): 128-146.
⑩　Denstadli J M & Jacobsen J K S, eds. "The Long and Winding Roads: Perceived Quality of Scenic Tourism Routes", *Tourism Management*, 2011, 32:780-789.

任感、可进入性评价积极会提升游客满意度和提高居民生活质量。①

国内研究遗产廊道的主要流派有：以俞孔坚、李伟、李迪华、奚雪松等学者为代表的对大运河的研究，以王丽萍等学者为代表的对滇藏茶马古道的研究，以龚道德等为代表的对美国遗产廊道模式的解读研究等。对遗产廊道的研究主题主要涉及遗产廊道的概念、内涵、特征、构成、构建方法、价值评价、旅游开发等方面，并从国家、区域、城市不同尺度上进行了实证研究。

首先，是对遗产廊道的概念、内涵、特征、构成的基础性研究。王志芳、孙鹏最早将遗产廊道这一遗产保护方法引入国内，介绍了美国遗产廊道的概念、选择标准、法律保障与管理体系，认为遗产廊道的特点在于线性景观、中等尺度、综合性保护措施。② 俞孔坚、奚雪松则从发生学视角出发，分析了大运河在各历史时期的演变过程，提出大运河遗产廊道由自然系统、遗产系统与支持系统三大部分构成③，其涵盖了张定青、王海荣、曹象明提出的遗产廊道的四个空间构成要素，即绿色廊道、游步道、遗产、解说系统④。Ji & Shao 同样提出遗产廊道由四个子系统组成，包括遗产系统、解说系统、交通系统和绿道系统，遗产系统是保护和利用的主要部分，其他三个系统组成了支持系统，并提出支持系统中的景观基础设施扮演了一个多功能媒介的作用。⑤ 从空间构成来看，李飞则提出线性文化遗产空间结构要素包括节点、廊道和辐射域面，呈现出"点—轴""点—辐""轴—辐"交互影响的空间组织形式，并建立了空间结构演化模型。⑥

其次，是对遗产廊道的构建、价值评价、旅游开发、保护与规划的应用性研究。王丽萍以滇藏茶马古道为例提出了文化遗产廊道的构建模式，提出具体的保障措施。而对遗产廊道的价值评价，是增进认识、促进有效保护与合理开发的重要基础。⑦ 学者们重点对遗产廊道的旅游价值进行了评价，如吕龙、黄震方从廊道资源

---

① Ginting N. "How Self-efficacy Enhance Heritage Tourism in Medan Historical Corridor, Indonesia", *Procedia-Social and Behavioral Sciences*, 2016, 234(10): 193-220.

② 王志芳、孙鹏：《遗产廊道——一种较新的遗产保护方法》，《中国园林》2001 年第 5 期，第 85—88 页。

③ 俞孔坚、奚雪松：《发生学视角下的大运河遗产廊道构成》，《地理科学进展》2010 年第 8 期，第 81—92 页。

④ 张定青、王海荣、曹象明：《我国遗产廊道研究进展》，《城市发展研究》2016 年第 5 期，第 70—75 页。

⑤ Ji X & Shao L, eds. "The Application of Landscape Infrastructure Approaches in the Planning of Heritage Corridor Supporting System", *Procedia Engineering*, 2017, 198:1123-1127.

⑥ 李飞：《线性文化遗产空间结构演化研究——兼述旅游于其中的影响》，《地理与地理信息科学》2019 年第 5 期，第 133—140 页。

⑦ 王丽萍：《文化线路：理论演进、内容体系与研究意义》，《人文地理》2011 年第 5 期，第 43—48 页。

条件(包括廊道连通性、廊道质量状况、资源要素条件)，区域社会条件(区位、社会经济和旅游客源条件)，廊道生境条件(生态环境是否适合开发旅游)和旅游保障条件及发展潜力(旅游交通、接待设施、人才培养)入手，以古运河江苏段为例进行实证研究。[①] 相关研究大多从这四大方面对黄河故道[②]、丝绸之路[③]进行评价。任唤麟则指出这样的评价未将旅游地评价和资源评价区分开，且内容过于宽泛，并非严格意义上针对资源类型的价值评价，应从资源本身的特性和功能等出发，从内涵价值、应用价值、社会影响力来进行[④]。但该研究是以各遗产单体的价值评价作为整个遗产的价值评价，由于线性遗产涵盖不同类型、数量较多、跨越不同文化的遗产单体，整体的价值评价可能更为复杂。对于遗产廊道系统的规划，俞孔坚、李伟、李迪华等提出首先要解决"在哪里"的问题，本质上是适宜性分析，为此他们采用最小累积阻力模型和GIS技术来分析适宜建立廊道的区域，并对浙江台州市进行案例研究。[⑤] 这种空间阻力模型的分析方法也被应用于研究北京市文化遗产要素的分布特征和遗产廊道网络构建。[⑥] Chen、Dang & Peng 则基于地理空间设计方法，以南方丝绸之路邛崃段为例，利用GIS空间分析和叠置分析来构建文化遗产廊道。[⑦] 这样的方法不仅可以确定遗产等级、密度、分布，还可以计划旅游线路、分析遗产资源和环境的关系，为保护性开发和设计提供指导。

对于线性遗产的保护，李伟、俞孔坚、李迪华提出了遗产廊道保护规划研究的理论框架，技术路线包括表述模型—过程模型—评价模型—改变模型—影响评价模型—决策模型，分别解决遗产廊道真实性构成、真实性分析、价值评价、保护战略及其可行性比较的问题，并提出制定遗产廊道宏观层次的保护战略(包括遗产廊道

---

① 吕龙、黄震方：《遗产廊道旅游价值评价体系构建及其应用研究——以古运河江苏段为例》，《中国人口·资源与环境》2007年第6期，第95—100页。

② 朱尖、维公：《黄河故道线性文化遗产旅游价值评价与开发研究》，《资源开发与市场》2013年第5期，第553—556页。

③ 杜忠潮、柳银花：《基于信息熵的线性遗产廊道旅游价值综合性评价——以西北地区丝绸之路为例》，《干旱区地理》2011年第3期，第519—524页。

④ 任唤麟：《跨区域线性文化遗产类旅游资源价值评价——以长安-天山廊道路网中国段为例》，《地理科学》2017年第10期，第115—123页。

⑤ 俞孔坚、李伟、李迪华等：《快速城市化地区遗产廊道适宜性分析方法探讨——以台州市为例》，《地理研究》2005年第1期，第69—76页。

⑥ 王思思、李婷、董音：《北京市文化遗产空间结构分析及遗产廊道网络构建》，《干旱区资源与环境》2010年第6期，第51—56页。

⑦ Chen Y, Dang A, Peng X, eds. "Building a Cultural Heritage Corridor Based on Geodesign Theory and Methodology", *Journal of Urban Management*，2014，3(1)：97-112.

范围的划定、廊道区域内遗产元素的判别、遗产元素空间关系的重建)与文化遗产的整体保护战略、微观层次的遗产元素尺度上的保护设计导则。[①] 该研究为如何保护遗产廊道提供了较为清晰的理论指导。

三、文化廊道、廊道遗产、旅游廊道

虽然国内关于线性遗产的研究起步较晚,但是随着国内对线性遗产理解与认识的逐渐深入,学者们也开始对文化线路、遗产廊道有了中国化的理论解读。陶犁将这两者的概念融会贯通,提出了"文化廊道"的概念,即"以建立在历史时期人类迁移或交流基础上的通道文化为基础,并拥有代表线路空间自然与文化环境的特殊文化景观,由通道、节点和线路辐射区域共同组成的线(带状)空间,它代表了多维度的商品、思想、知识和价值的持续交流,具有历史的动态演变特点"[②];相比于文化线路强调区域文化保护、遗产廊道对线路文化真实性要求不严格,文化廊道更侧重于廊道文化本身的影响及扩散的时空范围,其核心要素是文化。王立国、陶犁、张丽娟等还提出了确定廊道范围的计算方法,并从节点、通道、域面三个方面对西南丝绸之路(云南段)的旅游空间进行了构建[③]。实际上,文化廊道的概念与遗产廊道、文化线路的概念大同小异,也并非独立于后两者的保护开发体系之外。

"廊道遗产"的概念也是学者基于对遗产廊道、文化线路理论的中国化解读提出来的,李飞、宋金平提出"廊道遗产"本身是遗产(在性质上区别于遗产廊道),对历史发展、社会进步或民族交往发挥了重要的促进作用,具有强烈的民族性,是国家文化身份的象征。[④] 可以看出,廊道遗产的内涵实际上与文化线路是类似的。

学者们提出"旅游廊道"源于"廊道"的概念,"廊道"大致经历了"公园路""绿道""风景道""遗产廊道""文化线路"等阶段的演进,这些概念随着社会发展的需要被赋予了更完善的功能,形成了"旅游廊道"空间,将已出现的各类主题的廊道统称

---

① 李伟、俞孔坚、李迪华:《遗产廊道与大运河整体保护的理论框架》,《城市问题》2004 年第 1 期,第 28—31+54 页。

② 陶犁:《"文化廊道"及旅游开发:一种新的线性遗产区域旅游开发思路》,《思想战线》2012 年第 2 期,第 99—103 页。

③ 王立国、陶犁、张丽娟等:《文化廊道范围计算及旅游空间构建研究——以西南丝绸之路(云南段)为例》,《人文地理》2012 年第 6 期,第 36—42 页。

④ 李飞、宋金平:《廊道遗产:概念、理论源流与价值判断》,《人文地理》2010 年第 2 期,第 74—77 页。

为旅游廊道。① 可以看出，旅游廊道强调了各个概念共同的旅游功能，却忽略了它们之间的差别，这些差别会影响旅游资源的开发。旅游廊道的研究主要集中于特征、景观规划和空间设计、风景道理论体系的构建、绿道网络构建、遗产保护理论和框架建构、遗产廊道旅游开发模式探讨等方面。鄢方卫、杨效忠、吕陈玲从旅游资源开发模式、对目的地的空间影响、可进入性、连通性、开放性等方面对比了旅游廊道与传统景区旅游的差异化特征。② 但需要指出的是，旅游廊道并非一定比传统的景区旅游更优，评价两者需要考虑廊道内旅游产品的质量，考虑这些旅游产品及服务在区域内的差异，也需考虑廊道内不同节点的旅游产品同质性等问题。把多勋、王瑞、陈芳婷则探讨了中国丝绸之路国际文化旅游廊道建构的全球背景和跨境旅游发展问题，从理论和实践上分析了陆上丝绸之路有望成为全球最有价值的国际文化旅游廊道的原因。③

第三节　线性遗产的价值重构：从区域到场域

随着国际上对于文化遗产的认识逐渐深化，世界文化遗产保护领域呈现出对文化遗产保护范围不断扩大，从对单一对象的保护扩展为对"场域"的保护的发展趋势。从单体文物到历史地段，再到整座城镇，进而到文化景观、遗产区域，乃至跨越多个城市、国家、区域的遗产线路④，人们从关注区域到聚焦场域，线性遗产的价值也随之进行重构⑤。

法国社会学家 Bourdieu 于 20 世纪 60 年代提出了"场域"的概念，可以为认识线性遗产价值重构提供分析的视角。Bourdieu 认为，"场域"是一个相对自主的社会空间，在高度分化的社会里，社会世界是由具有相对自主性的"社会小世界"构成的，这些"社会小世界"就是具有自身逻辑和必然性的客观关系网络。⑥ 按照Bourdieu 的理解，社会是由经济、政治、文化等不同的场域组成，在不同历史时期和

---

① 鄢方卫、杨效忠、吕陈玲：《全域旅游背景下旅游廊道的发展特征及影响研究》，《旅游学刊》2017 年第 11 期，第 95—104 页；把多勋、王瑞、陈芳婷：《基于"一带一路"建设的中国丝绸之路国际文化旅游廊道构建研究》，《世界经济研究》2019 年第 9 期，第 97—104 页。

② 鄢方卫、杨效忠、吕陈玲：《全域旅游背景下旅游廊道的发展特征及影响研究》，《旅游学刊》2017 年第 11 期，第 95—104 页。

③ 把多勋、王瑞、陈芳婷：《基于"一带一路"建设的中国丝绸之路国际文化旅游廊道构建研究》，《世界经济研究》2019 年第 9 期，第 97—104 页。

④ 单霁翔：《大型线性文化遗产保护初论：突破与压力》，《南方文物》2006 年第 3 期，第 2—5 页。

⑤ 马勇、童昀：《从区域到场域：文化和旅游关系的再认识》，《旅游学刊》2019 年第 4 期，第 7—9 页。

⑥ 宋秋、杨振之：《场域：旅游研究新视角》，《旅游学刊》2015 年第 9 期，第 111—117 页。

社会情境下,每个场域都有自己特定的运行逻辑和资本,具有某种习惯的主体在场域中会因占有不同位置或地位而占有资源,社会主体会因为争取这些资源而竞争和冲突。① 线性遗产可以被视为一个社会世界串联的多个遗产点,跨越的各个城市、地区、国家等都是一个相对自主的社会空间;围绕着特定的文化主题、历史现象等不同的遗产要素组合起来形成了一个客观关系网络,每个遗产均可视为一个场域。在这个场域中,这些线性遗产点会受到区域经济、政治、文化环境发展变化的制约,受到不同利益主体价值取向的影响。并且,当线性遗产被置于旅游的场景中,旅游业发展也会对线性遗产的变迁、重构或再生产产生影响。

具体而言,线性遗产的价值重构呈现出以下特点。

(1)价值日益多元化,体现为文化、经济、政治等多维功能。

线性遗产的出现本身便体现了人们对于文化遗产突出价值取向的变化,从对自然景观的关注延伸到对文化遗产价值的重视。当视角从区域转到场域后,线性遗产从以往的历史功能延伸开来,与现代生产生活融合起来,具有经济、政治、文化多方面的作用。线性遗产在特定历史时期乃至当下承担了一定的实用性功能(如交通、灌溉、商贸等),随着社会发展的需要和社会进步,逐渐拥有更加多元化、多维度的价值。线性遗产内容的丰富性也决定了它价值构成的多元性。学者们普遍提到了线性遗产具有以下价值。

① 遗产文化价值:线性遗产一般具有较漫长的历史,文化积淀深厚,拥有重要的历史、文化、艺术美学、科学、社会等方面的价值,是展示人类文明进程和文化传播的重要窗口和载体②,还能起到彰显民族身份和促进文化认同的作用③。

② 生态价值:具有生态保护的作用,维护生态景观、提供生态服务和生态基础设施以及保障生态安全。

③ 生产生活价值:如输水、航运和灌溉等现实功能。

④ 休闲游憩价值:线性遗产是重要的旅游资源,是人们休闲游憩、旅游观光、身心养生的重要空间。

⑤ 教育价值:爱国教育,增强民族自豪感和自信心;审美教育;文化教育,如教育公众关注遗产、保护遗产,促进人们对于遗产历史知识的学习等。

---

① 郭文、黄震方:《基于场域理论的文化遗产旅游地多维空间生产研究——以江南水乡周庄古镇为例》,《人文地理》2013 年第 2 期,第 123—130 页。

② 王丽萍:《文化线路:理论演进、内容体系与研究意义》,《人文地理》2011 年第 5 期,第 43—48 页。

③ 俞孔坚、李迪华、李伟:《京杭大运河的完全价值观》,《地理科学进展》2008 年第 2 期,第 3—11 页。

⑥ 经济价值:能够平衡区域经济,起到振兴经济的作用。促进沿线辐射地区之间的经济要素流动,通过区域合作和资源整合产生更大的社会经济效益。

⑦ 政治、社会价值:增强民族身份认同,促进民族融合,维护地区稳定,促进国际和区域合作①;对于社会和领域凝聚力的形成和加强扮演重要角色,是社区和地区可持续发展的重要因素②,也表现为社会规范的传承,或是一种政治与意识形态延续的合法性③。

这些价值在不同社会历史阶段的表现也会有所不同,对于不同线性遗产的发展的重要程度也会有所差异。如俞孔坚、奚雪松便提出大运河遗产廊道应将遗产价值与生态价值放在首位,其中遗产价值是最为核心和最为基本的价值。④ 而美国的遗产廊道作为综合性的遗产保护利用战略,目标是把遗产保护、历史文化、旅游开发、休闲游憩、教育审美、生态功能都包含在内实现多赢。⑤ 这些价值体系也可再分类,如李飞、宋金平认为廊道遗产文化价值是"本征价值",在"本征价值"的基础上再产生的廊道遗产的使用价值,被称作"功利性价值"或"遗产功能"。⑥

可以看出,线性遗产的价值与场域的经济、政治、文化、社会情境紧密联系,与人们的生产、生活、生态等需求相关联。

(2)不同社会场域中不同主体对遗产价值的建构不同。

线性遗产在文化再生产的过程中形成了复杂的动态关系网络,不同的利益相关者会在这关系网中争取遗产资源,对其价值进行积极重构。如吴薇、王晓葵提出,在当下社会场域中,不同主体从自身所属利益共同体出发,赋予了遗产形态各异的价值取向。⑦ 在此过程中,遗产原有的价值会在新的评判标准下被重新评价。遗产价值的重构者不仅包括权力机构、商业资本、传播媒体,也包括地方

---

① 李飞:《线性文化遗产空间结构演化研究——兼述旅游于其中的影响》,《地理与地理信息科学》2019年第5期,第133—140页。

② Genovese R A. "Cultural Routes between East and West: A Network for Cooperation between Mediterranean Cities", *Procedia-Social and Behavioral Sciences*, 2016, 223:619-625.

③ 李飞、宋金平:《廊道遗产:概念、理论源流与价值判断》,《人文地理》2010年第2期,第74—77页。

④ 俞孔坚、奚雪松:《发生学视角下的大运河遗产廊道构成》,《地理科学进展》2010年第8期,第81—92页。

⑤ 俞孔坚、李迪华、李伟:《论大运河区域生态基础设施战略和实施途径》,《地理科学进展》2004年第1期,第1—12页;张镒、柯彬彬:《我国遗产廊道研究述评》,《世界地理研究》2016年第1期,第166—174页。

⑥ 同③。

⑦ 吴薇、王晓葵:《"文化"场域的博弈与"遗产"价值的重构——基于彝族禳灾记忆遗产化案例的思考》,《民族学刊》2017年第6期,第37—45页。

精英和当地群众,他们共同对遗产的传统价值进行现代化的重构。对于线性遗产而言,政府可能更为关注线性遗产的保护,关注其民族身份与国家象征意义;商业资本则可能更侧重于线性遗产的旅游开发,关注其经济价值;当地民众则可能更倾向于线性遗产与生产生活的紧密联系。在线性遗产的价值重构过程中,文化场域的价值共创日益受到重视,强调社区参与,关注各主体间利益的均衡分配,实现价值的提升。

(3)关注不同遗产节点的"个性"价值。

学者们提出,不仅应关注线性遗产覆盖的整个区域整体的价值,也应关注线性遗产每个节点的影响力及其特殊性,这就需要联系不同场域具体的情境具体分析。周小棣、沈旸、肖凡便提出,就文化景观的保护和整合而言,"场域"是一种在社会、文化、政治、经济、行为等各种因素影响下的"整体环境",是形态的或空间的基底,可将不同元素统一构成整体,同时也要尊重各自的个性。线性遗产作为一个"完整的系统",不仅包括文物本体和环境,更涉及各个遗产节点的文化与社会背景,体现人类文化活动的不同社会场域。[1] 俞孔坚、李伟、李迪华等也提到,遗产廊道意味着讲述地方的故事(tell the story of the place),意味着将本地本来破碎的重要生态区域同文化遗产和乡土文化景观一起通过廊道连接起来。[2]

综合来看,线性文化遗产的保护从关注区域到重视场域,这种发展过程充分体现了线性遗产的时空演变特征,也为认识线性遗产价值重构提供了视角。线性遗产的价值不仅受到场域内社会、文化、政治、经济、行为等整体环境的影响,随着社会历史阶段的发展又被赋予了更多元化的功能,同时也受到不同利益主体基于自身存续角度出发对遗产价值的重新建构的影响。

第四节 线性遗产保护、传承、利用的模式研究与实践经验

一、线性遗产的保护、传承、利用的模式研究

线性遗产相比于其他类型的文化遗产,既有共性,也有差异。共性体现在均具有重要的历史文化价值,景观类型均较为丰富,由物质和非物质文化要素共同构

---

① 周小棣、沈旸、肖凡:《从对象到场域:一种文化景观的保护与整合策略》,《中国园林》2011年第4期,第4—9页。

② 俞孔坚、李伟、李迪华等:《快速城市化地区遗产廊道适宜性分析方法探讨——以台州市为例》,《地理研究》2005年第1期,第69—76页。

成,线性遗产也是由不同节点的遗产元素连接起来的文化景观。因此,一些文化遗产元素的科学合理保护、传承、利用经验仍然适用于线性遗产。但同时也应注意,线性遗产具有自身的特殊性,这不仅体现在它跨区域、跨国家,空间尺度大,涉及主体众多,这使其保护、传承、利用模式更为强调整体性和协调管理;同时线性遗产具有历史性、活态性、动态性、跨文化性,遗产元素类型丰富,使其保护、传承、利用更为复杂困难,需要采取更为灵活且多样的策略。

学者们对于线性遗产的保护、传承、利用模式进行了一定的研究(如表 2-5 所示),较为成熟的综合性方法如美国的国家遗产廊道模式,通过建立多方合作、公众参与的管理体制实现对遗产廊道的整体性保护。也有研究重点探讨线性遗产从空间维度上如何更有效地开发,根据线性遗产区域的资源禀赋、空间分布、社会经济状况等因素,因地制宜地构建"点—轴"开发模式、核状辐射模式、网状开发模式。在对遗产内容的开发和保护上,已有研究提出了遗产旅游开发 ASES 模型、社区主导开发模式、生态博物馆模式、生产性保护模式等,这些模式分别强调了在遗产旅游开发中要注重真实性、游客体验和可持续性,要激发当地社区积极参与遗产的保护,需注重文化遗产的区域化、整体性保护,对文化遗产进行活态保护,在生产生活中赋予文化遗产新的生命力。

表 2-5　线性遗产保护、传承、利用的主要模式

模式	内容	目标	特点	案例	参考文献
国家遗产廊道模式	是区域化的遗产保护战略方法,隶属于国家公园体系。联邦授权的当地实体负责制订管理计划,并协调社区、地方政府、企业、非政府组织等,国家公园局则作为伙伴参与到规划和实施过程中	侧重于保护,景观环境保护与社区及经济发展目标相整合	自上而下——以政府为主导;自下而上——公众参与;横向合作——合作伙伴	美国伊利运河国家遗产廊道	龚道德、袁晓园、张青萍(2016)①

---

① 龚道德、袁晓园、张青萍:《美国运河国家遗产廊道模式运作机理剖析及其对我国大型线性文化遗产保护与发展的启示》,《城市发展研究》2016 年第 1 期,第 c17—c22 页

续　表

模式	内容	目标	特点	案例	参考文献
"点—轴"开发模式、核状辐射模式、网状开发模式	强调"点"与"点"之间的"轴"(交通线的作用);强调核心区、边缘区的辐射;增长极与增长轴的影响范围扩大,不断交叉融合	侧重于空间结构的开发,增强遗产廊道旅游竞合发展	从空间维度上促进遗产廊道内各个遗产要素的互动	"点—轴"模式以丝绸之路为代表	黄昊、贾铁飞(2013)①;王敏、王龙(2014)②
遗产旅游开发ASES模型	将原真性(authenticity)、舞台化(staged)、体验(experience)和可持续(sustainability)认定为遗产旅游四要素;以原真性为依托,以舞台化为手段,通过舞台化的原真性为游客提供独特的遗产旅游体验	侧重遗产旅游开发,旨在实现可持续发展	注重探讨廊道遗产旅游开发的过程	丝绸之路	李飞、宋金平、张宁(2009)③
社区主导开发模式	强调地方社区控制,主要包括产业链的本土化、经营者的共生化与决策权的民主化	侧重于遗产旅游开发	核心理念就是本土化		李飞、宋金平、张宁(2009)④
生态博物馆模式	突破传统博物馆藏品和建筑的概念,将文化遗产就地整体保护利用,注重文化传承;同时它将保护范围扩大到文化遗产留存的区域,引入社区居民参与管理,强调社区居民是文化的主人	侧重于文化旅游开发与保护	以社区为依托,以就地保护的方式进行原生态状况下的"活态文化遗产"的保护和展示	中国贵州梭嘎苗族生态博物馆	余青、吴必虎(2001)⑤

---

① 黄昊、贾铁飞:《古运河旅游开发及其空间模式研究——以京杭大运河长江三角洲区段为例》,《地域研究与开发》2013年第2期,第37—45页。

② 王敏、王龙:《遗产廊道旅游竞合模式探析》,《西南民族大学学报(人文社会科学版)》2014年第4期,第137—141页。

③ 李飞、宋金平、张宁:《廊道遗产旅游资源保护与开发理论研究》,《地理与地理信息科学》2009年第6期,第96—100页。

④ 同上。

⑤ 余青、吴必虎:《生态博物馆:一种民族文化持续旅游发展模式》,《人文地理》2001年第6期,第40—43页。

续　表

模式	内容	目标	特点	案例	参考文献
活态保护模式	是一种"情景模拟"式的保护理念,主要依靠非物质文化遗产的传承人、非物质文化遗产的空间和非物质文化遗产的时间这三部分组成一个动态的文化场来实现,在这个场中进行疏通传承渠道、存留文化空间和延续文化时间的工作	侧重于非物质文化遗产的传承	关键是文化传承的生态环境的保护	如民间故事	陈俊秀(2015)①
生产性保护模式	在具有生产性质的实践过程中,以保持非物质文化遗产的真实性、整体性和传承性为核心,以有效传承非物质文化遗产为前提,借助生产、流通、销售等手段,将非物质文化遗产资源转化为文化产品的保护方式	侧重于非物质文化遗产的传承与利用	通过生产变成产品,能带来社会影响和经济效益,赋予非物质文化遗产生命力		黄永林(2013)②

二、线性遗产保护、传承与利用的国际实践经验

国际上对于线性遗产的发展开始较早,在保护、传承与利用上已经积累了一定的成功经验,较为成熟的如美国的遗产廊道、欧洲的文化线路。不同国家都积极制定实施了有力的法律政策与管理制度,以促进线性遗产的可持续发展。这些成功的经验主要包括:

(一)建立相对统一、分工明确的遗产管理体制

国际上线性遗产的管理体制受到不同国家的文化遗产管理制度的影响,这些管理体制虽然涉及不同的组织与部门,但均呈现出统一负责、分工明确的特点。如美国遗产廊道成立了专门的遗产廊道委员会,对遗产廊道拥有完全的管理权,统一负责区域内各种遗产资源的管理;国家公园管理局是最高的监督、管理支持机构,

---

① 陈俊秀:《非物质文化遗产的生产性保护利用模式研究》,《学习与实践》2015年第5期,第118—123页。
② 黄永林:《非物质文化遗产传承人保护模式研究——以湖北宜昌民间故事讲述家孙家香、刘德培和刘德方为例》,《中国地质大学学报(社会科学版)》2013年第2期,第95—102页。

仅负责制定宏观政策、提供技术的资金支持、给予一些税收和贷款优惠等。[①] 法国米迪运河则明确从国家和地区两级机构进行具体的保护和开发。国家层面,土地、装备等分别由交通部、环境部和文化部负责;地区层面,隶属于交通部的法国内河航运管理局在不同区域设有分支机构,属于图卢兹的米迪运河的管理便由其下属的图卢兹水运行政部负责。米迪运河所属的地方政府并不参与运河的管理,仅提供部分维修和整治的费用,国家和运河所属地区形成了相互协作配合、权责清晰的管理制度。[②] 对于跨越不同国家的线性遗产,国际上认为可以成立跨区域的专职管理机构,分段管理。

(二)制定科学合理的规划

线性遗产跨越多个地区,遗产要素丰富,环境多变,各地情况也具有特殊性,保护和开发建设具有一定的困难。因此,制定线性遗产的整体性保护规划,并针对不同地区因地制宜形成具体的、各层次的遗产保护专项规划,具有非常重要的意义。国际上如英国于 1996 年便制定了《哈德良长城管理规划(1996—2001)》,并于 2002 年和 2008 年再次修订,还通过公众参与的方式来提高规划的科学性。加拿大也针对里多运河遗产制定了《加拿大里多运河管理规划》,旨在建立运河遗产长期战略性的保护和管理目标来保障遗产的完整性。

(三)推进多方合作与公众参与机制

线性遗产涉及的不同地区、国家,利益相关者众多,所有权问题比较复杂,因此对线性遗产的保护、利用和管理更需要处理好不同利益相关者之间的关系,鼓励多方合作和公众参与,尤其不能忽视当地社区的声音。如美国遗产廊道便采用了伙伴制管理[③],由当地利益群体组成委员会,由联邦授权的当地实体负责制订管理计划,协调社区、地方政府、企业、非政府组织等,国家公园局是作为伙伴参与其中,如图 2-2 所示。并且,遗产廊道项目的公众参与会贯穿始终,从确定方向和范围、方案讨论一直到管理规划的最终完成。再如,哈德良长城长达 120 公里,跨越了不同国家,90% 以上的地段所有权属于私人,如何管理这些地段、平衡好利益关系,具有

---

① 陶犁、王立国:《国外线性文化遗产发展历程及研究进展评析》,《思想战线》2013 年第 3 期,第 108—114 页。

② 万婷婷、王元:《法国米迪运河遗产保护管理解析——兼论中国大运河申遗与保护管理的几点建议》,《中国名城》2011 年第 7 期,第 53—57 页。

③ 龚道德、张青萍:《美国国家遗产廊道的动态管理对中国大运河保护与管理的启示》,《中国园林》2015 年第 3 期,第 68—71 页。

很大的难度。英国采取了合作管理的机制，于1996年成立了哈德良长城世界遗产管理委员会，委员会的成员组成涵盖政府、所有者、旅游业和协会等，并于2006年成立了哈德良遗产有限公司进行专业的统筹管理，形成多方合作共赢的局面。[①]

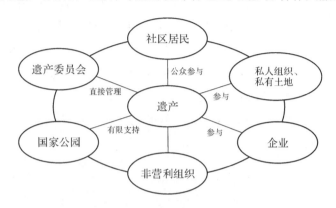

图 2-2　美国遗产廊道多方合作模式

资料来源：笔者根据资料绘制。

（四）形成完善的遗产法律法规体系

完善的法律法规不仅可以明确不同主体的权责与分工，还可以为线性遗产的保护、传承、利用提供指导和保障。明确与产权相对应的法律保障体系也能有效地确保不同利益相关者在遗产开发利用中获益，激发其参与遗产保护的积极性。国际上许多国家对于线性遗产制定了非常全面且具有针对性的法律法规。如美国遗产廊道的指定、规划及管理过程均具有法律保障，并会针对每个遗产廊道制定专门有针对性的保护法律，如1984年颁布的《伊利诺伊和密歇根运河国家遗产廊道法》，2000年12月美国国会又通过了《伊利运河国家遗产廊道法案》，进一步明确保护对象和保护范围，廊道的保护和管理也逐渐形成一套清晰的工作体系。[②] 法国也同样对境内所有水道制定了《公共水域及运河条例》来进行统一的管理，并在条例中专门针对米迪运河设置特定的章节，明确米迪运河的管理部门及沿线城镇对运河的保护职责与分工。

---

① 刘庆余：《国外线性文化遗产保护与利用经验借鉴》，《东南文化》2013年第2期，第29—35页。
② 奚雪松、陈琳：《美国伊利运河国家遗产廊道的保护与可持续利用方法及其启示》，《国际城市规划》2013第4期，第100—107页。

(五)坚持遗产的保护与利用相统一,促进可持续发展

国际上对于线性遗产均强调保护性开发,利用是以保护为前提,需要平衡好保护与合理利用之间的关系,促进可持续发展。如美国国家公园非常注重确保遗产资源的公益性,除了必要的风景资源保护设施和旅游设施,禁止任何开发项目,强调资源的完整性。英国的哈德良长城同样注重保持资源的合理利用,并不过多强调遗产的经济效益,而是更为注重遗产的社会价值。不以经济效益为导向的资源开发,使得遗产资源能够得到更好的保护。国际上已经形成较为成熟的遗产价值观和遗产保护意识,遗产保护也取得了较好的成就,也因此更好地促进了地区旅游和经济的长期发展。

第三章　诗路研究回顾与理论价值重塑

第一节　中国唐诗文旅融合现状

一、唐诗的历史高度、当代价值

（一）唐诗的简要回顾与历史高度

唐诗是中华民族珍贵的文化遗产之一，是中华文化宝库中的一颗璀璨明珠，同时也对世界上许多民族和国家的文化发展产生了深远的影响。在中国古代史上，唐朝是一个空前绝后的黄金时代。空前强大的国力和自由开放的社会风气相结合，为唐朝诗歌的空前繁荣打下了坚实的基础。整个唐朝记录在册的著名诗人就有 2300 多位，总计 50000 多首诗作，是西周至南北朝一千六七百年遗留诗歌总数的三到四倍。

唐诗、宋词、元曲被誉为中国文学史上的三朵奇葩，代表了中国古典文学的极高成就。而三者中，唐诗无疑位居其首。《全唐诗》凡 900 卷，目录 12 卷，共计收诗 48900 余首，诗人 2200 余人。连同日本学者上毛河世宁纂集之《全唐诗逸》、1992 年出版的《全唐诗补编》，唐诗作品存世者达 55730 首，所涉唐代诗人约 3800 位。其诗歌数量比《全宋词》与《全元曲》之和的两倍还多。这一时期，名家辈出、流派蜂起、作品繁多，出现了百花争妍、异彩纷呈的局面。中国古代诗歌的各种体裁如古诗、乐府、律诗等都在这一时期得到了高度发展。诗人们在诗歌的内容、题材、风格、境界、创作方法、语言及表现技巧等诸方面进行了前所未有的开拓，把我国古代诗歌推向了辉煌的高峰。

总而言之，唐诗是中国文学的一代之盛，它以刚健的风骨、玲珑的兴象、铿锵的韵律，全面而深入地反映了唐代的社会生活，生动体现了威加海内的大唐王朝恢廓雄伟的气象。

（二）唐诗的当代价值与意义

1.唐诗是我国悠久文明的历史见证

唐诗是中国古代政治、社会、文化、经济发展等的重要记录载体和见证者,是深植于血脉的民族记忆,对中国的文明进程有极其重大的推动作用。唐诗体现了历代先哲励精图治、兼容并蓄、经世致用、忧国忧民、为民请命等宝贵的精神与品格,记录了自然现象、政治动态、劳动场景、日常生活、社会风俗及人在其间的思考感受,是研究中国古代政治、经济、文化、社会各个方面的经典史料。其中豪迈洒脱、真挚感人、自强不息、昂扬自信的气度与人格更是代代流传、延续至今,散发着千年不泯的灼灼光辉。可以说,将唐诗研究透,也就把我们中华民族的民族身份理解透了。

2.唐诗是我国博大精深文化的代名词

唐诗作为典型的具有中国特色、中国风格、中国气派的文化资源,是我国博大精深文化的代名词,其价值是永恒的,每一代人都会根据自身所处的时代状况,对唐诗的价值做出独具特色的解读。唐诗之中还蕴含了儒学、佛道、书法、茶道、戏曲、陶艺、民俗、方言、神话传说等内容,均体现了丰富的意境哲理。唐诗既陶冶了一代又一代人的情操,又是取之不尽用之不竭的文化宝藏。挖掘唐诗的当代价值,弘扬唐诗中所体现出的刚健精神、真挚情怀、和谐观念,深入探讨唐诗的这些特质,联系实际、与时俱进,将会对当代人的精神、情感、观念产生极其有益的影响。此外,唐代是中国历史上的盛世,国土辽阔、疆域一统、文化高度发达、民族深度融合,昌盛的国力极大地增强了诗人们的豪气和自信心。学习唐诗能增强公众文化认知、文化自觉和文化自信,夯实文化软实力根基,提升中华文化的影响力。

3.唐诗是屹立于世界文学之林的艺术瑰宝

唐诗讲究韵律优美、平仄交错、低昂互节、语言精练、音调和谐、结构工整,尽显艺术魅力。唐诗自身的发展历程也是唐朝历史的一个缩影,其艺术成就使唐朝诗歌成为中国文学史上的一座高峰,并对后代诗歌的发展产生了深远的影响,长久屹立于世界文学之林。在创作方法上,唐诗既有现实主义流派,也有浪漫主义流派,形成了我国古典诗歌的优秀传统。在形式上有五言和七言、绝句和律诗等。唐代还创造了形式特别优美整齐的近体诗,把我国古曲诗歌的音节和谐、文字精练的艺术特色推到前所未有的高度,为古代抒情诗塑造了一个最典型的形式。可以说,唐诗用凝练的语言、优美的韵律、充沛的情感、丰富的意象、深邃的思想,高度集中地表现了当时的社会生活和人们的精神世界,创造了丰富的民族文化,是国人不可或缺的精神食粮。没有唐诗,整个中国文学史都会黯然失色。

4.唐诗对当代社会的发展大有裨益

唐诗是中国历史文脉的一部分,体现着中华民族生生不息的创造力,是中华民族创造的璀璨夺目的文化遗产。深入探索、开掘唐诗的当代价值,不仅是继承光辉传统之需要,亦将对当代社会的发展、现实生活水平的提升带来诸多裨益。在无限接近中华民族伟大复兴目标的历史性时刻,唐诗为中国梦的实现供应了源源不断的精神食粮。此外,唐诗以名篇巨著向世人展现青山巍峨、绿水环绕、燕语莺啼的生态画卷,展呈了纯美和谐的自然景观,体现出唐人热爱自然、珍惜自然,与自然和谐相处的美好观念。唐诗中的人与自然达到高度和谐,值得今天的人们认真反思如何走一条绿色生态文明之路,让千里灵山秀水铺陈生态画卷。尤其是近年来随着文旅融合的发展,唐诗文化旅游资源作为人文旅游资源的一部分,在现今旅游发展的阶段,越来越受到地方政府与旅游产业的重视,逐步呈现出越来越重要的旅游价值。

二、诗词文化、旅游融合现状与问题

（一）唐诗文化与旅游融合现状

现阶段,唐诗与旅游融合发展尚处于起步阶段,国内对于诗词文化与旅游的发展建设主要呈现在五个方面:诗人纪念展览馆,唐诗特色小镇和乡村,唐诗故事实景演出,唐诗融于节庆、活动以及唐诗携手主题公园等形式。

1.诗人纪念馆、展览馆是唐诗文旅融合的主要模式

国内与唐诗、诗人相关的纪念馆、展览馆、博物馆建设较多,是一种比较常见的唐诗文旅融合方式。一些展览馆聚焦某一位唐朝诗人。对于较为知名的唐朝诗人,各地均有相关纪念馆。如李白,四川江油、安徽马鞍山均建有李白纪念馆、文化博物馆。成都建有杜甫草堂博物馆,该地曾是杜甫流寓成都时的故居;西安少陵塬也建有杜甫纪念馆,缘于杜甫别号"少陵野老"。

一些展览馆聚焦地方相关唐诗,如重庆奉节是进出三峡的必游之地。奉节申请得到了全国重点文物保护单位白帝城遗址,新建了夔州博物馆,规划建设竹枝词主题公园、中华第一诗词碑林;新建凤凰山梯道,将夔州诗词刻于道路两侧,建设诗

城广场、诗仙广场,将诗人塑像和著名诗词在广场的不同位置展示,让市民在休闲之余品味诗词。

2.唐诗特色小镇、乡村是唐诗文旅融合的规划重心

随着国家特色小镇、文化名村名录的建设,各地积极申报、倾力打造基于唐诗、唐诗作者的特色小镇,如四川青莲诗歌小镇、陕西辋川唐诗小镇等。

四川江油市作为李白故里,倾力打造青莲诗歌小镇。小镇的李白文化产业园项目总投资约37亿元,规划用地面积约1.8万亩,已列入第二批国家特色小镇(青莲镇)。项目设李白诗歌文化体验区、民宿诗歌文化旅游体验区、高端山地汤泉度假区、高端滨水养生度假区、国际诗歌游学和国际教育基地、高科技有机农业示范体验区及山地花田休闲体验区等七大功能板块,建设周期从2015年至2023年,目前已完成青莲世界、磨针溪景观带、蛮婆古渡、中国院子、水上集市、太白祠改造、诗歌大道景观、春江花月夜、太白碑林改造等9个建设项目。小镇着力追溯李白文化源流,主力打造集"旅游观光、朝拜诗仙、诗歌诵读、休闲体验、健康养老、美丽乡村"于一体的宜农、宜游、宜学、宜商、宜养的"五宜小镇"。

2017年,江苏远见控股集团投资设立"远境乡旅"投资机构,斥资2.7亿元,在富春江畔的杭州(建德)乾潭,启动建设中国第一个主题性乡旅产业园区化项目——"浙西唐诗小镇"。项目总规划面积4500亩,紧扣"唐诗"主题,以"浙西唐诗小镇"为乡旅产业载体,构造乡旅社区及乡旅休闲两大功能体。

陕西西安蓝田县辋川镇位于秦岭腹地,是唐代著名诗人王维的隐居地,该地致力于打造辋川唐诗小镇。项目以唐诗文化为主题,以唐代著名诗人之间的关系和交流为主线,以唐代别业文化、庄园文化为载体,对唐诗及衍生的诗居、诗馔、诗酒、诗景、诗画、诗禅、诗茶、诗乐等文化进行深度挖掘,建设融文化旅游、休闲度假、教育培训、生态田园、养生养老等产业于一体的特色小镇,并作为"中国诗词大会永久会址"。项目建设内容包括:一村(唐诗艺术村)、一馆(唐诗博物馆)、一院(辋川书院)、一廊(诗画艺术长廊)、一广场(唐诗文化广场)、一带(辛夷花诗歌景观带)、九大文豪客栈(王维、李白、杜甫、韩愈、白居易、柳宗元、孟浩然、李商隐、杜牧)、辋川二十景、诗人趣味三十六品以及基础设施配套等。

3.唐诗故事实景演出是唐诗文旅融合的吸睛之笔

一些地区深挖本土诗词文化,走原创诗词IP之路。将唐诗文化与实景演出、科技、资本等有机结合,打造新型文化旅游。如陕西西安临潼区华清宫景区,基于白居易的知名唐诗《长恨歌》,打造中国首部大型实景演艺、国内顶级实景演艺《长恨歌》,历经十三年"锤炼",使之成为中国实景演艺扛鼎之作。剧组大量汲取了陕西民间文化以及传统唐乐舞的精髓,通过对历史文化符号的艺术化挖掘和对地域文化元素的场景化呈现,形成了浓郁的陕西地方特色。依托骊山与华清池,《长恨歌》与现代灯光、科技等技术手段完美融合,催生出了这部国际化视野、本土化特色的舞剧精品。该实景演出被文化和旅游部及国家旅游局列入首批《国家文化旅游重点项目名录——旅游演出类》,获"中国最具国际影响力的十大旅游演出"称号,该景区也成为"国家文化产业示范基地"。

其他地区也纷纷迎头赶上,如2018年江苏扬州瘦西湖景区推出的《春江花月夜·唯美扬州》,该实景剧基于张若虚"孤篇盖全唐"的《春江花月夜》,为游客们奉献了一场华美的视听盛宴,使游客能够从实景剧中品味真正的扬州风情。

2018年由重庆奉节县和张艺谋团队联合打造的大型诗词文化实景演艺《归来三峡》,以夔门、瞿塘峡、白帝城为背景,以中华诗词为主线,以地方文化为根基,以天地为背景、以山水为载体,辅以声、光、电等高新技术呈现方式,再现诗词原貌。让观众身临其境地领悟诗词意境,感受中华传统文化与人文美学的魅力。

2020年,浙江建德市倾力打造大型沉浸式实景演出《江清月近人》,并于国庆首次公演。演出主题来源于唐代诗人孟浩然的千古名诗《宿建德江》。观众乘坐大型游船,前往坐落在江心的月亮岛,一路上穿越了一座座的跨江大桥,欣赏着新安江两岸美丽的璀璨夜景。游客在抵达月亮岛后随即被引导至中央主演区,随后沿岛行走观演。《江清月近人》将山水风光之美、历史人文之秀、现代科技之新等融合演绎,演出充分利用了高科技手段,使用大型多媒体投影营造出了一个无与伦比的"视觉场域"。

4.唐诗融于节庆、活动是唐诗文旅融合的探索途径

各地区通过举办诗词相关文化节,或者与《中国诗词大会》《中华好诗词》节目合作等丰富多彩的形式,宣传推广地方文化旅游产业,借此展示深厚的诗词文化底蕴和优美的自然风光。

2017年,中华诗词学会授予奉节县"中华诗城"称号。在《中国诗词大会》第四季节目中,除了展现重庆奉节三峡之巅、夔门、瞿塘峡、白帝城、脐橙果园等风景名胜或特色景观,选手答题也触及古代夔州如今奉节的千年文脉。多首夔州诗词也通过主持人口播、选手答题、嘉宾点评等形式得以呈现给全国观众。

2018年,河南省博爱县举办"中国·博爱李商隐文化旅游节"。河北省秦皇岛市举办"经典诵读诗词大会暨第十二届秦皇望海祈福文化旅游节"。2019年,湖北安陆举办"李白文化旅游节"。

2019年陕西省西安市举办"唐诗之城"主题活动,通过唐诗文化电视节目、图文典藏版《唐诗三百首》新书分享会、"唐诗剧场"、唐诗朗诵赛、唐诗书法赛、TED演讲暨高端峰会等一系列活动,充分挖掘古都西安历史文化资源,唤醒全民的唐诗热情,打造国际视野的唐诗盛会。在首日的开幕式中,来自全国的知名文化学者、音乐家、朗诵家、诗词专家等1000多位嘉宾会聚西安广电大剧院,共同品味唐诗经典。当日演出分为"唐诗之美""历史之美""文化之美"三个篇章,集诗、歌、舞于一体,通过唐诗交响乐演奏、诗歌表演、文化名宿深度对话等多种形式展现唐诗魅力。

5. 唐诗携手主题公园是唐诗文旅融合的创新之举

全国各地围绕中国古典诗词主题,纷纷打造与诗词相关的主题公园。一些连锁主题公园也紧抓时机,通过古典诗词推进自身文化IP的打造。

如2017年开园的辽宁沈阳金石小镇的盛京诗歌主题公园,2019年开幕的集唐诗文化、名士文化、书院文化于一体的文化综合体——浙江绍兴新昌鼓山公园,2019年完工的内蒙古巴彦淖尔市下辖的乌拉特前旗打造的诗词主题公园——黄河游园。重庆奉节也正在打造竹枝词主题公园,将"李白轻舟""登高看秋""危石鸟道""桃源深处"等诗意场景进行物化,营造经典的诗意。

再如传统的连锁主题公园方特东方神画,也结合诗词推出各类线上线下活动,拓宽文化旅游新路径。如为配合诗词大会的播出,方特在线上同步推出互动填词闯关游戏,完成游戏的用户可赢取方特主题乐园门票;在抖音平台,方特通过官方账号发布与诗词大会相关的原创短视频,以唯美的画面与精致的文案吸引更多年轻用户的关注,激发年轻人了解中国古诗词的兴趣。济南、宁波、芜湖、长沙、荆州、厦门等地的方特东方神画主题乐园都以"看中国诗词大会·游方特东方神画"为主题,推出一系列创新的主题游乐活动,设置了诗词文化主题体验区,巧妙融入诗词元素。济南方特东方神画的"福气诗中来"新春灯会互动活动,芜湖方特东方神画的唐朝风格的诗词长廊以及诗词馆,长沙方特东方神画以《诗词大会》题库制作的闯关小游戏,厦门方特东方神画推出的"与厦门一起唐风"魔幻视频、为你写诗、唐朝明星红包雨等线上活动……这些既富文化韵味、又具有教育价值的传统文化互动体验活动,让广大游客在唐风唐韵、诗香四溢的文化盛宴中品味诗词神韵,领略大唐风华。

（二）唐诗文化与旅游融合问题

目前，中国的唐诗文化旅游市场正在日渐走向兴盛，但总体而言仍然是一个新生儿，因而存在着各类亟须解决的问题。

1.政府层面，相应政策支持尚未完全落地

近年来，政府大力推进文化与旅游相关产业和行业的融合，党的十九届四中全会明确提出，要完善激发文化和旅游创新创造活力的管理体制和生产经营机制，并加快文旅融合体制机制建设等各项工作。然而关于如何将唐诗与旅游有机结合，如何将相关政策规范化真正落实到细处，仍然任重而道远。尤其是对于唐诗研学培训、文学主题公园、特色唐诗小镇、唐诗文化产业园、唐诗文化创意产业等的开发，全国都处于规划、设计的起步阶段，可以参照学习的已有成果较少，各地区均在探索之中。有些项目刚开始可能具有各种创新意义的融合思考，但是，最终落实时却处处碰壁。相关土地保障、资金支持、政策创新、评估监督考核制度与合作机制尚不成熟，尚未产生相当体量的旅游经济效益，可以说要把唐诗与旅游有机融合，还需要经过时间的检验。

2.供给层面，旅游产业中的唐诗文化挖掘与保护深度不够

目前唐诗文化与旅游融合的主要问题在于：融合浮于表面、内涵不足、缺乏张力。具体表现在：(1)将唐诗概念化：炒作概念、名不副实，缺乏深化、活化和物化；(2)将唐诗标签化：在墙上写刻几首唐诗、画描几幅诗画，在景点竖立一些传统诗人雕塑，缺乏特色、思路僵化、手法老套；(3)将唐诗表面化：在现有旅游内容之中，强行塞入若干唐诗文化，生搬硬套，无法激起游客的共鸣。这距离唐诗文化真正走入大众、走入民间，真正紧密结合旅游，仍然相距甚远。唐诗文化不仅仅包含唐诗，还包含唐诗背后的神话传说、民间故事，以及唐诗中体现的高尚的品德、真挚的情感、耐人寻味的义理等，故而可以说，唐诗之路是历史、诗学、民俗故事、文化心理的复合体[①]。各地对唐诗资源辨识度不够、保护意识不强、资金人才不足，对文物古迹和文化价值缺乏敬畏之心，肆意拆除损毁事件不少，将相关优秀文化转化为时代精神和文明素养的认识和举措不足。唐诗文化资源更多时候是作为其他旅游资源的

---

① 梁苍泱、梁福标：《民间传说与"浙东唐诗之路"的建构与延伸》，《绍兴文理学院学报（人文社会科学）》2020年第6期，第68—74页。

陪衬,只有在需要用它来提升旅游目的地的知名度时才会被人想起以及用上,可谓只喊口号不落地。有的地方尽管也认识到对一些文化资源开发利用的重要性,但多体现在领导喊口号、做报告上,并没有付诸规划建设、开发利用,或者说尚未形成统一有效的规划体系和协调机制,资源共享和利用水平不高。

3.需求层面,国内诗词旅游的氛围尚未形成

唐诗文化旅游资源区别于其他旅游资源的核心要素是文学内涵,一些文学旅游资源虽然因唐诗名家名篇而声名鹊起,但旅游者却难以从中感受诗人的情怀和文化历史内涵。就目前的旅游市场而言,文学旅游并非大众,唐诗旅游更是小众,再加上文学旅游资源分布零散,旅行社最多在安排旅游线路时"顺带"插进一个附近的诗人故居或纪念馆,旅游者往往也不会专程安排前往。此外,在国内文学旅游市场细分不够的背景下,唐诗文学旅游的目标群体较小,主要集中于受过良好教育的群体,对游客教育水平要求较高,可以说国内文学旅游的氛围尚未形成。加之部分景点呈现唐诗的方式不够新颖,仅为简单陈列观光,没有注重游客的旅游体验感受,唐诗与旅游的结合缺乏良好的互动,导致旅游者的参观兴趣不高,景区无法很好地吸引和留住游客。

第二节　浙东唐诗之路的文旅融合

一、浙东唐诗之路的内涵与线路

(一)浙东唐诗之路的内涵与来源

"浙东唐诗之路"最早由新昌学者竺岳兵于1991年提出,1993年经中国唐代文学学会多次论证命名。此后,"浙东唐诗之路"成为中国文学史上一个专用名词,指的是贯穿于浙江东部、文人墨客往来频繁、对唐诗发展有着重大影响的一条山水人文旅游线路,成为继丝绸之路、茶马古道之后的又一条文化古道。

晋唐以来,400多位唐朝诗人仰慕浙东山水文化,远道而来,自钱塘江入绍兴古镜湖,而后由浙东运河、曹娥江至剡溪,再溯源至石梁而登天台山,留下了1500多首唐诗。据专家考证,全唐诗收录的2200余位诗人中,有451位诗人游览过这条风景线,其中包括诗仙李白、诗圣杜甫,"初唐四杰"中的卢照邻、骆宾王,"饮中八仙"中的贺知章、崔宗之,"中唐三俊"的元稹、李绅、李德裕,"晚唐三罗"的罗隐、罗邺、罗虬以及崔颢、王维、贾岛、杜牧等,为后人留下了一条山水人文结合、景观文化

相映的"浙东唐诗之路"。

诗路沿途千岩竞秀，万壑争流，村野牧歌，清流舟筏。既有卧龙山、飞来山、蕺山、会稽山、东山、宛委山、秦望山、四明山、金庭山、石城山、沃洲山、天姥山、剡山、镜湖、若耶溪、曹娥江、小舜江、剡溪、灵溪等丰富优美的山水自然资源，又有炉峰禅寺、大佛寺、法华寺、云门寺、称心寺、国清寺等佛教、道教禅修圣地。佛教"般若学"的兴起、"天台宗"的形成等"佛宗道源"都可以在浙东唐诗之路上找到踪迹。天台山还是典型的儒释道三教融合的和合圣地。此外，浙东唐诗之路上还有曹娥庙、孝子岭等儒家孝道文化感悟体验场馆和遗迹，文化资源丰富。

浙东唐诗之路是山水之路、文化之路、朝圣之路、隐逸之路、和合之路，是一条汇聚天然名胜的自然遗产线路，也是一条融合儒学佛道、诗歌书法、陶瓷茶艺、戏曲民俗、神话传说等传统文化宝藏的文化遗产线路，极具人文景观特色，深含历史开创意义。

（二）浙东唐诗之路的线路

浙东是唐朝江南道浙东观察使管辖区域的简称，因为观察使驻节越州，又以"越州"代指浙东。"浙东唐诗之路"始于钱塘江，沿浙东运河萧山西兴渡口，顺浙东运河等水道经绍兴、诸暨至上虞转至曹娥江，溯曹娥江行入嵊州剡溪，再经天姥山，最后抵佛教天台宗发源地天台山石梁瀑布，全长约 190 公里。

具体而言，浙东唐诗之路的核心地域范围是指浙东浦阳江以东，包括苍山脉以北，至东海沿岸，总面积达 2 万余平方公里，包括杭州、绍兴、台州、宁波、舟山等市区。在唐朝，浙东唐诗之路是以"杭州—越州—台州"为干线，以"杭州—越州—明州—台州—温州—处州""杭州—越州—婺州—衢州—台州"等为支线的浙东山水人文之路。且诗路主要是水路，辅之以陆路。其主干线在浙东运河与曹娥江（古剡溪）上，东连奉化江、甬江，西又连东阳江、浦阳江，南有剡溪至三江（剡江、新昌江、长乐江）等水域。

浙东唐诗之路拥有通江达海的区位条件、传颂千年的文化积淀、山水形胜的景观资源。诗路沿线地区处于长三角南翼，横跨杭州、宁波两大都市圈，背靠上海都市圈，良好的区位条件使沿线地区具备充足优质的客源市场和多样便捷的交通方式。杭甬高速、甬台温高速、上三高速、台金高速等高速公路四通八达，杭州湾跨海大桥、舟山跨海大桥横越东海，杭甬高铁、甬台温高铁等铁路网络不断完善，浙东运河沟通江海，宁波舟山港、台州港等港口通达海内外，是浙江省重要的交通走廊。

区域内拥有国家级历史文化名城3座、名镇6座,国家级文保单位68处,省级文保单位151处,国家级非遗项目34项,省级非遗项目157项,省级以上非遗传承人188人。旅游资源方面有6个5A级景区和68个4A级景区,2个国家级旅游度假区和18个省级旅游度假区,得天独厚的山水资源成为旅游业发展的重要基础。

二、浙东唐诗之路文旅融合现状与问题

(一)浙东唐诗之路文化传播现状

浙东唐诗之路文化资源丰富,既有优美的山水旅游资源,又有佛教、道教禅修文化、儒家孝道文化、诗路历史文化等,同时,随着社会和经济的发展,诗路文化产业新业态层出不穷,文化市场日益广阔。

1. 出台政策统筹规划全局

2018年,浙江省十三届人大一次会议工作报告中就指出,要"积极打造浙东唐诗之路"。在2018年6月出台的《浙江省大花园建设行动计划》中,"打造唐诗之路黄金旅游带"也作为浙江"全域旅游推进工程"重点内容被列为大花园建设的十大标志性工程之首。

2019年10月,浙江省政府印发《浙江省诗路文化带发展规划》。2020年3月,浙江省文化和旅游厅出台《浙东唐诗之路黄金旅游带规划》。

2020年10月,浙江省诗路文化带建设暨浙东唐诗之路启动大会在天台召开。省委书记袁家军作出批示,省长郑栅洁出席大会并按下"浙东唐诗之路"启动键。

目前,"浙东唐诗之路"沿线县市都已把唐诗之路作为一条高文化品位的人文旅游和风光旅游精华线路来打造:立足地区实际,体现省级战略,明确功能定位,注重改革创新,加强研究论证,做好"浙东唐诗之路精华地"总体规划编制和专项规划编制工作。

如台州市委宣传部、市文化和广电旅游体育局、市发展和改革委员会、市自然资源局等部门联合组建了"浙东唐诗之路旅游带"工作协商机制,台州市财政总共投入资金1600万元,用于"浙东唐诗之路旅游目的地"品牌形象打造,其中300万元用于奖励扶持天台、仙居、临海打造"浙东唐诗之路旅游目的地"品牌创建。

天台研究制订《天台县打造"浙东唐诗之路"目的地工作方案》,推动浙东唐诗之路申遗、浙东唐诗之路交通走廊建设等工作。

绍兴新昌县委、县政府出台《关于打造"浙东唐诗之路精华地"的实施意见》,落实专项资金1000万元,全力打响新昌"浙东唐诗之路精华地"的知名度和影响力。

2.组建联盟深挖文化资源与路线

各地市深入规划和挖掘唐诗之路沿线资源,规划唐诗之旅具体旅游线路,组建唐诗之路地区旅游线联盟,将唐诗文化、文化遗址与全域旅游有机结合。

2019年1月,柯桥、上虞、嵊州、新昌等浙东唐诗之路沿线八地的旅游部门齐聚国家5A级旅游景区天台山,成立了唐诗之路黄金旅游线联盟,共打"诗路"牌。八地旅游部门将强化区域旅游合作,充分整合旅游资源,共建共享浙东唐诗之路的文化内涵,合作开发经营一批精品旅游线路和产品。

台州市旅游局联合景域集团定制10条唐诗旅游线路,主推李白天仙游、杜甫山海游、寒山子问道游3条线路,辅推诗情画意山水游、清流舟筏海岛游、礼佛禅修古刹游、村野牧歌田园游、唐风诗韵古城游、访仙修真问道游、世外桃源写意游7条线路。其线路设置囊括了台州当地所有旅游资源,包含著名的5A级景区天台山、神仙居等,以多元化产品目标推进台州全域旅游产业化进程。

绍兴市旅委规划了"唐诗之旅"东线和西线游线。东线唐诗之旅沿途囊括了鉴湖、若耶溪、大禹陵、云门寺、山阴道和樵风泾、秦皇刻石等大量文化遗存。其线路设定为:古纤道→大禹陵→曹娥庙→东山景区→崇仁古镇→绍兴温泉城→大佛寺→沃洲湖和天姥山。并通过开发水上游线、陆上游线、水陆结合游线,让游客"品读唐诗、寄情山水",循着"唐诗之路"领略绍兴秀美的山水风光。西线有许多古越遗址遗存,其线路设定为:越王城→柯岩→印山越国王陵→兰亭景区→埠中古城→会稽山古香榧群→西施故里→五泄风景区。结合修禅礼佛、文化修学等主题旅游,整合沿途精华景点,让游客循着"卧薪尝胆""吴越争霸"等历史典故、范蠡和西施的传奇故事,寻访越国古迹,感受越地民俗。

县级市如新昌明确浙东唐诗之路新昌段路线图,重点打造陆上唐诗之路(南岩寺—鼓山公园—大佛寺—谢公宿处—小石佛—桃源—班竹—会墅岭—横板桥—天姥山—关岭—天台)和水上唐诗之路(江滨公园—拔茅—王泗州—后岸—央于—兰沿—长诏—沃洲湖—溪西—黄坛—茅洋—天台)两条线路。天台开展徐霞客旅游线及天台山文化研讨,联手新昌、天台、临海、仙居,推出"新天仙配"旅游线、诗路"珍珠"唐诗古道、寒山古道等。

3.建立唐诗智库,举办学术交流活动

自20世纪90年代浙东唐诗之路正式提出以来,沿线多地以民间自发、政府支持等形式,开展诗路文化研究,成果丰硕。省内各地市通过组建浙东唐诗之路文化研究专家智库,认真汇总梳理与浙东唐诗之路文化有关的历史村落、文物遗迹、文字史实等资料,建立浙东唐诗之路遗迹资料档案库。通过推进智库研究,掌握浙东唐诗之路领域专家学者信息,定期举办海内外浙东唐诗之路文化学术研讨交流活动,深入挖掘唐诗之路文化内涵,推进其文旅融合的发展。至2020年,各地市先后出版了专业著作近30本,发表相关研究论文400多篇,举办国内外学术会议10余次,接待国内外学术团组访问和考察500多次,组织专题讲座近百场,成为唐诗之路研究的全国性学术高地①。

绍兴嵊州于2018年10月成立"浙东唐诗之路"剡溪智库。截至2020年,智库已经举行了三次年会,积极发挥平台搭建、政策解读、课题研究、人文交流、学术探讨等方面职能,为弘扬优秀传统文化、推进"浙东唐诗之路"建设发挥了积极作用。2018年,台州也成立"唐诗之路"新型智库,吸纳来自高校、设计规划院的专家和旅游系统资深从业者。各地智库以"传承唐诗之路文化,服务浙东唐诗之路"为目标,进行遗产保护研究、"诗路"文化整理以及人文交流、学术探讨等,推进"浙东唐诗之路"建设,为沿线地区工作决策、旅游建设提供专业服务。

台州天台成立了唐诗之路研究会。研究会的工作者将有关唐诗之路的诗人、诗作、事迹进行了全面梳理,编制全域古道图、诗人游线图。天台依托中国人民大学和合文化研究基地,加强唐诗文化与和合文化、"一带一路"的关系研究,打造独具特色的全国唐诗之路的研究高地。研究会通过汇集相关领域研究力量,深入交流研究成果,出版专著16部,其中《唐诗风雅颂天台》是全国首部县域唐诗专辑校注的著作。

2018年,台州举办"浙东唐诗之路国际研讨会"。2019年,绍兴市举行浙东唐诗之路研究会成立大会,大会由市社会科学界联合会发起成立,汇聚了近百位来自在绍高校、民间研究团体的专家学者。

2020年11月,中国唐诗之路研究会首届年会暨第二次学术研讨会浙江诗路文化带高峰论坛在天台举行,大会围绕以下主题进行探讨:唐诗之路综合研究;唐诗之路主要诗人、诗歌与路线研究;唐诗之路沿线文学、艺术、哲学、宗教研究;浙江诗路文化带的研究与开发;"浙东唐诗之路目的地"天台山文化研究。同月,绍兴政府多部门联合浙江越秀外国语学院举办"浙东唐诗之路研究与绍兴文旅IP研发"学术研讨会。12月,绍兴柯桥联合浙江工业大学举办"浙江诗路文化带的发掘与

---

① 浙江省文化和旅游厅:《浙东唐诗之路黄金旅游带规划》,2020年3月。

重构"学术研讨会。

4.打造唐诗特色小镇与唐诗风情村

仙居石梁小镇位于天台山核心区块,依托深厚的唐诗之路文化底蕴,积极打造"云端·唐诗小镇",把唐诗元素进一步融入建筑风貌和景观设计中。小镇委托浙江省建筑科学研究院量身规划定制,打造唐诗风情街,谋划"唐诗溯源""寻佛问道"等各类云端旅游线路,通过"线上宣传＋线下活动"的形式,推广唐诗小镇品牌。围绕"唐诗""和合"文化,研发"唐诗风情"创意旅游商品,积极推进唐诗研学营地、唐诗拾遗馆、高端唐诗主题民宿等各类文化项目建设。以通玄山居、唐诗文化主题民宿为试点,加快打造高端特色民宿集聚区。成立农家乐民宿发展联盟,围绕唐诗风情对菜品菜单、服务质量等进行提档升级。2020年,石梁镇成功签约并落地5亿元以上产业项目1个,签约3000万元以上项目6个,全年完成有效投资4.5亿元。

新昌班竹村为古代天姥、天台、临海古驿道上的重要村落,位于天姥山主峰班竹山西山麓。现残存的民居、古驿道和街道古风犹存,村口还有章家祠堂等保存较好的古建筑,谢公古道穿村而过。该道路最先为晋朝诗人谢灵运开拓,据记载,明代著名旅游家徐霞客、清代诗人袁枚、现代文学家郁达夫等名人雅士或在班竹投宿,或在班竹驻足。2014年,班竹村依托良好的自然环境资源和深厚的唐诗文化底蕴,打造"唐诗庭院",村里建起了"唐诗之路"文化墙,写上了和班竹村有关的400多首诗,种下了2000多棵斑竹,引进了休闲旅游项目,将村里的闲置房、破倒屋改建成农家乐和休闲民宿,按照"一字一诗一院"的个性化要求建成"唐诗庭院"100多家。2017年,班竹村建立"人人参股,户户分红"的乡村旅游开发新模式,采用基础设施入股、闲置山林入股和现金入股三种方式,兼顾村集体、村民、公司股东各方利益。10月,班竹村旅游有限公司挂牌成立,全村4000多亩山林资源和300亩梯田一周内实现流转,村民参与旅游开发的积极性空前高涨,村民全部参与入股,整村资源通过村股份经济合作社统一转入旅游公司。2019年,班竹村被列入第五批中国传统村落名录。同年,班竹村门票总收入近900万元,有300多万元分红给股东和村民。

5.联合举办旅游节与相关主题节会

台州携手驴妈妈营销共同打造的"2018中国(台州)唐诗之路旅游节"。旅游节期间,驴妈妈营销为台州设计以"杖藜行歌诗意游台州"为主题的系列活动,通过"千年岩洞诗乐会""回眸一笑百媚生""唐诗新唱拼烟嗓""人间至美禅茶花"四大主题活动,将台州的诗词文化、传统民俗与现代流行元素相结合,让市民游客在丰富的体验活动内容中深刻感受台州的文化内涵。

2018年,天台举办石梁牡丹花节,以"唐诗风雅颂牡丹"为主题,通过"观大唐时装、听唐韵音乐、吟唐诗派对、享小镇文创作品"等沉浸式的参与性活动,邀请游客赏花踏青、吟诵诗歌,体验唐诗的魅力和牡丹的花样风情。同时以牡丹花节为契机,展示石梁牡丹产业,振兴乡村经济,发展全域旅游。同年,天台还举办"浙东唐诗之路"浙江省女书法家作品展暨女篆刻家作品展,作品创作以《天台山唐诗之路诗词选集》《寒山子诗集》的唐诗为题材,收到全省投稿上千幅。嵊州通过挖掘和推广"唐诗之路"引人入胜的自然风光和深厚的人文底蕴,举办"我爱背唐诗"电视擂台赛和"走唐诗路、书唐诗情"名家唐诗之路采风行等活动。新昌举办2018浙江唐诗大会暨"来益杯"中国·天姥山唐诗大赛,来自全省各地的30支队伍共聚一堂,吸引211万观众收看。

2019年,浙江省举办第二届台州唐诗之路文化旅游节,同年举办"千年诗路今犹在"唐诗之路旅游线路设计大赛,主要以"诗画浙江"为中心,以"唐诗之路"为主题。

2020年,天台山举办第十五届浙江山水旅游节暨第三届唐诗之路文化旅游节,围绕"诗画山水""山水诗路""诗路传薪"三个篇章呈现,通过地方特色表演、声音博物馆创意演绎、名家诵读、歌舞表演等表现形式,展示诗画浙江古往今来的山水之美和唐诗之路的人文之美。这届旅游节活动还包括山水诗路文化展演、非物质文化遗产美食体验活动、浙东唐诗之路文化旅游共享活动、"山水·思路·浙江风景"艺术家天台采风活动,"山水"与"诗路"两大核心主题结合,令游客沉浸在山水实景和诗词魅力中。

同年,新昌县举办浙东唐诗之路·天姥山越野挑战赛,全国各地近5000人参与本次活动。其中,1800名精英选手将分为两组参加30公里和50公里竞技,3000多名选手将体验6.8公里的山间探游。在赛道设置上,选手背靠穿岩十九峰出发,其中50公里精英组选手从起点出发之后,将途经唐诗之路沿线的经典景点。

6.探索唐诗之路文旅融合新业态

各地市在传统旅游规划的基础上与时俱进,推出各类与唐诗文化紧密相连的实景演出、研学旅游、唐诗宴席,并开发诗路形象IP与文创产品,将传统非物质文化遗产与新型唐诗文创、"互联网+"紧密结合。"文化+科技+资本"正在丰富和不断创新浙东唐诗之路文化产业业态。

如台州天台山打造"跟着唐诗游天台"研学活动,以研学游、考古游、体验游、修心游等多种形式丰富文化旅游业态,已取得诸多成效。天台的"唐诗研学营地"选址原石梁中学闲置校区,投资 8000 万元,可满足至少 1000 名学生入营。2018 年,营地组织"一带一路"沿线留学生走进天台体验唐诗之旅。2019 年 5 月,天台举办唐诗之路研学高峰论坛,邀请百名中小学校长、研学机构负责人,共同推进诗路研学工作。

2018 年,台州联合驴妈妈举办"一台山水半唐诗"旅游节,设计了"唐朝'诗'光机",以数字创意互动的形式吸引用户参与,用户只需要输入姓名就能匹配到与自己对应的诗人,画面将呈现诗人游历台州时写下的诗句,还能对应到诗人当时游历的旅游景点,跳转到旅游产品页面。通过创意数字程序吸引目标受众,既激发了用户对诗词文化的兴趣和好奇,又借此推介了台州的旅游景区。

此外,天台还持续完善《天台遇仙记》旅游演艺舞台剧,该剧改编于国家级非遗项目《刘阮传说》,剧中的天台桃源就是传说中的仙域,在唐诗中有较高的"出镜率"。

绍兴新昌发布"李梦白"诗路形象 IP——以唐代书生为原型的翩翩少年"李梦白"。该形象随身携带一支大笔,寓意少年勤奋的学习精神,以及在唐诗之路上随时随地吟诗作画的意趣。同时发布的还有"李梦白"同款文具、日历等相关文创产品,植入"唐诗文化"元素和"天姥山文化"元素的还有当地非物质文化遗产的丝绸、砖雕、木雕、竹编等。

石梁云端·唐诗小镇同样推出"李小白 Little Bai"为小镇形象代言人,推出一批周边纪念品、手工艺品、农副产品,促进文化创意与小镇开发融合发展,做强文旅业态。

此外,新昌设计了沉浸式美食体验"天姥唐诗宴",将新昌唐诗之路与"舌尖上的新昌"紧密结合,一道菜就是一首诗,不管是"飞流直下三千尺"的新昌榨面,还是"此行不为鲈鱼脍,自爱名山入剡中"的美味沃洲鱼头等,大家吃的不仅仅是菜,还有古人在新昌留下的气韵。2020 年,新昌还举办了百县千碗"浙东天姥唐诗宴"示范店评选活动。

7. 融入城乡建设全局

以理论研究为中心,以基础设施建设为骨架,唐诗符号须融入城市建设。沿线各地市在城市建设中积极融入唐诗文化元素,推进古街区改造。

天台县政府启动了赭溪区块古街改造,布局合院民宿、茶道文化、禅意静修等功能业态,打造出"唐风宋韵"历史文化街区。投资 23 亿建设始丰溪流域综合治理工程,其中"百里和合唐诗廊"以始丰溪古道景观为基础,沿溪布置唐诗等主题文化廊,呈现出"百里游廊千首诗"的景象。经过综合治理,始丰溪绿道荣获第一届"浙江最美绿道"殊荣。此外,为普及天台唐诗文化,当地开展了"寻唐诗魅力、秀名县美城"系列活动,总共 20 多个项目,如"我家住在唐诗之路"市民趣味采访和多媒体宣传,让学唐诗成为一项全民行动。该县还开展了"唐诗进校园"活动,唐诗文化被列为中小学生学习重点。

此外,天台石梁文化小镇将投入 200 万元整治提升原有占地 10 亩的垃圾场(该镇区脏乱差、乱搭乱建最严重的一个区块),将其改建为莲台唐诗主题公园。公园内,以唐诗文化为核心的浮雕、雕塑、唐诗碑林、版画星罗棋布,与绿树青山相得益彰,处处散发出浙东唐诗文化气息。全域实施美丽公路工程,对沿线村标、公交站亭等加入唐诗元素进行点缀,打造美丽诗路。

8.开发多媒体宣传矩阵

各地市加强在央视等主流媒体的宣传力度,积极介入《中国诗词大会》等诗词类文化节目,定期组织开展全国主流媒体"浙东唐诗之路"等主题外宣活动,积极参与全国乃至海外的旅游营销推广,让"浙东唐诗之路"的文化走出浙江,走向世界。中央电视台、人民日报、浙江日报等媒体刊发唐诗之路相关报道 1000 多篇(条),央视科教频道摄制播出大型纪录片《唐诗之路》,浙江省交响乐团创作排演大型咏诵交响套曲《唐诗之路》,营造良好的社会影响和舆论氛围。

台州围绕"浙东唐诗之路旅游目的地"主题,借力中央电视台首档全民参与的诗词节目《中国诗词大会》开展品牌推广合作。通过节目诗词、现场 LED 大背景、广告短片、口播、片尾鸣谢等途径植入台州元素,向海内外观众全面宣传展示"浙东唐诗之路旅游目的地"形象。2018 年,联合驴妈妈举办"一台山水半唐诗"旅游节时,分别在在线旅游(Online Travel Agency, OTA)、户外电梯等平台,利用新媒体资源扩大声量,线上线下合力传播,并联合浙江广电通过浙江卫视、浙江之声《浙江新闻联播》的报道将此次旅游节的宣传声量最大化。2019 年,通过央视国际频道《走遍中国》栏目的"浙东唐诗之路旅游目的地"形象广告,让全国观众记住了"台州唐诗之路"的华美景象。此外,台州在人民网演播大厅举办台州旅游推介活动,邀请北京旅游界、新闻界 150 余位嘉宾参加,通过人民网、新华网、美国先锋日报、欧洲邮政公报等 100 多家国内外媒体,向全球推介。

绍兴结合"浙东唐诗之路"沿线——上虞四季鲜果采摘、三地沿江骑行道打造等特色活动,依托"诗画浙江·粤享浙里"(广东)推介会、上海世界旅游博览会、杭州都市圈绍兴旅游推介会等宣传平台,积极推动"墨色绍兴"系列之唐诗文化。2020年,受新冠疫情影响,绍兴市文广旅游局持续推出"云上·唐诗之路"系列活动,通过云讲座、云展览、云诗词等,全方位在"云上"讲解浙东唐诗之路景点背后的故事。如绍兴图书馆、绍兴博物馆和绍兴市文化馆以"云上·唐诗之路"为主题,首次推出由绍兴古城保护、越文化专家为主导的"云观展"直播活动,依托微信、微博、抖音等新媒体平台,全方位、立体式地展示诗路风貌。

(二)浙东唐诗之路文化传播问题

1.诗路文化资源有待进一步挖掘

各地区对诗路文化内涵的挖掘和阐释不够,能够代表诗路文化的具象化旅游产品不多。诗路文化不仅仅包括唐诗,还有其背后唐朝时诗人前来浙东追寻的神话传说、民间故事,以及诗人在创作诗歌时表现的时代精神、高尚品格、政治情感等。而目前诗路沿线文化旅游开发层次较低,仅限于唐诗,尚未对其他相关的古籍、民俗传说进行剖析阐释,对诗路的文化底蕴没有全面、深入的挖掘。对于一些文化旅游资源甚至存在破坏性保护和利用的现象。文旅产品单一、部分唐诗相关景点由于文化内涵挖掘不充分、展陈内容单调而导致游客缺乏兴趣,这也在一定程度上形成恶性循环——相关部门减少专门讲解人员和设备资金投入,最后景点处于长期半关门的状态,造成文化资源的极大浪费。

2.诗路品牌形象有待进一步打造

"浙东唐诗之路"作为具有历史开创意义的区域线性文化遗产旅游线路,在打造文化旅游融合品牌上有先天的优势,却至今没有建构出一个体系完整的品牌形象。目前浙江各地均申报了唐诗之路的品牌专利名,但并没有做到有效统一,品牌形象的打造还没有达到与诗路深厚的文化底蕴相匹配的知名程度。品牌缺乏统一的标识与设计,导致各地区在景区装饰、产品包装、旅游文创、宣传广告上设计分散,故而无法带给游客和谐统一的视觉冲击力,难以强化受众对诗路品牌形象的认知与认同。群众对浙东唐诗之路的概念比较陌生,也因为缺乏一批拳头产品(如西安华清池有《长恨歌》大型演出,北京故宫有文创产品,品牌建设良好)。此外,浙江省产业转型较早,但既有的农业、工业传统深刻地影响着浙江省的企业比例,即文化类的独角兽企业较少,文化产业矩阵尚未形成。诗路沿线的文化品牌很多,然而相关历史传说、品牌故事、文化衍生品开发远远不足,故而对周边地区的辐射带动力不足。

3. 区域协同机制有待进一步完善

唐诗之路作为线性廊道遗产,沿线涉及地区较多。目前各个地市分别打造本地区的唐诗之路,地区协同合作发展的力度和意识不够;工作对接、交通配套、资金支持、用地用电等尚未达成一致;尚未建立行之有效、自上而下、权责分明的整体统筹机构;也没有完善的跨区域整体部署、组织协调机制,行政管理分隔,难以系统解决软服务不足的问题。目前浙东唐诗之路沿线旅游资源的开发利用以保存文学遗迹为主,开发形式主要聚焦于故居、祖居、求学地、工作地、墓葬等,主要文旅展览方式为建设纪念馆。有的地方虽然也作出了规划,进行了开发建设,但规划格局小、投入手笔小,相关要素之间又缺乏创新的亮点,旅游资源的开发利用尚不够充分且形式较为单一,一些具有典型意义、区域特色、突出亮点的文化明珠,尚未有效融合提升。各地名人景点分散,缺乏名人效应组团模式,文化交流、跨区域重大产业布局、项目合作等较少,文化背景和文化来源考究尚未达到统一,还没有达到串"珠"成"链"的效果。

4. 新媒体宣传方式有待进一步发力

相较于国内其他文旅融合产业大力结合互联网进行宣传、结合高新科技进行展陈等方式,唐诗文化产业在这一块仍然处于较为落后的状态。目前品牌网络宣传尚未形成合力,媒体舆论导向作用有限,宣传力度尤其是在持续性和连贯性上尚显不足。沿线部分景点宣传视野有限,仅限于本地区内部。同时,信息化程度较低,网络宣传语营销还处于初级运作阶段,尚未打造全面的诗路文旅传播矩阵[①],缺乏比较"出圈"的新媒体宣传方式(如 H5、短视频、综艺、纪录片、访谈等);主动参与意识较弱,导致地域性文化资源向旅游资源转化的过程遇到阻碍。

5. 旅游体验感打造有待进一步深入

现代游客对旅游产品的要求越来越高,文化体验逐渐成为游客追求的核心,游客的需求逐渐从单一的视觉需求转向感官、行为、思维和情感的多重需求,追求精神与心灵的升华,从初级层次的"物游"转向更高层次的"知游"[②]。现阶段,诗路景点中,大部分的展览形式为物件的简单摆设、文字加图片,展览陈列模式大同小异,

---

① 翟文茜、李玲洁:《"浙东唐诗之路"旅游文化形象的建构与传播》,《今传媒》2020 年第 4 期,第 99—100 页。

② 杨海燕:《基于文化体验的浙东唐诗之路绍兴段旅游开发研究》,《江西电力职业技术学院学报》2019 年第 11 期,第 147—149 页。

并未进行有机创新；深度体验式的景点尚不足，缺乏真正的与唐诗深厚文化有关的体验旅游线路的布设。游客在浙东唐诗之路的旅游过程中缺乏氛围、缺乏体验感，即来即走，印象淡漠。

第三节 浙东唐诗之路文旅融合的价值重塑

研究浙东唐诗之路，深入挖掘诗路文化的重大历史价值、文化价值、经济价值和时代价值，有利于传承发展中华优秀传统文化，增强文化自觉和文化自信，夯实文化软实力根基，提升中华文化的影响力，在国际、国家、省市乃至各区县的层面助推区域经济和文化发展，具有意义非凡的价值。

一、浙东唐诗之路保护文化遗产、弘扬文化自信

（一）浙东唐诗之路助益于保护开发文化遗产

浙东唐诗之路是以唐诗为标志，蕴含多种文化遗产的山水人文之路，沿线历史文化遗产资源极为丰富，自然风光秀丽。作为中国山水诗发祥地、佛教中国化第一个宗派天台宗诞生地、道教巩固充实时期的中心地、中国书法艺术的圣地、山水画发源地、茶道思想渊源地、六朝士文化中心地、民间文学民俗文化兴盛地，诗路沿线有诗词曲赋水墨书画等传世名作，有青瓷丝绸茶道曲艺等江南气韵，也有滚灯、花灯、竹丝灯，根雕、木雕、砖雕，墙头画、铜艺、铁艺、锡艺，还有米塑、面塑等传统习俗，体现出浙江文化巧夺天工的独具匠心、神奇瑰丽的艺术想象、夺古生新的别出心裁，形成了浙江历史文化遗产风物图。同时，孕育了王充、王羲之、谢灵运、贺知章、王阳明等一批人文巨匠，以及鲁迅、周恩来、蔡元培、秋瑾等一批时代先驱。

可以说，浙东唐诗之路是融合了诗歌、书法、茶道、戏曲、民俗、方言、神话传说等内容的中华文化宝藏，唐诗之路的内涵从文学艺术拓展到了沿线自然地理、宗教哲学、民间信仰、文学艺术、风土物候、商贸交通等领域，对儒释道三教文化、南北文化、中外文化的共融发展起到不可低估的作用。

至 2020 年，诗路沿线拥有国家级历史文化名城 3 座、名镇 6 座，有省级以上文物保护单位 1141 处，其中国家级 231 处，拥有国家级非遗项目 217 项，省级非遗项目 886 项，省级以上非遗传承人 1215 人[①]，璀璨的历史文化宝藏具有极大的保护、研究和传承价值。作为一条文化线路，唐诗之路所构建的人文景观和自然景观，为

---

① 浙江省文化和旅游厅：《浙东唐诗之路黄金旅游带规划》，2020 年 3 月。

保护和利用这份文化遗产提供了有利条件。从诗路的资源转化来看,唐诗、宗教等资源已经进行了较好的开发,但是名人文化、士人文化等既有资源依然有很大的开发潜力。为了更好地丰富景点,在安排唐诗之路的景点时,应借助周边纪念品以及宣传品,开展相关工艺美术展、诗歌艺术展等,将沿线历史名人的诗词、人生经历、创作背景及民间神话与雕刻、剪纸、编织等非物质文化遗产有机融合。

（二）浙东唐诗之路助益于健全国民公共文化

中华民族素有文化自信的气度,正是有了对民族文化的自信心和自豪感,才能够在漫长的历史长河中保持自己、吸纳外来,形成了独具特色、辉煌灿烂的中华文明。浙东唐诗之路既是一条"具有突出、普遍价值的天然名胜"荟萃的自然遗产线路,又是一条产生伟大思想与艺术,具有重要影响的文化遗产线路。其丰富的文化底蕴,随着时代的变迁依然光辉不减,使一代一代的中国人受益良多。这条诗路既是浙江的文脉,体现着人民生生不息的文化创造力,也是浙江的史脉,在青山绿水之间创造了璀璨夺目的文化。

浙东唐诗之路,不仅具有商业属性,也具有社会公共事务属性,应融入公共文化服务体系之中。建设浙东唐诗之路,应将诗路沿线的各类别具特色的民俗节庆活动发扬光大,使得诗路成为文化、艺术、宗教等交流融汇的场所。还应加强对公众参与的引导,激发民众的活力。把浙东诗画山水与中华诗词经典有机结合起来,重新打造浙东唐诗之路文旅品牌,讲好浙江故事,展现浙学文化魅力,让群众感知到自身通过诗路能得到的收获,以及体认参与诗路文化带建设的重要性,真正参与到沿线文化资源保护、规划制订、自发宣传、监督监管等各个环节中,将诗路文化带建设成一条文化产业繁荣和公共文化服务健全的文化线路,并在此过程中提升国民的文化涵养与精神素质,走一条世代传承的文化自信之路。

（三）浙东唐诗之路助益于提升文化国际影响力

浙东唐诗之路在历史上一直具有相当的国内外影响力。浙东地区是儒释道三教和合地,诗路沿线寺观棋布、仙释睦居,明代阳明心学、清代浙东史学均在此诞生,影响远至日本、朝鲜及东南亚。唐朝以后,浙江慢慢成为中国比较重要的一个区域,并且与沿海诸个国家建立起密切的海上联系。随着优美的唐诗大量被传入日本、朝鲜半岛等地,这些国家的读者自然也就读到了关于"浙东唐诗之路"的诗篇。特别是有些日本古代诗人,虽然没有到过中国,但通过阅读唐代中国诗人关于"浙东唐诗之路"的诗篇,也写下了一些访剡溪、游会稽、登天台的诗歌,在想象中游历了"浙东唐诗之路"。这样,唐诗就成了连接浙江与日本的一条历史文化纽带。

　　深入研究"浙东唐诗之路",是中国古代对外开放、对外交流的当代延续,对扩大浙江乃至中国的文化旅游在海外的影响,具有非常积极的作用。应全面拓展对外开放的广度和深度,大力推进国际人文交流合作,搭建国际交流合作平台,打造一条在国际上有影响力的黄金旅游带、一条更具深度和广度的合作开放带,更好地向国际社会展示浙江文化魅力和发展成就,在"走出去"的过程中,积极引导艺术授权,做好对产品与品牌的知识产权保护工作。同时完善国际解说系统、国际交流标识、对外推广网站等配套措施,向海内外游客充分展示中华文化之美、中华文化之精、中华文化之博。

二、浙东唐诗之路助力文旅经济带全面提升

(一)浙东唐诗之路助益于构建特色产业新体系

　　建设浙东唐诗之路的过程,实为建设以文旅为头部,演艺、会展、影视为腰部,业态创新、文创开发为尾部的多功能、全方位、高层次的文化产业新体系的过程。[①]

　　唐诗之路所构建出的人文景观、自然景观与唐诗整体性的渊源,为旅游发展提供了丰富的文化资源,可形成新的旅游业态与旅游热点,吸引更多的海内外游客前来观光旅游。建设浙东唐诗之路文化产业,可以将"唐诗之路"沿线大量名山秀水和古村落、古驿道、驿铺以及道教、佛教遗存串珠连线,以水路为纽带,以唐诗为特色,以园区为载体,推进浙江美丽乡村建设和全域旅游协同融合发展。通过挖掘和培育历史经典、文化创意、休闲康养、非遗体验、特色物产等旅游资源,谋划一批山水观光、文化体验、滨海度假、休闲生态、红色教育、商务会展、影视拍摄等优质旅游产品和线路,整合形成一批百万级、千万级景区,实现"文旅融合"良性互动下浙江诗路产业发展和经济转型升级,并促进浙江以文化为纽带,更好地融入"一带一路"建设,助力浙江文化产业和社会经济协调发展,打造具有东方意韵、国际影响的黄金旅游带。

(二)浙东唐诗之路助力乡村振兴战略,实现"三农"全面提升

　　浙东唐诗之路沿线绝大多数地区为山区、乡村。党的十九大把乡村振兴作为七大战略之一,要推动乡村振兴战略,发展乡村旅游是重要途径。在乡村振兴中挖

---

　　① 范周:《浙东唐诗之路文旅产业发展思考》,浙东唐诗之路文旅产业融合发展峰会上的主旨讲话,2020 年 11 月。

掘并注入唐诗文化,是实现农业、农村、农民全面提升的重大机遇,有助于农村产业结构优化和农民增收方式转变,提供农村创业就业机会,提高农村现代文明程度。

第一,有助于农村产业结构优化。推进浙东唐诗之路文旅融合,有助于形成以乡村旅游为中心的产业链,拓展农民的劳动方式,有效转移部分农村剩余劳动力,发展以农村风貌、农业生产、农民生活、民俗文化、自然生态等为旅游内容的乡村旅游,使农民成为旅游从业者,使农村经济由传统农业的种植养殖经济向多种经济转变。

第二,有助于农民增收方式转变。拓宽唐诗之路文化旅游产业,将地区传统产业与乡村物质文化遗产、非物质文化遗产、文化品牌有机结合,可产生更高的农产品附加值,使农村产业从第一产业向第三产业升级,增加农民收入,改变农民生活方式。

第三,有助于提供农村创业就业机会。农民外出务工导致了大量土地荒废,导致农村劳动力资源结构不合理、农村人口老龄化,后继力量不足,制约了农村经济的发展。建设诗路,一方面,可以吸引外出务工者返乡就业,使他们不仅不需背井离乡就可以获得丰厚的回报,并且还能照顾老人、教育孩子;另一方面,还可以吸引大学生回乡创业、投资商投资农村。这样既能为农民提供更多的就业舞台,也推动了农村经济的有效发展。

第四,有助于提高农村现代文明程度。地方政府建设唐诗之路文旅产业带,势必需要加大对基础设施建设的投资,激活闲置废弃民居,使农村的道路、水电、餐饮、垃圾处理等基础设施功效进一步加强。此外,建设诗路,一是挖掘、保护和传承了农村文化,以农村文化为吸引物,发展农村特色文化旅游;二是通过诗路文化反哺农村,使其整体文化水平提高。乡村旅游作为一种新兴产业,已成为城乡经济、文化一体化的重要纽带,通过文化旅游可以促使乡村吸收现代文化,形成新的文明乡风。

（三）浙东唐诗之路建设提升了绿色生态文明

浙东唐诗之路沿线山水名胜不胜枚举,串联形成浙江诗画山水之"链"。山岳景观壮美雄奇,如乐清雁荡山、仙居神仙居、缙云仙都、奉化雪窦山、新昌大佛寺凝灰岩石窟、天台山、赤城山、新昌穿岩十九峰、东阳三都屏岩等。浙江八大水系中,七大水系贯穿浙东唐诗之路,如瓯江、灵江、甬江、曹娥江、苕溪、飞云江、鳌江,另外还有人工开凿的浙东运河沟通东海与钱塘江,镜湖广纳越州多源之水。

建设浙东唐诗之路,能保护和修复沿线山岳、森林、湖泊等自然景观风貌,尤其是火山岩地貌、丹霞地貌、岩溶景观遗迹、火山地质遗迹、非金属矿床、矿业遗址、古生物化石等地质遗迹以及古人类文化遗址等。

建设浙东唐诗之路,有利于巩固提升流域水环境质量;进一步改善曹娥江、灵江、甬江、姚江、奉化江等水系生态环境;保护湘湖、鉴湖、沃洲湖、东钱湖、四明湖、剡溪、平水江等文化名湖、名河的水环境,保护修复古堰坝、古渡口,建设滨河(湖)生态廊道,打造水文化综合保护的示范区。

建设浙东唐诗之路,还能全面提升森林生态质量和海洋保护力度,推进诗路沿线古树名木和珍贵动植物物种保护,加强海域环境保护与污染治理。

建设诗路的过程就是守护浙东绿水青山,包括沿线山岳、森林、湖泊、海洋等自然景观风貌,让千里灵山秀水铺陈生态画卷的过程。这就需要将各类开发活动控制在资源环境承载能力之内,全面推进山水林田湖草生命共同体建设,改善城乡人居环境,积极探索生态产品价值转化机制,使山水与城乡融为一体、自然与文化相得益彰。打造浙东唐诗之路,树立"绿水青山就是金山银山"理念,实践标杆生态带的过程,将秀美山水串"珠"成链,织成绿毯花海,充分展现山水田园诗般的意境,走出一条绿色生态文明之路,以名篇巨著向世人展现青山巍峨、绿水环绕、燕语莺啼的生态画卷。

第四章　浙东唐诗之路的资源调查

晋唐以来,浙东地区就是江南人文荟萃之地,诗赋、书法、绘画、宗教在此达到鼎盛。自浙东运河转道古剡溪是探访先贤古韵、佛宗道源的求慕朝觐之路,无数"壮游""宦游""闲游"的名人雅士在浙东一带流连忘返,吟咏不绝,形成了对唐诗发展具有重大影响的一条古代山水人文旅游线路——浙东唐诗之路。浙东唐诗之路是串联浙江秀美风景,再现梦游天姥、春泛若耶的诗画山水之路。钱塘江、曹娥江、浙东运河等名江交汇于此,会稽山、天台山、四明山、括苍山等名山盘结于此,是诗画浙江的生动写照。

本章为资源调查性质,主要梳理浙东唐诗之路的历史遗存、浙东唐诗之路的非物质文化遗产、浙东唐诗之路的旅游资源以及具有一定影响力的文化节事。在系统梳理资源的基础上,本章简要评述浙东唐诗之路的资源情况,为文旅融合范本构建提供翔实的数据基础。

本章资源调查的范围以曹娥江—灵江为主线,辐射浙东运河水系古道,沿线主要县、市(区)包括杭州市萧山区、滨江区,绍兴市柯桥区、越城区、上虞区、嵊州市、新昌县,台州市天台县、仙居县、临海市,宁波市海曙区、江北区、鄞州区、奉化区、余姚市,舟山市定海区、普陀区、岱山县,辐射宁波、绍兴、台州、舟山四市全域。

第一节　浙东唐诗之路的历史遗存

历史遗存是保存下来的前代的遗迹或遗物,如建筑、道路、工程、墓葬、日用器具、装饰物、农作物等。本节将按地区介绍浙东唐诗之路沿线的重要历史文化遗存,包括古城(城墙)、村落、寺庙、古道、古驿道、名人故居、墓葬等,以期展现浙东唐诗之路浓厚的历史文化积淀。浙东唐诗之路历史遗存丰富,为文旅融合的范本构建搭建了非常好的基础。

一、杭州地区

(一)钱塘江

钱塘江的记载始见于《山海经·海内东经》,古称"浙",全名"浙江",又名浙河、浙溪水、浙水、渐江、罗刹江,自古是文人墨客的偏爱之地。据不完全统计,自唐代以来有 1000 余位诗人在钱塘江留下万余首诗词佳作,著名诗篇有白居易《钱塘湖春行》和《忆江南》、苏轼《饮湖上初晴后雨》、孟浩然《宿建德江》和《与颜钱塘登樟亭望潮作》、刘禹锡《浪淘沙·其七》、李白《横江词六首》、柳永《望海潮》、范仲淹《和运使舍人观潮》等,谱写成以钱塘江—富春江—新安江—兰江—婺江—衢江为主线的"钱塘江诗路",是浙江诗路文化带的四条诗路之一,也是浙东唐诗之路的起点(或终点)。

(二)萧山义桥渔浦

义桥渔浦位于萧山义桥镇,钱塘江、富春江、浦阳江三江汇聚之处,自然风光优美,人文底蕴深厚,1500 年前已是繁华古商埠,是浙东唐诗之路的重要源头。在唐朝,诗人一般就是从义桥西进入渔浦湖,辗转至绍兴①。宋代,渔浦是从钱塘江上溯富春江水路唯一的停靠码头。从南朝到清代,共计有 240 多首古诗描述过渔浦的风光,其中唐诗 80 多首。萧山区义桥镇近年来投资近 10 亿元对渔浦老街进行全面综合整改,成为集商业、娱乐、文化休闲、家庭旅馆等现代服务功能于一体的旅游古镇。

(三)西兴码头与老街

西兴古称"西陵",是春秋时期越国的主要渡口之一,唐朝时曾设西陵驿,吴越王钱镠改西陵为西兴,沿用至今。西兴是古运河上重要的中转码头,曾经繁华喧闹,唐朝诗人白居易曾留下"知在台边望不见,暮潮空送渡船回"的感叹。"西兴过塘行及码头"②是世界文化遗产"中国大运河"的组成部分,也是一个世界文化遗产点。西兴老街位于西兴中心,全长约 1 公里,江南水乡风貌保存较为完好。

二、绍兴地区

(一)浙东运河古纤道

浙东运河古纤道西起钱塘江古渡口西兴,东至上虞,全长百余里,保存完好的

---

① 方亮、黄坚毅:《萧山义桥渔浦是唐诗之路重要源头》,《杭州日报》2012 年 11 月 9 日 A11 版。

② 过塘行:指专为过往客商转运货物的"转运行"。

有数十里,其中绍兴段 7.5 公里的古纤道于 1988 年被列为全国重点文物保护单位。其中,渔后桥段古纤道位于柯桥区钱清镇渔后自然村,东西向横跨沟通大运河柯桥区段的大湾,为清代建筑,风格朴素。2014 年,"中国大运河"申报世界文化遗产成功,古纤道成为世界文化遗产的组成部分。

（二）会稽山

位于绍兴北部平原南部,跨越柯桥区、越城区、诸暨市、新昌县、嵊州市、上虞区 5 平方公里地域。上古治水英雄大禹生平封禅、娶亲、计功、归葬四件大事都发生在会稽山,秦始皇统一中国后曾"上会稽,祭大禹"。汉以后这里成为佛道圣地,山中的阳明洞天为道家第十一洞天,香炉峰为佛教圣地,至今香火旺盛。明代王阳明在此筑室隐居,创立了"阳明学派"。因此,会稽山就被誉为"第一名山",为"五镇名山"之南镇。现为会稽山风景区,是国家 4A 级景区。

会稽山是我国山水诗的重要发源地之一、浙东唐诗之路的门户,历史上众多文人学士留下了许多关于会稽山的丽词佳句,南朝诗人王籍咏会稽山的诗句"蝉噪林逾静,鸟鸣山更幽"更是传诵千古。

（三）鉴湖

位于绍兴城西南,地跨柯桥区、上虞区、越城区。相传黄帝铸镜于此,东汉永和五年(140),会稽太守马臻筑镜湖,全长 56.5 公里,总面积达 189.9 平方公里,是古代江南最大的水利工程之一。后因避北宋赵匡胤祖父赵敬之名讳,改名鉴湖。历史上,鉴湖与书法圣地、山水诗派、隋朝京杭大运河都有着密切关系。唐代贺知章在此写下名篇《咏柳》,杜甫的"越女天下白,鉴湖五月凉"闻名于世,李白、刘采春、孟浩然、白居易、元稹、陆游等历代诗人都曾留下诗文。仅流传至今的唐代诗人吟咏镜湖及沿湖景区的诗作就多达 192 首,居诗路景点之首。鉴湖周边寺庙林立,东岸建有马臻墓和马太守庙,还有快阁(陆游读书处,后改为陆放翁祠)、三山遗址(陆游故里)、方干岛等遗迹。对岸有山阴道直通兰亭。现为省级风景名胜区。

（四）越城区

1. 唐宋摩崖刻石

(1)建初买地摩崖刻石:省级文物保护单位。位于富盛镇跳山东坡。刻石高 3 米,长 2.3 米,分两列共刻有 22 个隶书字体:"大吉"和"昆弟六人,共买山地,建初元年,此冢地,直三万钱"。因此该刻石又称"大吉碑",解放后定名为"建初买地摩崖刻石"，是我国现存年代最久、文字面积最大的地券刻石。

（2）贺知章《龙瑞宫记》摩崖刻石：省级文物保护单位。位于禹陵乡望仙桥村西宛委山南坡的"飞来石"上，题刻高 0.76 米、宽 0.69 米，为阴刻楷书，记述了龙瑞宫的沿革和界止。周围还有宋代以来 20 余处题刻。

（3）府山唐宋刻石：市级重点文物保护单位。府山，又称文种山（越国大夫文种死后葬于此）、卧龙山，位于绍兴城区，山上文物古迹众多，其中有 12 处唐宋摩崖刻石。

2. 越王台

位于绍兴市区卧龙山东南麓，是后人为缅怀越王勾践卧薪尝胆、复国雪耻而建的纪念建筑，历史上屡建屡毁，于 1981 年重修。塔基石砖为宋代遗存，上部分为宫殿式建筑，为越国史迹陈列厅。1939 年 3 月，周恩来总理回绍兴时，曾在越王台向各界代表发表抗日演说，并亲笔写下"生聚教训廿年，犹未为晚"的题词。

（五）柯桥区

1. 印山越国王陵

全国重点文物保护单位。位于柯桥区兰亭镇里木栅村南印山之巅，是第一座被正式考古发掘和认定的春秋越国王陵，史称"木客大冢"，据《越绝书》记载，为春秋越国国君勾践之父允常的墓葬。印山越国王陵出土文物 40 余件，有独木棺、玉器、玉剑、石器、青铜器、漆器等，是继河姆渡文化和良渚文化后浙江省的又一重大考古发现。

2. 舜王庙

全国重点文物保护单位。位于柯桥区王坛镇双江溪村舜王山。相传舜接受禅让后曾到绍兴会稽山避乱，后人为纪念舜，在此建庙祭祀。现存建筑为清同治元年（1862）重修，并经 20 世纪 80—90 年代数次大修，汇集木雕、石雕、砖雕与建筑技艺于一体，具有典型的清代中晚期风格，对研究民俗学、建筑学以及雕刻艺术都有重要价值。[①]

3. 柯岩造像及摩崖题刻

全国重点文物保护单位。位于柯桥区柯岩街道柯山南麓柯岩风景区内。这里

---

① 《舜王庙》，绍兴市文广旅游局（市文物局）．https://sxwg.sx.gov.cn/art/2020/7/22/art_，访问日期：2020 年 7 月 24 日。

原为古代采石场,因工匠凿山取石不止,遂造就了姿态各异的石宕、石洞、石潭、石柱、石壁,现有天工大佛、炉柱晴烟、石室烹泉、蚕花洞天、七岩观鱼等多处景观。其中,柯岩造像(天工大佛)、"云骨"(炉柱晴烟)等最为著名。柯岩造像是浙江省著名弥勒佛石像之一,高 12 米,仪态恬静端庄,具有唐代佛教造像风格。周围有"云骨""柯岩"等摩崖题刻 10 余处,多为清代雕凿。柯岩造像及摩崖题刻是绍兴古代采石文化与佛教文化相结合的一处重要遗迹。

4.兰亭

全国重点文物保护单位。因东晋"天下第一行书"而闻名,位于兰亭镇兰渚山麓,是东晋著名书法家、书圣王羲之的园林住所。东晋永和九年(353)暮春,王羲之邀请谢安等好友 41 人在此修禊,临流泛觞,赋诗抒怀。王羲之作《兰亭集序》,兰亭因此而享誉海内外。在中国文学史上,兰亭被当作"山水诗"发源地。唐代诗人穿越浙东山水人文之路大多从钱塘江出发,经古都绍兴,自镜湖向南过曹娥江,溯源而上。因此,有专家认为唐诗之路其实就是兰亭雅集的历史延伸。1980 年前后兰亭经全面整修,形成明清风格的园林,以流觞曲水为中心,环绕以鹅池、鹅池亭、流觞亭、御碑亭、王右军祠等景观,并建有兰亭书法博物馆。现为国家 4A 级旅游区。

5.大王庙

省级文物保护单位。位于钱清镇江南村虎象自然村,相传东汉会稽太守马臻在鉴湖一带修筑水利工程,惠泽百姓,当地人奉他为"利济王",并建庙祭祀,称为"大王庙"。庙内存有石碑多方,其中《越山阴县新建广陵斗门记》碑刻记录了治理鉴湖水系的功绩,保存完整,极具历史价值。

(六)上虞区

1.曹娥庙

全国重点文物保护单位。位于上虞区曹娥街道孝女庙村,始建于东汉元嘉元年(151),为彰扬东汉上虞孝女曹娥而建。盛唐诗人沿浙东唐诗之路由曹娥江入剡泛游,多会在曹娥庙驻足,也因此留下许多诗篇,如李白《送王屋山人魏万还王屋》、权德舆《送上虞丞》、贯休《曹娥碑》等。曹娥庙规模恢宏,有正殿、暖阁、后殿、曹娥碑、双桧亭、曹娥墓等,布局严谨,雕刻、楹联、壁画、书法(古碑)并称"四绝",有"江南第一庙"之称。

2.小仙坛窑址

全国重点文物保护单位。位于上虞区上浦镇石浦村四峰山南麓,是中国青瓷发源地最具代表性的窑址。被发现时,窑炉已遭严重损毁,但遗存的瓷器造型规整、制作精细,青瓷器的碎片散布范围约 800 平方米。小仙坛窑址的发现表明,早在东汉时期,成熟的青瓷器已在浙江绍兴一带烧造成功。①

3. 凤凰山窑址群②

全国重点文物保护单位。位于上虞区上浦镇大善村,是三国至西晋时期窑址群,总面积约 2.4 万平方米。窑址群所烧产品丰富,常见器形有碗、罐、钵、盘、直腹罐、器盖等,胎灰色,质地坚致,釉色青绿居多,装饰题材多样。该窑址烧造技术先进、制作手法创新、生产规模庞大,代表了三国西晋时期越窑烧造技术的最高水平,是早期越窑鼎盛时期的典型窑场。

4. 窑寺前青瓷窑址③

省级文物保护单位。位于上虞区上浦镇甲仗村东南,此处属四明山余脉,古窑址分布在寺山、坳前山、道士山、盘江湾一带。烧造年代属五代至宋。出土器物有碗、碟、盒、罐、壶、盘、杯等,釉色以青绿为主,造型风格各异,制作工艺精细。

5. 王充墓④

省级文物保护单位。位于上虞区章镇镇林岙村。王充(27—约 97),东汉会稽上虞人,中国古代唯物主义哲学家。现存王充墓为 1981 年原址修复,占地 110 平方米,由墓、墓碑(清代咸丰碑)、基台和文字说明碑组成。

6. 峰山道场遗址

市级文物保护单位。位于上虞区曹娥街道梁巷村东北。此处为中国密宗第三代传人顺晓大师弘法之所,曾被万众朝圣,也是日本天台宗创始人最澄和尚灌顶之地⑤,在中国佛教发展史上占有重要地位。

7. 东山遗址

东山,又名谢安山,位于上虞区上浦镇东山村横汀自然村东山,西濒曹娥江,因

---

① 《小仙坛窑址》,绍兴市文广旅游局(市文物局).https://sxwg.sx.gov.cn/art/2020/7/22/art_,访问日期:2020 年 7 月 24 日。

② 王巍总主编《中国考古学大辞典》,上海辞书出版社,2014,第 442 页。

③ 中国旅游文化大辞典编辑委员会:《中国旅游文化大辞典》,江西美术出版社,1994,第 342 页;杨建新主编《浙江文化地图》,浙江摄影出版社,2011,第 134 页。

④ 崔乃夫主编《中华人民共和国地名大词典》第 5 卷,商务印书馆,2002,第 7408 页。

⑤ 楼丽君等:《峰山道场:山不在高 有"道"则名》,《上虞日报》2011 年 12 月 26 日。

东晋名相谢安曾在此隐居又"东山再起"而闻名天下。在此乘船可达嵊州、新昌、天台、杭州等地,历史上是名流汇聚之所,唐宋诗人李白、贺知章、刘长卿、方平、苏东坡、陆游等,都曾盘桓其间,留下诗篇。东山遗留有不少胜迹,包括指石弹琵琶、谢安钓鱼台、洗屐池、蔷薇洞、国庆寺、始宁园、三公祠、谢安墓、始宁泉等。[①]

8.谢安墓

市级文物保护单位。位于上虞区上浦镇东山村。上浦镇是谢安故里,"谢安始葬于建康(今南京)梅岭岗,后其裔孙迁葬上虞东山。"[②]也有学者认为此处应为谢安之侄、东晋名将谢玄之墓。[③]

(七)嵊州市

1.华堂古村[④]

位于嵊州市金庭镇华堂村,始建于南宋。王羲之32代世孙王迈为华堂王氏鼻祖。古村历经700余年而书圣遗风、古镇建筑特色犹存。华堂王氏宗祠建于明正德年间,为国家级文物保护单位;王羲之墓为省级文保单位。镇内由鹅卵石铺成的"井"字形街道和琳琅满目的店铺是明清时期集镇风貌的"活化石"。

2.王羲之墓

省级文物保护单位。位于嵊州市金庭镇华堂村。东晋书法家王羲之死后葬于此。尚存明弘治十五年(1502)"晋王右军墓"碑和清道光二十九年(1849)"晋王右军墓道"石坊一座。[⑤]附近有书圣殿、金庭观、王羲之故居等。

3.瞻山庙(戏台)[⑥]

省级文物保护单位。位于嵊州市崇仁镇廿八都村。庙始建于南宋乾道年间,戏台始建于明代,清代、民国时期重修。清乾隆四十六年(1781),里人集资重建。民国十七年(1928)重修。戏台坐西朝东,面对"灵晖侯王"大殿。前台单檐歇山顶,三面观,屋脊和垂脊各有戏曲人物堆塑,后设厢楼,门窗栏杆彩绘花鸟,雕饰精美,

---

① 浙江省文物局编《浙江省第三次全国文物普查新发现·古遗址(下)》,浙江古籍出版社,2012,第248页。
② 绍兴市文化局、绍兴市文物管理处合编《绍兴名人名胜录》,内部资料,1985,页码不详。
③ 劳伯敏:《上虞东山"谢安墓"为谢玄墓辨》,《绍兴师专学报(社会科学版)》1987年第4期,第29页。
④ 陈平:《乡土浙江及周边省市古村镇行走指南》,中国地图出版社,2012,第146页。
⑤ 崔乃夫主编《中华人民共和国地名大词典》第5卷,商务印书馆,2002,第7673页。
⑥ 车文明主编《戏台卷》下,车文明总主编《中国戏曲文物志》1,三晋出版社,2016,第749页。

至今仍保存完好。

4. 炉峰庙

市级文物保护单位。位于嵊州市金庭镇济渡村,因庙西有山名香炉峰,故名。始建年代不详,为祭祀东晋名士许询而建,现存建筑为清晚期重建。坐北朝南,沿中轴线依次分布门厅、戏台、正殿及厢房。檩枋和檐廊雕刻精细。戏台藻井下斗拱以水涡形相叠,形式别致,饶有韵味。许询与王羲之情谊深厚,王羲之晚年隐居金庭,许询便移居此地与王羲之为邻,因此炉峰庙又称"知己庙"。

5. 艇湖塔

省级文物保护单位。位于嵊州市剡湖街道艇湖山巅,相传王羲之之子王子猷"雪夜访戴,造门不前",在此湖回艇而返,故名艇湖。[1] 艇湖塔始建于明嘉靖二十四年(1545),重修于明天启七年(1627),塔高7层,用砖平砌而成。塔前存有一只石香炉,上刻崇祯九年铭文,这是当年重建塔时的遗物。还有"子猷桥""访戴亭"遗址。[2]

6. 清风庙

市级重点文物保护单位。位于嵊州市三界镇嶀浦村姚岙自然村,始建于元泰定三年(1326),为祭祀宋代贞妇王氏坚贞不屈的民族气节而建,庙前有华表、清风亭和碑。现存庙宇为民国年间重修,正殿18根柱子上的阳文挂匾留有名人所题楹联、诗文。清风庙内造像雕刻精致,造型逼真,体现了民间艺术的高超水平。

7. 洗屐、砥流、招隐桥

市级文物保护单位。位于嵊州市崇仁镇逵溪村。洗屐、砥流和招隐三座古桥均为半圆形石拱桥,跨于逵溪之上。这里曾是嵊州通往崇仁的一条古道。这三座桥都与曾隐居于此的东晋隐士、美术家、雕塑家戴逵有关。

8. 嶀山与嶀浦

嶀山位于嵊州市仙岩镇境内,主峰高749米。传说谢灵运曾在嶀山旁的谢岩隐居,另传说大禹治水时在嶀山脚下清风岭凿山开溪,剡溪在这里形成最大的峡口和深潭,即嶀浦潭,潭边石壁上有"嶀浦潭"摩崖题刻。古时嶀浦是入剡游历的重要

---

① 俞剑明、林正秋主编《浙江旅游文化大全》,浙江人民出版社,1998,第346页。
② 国家旅游局宣传司、中国旅游学院旅游科学研究所:《中国旅游大全》,中国青年出版社,1988,第331页。

一站、"浙东唐诗之路"水上的古航道,唐代诗人方干、南宋著名政治家与诗人王十朋等都留下诗文吟诵嵊山之美,唐代诗人李绅在此写下名篇《悯农》,还有嵊浦庙、谢康乐钓台、石床等古迹。现存嵊山古道全长约 11 公里,是嵊州市近年来着重培育的"唐诗之路寻踪风景线"上的重要节点。

(八)新昌县

1. 大佛寺石弥勒像和千佛岩造像

全国重点文物保护单位。大佛寺石弥勒像位于新昌县南明街道大佛寺大雄宝殿的石窟中。该造像始凿于南朝齐永明四年(486),用时 30 余年凿成,并历经各代修葺,已有 1500 多年历史。现存造像的佛座高 1.91 米,佛身高 13.74 米,体量巨大,造像法相庄严,为江南地区古代佛教造像之冠,被誉为"不世之宝""无等之业""江南第一大佛"。

千佛岩造像位于新昌县南明街道大佛寺千佛禅院内,于南朝齐永明三年(485)雕凿,是迄今为止南方地区发现的雕凿年代最早的石窟造像。洞窟坐北朝南,分为两窟。第一窟共有 1020 龛、小佛像 1040 尊;第二窟有佛像 35 尊。千佛岩造像多数着通肩服饰,多作禅定印相,个别造像为中原文化的褒衣博带式,对研究南北朝时期佛教造像艺术具有重要价值。①

2. 天姥山

国家级风景名胜区。位于绍兴市新昌县儒岙镇 10 公里,以唐代诗人李白的《梦游天姥吟留别》而著称。② 杜甫、白居易、温庭筠、刘禹锡、孟浩然、柳宗元、李贺等均有关于天姥山的诗作传世。③ 区内共包含 169 个景点,分为大佛寺、穿岩十九峰、沃洲湖三个分区,主要有大佛寺、千佛岩、十里潜溪、双林石窟、天烛湖、国家地质公园、十九峰、千丈幽谷、抬头山、倒脱靴、重阳宫、沃洲湖、天姥山、真君殿、香炉峰、三十六渡等著名景区景点。

3. 天姥古道

省级文物保护单位。位于新昌县羽林街道、南明街道、儒岙镇等境内。南朝永

---

① 《大佛寺石弥勒像和千佛岩造像》,绍兴市文广旅游局(市文物局). https://sxwg. sx. gov. cn/art/2020/7/24/art_,访问日期:2020 年 7 月 24 日。

② 笔者注:另说《梦游天姥吟留别》所写为仙居境内神仙居,见后文。

③ 天姥山唐诗三百首,http://www. zjxc. gov. cn/col/col1488330/index. html。

嘉太守谢灵运领徒众数百人,自嵊州三界伐木开径,直至临海,开通越州至台州古道,故又称"谢公道",是浙闽古驿道干道上的重要路段,全长45公里,落马桥至班竹村、天姥寺至冷水坑潽济桥、上八坞至关岭头[①]等段保存较为完好,小石佛驿铺是"唐诗之路"新昌段保存最为完好的古建筑。此外还有落马桥、班竹村章家祠堂、皇渡桥(桥头庙)、关岭铺(侯王庙)、会墅岭等遗迹。天姥古道对于研究古代浙东南内陆地区与沿海的交通、经济、邮政、物流等历史具有重大意义。

4.沃洲山真君殿

省级文物保护单位。位于新昌县大市聚镇溪东村。沃洲山是道教名山、第十五福地,也是佛教传入新昌最早的圣地。沃洲山真君殿建于明天启七年(1627),清雍正九年(1731)重修。乾隆二年(1737)立碑为记。现存正殿、中厅、戏台、檐廊、钟楼等建筑。正殿崇奉由宋代名将宗泽神化而来的真君大帝。戏台周檐及顶篷均为镂空雕刻,藻井斗拱叠架回旋,雕镂精工。[②]

5.霞客古道新昌段

县级文物保护点。《徐霞客游记》中有天台万年寺到班竹考察天姥山水系的著名记载,经过此道,因此称为"霞客古道"。[③] 保存较好的为司马悔桥至会墅岭脚茶亭桥(含小公馆遗址)、会墅岭、藤公山村清凉寺前至地藏寺三段。

6.万马渡摩崖题记

万马渡上游位于天台县白鹤镇,下游位于新昌县儒岙镇,因雨天水流量的增加,水往下冲,与石碰撞,似"万马奋蹄气势雄"[④]而得名。渡中的巨石形态奇特,下游有"万马渡""去思岩"石刻,分别为明代和民国时期摩崖石刻,为县级文物保护点。[⑤]

7.彼苍庙

县级文物保护点。位于新昌县儒岙镇儒一村,地处天姥山腹地。始建于明万历年间(1573—1619),原址在会墅岭。明后期移至儒岙村口。彼苍庙原有建筑为

---

① 赵曦:《沿着驿道说古迹》,《今日新昌》2012年3月23日第7版。

② 中国戏曲志编辑委员会:《中国戏曲志·浙江卷》,新华书店北京发行所,1997,第626页。

③ 周婷婷:《浙江霞客古道(新昌段)上榜全国最美森林古道》,《浙江日报》2018年12月22日。

④ 陆树栋:《策杖天台山》,作家出版社,2007,第262页。

⑤ 钟靓:《"万马渡""去思岩"石刻》,《今日新昌》2017年3月21日第5版。

五殿二阁,前殿尊奉伏羲和炎黄二帝,主殿供奉大禹,后殿为观音阁。[①] 建筑精巧玲珑。新中国成立后拆改,1993 年重建。

8.关岭铺

位于新昌县儒岙镇关岭头,地处新昌至天台古驿道交界处,关扼虎山狼山,唐有石垒寨,明设关岭铺。[②] 历来为兵家重地,也被称为虎狼关。关岭铺迄今基本完整,是驿铺中保存最好的一处,路廊、卵石碇街、侯王庙、新(昌)天(台)界碑等犹存。

(九)诸暨市

1.五泄

国家 4A 级旅游景区、国家级森林公园、省级重点风景名胜区。又名五洩,位于诸暨城西 30 公里处。《嘉泰会稽志》记载:"自山五级泄水以至溪,山最为秀绝。"瀑布从五泄山巅飞流而下,折为五级,因名"五洩"。五泄瀑布早在 1400 多年前就闻名于世,东汉《越绝书》、北魏郦道元《水经注》、唐代《隋书》等都有关于五泄的记述。唐代五台山高僧灵默禅师到此创建五泄禅寺,佛教曹洞宗创始人良价在此出家。

2.东白山

位于浙江省中部,诸暨、东阳、嵊州三市交界处,是连接浙东、浙中诸多著名风景旅游区的中心,具有明显的地理区位优势,自古便是浙中名山之首、浙中"屋脊",也是古越文化起源于会稽的象征。东晋葛洪曾在东白山求仙炼丹,此地历来也是佛家圣地,香火旺盛。东白山还是历史上著名的爱情圣地,仙姑殿和七夕庙会远近闻名。诸暨境内的东白山现为省级自然保护区。

三、台州地区

(一)天台县

1.国清寺[③]

全国重点文物保护单位。位于浙江省台州市天台县城关镇天台山麓,始建于

---

① 新昌县南明街道诗路文化创意工作室编《新昌寺庙志》,方志出版社,2018,第 263—265 页。

② 赵曦:《沿着驿道说古迹》,《今日新昌》2012 年 4 月 5 日第 7 版。

③ 李媛:《一念三千 天台宗及其祖庭》,西安电子科技大学出版社,2017,第 128 页;朱封鳌《天台学史迹考察与典籍研究》,宗教文化出版社,2018,第 28 页。

隋开皇十八年(598),初名天台寺,南宋《赤城志·寺观门二》记载有"顗修禅于此,梦定光告曰:'寺若成,国即清。'大业中遂改名国清。"后改名国清寺,是我国保存最完整的大型寺院之一,与济南灵岩寺、南京栖霞寺、当阳玉泉寺并称中国寺院四绝。寺庙占地面积7.3万平方米,现存建筑为清雍正十二年(1734)重修。国清寺为中国佛教天台宗的发源地,在佛教发展史和中外关系史上都具有重要地位,影响远及日本、韩国、朝鲜等国,日本天台宗尊国清寺为祖庭。寺周保存了大量的摩崖、碑刻、手书、佛像和法器等珍贵文物。

2.智者塔院

汉族地区佛教全国重点寺院,省级重点文物保护单位。位于天台县太平乡佛陇山冈,俗称塔头寺,属国清寺管理。隋开皇十七年(597),智者大师圆寂于剡县石城寺,其徒舆葬于此,建肉身塔,名定慧真身塔院。宋大中祥符元年(1008)改真觉寺。清咸丰、同治之交(1861—1862),毁于战火,光绪十五年(1889)重建。因智者是中国佛教天台宗创始人,影响深远。① 院内供奉智者大师肉身塔,塔身高7米,雕刻典雅精致,智者大师塑像神态逼真。院内唐碑记述了智者大师的生平事迹及天台宗七代祖师简况。塔院左侧古道上有天台宗三位祖师墓,附近还有"普贤境界""教源""佛陇"等摩崖石刻。从智者塔院往东有"智者大师说法处"。

3.方广寺

汉族地区佛教全国重点寺院。位于天台县北部石梁镇,是天台宗著名寺院。据传东晋兴宁年间(363—365)西域高僧昙猷法师在此修行,曾见五百罗汉或坐、或卧、或立、或行,天台山一带便有了"罗汉显圣""罗汉转世"等传说。另据《南岳志》记载,方广寺建于南朝梁天监二年(503)。历史上曾有上方广寺、中方广寺和下方广寺三寺,后上方广寺毁于大火,现仅剩遗址。下方广寺于1989年重修,恢复了山门、大雄宝殿、五百罗汉殿、会佛堂、地藏殿、伫真堂、左右厢房等建筑,下方广寺是"五百罗汉应真宝地",保存着东晋时期楠木雕刻和国内历史最悠久的镀金五百罗汉像。

4.高明寺

汉族地区佛教全国重点寺院。位于天台县城东北太平山麓。为天台宗创始人智者大师于南朝陈太建年间亲手创建,已有1400多年历史。后历经兴废。高明寺在天台宗的发展史上具有显著的地位。明万历年间,天台宗中兴之祖传灯大师

---

① 朱封鳌:《天台山佛教史》,宗教文化出版社,2012,第163页。

(1554—1628)重振宗风,开创天台宗高明寺法系,至今海内外的天台宗弟子都属高明寺法系。[①] 今存建筑为明万历年间重建,主要建筑有天王殿、大雄宝殿、地藏殿、西方殿。前人以"塔头风、高明钟、万年柱、国清松"为天台山寺庙四绝。

5.石梁

又名石桥,位于天台县城北石桥山中,距天台县城 25 公里,现为石梁风景区,面积 6.5 平方公里。石梁是世界上极为罕见的"花岗岩天生桥",梁长 7 米,宽不盈尺,周边风光集天下山水奇观于一体,奇特壮丽,李白、孟浩然等著名诗人都为此留下不朽的诗篇。这里是"唐诗之路"的精华段。

6.石梁摩崖题记

省级重点文物保护单位。石梁,又名石桥,位于天台县城东北 17.5 公里的石桥山中,石桥周边岩壁上有 30 余处历代摩崖题记,尚存"盖竹洞天""飞梁悬瀑""大观""瞻风""寿布""神龙掉尾""星桥胜概""前度又来""万山关健""第一奇观"(相传米芾所题)和"石梁飞瀑"(康有为)等[②],具有较高的历史和艺术价值。

7.桐柏山摩崖题记

省级文物保护单位。位于天台县赤城街道桐柏岭脚村桐柏山瀑布泉下石壁。因桐柏山景色秀丽,且为洞天福地,历代名人雅士留下大量诗文和摩崖石刻,现存三处:"隐吏""习养之瀑"以及"玄""品"等字。[③]

8.万年寺[④]

省级佛教重点寺院。位于天台县城北十五公里松关乡麓山前村万年山。始建于隋大业二年(606),初名"平田禅院",原藏文物甚多,后毁于战乱。目前全寺建有天王殿、大雄宝殿、法堂、藏经阁、两厢和僧寮等,已初具规模。现为天台山佛学研究社。

9.华顶讲寺

位于天台山风景区的华顶峰下,距县城 25 公里,海拔 1098 米。始建于后晋天福元年(936),由禅宗法眼宗二祖德韶法师创建,初名"华顶圆觉道场"。宋代改名

---

① 朱封鳌:《天台学史迹考察与典籍研究》,宗教文化出版社,2018,第 2 页。
② 台州市文化广电新闻出版局:《丹丘遗韵·台州市第三次全国文物普查成果集粹·石上风雅》,西泠印社出版社,2012,第 171—173 页。
③ 同上。
④ 朱封鳌:《天台山佛教史》,宗教文化出版社,2012,第 165—166 页。

为"兴善寺",民国改名为"华顶讲寺"。历代屡经毁建,现存山门、方丈室、三圣殿等建筑均系民国二十七年(1938)重建。1999年初,重建大雄宝殿、天王殿和祖师堂。[①]相传后人想象李白游踪,曾在附近立"太白读书屋"纪念。自唐朝以来,高丽三国和日本佛教徒都慕名来朝拜天台山,登上华顶峰,留下了许多历史佳话。华顶山区还是著名"云雾茶"产地,华顶讲寺也成为日本茶道的发源地。

10.桐柏宫

桐柏宫是道教全真派南宗祖庭,七十二福地之一,原名桐柏观、桐柏崇道观,位于天台县城西北桐柏山上,据传建于吴赤乌元年(238),由孙权遣高道葛玄真人开创的法轮院为桐柏宫前身,在鼎盛时期的唐代和宋代达到了36处楼台宫观、千僧万道的规模。唐代著名诗人孟浩然留有《宿天台桐柏观》。新中国成立后,于1959年在原址兴修桐柏水库,桐柏宫淹没于水底,现为原鸣鹤观改建。

11.赤城山

位于天台西北方向,号称天台山的南门,山色赤赭如火,又称"烧山",是水成岩剥蚀残余的一座孤山,因山上赤石屏列如城,望之如霞,故此得名。旧时,台州称"赤城郡",天台县称"赤城",皆因此山得名。赤城山是天台山中唯一的丹霞地貌景观,有石洞十余处,以紫云洞和玉京洞最为著名。这些岩洞均留有佛教、道教胜迹,因此赤城山是国内少有的佛道双栖的仙山。山顶有赤城塔,为南朝梁岳阳王妃所建。唐代著名诗人李白、孟浩然等有诸多作品提及赤城山,如李白《梦游天姥吟留别》:"天姥连天向天横,势拔五岳掩赤城。"孟浩然《舟中晓望》:"坐看霞色晓,疑是赤城标。"

(二)临海市

1.台州府城

台州府城又名临海古城,临海是国家历史文化名城,唐以后一直是台州府治,历史上是浙东水陆驿道上的重要节点,可达东洋、南洋诸国。骆宾王、沈佺期、郑虔、李白、魏万、陆淳等唐代诗人在临海山水间徜徉流连,诗歌唱和,顾况、张九龄、杜荀鹤、许浑等也都留有诗篇。台州府城始建于晋朝末期。临海古城墙始建于东晋(一说南朝),北宋年间(1008—1016)重建,历代均有修缮,清康熙五十一年(1712)建瓮城,是具有军事防御与防洪双重功能的府城城墙,素有"江南八达岭"之

---

① 郭学焕:《浙江古寺寻迹》,浙江古籍出版社,2018,第180页。

美誉。[①] 台州府城已入选世界文化遗产预备名单。

2. 桃渚城

全国重点文物保护单位、国家地质公园,位于临海市东南 41 公里东海之滨的桃渚镇城里村,东南距海仅 10 余公里。古城始筑于明洪武二十年(1387),为明代抗倭遗址,历经多次的修葺与增补,现存城周长 1366 米,平均高度 4.6 米左右,平均宽度 5 米左右,城基宽 10 米,城内保存着摩崖题刻、天妃宫、关帝庙、观音堂以及古建民居、佛号柱等数十处古迹。桃渚城是浙江省保存最完好的所城,是研究明代卫所制度与沿海防御体系的重要实物资料。

3. 郑虔墓[②]

省重点文物保护单位。位于临海市大田街道白石村金鸡山东麓。郑虔(685—764)是唐代文学家、书法家、画家,至德二年(757)被贬为台州司户参军,他以教化后进和启迪未闻为己任,使临海和台州的文化教育得到了较大的发展。郑虔墓占地面积约 400 平方米,由墓、墓坛、碑亭和通道组成。今墓系 1990 年由文物部门进行重修,有墓坛三道,墓保持原状。

4. 郑广文纪念馆

又名郑广文祠,位于临海市区北固山南麓,背依台州府城墙。始建于唐广德二年(764),据《嘉定赤城志》记载,广文博士郑虔殁后,台人为缅怀虔公教化启蒙之功,特以其故居立祠纪念,至今已越千年。

5. 巾山

位于临海古城区东南隅,高百余米,三面临街,南濒灵江。巾山山顶有双峰,唐代建南山殿塔和千佛塔双塔,双麓双塔是临海的标志。南宋临海人陈耆卿所撰《嘉定赤城志》记载:"两峰如帕帻,一号'帕帻峰',其顶双塔差肩屹立。"唐任翻留有《宿巾子山禅寺》。现属于台州府城文化旅游区。

6. 龙兴寺

位于临海城内巾山西麓。龙兴寺始建于唐神龙元年(705),初名"神龙",翌年改名"中兴",公元 709 年改名"龙兴"。开元二十六年(738)又改名"开元",距今已

---

① 罗哲文:《江南八达岭 巍巍临海城》,《风景名胜》2009 年第 11 期,第 10—11 页。

② 任林豪、马曙明:《临海文物志》,文物出版社,2005,第 314—315 页。

有 1300 余年历史。唐天宝年间，鉴真大师第四次东渡日本前就曾住锡于此，寺内高僧思托随鉴真大师东渡，成为台州第一位赴日本的高僧。思托在日本传播律宗的同时积极弘扬天台宗教义，因此，龙兴寺被视为日本佛教天台宗的发祥地之一。龙兴寺毁于抗战时期，仅留唐代千佛塔，为省级文物保护单位。

(三)仙居县

1. 下汤遗址

省级文物保护单位，考古遗址公园。位于仙居县横溪镇下汤村，北依八卦山，南临永安溪的河谷平原的台地上。遗址面积约 2.5 万平方米（保存较完整的约 1 万平方米）。下汤遗址是"万年台州"的历史源头，也是浙东南地区发现的规模最大、保存最完整、时代最早、文化内涵最丰富的一处人类居住遗址，为探索和研究台州先民活动和原始文化提供了重要线索。①

2. 神仙居

国家 5A 级旅游景区。位于仙居县白塔镇及淡竹乡境内，古名天姥山，又称韦羌山，属括苍山系，李白在《梦游天姥吟留别》里描绘的"霓为衣兮风为马，云之君兮纷纷而来下。虎鼓瑟兮鸾回车，仙之人兮列如麻"的神幻景象就在神仙居内。

3. 皤滩古镇

省级历史文物保护单位。位于仙居县城西约 25 公里处的皤滩乡、永安溪河谷平原上，是万竹溪、朱姆溪、黄榆坑、九都港的交汇之处，向下的水路直达椒江海口，向上的山道则通往浙西和赣南。自唐以来，皤滩就因水路便利而成为永安溪沿岸著名的盐埠。后因陆路交通发达而日渐衰落，目前仍保存三华里长鹅卵石铺砌的"龍"形古街和唐以来遗留下来的民宅古居。

四、宁波地区

(一)海曙区

1. 贺秘监祠②

位于海曙区柳汀岛上，为纪念唐代诗人贺知章而建。俗称湖亭庙。现存建筑为清同治四年(1865)重修，该祠建筑布局大气完整，又为名人专祠，对研究宁波地

---

① 罗亚妮:《人间仙居》,《浙江日报》2016 年 12 月 27 日第 21 版。
② 俞剑明、林正秋主编《浙江旅游文化大全》,浙江人民出版社,1998,第 199 页。

方史、文化史及建筑发展史具有一定的实物参考价值。

2.天宁寺塔①

全国重点文物保护单位。位于宁波市区中山西路,长江以南地区鲜见的唐代砖塔,同时也是全国仅存的唐代寺前双塔实例。天宁寺原名"国宁寺",始建于唐大中五年(851),明洪武十五年(1382)定名"天宁禅寺"。寺前原有东西两塔,东塔毁于清光绪年间,现存为西塔。系砖结构楼阁式方塔,逐层收缩,每层叠涩出檐,四壁均设佛龛,底层四面开门,内呈筒形。塔砖有正书"咸通四年造此砖纪"铭文。

(二)鄞州区

1.阿育王寺②

汉族地区佛教全国重点寺院,全国重点文物保护单位。位于宁波市鄞州区宝幢镇,是我国现存唯一以阿育王命名的千年古刹,始建于西晋太康三年(282)。当时有位法号慧达的僧人刘萨诃在此地寻到一座阿育王分送天下"八吉祥六殊圣地"的佛祖真身舍利宝塔,便在此建造精舍,守护舍利塔。以后历代逐渐加以扩建,到南朝宋元嘉十二年(435)初具规模。寺坐北朝南,在中轴线上依次分布有天王殿、大雄宝殿、舍得殿、藏经楼等主体建筑,殿宇壮丽,风光宜人。

2.天童禅寺

汉族地区佛教全国重点寺院,省级文物保护单位。太白山又名天童山,在鄞州区东部与宁波市北仑区界上,是我国禅宗五山之一。天童禅寺坐落于天童山麓。相传晋僧义兴在此开山结庵,已有1700余年历史,是浙东最早的寺院之一,唐开元二十年(732),太白禅师在天童山东麓建太白精舍,即古天童寺,明代改称天童禅寺。项斯、贾岛、白居易等均有诗作。

(三)江北区

1.七塔禅寺

汉族地区佛教全国重点寺院,省级重点文物保护单位。位于宁波市江北区,历史上与天童寺、阿育王寺、延庆观宗寺并称浙东四大佛教丛林。寺院殿堂结构典雅、古朴庄严,为典型的禅宗伽蓝七堂建制,主要建筑有:七佛塔、山门牌楼、天王

① 林红主编《宁波景观小百科》,百家出版社,2008,第47—48页。
② 王鹤鸣等编《中国寺庙通论》,上海古籍出版社,2016,第386页。

殿、圆通宝殿、三圣殿、法堂暨藏经楼、祖堂、玉佛阁、华严阁、钟楼、鼓楼等。

（四）余姚市

1. 白云桥

省级文物保护单位。位于余姚市鹿亭乡，始建于唐贞观年间（627—649），现存的为清光绪十六年（1890）修建，为块石陡拱式单孔石拱桥，轻盈俊秀，跨于大溪两岸，南通鄞州区，北达余姚，是鄞州区和余姚的界桥。

2. 龙泉寺

市级文物保护单位。余姚最著名的佛教圣地，位于余姚市区中心、龙泉山南麓，始建于东晋成帝咸康二年（336），与宁波天童寺同为浙东名刹，现仅存正殿、东侧配殿和观音阁。[①]

（五）奉化区

1. 雪窦寺

位于奉化区溪口镇雪窦山核心位置。全称雪窦资圣禅寺，始建于晋代，初名瀑布院，唐咸通八年（867）改称"瀑布观音院"，唐景福年间（892—893）寺院重修后改为现名。宋宁宗时评定寺院等级，雪窦寺为"五山十刹"之一，明代获"天下禅宗十大名刹"称号。弥勒的化身布袋和尚常去雪窦寺做佛事，雪窦寺成为弥勒佛的根本道场，方干留有《游雪窦寺》的千古名篇。雪窦山历经五毁五建，现在建筑为1986年4月修复。寺后有张学良将军被囚禁时种植的两株楠木。

2. 栖霞坑村与栖霞坑古道

栖霞坑村为宁波历史文化古村，位于奉化溪口镇，是王羲之后裔聚居地，村内有长寿桥、式谷堂、显应庙、长安廊桥、永济桥、王氏宗祠等遗迹。古道全长6公里，从栖霞坑村至四明山镇唐田村。据《四明山志》记载，栖霞坑原名桃花坑，"山岩壁立数仞，延袤数百丈，其石红白相间，掩映如桃花初发，故名"。唐朝诗人陆龟蒙的《四明山九题诗》中有"云南更有溪，丹砾尽无泥"，提及的"云南"即桃花坑，清末改名为栖霞坑。栖霞坑古道是原新昌、余姚通往奉化、宁海的"唐诗之路"中的一

---

① 余姚市文物保护所：《龙泉寺》，宁波文化遗产保护网，2018年1月8日，http://www.nbwb.net/pd_wwbh/info.aspx? Id＝1040&type＝2。

段。① 据统计,在全唐诗收录的 2200 余位诗人中,有 400 多位诗人曾游览过这条风景线。

五、舟山地区

(一)普陀区

1.普陀山

国家重点风景名胜区,5A 级旅游风景区。位于舟山市普陀区,杭州湾南缘,舟山群岛东部海域。宋时称宝陀山,素有"海天佛国""南海圣境"之称,是观世音菩萨教化众生的道场。据史书记载,早在 2000 多年前,这里就是道人修炼的宝地。至南宋绍兴元年(1131)普陀山佛教各宗归于禅宗。元明清三代相继兴建寺院,至清末已形成三大寺、70 余座庵堂、100 多处茅蓬的规模。普陀山属"浙东唐诗之路黄金旅游带"的海上诗路片区。

2.普济寺

汉族地区佛教全国重点寺院。位于普陀区普陀山白华顶的灵鹫峰南麓,俗称前寺,普陀山三大寺之一,创建于后梁贞明二年(916),后屡兴屡毁,清康熙二十八年(1689)下诏重建寺庙,后又赐题额"普济群灵"。普济寺是中国著名的佛教圣地普陀山三大寺之一,在规划布局和建筑设计上独具匠心,是中国寺院建筑的典型代表和浙江清代官式建筑的重要遗存,具有较高的历史文化和艺术价值。

3.法雨寺

汉族地区佛教全国重点寺院,全国重点文物保护单位。位于普陀山白华顶左,又名后寺,普陀山三大寺之一,创建于明万历八年(1580),清康熙三十八年(1699)兴修大殿,并赐"天华法雨"匾额,故名。现存殿宇 294 间,中轴线上前有天王殿,后有玉佛殿,两殿之间有钟鼓楼,后依次为观音殿、玉牌殿、大雄宝殿、藏经楼、方丈殿。观音殿又称九龙殿,九龙雕刻十分精致生动。

4.慧济寺

汉族地区佛教全国重点寺院。俗称佛顶山寺,位于普陀山佛顶山上。明万历间(1573—1619),僧圆慧创慧济庵。清乾隆五十八年(1793),禅宗能积禅师扩庵为

---

① 浙商证券编《浙商古道行》,新华出版社,2016,第 87—88 页。

寺。[1] 全寺占地 20 亩,因山制宜,布局包括天王殿,大雄宝殿、大悲殿、藏经楼、玉皇殿、方丈室等,都在同一条平行线上,颇有浙东园林建筑风格,为其他禅林所少见。

（二）岱山岛

省级风景名胜区。位于舟山本岛以北,杭州湾口外,为岱山县人民政府及四镇（高亭、东沙、岱东、岱西）政府驻地。东沙镇为中国历史文化名镇。据传,秦朝徐福率三千童男女为秦始皇寻长生不老药,曾至此岛,因此岱山岛也称为"海上蓬莱"。李白一生好游名山大川,在《莹禅师房观山海图》中曾写到经过东海蓬莱时的印象。明清时期,岛上已形成"蓬莱十景"。历史上吸引了众多文人墨客前来览胜,留下了许多诗章。

第二节　浙东唐诗之路的非物质文化遗产

浙东唐诗之路沿线主要县（市、区）的非遗数量庞大,其中,国家级非遗项目 34 项,省级非遗项目 157 项,省级以上非遗传承人 188 人。[2] 经笔者统计,相关的国家级非遗项目有 51 项[3],省级非遗项目更多。本节将按照城市进行一一介绍。

一、杭州萧山

1. 楼塔细十番（萧山传统音乐,第二批国家级非遗项目）

相传"十番"是歌颂大禹治水功绩的音乐,明代宫廷御医楼英辞官返乡时将"十番"音乐带入杭州萧山楼塔镇。楼塔细十番曲目没有乐谱,长期以口传身授传承。清光绪年间,楼岳堂发起"十番会",会同楼定南和楼子芹,用最古老的"工尺"记谱法,记录了《傍妆台》《一条枪》《八板》等多首曲牌,从此楼塔细十番的古典套曲被固定下来。2006 年,杭州市萧山区楼塔细十番协会成立;2010 年,楼塔镇中心小学被确定为浙江省非遗教学传承基地。

楼家塔村是杭州市萧山非遗旅游景区,是楼塔细十番的非遗保护载体,为第四批省级非遗保护载体。楼家塔村还传承其他类型的非物质文化遗产,如楼英传说、楼英祭和楼塔灯彩。

① 喻学才等:《中国历代名建筑志》下,湖北教育出版社,2015,第 637 页。
② 《浙东唐诗之路黄金旅游带规划》,浙江省文化和旅游厅,2020 年,第 7 页。
③ 数据来自浙江非物质文化遗产网,http://www.zjich.cn/。

2.河上龙灯胜会(萧山民俗,第四批国家级非遗项目)

河上龙灯起源于南宋绍兴年间,在萧山区河上镇一带流传。每年元宵节期间,以河上镇溪头村为中心,大型民俗表演长达五天。以板龙表演为主,融合马灯、高照等民间艺术元素。主要包括"开光大典、出灯、闹元宵、化灯"等仪式,是儒道教文化融合的体现。

二、绍兴地区

1.西施传说(诸暨民间文学,第一批国家级非遗项目)

西施传说发端于诸暨,产生于春秋末期,起源于民间口头的流传,最早文字记载于《墨子》《孟子》等。以吴越争战为历史背景,以西施一生传奇经历为主干,以人物传说(如《东施效颦》)、地名传说(如《白鱼潭》)、物产传说(如《香榧眼》)、风俗传说(如《三江口水灯》)等为枝叶,从不同角度歌颂了西施的美丽、善良和"为国甘献身"的奉献精神。西施传说涉及人物、地名、物产、风俗等,几乎涵盖了民间文学的所有领域,除以民间文学口耳相传外,传说还以曲艺、戏剧等多种形式传承流播。

西施故里旅游区是诸暨非遗旅游景区,传承诸暨西施传说,为第一批省级非遗项目。西施传说也通过诸暨西施文化节来传承。

2.梁祝传说(上虞民间文学,第一批国家级非遗项目)

梁祝传说产生于东晋,距今1600余年,起源于上虞祝家庄民间口头传说,后在上虞、会稽(今绍兴)和宁波一带以口口相传的故事歌谣形式逐渐扩散,流播全国乃至海内外。梁祝传说讲述梁山伯与祝英台之间的爱情故事,是中国四大民间传说之一。梁祝传说以梁山伯与祝英台男女"生死恋情"为根基,逐渐发展起来的包括民间信仰、民间艺术、文艺创作等历史悠久、形式丰富的综合性的文化表现形式,其中当属戏曲最为丰富,在中国上百个戏曲剧种中,几乎都有梁祝的剧目。

3.徐文长故事(绍兴民间文学,第二批国家级非遗项目)

徐文长(徐渭)故事是以讲述徐文长的机智幽默行为为主要内容的口头故事群,素有"南有徐文长,北有阿凡提"之说。徐文长故事滥觞于明清,盛传于民国,成熟于当代,其传播以绍兴为中心,波及浙江和上海、江苏、湖北等地,并传至海外。已被记录成文字的徐文长故事多达400余篇,为中国的绘画史、书法史、诗歌史、戏剧史、哲学史、散文史、方志史、抗倭史、科举史、医学史、谜语史、楹联史以及酒史、茶史等提供了可贵的资料。

4.王羲之传说（绍兴民间文学,第三批国家级非遗项目）

王羲之传说主要流传在以山阴为中心的浙东地区,渐次扩展到中国各地甚至海外。其内容主要涉及与之相关的学书作书类传说、清真风流类传说、钟情山水类传说、爱国亲民类传说、蔑视权贵类传说,其中有许多传说还是一些成语、典故的出典。

5.绍兴童谣（绍兴民间文学,第四批国家级非遗项目）

绍兴童谣是流传于古越地中心绍兴及周边一带,以儿童为传唱主体的歌谣。目前广泛流传于绍兴的童谣约有400首,题材主要有游戏童谣、教诲童谣、叙事体物童谣等,以绕口令、谜语歌、数数歌、连锁歌、字头歌、颠倒歌、问答歌等多种形式表现,地域特色浓厚。其词句浅白简练、语言风趣幽默,对少年儿童知识启蒙、品德教育、文学熏陶等均有积极的意义。

6.嵊州吹打（嵊州传统音乐,第一批国家级非遗项目）

嵊州吹打源于庙会文化,与佛教音乐密切相关,以锣、鼓、二胡、京胡、三弦、钹、唢呐、长号等乐器来演奏民间乐曲。嵊州吹打是"浙东锣鼓"的主要组成部分,主要传统曲目有《大辕门》《妒花》《绣球》《十番》《五场头》《节诗》《将军令》等,也是"浙东锣鼓"的代表性曲目,对于浙东民间音乐的产生发展及浙东民俗风情的研究具有重要的参考价值。

7.嵊州竹编（嵊州传统美术,第一批国家级非遗项目）

嵊州竹编工艺分布在全市的产竹区,其中上规模的有市区、长乐、崇仁、黄泽、通源、石璜、甘霖等地区。竹编始于2000多年前的战国时期,人们利用竹子破篾编制简易的用具。汉晋时期,竹编工艺日趋精细。明清两代,竹编器皿成为必不可少的日常生活用品。清光绪年间出现了竹编作坊。据《嵊县志》记载,清光绪初,细篾匠达90多人。嵊州竹编技艺在嵊州多地传承,如外婆坑村（新昌非遗旅游景区,第二批省级非遗项目）。

8.越剧（嵊州传统戏剧,第一批国家级非遗项目）

越剧,中国第二大剧种,有第二国剧之称,又被称为"流传最广的地方剧种",在国外被称为"中国歌剧",亦为中国五大戏曲剧种（依次为京剧、越剧、黄梅戏、评剧、豫剧）之一。发源于浙江嵊州,发祥于上海,繁荣于全国,流传于世界,在发展中汲取了昆曲、话剧、绍剧等特色剧种之大成,经历了由男子越剧到女子越剧为主的历史性演变。

嵊州正通过越剧＋互联网、越剧小镇建设、开办"空中课堂"、举办"戏迷大会"、组织巡回演出等多种形式,建设省级越剧文化生态区,这是省级传统节日保护基地。一批名人故居、老祠堂等越剧文化遗产点,例如越剧诞生地甘霖东王村"香火堂"、科班旧址"兴福庵"、女子越剧发源地施家岙村等得到有效保护。"没有围墙的越剧文化博物馆"正在逐步形成。全市现存 210 座古戏台,已改造利用 193 个,其中 185 个成为村级文化活动中心。越剧博物馆是我国首家专业戏曲博物馆。①

9.新昌调腔(新昌传统戏剧,第一批国家级非遗项目)

新昌调腔是我国最古老的声腔之一,被誉为"中国戏曲活化石",距今 600 余年。调腔贯穿了整部中国戏曲发展史。有始于北宋的目连戏、始于宋南渡时的老南戏、形成于元代的元杂剧、明清时期的传奇剧,直至近、现代的新编历史故事剧和现代剧。在调腔的艺术档案中,保存下来的晚清以前古剧抄本就达 159 本,其中元杂剧《北西厢》《汉宫秋》等三分之二的剧目为他无我有,极为珍贵。

新昌调腔的非遗传承基地是新昌县调腔剧团,为第一批省级非遗保护载体。新昌调腔也在其他地方传承,如在外婆坑村(新昌非遗旅游景区,第二批省级非遗保护载体)演出等。

10.绍剧(绍兴传统戏剧,第二批国家级非遗项目)

绍剧旧称绍兴乱弹,或绍兴大班,源于西北秦腔,有 300 多年历史。起源于上虞,流行于绍兴、慈溪、余姚、萧山及其他浙沪一带,1950 年正式命名为绍剧,是浙江三大剧种之一。唱腔以乱弹腔为主,兼唱昆腔、高腔及小调俗曲。新中国成立后,萧山绍剧艺术中心的剧本创作有了创新,整理和改编传统剧、改编和创作《西游记》系列剧、新编历史剧和现代剧。1987 年,新编电视戏曲艺术片《济公新传》开创了绍剧传播新的路径。

11.绍兴词调(绍兴传统戏剧,第二批国家级非遗项目)

绍兴词调以吴语系的绍兴方言说唱,旧时是由盲艺人说唱的地方曲艺。在清初的演唱已无可考证,有关盲人在绍兴说唱活动的记载最早见于南宋。演唱大都带有庆贺祝愿的性质,具有雅俗共赏、唱调欢快、绘声绘色、喜庆热烈的特色。绍兴词调

---

① 张庶卓:《中国越剧发祥地嵊州 打造越剧传承发展示范区》,搜狐,2017 年 4 月 29 日,https://www.sohu.com/a/137284180_293239? qq－pf－to＝pcqq. c2c。

作为江南弹词中的一支,其独特的风格品性是研究绍兴民俗不可或缺的宝贵财富。

12.绍兴目连戏(绍兴传统戏剧,第四批国家级非遗项目)

绍兴目连戏是流传于绍兴市及所属各县以"目连救母"为题材的戏文,是绍兴水乡社戏乃至整个民间戏曲的主要剧种之一,明代已盛行。唱腔独特,拥有特殊乐器"目连号头"。在近200出目中,数十出为郑之珍本等外省各本所没有的。表演独特,是与宗教仪式结合的仪式剧,并有全国独有的哑目连等三大特征。绍兴目连戏是绍兴民间信仰习俗和戏曲文化的基石。

13.绍兴莲花落(绍兴曲艺,第一批国家级非遗项目)

绍兴莲花落为绍兴地区主要的地方曲艺,起源于清道光、咸丰年间,以绍兴方言说唱,为浙江现存主要地方曲艺之一。与宁波走书、温州鼓词、金华道情并称为浙江四大曲种。因演唱中间有"哩哩莲花落"之类的帮唱过门,故名。

14.绍兴平湖调(绍兴曲艺,第一批国家级非遗项目)

绍兴平湖调,本名"越郡南词",盛行于清代初期,以吴语系太湖片临绍小片绍兴方言说唱。绍兴平湖调以坐唱为主,唱词多为七言句式,文辞高雅、曲调细腻、旋律丰富,其回书、节诗及音乐唱腔,是明清江南说唱艺术在绍兴的传存,在江南说唱艺术上有着重要地位。

15.水乡社戏(绍兴曲艺,第二批国家级非遗项目)

水乡社戏是传统社会人们在节日里聚众祭祀并作戏曲歌舞表演的民俗活动,承担着高台教化重任,是绍兴民间最受欢迎的节日民俗活动。社戏源于该地农村春秋两季祭祀社神(土地神)习俗。先时,春社为祈求五谷丰登,秋社为庆贺一年丰收,后发展为以演戏酬神祈福,进而沿袭为民间文化娱乐活动。演社戏的风俗,南宋就盛行。社戏分年规戏、庙会戏、平安戏、偿愿戏等,凡遇传统节日、庙会,必有戏曲演出。绍兴旧时往往一村一戏台,至今仍保留一大批戏台,尤以庙台、祠堂台、水台等样式最为常见,成为绍兴历史上戏曲繁荣的见证。

16.绍兴滩簧(绍兴曲艺,第二批国家级非遗项目)

绍兴滩簧以绍兴方言说唱,为花鼓滩簧(俗称"后滩")的一支,流行于浙江绍兴和杭州、嘉兴、湖州一带。绍兴滩簧大约形成于清乾隆、嘉庆年间,在清末民初达到鼎盛,因其表演形式大都是一男一女彩扮表演相对而唱,犹如一对学舌的鹦哥,故俗称"鹦哥戏"。

17.绍兴宣卷（柯桥曲艺，第二批国家级非遗项目）

绍兴宣卷是具有宗教色彩的说唱文艺，主要用于祀神祈福。宣卷自唐以来就有，清代发展成为曲艺。宣卷的唱本，即卷本，通称"宝卷"。艺人在演唱时，置卷本于桌，照本宣唱，故称宣卷。绍兴宣卷的卷本，总数百本左右。宣卷的内容，有的与佛教经籍有关，有的与戏曲同目。绍兴宣卷现为绍兴地区的"五大曲种"之一。

18.诸暨西路乱弹（诸暨曲艺，第三批国家级非遗项目）

诸暨西路乱弹是南戏在传播中融入昆腔、高腔、京腔、徽戏和诸暨本地语言、曲调等，而发展衍变形成的多声腔类乱弹剧种，形成于明末清初，盛行于清道光、同治年间，流行于嵊州、绍兴、萧山、浦江、义乌等邻县。诸暨西路乱弹以三五七、二凡为主要唱腔。伴奏乐器主要有笛子、唢呐、板胡、斗子、三弦、大小锣、大小钹、大小鼓等近20种。

19.大禹祭典（绍兴民俗，第一批国家级非遗项目）

大禹祭典发端于夏启五世孙少康，《史记》记秦始皇"上会稽，祭大禹"，此后，历代帝王亦有祭禹传统。大禹祭典大致可分为皇帝祭、地方公祭、社团民祭、姒氏宗族祭等不同形式。皇帝祭分亲祭、遣使祭二式，遣使祭又可分成告祭、致祭两类。地方公祭，唐代已形成三年一祭的传统，由地方长官主祭。社团民祭通常在大禹生日农历三月初五日致祭。

20.绍兴黄酒酿制技艺（绍兴传统技艺，第一批国家级非遗项目）

绍兴黄酒酿制技艺源于春秋，成于北宋，兴于明清，传承流布于绍兴市及其周边区域，生产主要分布于鉴湖水系。绍兴黄酒是中国黄酒的杰出代表，清代就已形成状元红酒、加料京装酒、真陈善酿酒、远年花雕酒四大品种。新中国成立后，经国家专卖统购，按类型定为元红酒、加饭酒、善酿酒、香雪酒四大传统品种。中国黄酒城是绍兴非遗宣传展示基地，传承绍兴黄酒酿制技艺，为第一批国家级非遗项目。

21.绍兴石桥营造技艺（绍兴传统技艺，第二批国家级非遗项目）

据1993年底统计，绍兴市有桥10610座，被誉为"万桥之乡"。最早的石桥为灵汜桥，始建于越王勾践之时。绍兴石桥营造技艺可追溯到铁质工具出现的春秋战国创始时期，秦汉时期，石拱桥的营造技艺已相当成熟。唐宋时期，石桥营造技艺进入全盛时期，清代则发展为鼎盛时期。绍兴石桥形式多样，营造科学，用料讲究，布局、选址合理，有体系化的营造技艺，总体处于全国领先水平。部分桥梁如八字桥、广宁桥等的营造技艺为国内罕见。

22.越窑青瓷烧制技艺（上虞传统技艺，第三批国家级非遗项目）

上虞是越窑青瓷发源地，形成于汉代，鼎盛于三国西晋，全盛于五代北宋，北宋中晚期日趋衰微。上虞也是早期越瓷的中心产地，迄今已在境内发现各时期古窑址近400处。越窑青瓷是以当地瓷石或瓷土为原料制成，胎呈灰色，釉色青黄或青绿。种类繁多，从饮食器、贮存器、卫生器、寝具、照明具到文具、陈设品、乐器、祭器、明器、玩具等，应有尽有。

23.调吊（绍兴传统体育、游艺与杂技，第二批国家级非遗项目）

调吊起源于清末，主要分布于浙江绍兴、杭州萧山和安徽等地，是一项以庙会民俗活动为载体、运用肢体进行空中悬垂表演的运动项目，目前共有"一百零八吊"。经舞台艺术化加工，由调吊与目连戏、绍剧结合的《男吊》成为深受好评的表演节目。调吊以民俗庙会和舞台艺术表演活动为载体，将调吊技术艺术化、生活化和大众化。

24.草塔抖狮子（诸暨传统体育、游艺与杂技，第四批国家级非遗项目）

草塔抖狮子源于清朝，是一项集体育、杂技与木偶技巧于一体的表演娱乐项目，舞时拉索，使球动狮舞，故得抖狮之名。其由1个狮笼、1个彩球、5只狮子和若干纤绳组成。5只狮子饰以黄、绿、蓝、红、褐五色，代表五行。出迎时，前由1位引狮人抛球逗狮，4个青壮大汉身着民族服装扛笼而行，后有8人牵线控制彩狮。

三、台州地区

1.济公传说（天台民间文学，第一批国家级非遗项目）

济公传说是从南宋禅宗高僧道济的故事发展演变而来。六朝隋唐时期，天台流传着许多罗汉、癫僧的传说。南宋早期，道济降生于天台，佯狂济世，人称"济癫"。道济生前身后，天台出现了许多关于他的灵异传说。明清以来，济公传说广泛流传于全国各地，并影响世界。

2.刘阮传说（天台民间文学，第四批国家级非遗项目）

刘晨、阮肇采药遇仙，与仙女结为姻缘的神话爱情故事。主要流传于天台县及嵊州、新昌、宁海等周边县市。东汉时，"刘阮传说"就在天台民间口耳相传，后经文人的记叙而流传更广。除了民间口头相传，还衍生到民间戏剧、曲艺、工艺、美术等,有着广泛的影响。

3.黄沙狮子(临海传统舞蹈,第一批国家级非遗项目)

黄沙狮子始创于北宋年间,鼎盛于清末、民国初。主要活动于临海市白水洋镇黄沙洋一带。最大特点是把民间武艺与传统舞狮表演巧妙地结合起来,舞武一体。它既能在地上翻滚嬉戏,又能在高台上表演各种动作。

4.仙居花灯(仙居传统美术,第一批国家级非遗项目)

针刺无骨花灯,仙居当地民间称为"唐灯",因灯面图案由刀凿针刺成孔、灯身无骨而闻名。花灯分单灯和组灯两大类。历史上单灯品种共有 80 余种,组灯 15 种。曾获"中国民间艺术品博览会"金奖、"第四届国际艺术博览会"金奖等,素有"中华第一灯"之美称。

仙居花灯在仙居多处传承,如仙居皤滩传统建筑群落旅游区(仙居非遗旅游景区,第一批省级非遗保护载体)、高迁村(仙居非遗旅游景区,第二批省级非遗保护载体)。

5.彩石镶嵌(仙居传统美术,第二批国家级非遗项目)

彩石镶嵌是仙居民间以当地天然叶蜡石为材料,镶嵌在红木、樟木等上面的一种传统工艺,是在民间嵌"螺钿"技艺上发展完善起来的。有浮雕、高浮雕、擎雕、平磨平嵌、黑地平磨镶嵌、浅色地彩石平磨镶嵌等。代表作品有《清明上河图》《红楼梦》《三国演义》镶嵌连屏、挂屏等,见于史载的最早可追溯到北宋年间。

6.台州乱弹(台州传统戏剧,第一批国家级非遗项目)

原称黄岩乱弹,是全国少有的多声腔乱弹剧种之一。起源于明末清初,流行于浙江东南,以台州为中心,旁涉温州、宁波、绍兴及金华、丽水等部分地区。以"文戏武做、武戏文唱"为特色,曾有 300 多个剧目,被专家誉为"中国剧坛上散发着浓郁地方特色的一朵兰花"。

7.临海词调(临海曲艺,第二批国家级非遗项目)

临海词调,也称"才子调""仙鹤调",是临海民间的传统地方曲艺。源于南宋的"海盐腔",明代中叶盛行于嘉兴、温州和台州一带,最终于明末演变为词调,至今已有 300 多年的历史。其演唱方式为坐唱形式,语言道白采用台州府官话,声腔讲究"字清、腔圆、音雅、板稳",演唱强调"句句有神,字字有功",曲调讲究韵律,优雅清逸、柔和婉转。

8.天台山干漆夹苎技艺（天台传统技艺，第一批国家级非遗项目）

干漆夹苎是为各种木制品外表装饰和保护的一种独特的技术，共有48道制作工序。成品主要用于佛教造像、宫殿、庙宇建筑物的装饰、保护及民间器材的制作，具有经久不蛀、光泽润亮、不开裂、不变形等特点。东晋时期，干漆夹苎已在天台民间应用并流传日本。20世纪80年代末开始，用该法制作的作品为东亚、欧美等49个国家和地区的国宝馆和宗教部门收藏。

非遗宣传展示基地和生产性保护基地都是位于国清景区的台州传统工艺博物院内，为第一批省级非遗保护载体，内设非遗技艺四十八道工艺流程展示厅、非遗技艺演示厅等，每年出版干漆夹苎技艺、金漆造像技艺作品集一至两本。

9.九狮图（仙居传统体育、游艺与杂技，第二批国家级非遗项目）

仙居九狮图，又名九狮挪球，流传于仙居朱溪等乡镇。是提线木偶术和地面舞狮相结合而产生的民间舞蹈艺术，因九狮凌空表演，故名。九狮图源于明朝，初为五狮。表演内容丰富多彩，有群狮抢球、单狮戏球、双狮挪球、绣球开苞、明珠落盘、三狮会宴等形式。制作工艺粗犷和细腻相结合，画面描龙绘凤、松鹤延年、八仙过海等均象征风调雨顺、五谷丰登的美好愿望，充满了浓郁芬芳的乡土特色。

四、宁波地区

1.梁祝传说（海曙民间文学，第一批国家级非遗项目）

梁祝传说发源于1600年前的东晋时期，经长期发展，在浙江宁波地区，逐渐形成以梁山伯墓为展演场所的宁波梁山伯庙婚俗信仰文化。其内涵包括：古老的梁山伯庙、梁祝墓及其承载的文化、每年两次的梁祝庙会及仪式、周期性举行的以梁祝传说信仰为内容的民间艺能表演、祈求婚姻美满的信仰者及信仰仪式等。

2.布袋和尚传说（奉化民间文学，第三批国家级非遗项目）

布袋和尚，唐末五代著名僧人，是一位真实的历史人物。生长于奉化长汀村，出家圆寂于奉化岳林寺，当过奉化裘村岳林庄庄主，曾在雪窦寺讲经弘法，肉身葬于奉化封山之腹。布袋和尚传说主要内容有身世来历、童年趣事、风物传说、抑恶扬善、解危济困、出家圆寂等。布袋和尚传说，孕育于他死后不久的五代，流传于宋代，逐渐发展为民间文学精品。

3.宁波朱金漆木雕（鄞州传统美术，第一批国家级非遗项目）

宁波朱金漆木雕距今约一千多年。汉唐以来，随着木结构建筑的发展，彩漆和贴金并用的装饰建筑木雕出现了。朱金木雕的人物题材多取自戏曲京剧人物的服饰、姿态，称之为"京班体"。构图格局均采用立视体，将近景、中景和远景处理在同一画面平面上，前景不挡后景，充实饱满，井然有序。宁波朱金漆木雕艺术馆是鄞州非遗生产性保护基地和宣传展示基地，为第一批省级非遗保护载体。

4. 骨木镶嵌（鄞州传统美术，第二批国家级非遗项目）

宁波骨木镶嵌是民间工艺与家具、建筑相结合的一种装饰形式，涵盖门类多，实用性强，包括传统家具、生活用品、门窗建筑装饰等，以牛骨片、木片等为原料用钢丝锯锯成各种纹饰，在木坯上起槽后用黄鱼胶粘结嵌入花纹，再经打磨雕刻，髹漆而成。在制作方法上有高嵌、平嵌、高平混嵌三种。常用的题材多以历史故事、民间传说、生活风俗、和合二仙、梅兰竹菊等带有吉祥寓意的图案为主。大约隋唐时，宁波出现了骨木镶嵌工艺品。宁波紫林坊艺术馆是鄞州非遗宣传展示基地，为第一批省级非遗项目，展示非遗的历史渊源、传承谱系和技艺流程。

5. 宁波金银彩绣（鄞州传统美术，第三批国家级非遗项目）

金银彩绣，又称"金银绣"，即以金银丝线与其他各色丝线一起，在丝绸品上绣成的带有不同图案的绣品。20世纪60年代初，宁波工艺美术界将其与朱金木雕、泥金彩漆、骨木镶嵌三个以金银为原材料的著名工艺合称为"三金一嵌"，故改名为"金银彩绣"。1989年，宁波绣品厂绣制的《百鹤朝阳》被轻工部征集为国家级珍品，并收藏于中国工艺美术馆精品馆。2010年，金银彩绣《甬城元宵图》荣获第五届中国民间工艺品博览会金奖。

6. 姚剧（余姚传统戏剧，第二批国家级非遗项目）

姚剧是滩簧类地方剧种，用余姚方言演唱。其前身为"余姚滩簧"，又被称为"鹦哥戏"。起源于18世纪上叶，形成于18世纪中叶，脱胎于当地雀冬冬、白话佬等民间说唱艺术和车子灯、旱船、采茶篮等民间歌舞，始行于浙东余姚和慈溪市中西部及上虞市曹娥江以东地区，盛行于宁绍平原，并流传至舟山、杭嘉湖、上海等地区。姚剧面临后继无人的濒危状态，但民间姚剧团至今还活跃在农村演出。坎墩街道在文体中心已建立了姚北滩簧（姚剧）传承基地和陈列室。该项目被列入慈溪市、宁波市非物质遗产代表作名录并建立传承基地。

7. 甬剧（宁波传统戏剧，第二批国家级非遗项目）

甬剧是用宁波方言演唱的地方戏曲剧种，属于唱说滩簧声腔。最早称"串客"，

1890年到上海演出后又称"宁波滩簧",1924年后称"四明文戏",1938年上演时装大戏后又称"甬剧"和"改良甬剧",1950年正式定名为"甬剧"。甬剧适宜于演清装戏、30年代西装旗袍戏和现代戏。音乐曲调主要有从农村田头山歌、对山歌、唱新闻演化而来的"基本调"、"四明南词"曲调和从乱弹班中带来的"快二簧""慢二簧"及一些地方小调。

8. 宁波走书（奉化和鄞州曲艺,第二批国家级非遗项目）

宁波走书又名莲花文书、犁铧文书,流传于宁波、舟山、台州一带,深受当地群众欢迎。宁波走书起源于清同治、光绪年间,浙东农民田地劳作时,你唱我和、自娱自乐的田头小调。后增加了打击乐器、管弦乐器,唱历史故事,演化成犁铧文书,雅称"莲花文书"。伴奏乐器以四弦胡琴为主,另有琵琶、三弦等,因走书形成于宁波地区,故称"宁波走书"。

9. 四明南词（海曙曲艺,第二批国家级非遗项目）

四明南词俗称"宁波文书",属弹词类。由于辞章华丽和曲调优雅,四明南词为士大夫们所欣赏,一般不进入书场、茶坊,多在寿诞、喜庆的堂会上演唱。四明南词实证可考的时间约300余年。南词常用曲调有词调、赋调、紧赋、平湖、紧平湖,俗称"五柱头"。调和调式转换较多,也有板腔变化。其演唱分为单档至十三档不等。唱腔多是七字句,有的间隔衬字流畅动听,有的还有大段起板、间奏、尾奏等器乐段。

非遗传承基地位于海曙区文化馆,为第一批省级非遗保护载体。目前设立了非遗展厅四明南词专题展出,包括相关实物、书籍、音像等资料。

10. 余姚土布制作技艺（余姚传统技艺,第三批国家级非遗项目）

余姚当地自古以来百姓达贵一直有穿土布的传统。余姚土布式样品种繁多,传统制作工艺复杂,分棉加工、纺纱、调纱、染色、浆纱、经布等10多个步骤,50多道工序,需用到20多种工具。传统织布工艺伴随着诸多如"请布神""摸鸡蛋讨彩头"等相关民俗民习,对江南一带民俗文化、农耕文化和传统商业文化研究具有很高的研究价值。

五、舟山地区

1. 观音传说（舟山民间文学，第二批国家级非遗项目）

千百年来，观世音作为一个大慈大悲、救苦救难的菩萨，一直在舟山民间被广泛传颂和信奉。舟山各地流传的"观音传说"大多源于普陀山，千百年的观音传说历史沉积了十分丰厚的观音文化内涵，已经远远超越了民族和国界，成为一种"劝人为善、爱好和平"的观音文化现象，并传播到了世界各地。观音传说内容主要包括观音出家、修炼、成道传说，观音惩恶扬善传说，观音与自然景点传说，观音各类化身传说等。普陀山佛教文化（观音文化）生态保护区是观音传说的保护载体，普济寺是核心传承区域。

2. 舟山锣鼓（定海传统音乐，第一批国家级非遗项目）

舟山锣鼓是先民在海岛生活与生产实践中逐渐发展起来的带有浓郁海岛特色的锣鼓吹打乐，以吹打乐、锣鼓乐、吹打唱为表演形式，乐队中吹、拉、弹、打多项乐器配制齐全，两大主奏乐器排锣、排鼓，演奏风格独特，音量对比鲜明，音响色彩丰富，旋律激荡奔放，气氛极为热烈，主要作品有《潮音》《八仙序》《舟山锣鼓》《回洋乐》等。

舟山锣鼓传承人工作室位于定海区白泉镇，是定海非遗体验基地，为第一批国家级非遗保护载体。72岁的舟山锣鼓传承人高如丰，获得了第二批国家级非遗项目代表性传承人称号①。目前舟山市拥有20余支舟山锣鼓队。白泉镇政府被列入第一批省级保护载体（非遗传承基地）。

3. 舟山渔民号子（岱山传统音乐，第二批国家级非遗项目）

舟山渔民号子是浙江舟山群岛渔船工号子的总称，在渔船工劳作中为统一行动、调节情绪而产生并世代口授相传的海洋民间口头音乐。起于唐宋，兴于清，新中国成立后仍然鼎盛。其产生和发展与传统渔业息息相关，有起锚号子、拔篷号子、摇橹号子、起网号子等20余种，曲调粗犷优美，品种齐全，在全省乃至国内沿海地区的民间劳动号子中具有鲜明的代表性。

4. 渔民开洋节、谢洋节（岱山民俗，第二批国家级非遗项目）

这是岱山县渔民在每年渔汛开洋之前或汛末回洋之后，祭祀感谢以东海龙王

---

① 刘浩：《舟山锣鼓传承人高如丰获国家级非遗传承人称号》，舟山网，http://www.zhoushan.cn/newscenter/zsxw/200803/t20080306_309983.htm，访问日期：2022年7月24日。

为代表的海上诸神的民俗活动,祭祀活动礼仪程式讲究,每逢涨潮之时举行,俗称"行文书",所办酒宴俗称"谢龙水酒"。祭海仪式展示了龙王信仰传统文化;传统仪礼关乎海洋与渔业的保护与发展。岱山建有我国首个大型祭海坛。首届中国海洋文化节于 2005 年举办,至今已有 15 年。休渔谢洋大典是海洋文化节的重要组成部分。每年 6 月 16 日"舟山群岛·中国海洋文化节暨休渔谢洋大典"在这里举行,民间祭海更是层出不穷。

5. 传统木船制造技艺(普陀传统技艺,第二批国家级非遗项目)

传统木船制造技艺是历代海岛劳动人民在渔业生产实践中创造的智慧结晶,其制作工艺不但需要手工技巧,还具有严谨烦琐的工艺流程,包括设计放样、锯木下料、放龙筋、制配底壳以及捻缝、打麻饼一直到下水试航等 47 道主要工序。由此打造的木帆船除了航行速度快、安全性能好、造型美观大方等实用价值外,更有其特有的艺术价值。

第三节　浙东唐诗之路的旅游资源

浙东唐诗之路不仅是一条文化之路,更是一条景观之路。唐诗的风雅意韵和诗画浙江的自然底蕴赋予浙东唐诗之路众多风景优美的自然旅游资源和无数引领风骚的人文旅游资源。

一、杭州萧山

萧山是浙东唐诗之路的起点,李白、杜甫等众多诗人都曾在此留下足迹。贺知章的《回乡偶书》家喻户晓,其中的"乡"指的就是萧山。有关萧山的唐诗大约有 80 多首,能把萧山境内的景点用诗句串联起来。

1. 湘湖(4A 级景区)

位于萧山城西,以风景秀丽而被誉为杭州西湖的"姊妹湖",是浙江文明的发祥地。这里发掘的跨湖桥文化遗址,是国家级文物保护单位,出土了世界上最早的独木舟,把浙江文明史前推了八千年;湘湖城山之巅的越王城遗址,距今已有 2500 多年的历史,是当年勾践屯兵抗吴的重要军事城堡,见证了"卧薪尝胆"的历史风云,为迄今为止保存最好的古城墙遗址;这里还是唐代大诗人贺知章的故里,李白、陆游、文天祥、刘基等历代名人在此留有不朽诗文。目前,湘湖景区已形成湘浦、湖上、城山、越楼、跨湖桥等五大景区,有湘堤卧波、湘浦观鱼、忆杨思贤、绿岛掬星、湖心云影、城山怀古、湖桥拾梦、越堤夕照、纤道古风、越楼品茗、跨湖问史等 20 个景点。

2.杭州东方文化园(4A 级景区)

东方文化园占地 2700 亩,距杭州市区、萧山城区各为 15 公里,左邻湘湖,右连渔浦,风光秀丽。2 万平方米的世纪广场上分属金木水火的四座高塔挺拔耸立,"和合二仙"塑像惟妙惟肖,凝聚了中华传统"和合文化"的深邃意境,体现了中国文化之中和谐、团圆之意。已被国家有关部门确定为"中国佛教文化研究中心""世界宗教学术研究基地""中华民族东方文化园""中华少年儿童文化活动基地"。

二、绍兴地区

"唐诗之路"如一条美丽的彩带,飘在绍兴的大地上,其主要景点与绍兴最美的山峰与河流相映成景。会稽山、四明山、鹿山、天姥山,山峰秀美、飞瀑、山泉、流水点缀其间,古鉴湖、若耶溪、曹娥江、剡溪、南山湖、沃洲湖等缠绕在这些景点旁边,无论是坐船游,还是陆上行,或穿山过,都能领略唐诗之路的秀美和典雅。

(一)柯桥区

1.柯岩风景区(4A 级景区)

位于柯岩大道 558 号,始于汉代,距今已有 1800 多年历史,总面积 6.87 平方公里,以古越文化为内涵,古采石遗景为特色,是融绍兴水乡风情、古采石遗景、山林生态于一体的风景名胜区,包括柯岩、鉴湖、鲁镇和香林四大景区。自三国以来,历代开山采石造就了众多石壁、石宕等自然景观;隋唐年间,祖孙三代石匠历经百年相继开凿而成的奇石"云骨"和精雕而成的弥勒石佛就屹立于此。千百年来,随着自然景观的点缀和宗教文化的介入,加上文人墨客的点染,到清代,这里已形成著名的"柯岩八景"。其中有展现石景的弥勒佛像、云骨、七星岩、蚕花洞,又有展现鉴湖水景的五桥步月、南洋秋泛等景致,是一处自然风光与人文资源交融的旅游资源宝库。

2.大香林风景区(4A 级景区)

位于绍兴城区西南 15 公里处的湖塘街道,总占地 4 平方公里。是以千年桂林和自然山水为特色,融宗教、民俗、休闲、度假于一体的生态旅游胜地。这里山清水秀,景色优美,冬暖夏凉,四季飘香。绵延数十里的千年桂花林,香披远近,蔚为壮观;深藏宝林山的古刹群落,梵音缭绕,晨钟暮鼓。一代宗师密参大师曾在此住持并圆寂,留下 200 多颗舍利子,在佛教界闻名遐迩。历史上许多名人雅士曾游此地,留下诸多诗篇,如南宋诗人陆游、明朝学者张岱、近代佛学家南怀瑾等。

3. 安昌古镇(4A 级景区)

安昌古镇是绍兴有名的四大古镇之一,历史悠久、人文荟萃。4000 多年前,越地先民就在安昌繁衍活动。1000 多年前,越王钱镠奉唐王之命平董昌之乱定名安昌,明弘治年间就建成老街。这里曾是浙东航运线上的主要商埠码头,曾是连接绍兴周边地区重要的商品集散地,也曾是市井繁荣、商贾如云、金融发达的越北大市重镇。其建筑风格传承了典型的江南水乡特色,一衣带水,古朴典雅。最有特色的是安昌的小桥,每年的腊月风情节吸引了大量游人。

4. 兰亭(4A 级景区)

位于绍兴城区西南 13 公里的兰渚山麓,是东晋著名书法家、书圣王羲之的园林住所,是一座晋代园林,因其著名的《兰亭集序》而著名。现兰亭根据明嘉靖时兰亭的旧址重建,基本保持了明清园林建筑的风格,以"景幽、事雅、文妙、书绝"四大特色而享誉海内外,是中国重要的名胜古迹,是著名的书法圣地。其内涵可以用"一序""三碑""十一景"来概括:"一序"即《兰亭序》;"三碑"即鹅池碑、兰亭碑、御碑;"十一景"即鹅池、小兰亭、曲水流觞、流觞亭、御碑亭、临池十八缸、王右军祠、书法博物馆、古驿亭、之镇、乐池。

5. 鉴湖

鉴湖位于绍兴市南,是我国长江以南著名的水利工程,古鉴湖淹废后的残留部分。俗称长湖、大湖、庆湖,雅名镜湖、贺鉴湖。鉴湖水质极佳,驰名中外的绍兴酒就用鉴湖水酿制。湖滨有马臻墓、陆游故里、三山、快阁遗址等古迹。鉴湖湖面宽阔,水势浩渺,泛舟其中,近处碧波映照,远处青山重叠,有在镜中游之感。

(二)越城区

1. 鲁迅故里(5A 级景区)

鲁迅故里是伟大的思想家、文学家、革命家鲁迅先生早年成长的故土,是绍兴市区保存最完好、最具文化内涵和水乡古城经典风貌的历史街区,占地 50 万平方米。鲁迅故里不仅再现了鲁迅当年的故居、祖居、三味书屋、百草园的原貌,还可看到鲁迅祖居从未对外开放的西厢房和近期恢复的周家新台门、寿家台门、土谷祠和鲁迅笔下的风情园等一批与鲁迅有关的古宅古迹。精心保护和恢复后的鲁迅故里已成为立体解读中国近代大文豪鲁迅的场所,成为浙江绍兴的"镇城之宝"。

2.沈园(5A级景区)

沈园,又名"沈氏园",是南宋时一位沈姓富商的私家花园,始建于宋代,至今已有800多年的历史。初成时规模很大,占地达70亩之多。园内亭台楼阁,小桥流水,绿树成荫,江南景色。沈园是绍兴历代众多古典园林中唯一保存至今的宋式园林。沈园分为古迹区、东苑和南苑三大部分,有孤鹤亭、半壁亭、双桂堂、八咏楼、宋井、射圃、问梅槛、钗头凤碑、琴台和广耜斋等景观。

3.大禹陵(4A级景区)

大禹陵是会稽山景区内的重要名胜古迹之一,为国家级文物保护单位。秦始皇曾经来这里祭祀大禹。祠内有前殿、后殿、放生池、曲廊和禹井亭等建筑,为大禹后裔宗族祭祀的场所。从大禹陵碑亭北侧,顺碑廊而下即为禹庙,禹庙始建于南朝梁大同十一年(545),为我国江南少有的大型古建筑群,是历代帝王、官府和百姓祭祀大禹的地方。禹庙前有一个水池,贺知章定为放生池,名禹池。

现在每年谷雨,这里都要举行国家级的公祭大禹陵典礼,这项活动为中国首批非物质文化遗产。

4.东湖(4A级景区)

东湖在绍兴古城东约6公里处,以崖壁、岩洞、石桥、湖面巧妙结合,成为著名园林,是浙江省的三大名湖之一。东湖虽小,但因它的奇石、奇洞所构成的奇景使东湖成为旅游业界人士公认的罕见的"湖中之奇"。东湖所在地原为一座青石山,秦始皇东巡时曾在此驻驾饮马,故被称为箬篑山。汉代以后,箬篑山成了绍兴的一处石料场,经过千百年的凿穿斧削,又采用特殊的取石方法,搬走了半座青山,并形成了高达50多米的悬崖峭壁。清末,绍兴著名乡贤陶浚宣眼光独到,利用采石场筑起围墙,对水面稍加拓宽,遂成山水相映的东湖。东湖经过百年的人工装扮,成为一处巧夺天工的山水大盆景。

(三)上虞区

1.曹娥景区

以"江南第一庙"曹娥庙和以舜耕群雕为主景的舜耕公园是曹娥景区的两大主要景点。以舜帝和曹娥两个历史人物为依托,突出华夏数千年孝文化的主题,反映上虞悠久的历史文化。

舜耕公园为曹娥景区主景之一,位于上虞市区西南侧,舜耕公园以舜耕群雕、大舜庙及舜桥、舜井为主要景点,源于舜帝出生上虞,后因避丹朱于此,故得名。园内舜耕群雕由中国艺术大师韩美林创作,以花岗岩为主材料的象队群雕长68米,高27米,总重800余吨,气势恢宏,体量之大,堪称亚洲之最。

曹娥庙位于上虞区曹娥街道孝女庙村,始建于东汉元嘉元年(151),早年又叫灵孝庙、孝女庙,是为彰扬东汉上虞孝女曹娥而建的一处纪念性建筑。曹娥庙坐西朝东,背依凤凰山,面向曹娥江,占地6000平方米,建筑面积达3840平方米,主要建筑分布在三条轴线上。整体建筑规模恢宏、布局严谨,以雕刻、楹联、壁画、书法(古碑)"四绝"饮誉海内外,被世人称作"江南第一庙"。

2. 中华孝德园(4A级景区)

中华孝德园坐落于上虞城区西南凤凰山麓,面积37.5万平方米。景区以"孝文化"为主题,以"孝感动天"的远古圣君虞舜和"投江救父"的东汉孝女曹娥为依托,通过对虞舜文化、孝德文化、佛教文化以及民俗文化的挖掘,集中展现上虞悠久的人文历史,传承和弘扬千百年来激励着中华民族不断前进的孝德精神。景区由著名古建筑大师朱光亚先生主持设计,主要包括大舜庙、虞舜宗祠、般若寺、中国孝德馆等建筑群,并与美术大师韩美林先生所创作的"象耕鸟耘"雕塑群遥相呼应,以"大象无形"的理念,力求古朴、厚重、大气,完整体现虞舜的孝德品质,是人们游览观光、休闲娱乐的历史文化游览胜地。

3. 东山景区

东山,又名谢安山。东山景区位于上虞区西南部上浦镇境内,距上虞中心区13公里。东山自古以地处古会稽郡东部而得名,为越中名山,是古代浙东唐诗之路上的重要驿站,成语"东山再起"即典出于此。历史上以东晋名相谢安、大书法家王羲之为代表的大批名人雅士云集于此,是后世文人墨客慕名游览之地。东山江边山壁间有一形如手指的巨石,临江射西而出,故名"东山指石",是东山著名景观,景区内则有谢安墓、太傅祠、将军石碑林、国庆寺等众多景点,是一处集休闲度假、主题观光、宗教朝圣、科普教育于一体的山水型休闲观光旅游区。

(四)嵊州市

1. 剡溪

剡溪为嵊州境内主要河流,由南来的澄潭江和西来的长乐江汇流而成。澄潭江俗称南江,因江底坡度较大,水势湍急,也称"雄江";长乐江又叫西江,江底较平,水流缓和,称为"雌江"。洪水来时,两江泄合之后,中间夹有一条细长的银色带状水流,把雌雄两水隔开,南面浑浊而浪涌,北面清亮而波平,形成一江两流,中嵌银带,直到远处才融成一片,堪称奇观。剡溪至上虞与曹娥江相接。夹岸青山,溪水逶迤,历史上早有"剡溪九曲"胜景。沿溪古迹迭续,历代众多诗人学士或居或游,留下了无数咏剡名篇及趣闻逸事。

2.会稽山(4A级景区)

会稽山位于绍兴市区东南部,距市中心约6公里,占地5平方公里,跨越柯桥区、越城区、诸暨市、新昌县、嵊州市、上虞区等地,主峰在嵊州市西北。会稽山是中华九大名山之首、五大镇山之一,具有非凡的历史地位。公元前2198年,夏禹大会诸侯于此,成立中国第一个朝代"夏",会稽山从此名震华夏,成为中华文明的象征。会稽山是中国历代帝王加封祭祀的著名镇山,也是中国山水诗的重要发源地。中华历史对山脉的崇拜始于会稽山。早在隋代,会稽山就被列为中国的"四镇"之一,拥有丰富的自然景观和人文景观资源。众多士大夫文人泛舟若耶溪,游访会稽山,留下许多脍炙人口的诗词佳篇。会稽山以大禹陵、百鸟乐园、香炉峰、大香林等为主要景观。会稽山文化积淀深厚。景区内有大禹陵、炉峰禅寺等名胜古迹,最高峰为香炉峰。

(五)新昌县

1.大佛寺(4A级景区)

大佛寺位于新昌县城西南,在南明山与石城山之间的山谷之中。寺内有大弥勒佛石像,被后世称为"江南第一大佛"。寺外有隐鹤洞、锯开岩、濯缨亭、俊貌石、石棋坪、放生池及一些摩崖石刻等胜景。大佛寺在唐代便很有名气,早在南朝齐梁之际,这里就已经开凿弥勒佛像了。晋时高僧昙光也曾在此栖迹潜修。后支道林高僧圆寂后,也安葬于石城山上,可见这是块景物嘉美的风水宝地。孟浩然在《腊月八日于剡县石城寺礼拜》这首诗中向世人展示了一个珍稀难得、环境优美的佛的世界。大佛寺建寺历史悠久,在佛教界享有很高的地位,曾是中国佛学研究和传播中心之一。

2.天姥山(国家级风景名胜区)

天姥山,位于新昌县境内,以唐代诗人李白的《梦游天姥吟留别》而著称。"天姆连天向天横,势拔五岳掩赤城,天台四万八千丈,对此欲倒东南倾。"李白在诗中把天姆山的气势描绘得淋漓尽致,使天姆山成为一座文化名山,素有"一座天姆山,半部全唐诗"之称。从地理上看,天姆山只是浙江省绍兴市新昌县境内的一座山脉,但它实际是李白诗中的梦中圣山。这首诗使天姆山被道家称为"第十六福地"。险胜风景,尤以天姆龙潭为最,山涧之水穿过累累顽石,汹涌而泻,恰似万马奔腾一般,其势壮观至极。天姆山古道由新昌东门至天台界,全长45公里。走古道的驴友们不赶路,是为了在春风、田埂、农舍、石桥间多寻觅些唐诗之路的盎然诗意。

3.沃洲湖(3A级景区)

沃洲湖,北倚沃洲山,南临天姆岭,湖面面积8.18平方公里,是集防洪、灌溉、供水、发电、水产养殖和旅游观光于一体的综合性水利工程。这里群山环抱,碧波浩渺,景色幽静秀美。历代文人相继往来,络绎不绝,尤其是唐代,这里成了全国旅游热区,留下了数百首诗文,从而成为"唐诗之路"上一颗璀璨的明珠。景区以湖光山色为主要特色。近年来,景区已逐步开发,新增栈道、长廊、索桥和豪华画舫船,景区的游览内容更为丰富。乘坐豪华舒适的画舫船畅游湖上,只见青山叠翠,绿水荡漾。依次可观赏沃洲湖大坝风光、真君殿、石女峰、鹅鼻峰、放鹤峰、支遁岭、大月角、香炉峰、智者大师放螺处等景点。

三、台州地区

(一)天台县

如果把浙东唐诗之路比作一张锦绣屏风,天台无疑是最迤逦的那一幅。从山水神秀的天台山到一碧万顷的寒山湖,从深幽空灵的古刹国清到云蒸雾绕的古村梯田,这座小城总有着太多天然的魅力元素让人无法抗拒。

1.天台山风景区(5A级景区、国家级风景名胜区)

天台山风景区因"山有八重,四面如一,顶对三辰,当牛女之分,上应台宿,故名天台",是浙江省东部名山,东连宁海、三门,西接磐安,南邻仙居、临海,北界新昌,绵亘浙江东海之滨。以"佛宗道源,山水神秀"闻名于世,是中国佛教天台宗和道教南宗的发祥地,又是活佛济公的故里。天台山风景区主要有国清寺、石梁、赤城山、寒山湖等景点。

2.琼台仙谷景区(4A级景区、国家水利风景区)

位于天台县城西北7公里,景区面积7.3平方公里,是一处比较典型的花岗岩地质地貌景观,因坑中矗百丈崖而得名。李白曾题诗:"百丈素崖裂,四山丹壁开。龙潭中喷射,昼夜生风雷。但见瀑泉落,如蹀云汉来。"百丈为该景区的主景线,沿山谷北行,两旁山崖对峙,山势峥嵘峻峭,奇峰纷呈,怪石错列,奇山秀水,引人入胜,被誉为"人间仙境"。唐代诗人李白倍加推崇琼台仙谷:"龙楼凤阙不肯住,飞腾直欲天台去!""青衣约我游琼台,琪木花芳九叶开。"百丈下游景色众多,除了琼台双阙,主要有百丈龙潭、金庭洞、金鸡报晓、棋盘岩、面壁岩、渡人船、玉兔山等,百丈上游坑边两岸崖壁如斧斫刀劈,更显得幽险。

3. 华顶景区(国家森林公园)

华顶峰是天台山的主峰,海拔1098米。身临绝顶向西南眺望,能看到八大山峰。华顶山状如莲花的花心,四周群山向而拱之、层层相裹,形似花瓣层层围裹,像八叶莲花。"华"是"花"的古字,又当天台最高处,故称华顶。华顶高寒,夏季平均气温不超过25℃,是得天独厚的清凉世界,是理想的避暑胜地。尤以变幻无穷的云海、璀璨夺目的日出、清香甘洌的云雾茶、灿若云霞的云锦杜鹃、江南罕见的隆冬雾凇和银装素裹的华顶晴雪而名扬中外,"杜鹃、观日、雾凇、雾茶"被称为"华顶四绝"。华顶山主要景点有建于晋天福元年的华顶寺,至今香火鼎盛,游人如云。

(二)仙居县

仙居原名永安县,立县至今已有1600多年,被称为"台州的后花园",被历代诗人称为"神山秀水"之地。清代翰林院编修潘耒在他的《游仙居诸山记》中有记:"天台深幽,雁荡奇崛,仙居兼而有之。"

1. 神仙居景区(5A级景区)

古名天姥山,又称韦羌山,火山流纹岩地貌。山上留有清朝乾隆年间县令何树萼题"烟霞第一城",意云蒸霞蔚之仙居,景色秀美,天下第一。神仙居八大景,即"西罨慈帆""画屏烟云""佛海梵音""千崖滴翠""犁冲夕照""风摇春浪""天书蝌蚪""淡竹听泉",各具特色,让人仿佛置身仙境一般。景区内负氧离子含量高,平均达2.1万个/立方厘米,最高处达8.8万个/立方厘米,是名副其实的天然氧吧。神仙居景区以"诗"为名,深度挖掘诗词歌赋中的仙居元素,在神仙居景区有不少以"天姥文化"为线的旅游景点,在游山水赏美景之时,也能进一步了解浙东唐诗文化。目前,景区内有"天姥峰""李白梦游处""明镜台"等多个与唐诗相呼应的景点,让人仿佛进入太白的梦中,千年共享同一片风景与豪情。

2.皤滩古镇（国家级历史文化名镇）

位于仙居城西 25 公里处，于东南古盐道水陆交汇中转处，始建于唐朝，明清时期达到鼎盛。古镇现存面积 10.8 万平方米，至今还保留着一条长约 2.5 公里、国内罕见的由鹅卵石铺就的龙形古街，西龙头，东龙尾，中段弯曲成龙身。龙形古街的一个显著特点是看似尽头，转弯却又是另一古街境地，让人有"山重水复疑无路，柳暗花明又一村"之感。街旁有唐、宋、元、明、清、民国遗留下来的民宅古居，至今存有石板柜台 100 多个，保存着 260 多家店铺，客栈、钱庄、当铺、赌场、书院义塾、祠堂庙宇等一应俱全。

（三）临海市

临海，是浙东唐诗之路上重要的一站，曾有 10 余位唐代诗人在此留下 60 多篇诗歌佳作。

1.台州府城墙（4A 级景区）

台州府城墙始建于晋，成于隋唐，距今有 1500 多年历史。平面呈方形，城墙周长 6287 米。西、南二面沿江城墙长 2370 米，现存高度一般为 7 米，下宽 9 米，上宽 4 米。保存有四座城门、瓮城及八座马面。城墙内芯为宋代原构，按城砖规格可明确区分宋代以后的历代加修层面。因灵江经城外西南两面东流入海，而海潮汛位亦达城西 6 公里，故在城墙修筑中极其注重防洪措施。

台州府城墙，南濒灵江，东临东湖，东南依着巾山，西北枕着龙顾山，城垣龙盘虎踞，以雄跨一方。近年来，临海着力开展的府城亮化、业态提升项目，夜间经济形态越来越丰富。每天入夜，千佛塔上演着灯光秀，饱经风云的台州府城墙亮起暖黄色的灯光，勾勒出清晰的轮廓，别有一番韵味。

2.紫阳街

紫阳街，被誉为"浙江第一古街"。这条古街因道教南宗始祖紫阳真人张伯端而得名，整条街道格局源自宋代，建筑以明清为主。古街全长 1080 米，宽 4～5 米，为南北走向，贯穿古城区，是目前国内最长、保存较为完整的一条历史古街区，沿街两侧商铺林立，药铺、染布坊、茶馆、酒楼等百年老店鳞次栉比，热闹非凡。紫阳古街历代出过张伯端、陈涵辉、王观澜、郭凤韶等名人名士，街上众多的古迹记载着临海发展历史的兴衰，具有丰富文化内涵、深厚的文化底蕴。近些年出现了不少小资文艺的店铺，石板路、老房子修旧如旧。沿街的酒吧、咖啡馆、文创园也能让人触摸到时代的气息。

3. 巾山

巾山在临海市旧郭东南处。连小固山,山高百余米,三面临街,南濒灵江。山顶有双峰,分东峰、西峰,两峰相距五六十米,为巾山的最高点,状如帕帻,巾山由此得名。巾山是历史文化名城临海的标志之一。古往今来,很多文人墨客留下了无数诗篇,唐著名诗人任翻之、白居易老师顾况、李白、孟浩然、朱熹都曾经来到巾山,写下了歌颂巾山的诗篇。近年,临海启动了巾山西北角改造项目,将老旧厂房进行拆除,建起文化广场、博物馆,让唐诗元素多一些展示的窗口。巾山脚下利用一所废弃粮仓改建成台州府城写生实践教育基地,通过"旅游+教育"深度融合,重点实施唐诗之路——台州府城全国研学游营地项目,打造台州府城研学品牌。

四、宁波地区

(一)余姚市

1. 四明山(国家森林公园)

余姚"东南名邑"的古朴气质和四明山的灵秀绮丽,吸引了无数文人墨客驻足吟咏。这些诗歌中的四明山,一直从唐朝绵延到了今天。四明山国家森林公园位于四明山腹地的余姚、海曙、奉化、嵊州、上虞五市区,总面积66.65平方公里。公园多低山丘陵,山峰起伏,岗峦层叠,海拔在600~900米,主峰金钟山海拔1018米。公园气候微冷而湿润,四季分明,光照充足,雨量充沛,冬夏季风交替明显,夏季凉爽。园内种类特别丰富,经初步调查,有植物近千种,主要动物106种。近年来,余姚在浙东唐诗之路研究和建设方面开展了大量工作。2020年推出四明山诗路文化体验线,该线路由踏歌追远线、寻幽访古线、山水朝圣线三条线路组成。全线山水秀美,游客犹如行游于现实版《丹山纪行图》。

(二)奉化区

"唐诗之路"游线串联起20多个文化段,四明山奉化段是其中重要节点。

1. 雪窦山(5A级景区、国家级风景名胜区、国家森林公园)

雪窦山,被誉为"四明第一山",是中国五大佛教名山之一的弥勒佛的道场,位于奉化区溪口镇西北,为四明山支脉的最高峰,海拔800米,有"海上蓬莱,陆上天台"之美誉。景区以雪窦古刹和千丈岩瀑布为中心,东有五雷、桫椤、东翠诸峰;西有屏风山;南有天马、翠峦;西南有象鼻峰、石笋峰、乳峰,中间是一片广阔的平地,阡陌纵横,山水秀丽,气候宜人,有千丈岩飞瀑、妙高台、徐凫岩峭壁、商量岗林海、三隐潭瀑布等景观。雪窦山作为浙东的唐诗高地之一,从唐朝一直延绵到今天,刘长卿、贺知章、孟郊、施肩吾、陆龟蒙、皮日休、崔道融、方干等百余位唐朝诗人,曾踏歌而行,佳句泉涌,抒写了雪窦山奇峰秀色的浪漫情怀。

2. 栖霞坑古道

栖霞坑古道是指余姚唐田村至奉化栖霞坑的古道,全长约 5 公里,是著名的"唐诗之路"的宁波段,历代文人墨客留下了大量诗篇。栖霞坑古道曾经是四明山区人去宁波、奉化贩卖山货的重要通道,也是以前新昌、嵊州通往奉化、宁海的唐诗之路,是浙江十大古道之一。沿线风景秀丽,历代文人墨客留下了大量脍炙人口的诗词。李白、杜甫、陆龟蒙、皮日休曾溯剡溪而上,登四明山,沿途饱览了山光水色、草长莺飞、竹林清幽、溪水潺潺的美景,留下了《梦游天姥吟留别》《壮游》《四明山九题诗》《奉和鲁望四明山九题》等千古绝唱。栖霞坑古道,早在 2010 年就入选宁波"十大文化旅游古道"。近年来各地游人远道而来,重走唐诗路,感受"连峰数千里,修林带平津"的旖旎风光,落寞多年的栖霞坑重现当年熙来攘往的盛况。

五、舟山地区

在浙东唐诗之路上,舟山有着绝对不可忽略的一笔,除了唐代诗人的著作外,自宋朝起,随着舟山开放度的提高,孤悬海外的舟山成了不少文人墨客、被贬政客的灵感之源。

(一)普陀区

1. 普陀山(5A 级景区)

普陀山是舟山群岛中的一个小岛,全岛面积 12.5 平方公里,呈狭长形,形似苍龙卧海,南北最长处为 4.3 公里,东西最宽处 3.5 公里。岛上风光旖旎,洞幽岩奇,云雾缭绕,是著名的观音道场,与五台山、峨眉山、九华山并称为佛教四大名山,素有"海天佛国""南海圣境"之称。寺院无论大小,都供奉观音大士,农历二月十九、六月十九、九月十九分别是观音菩萨诞辰、出家、得道三大香会期,每逢香会期间,全山人山人海,寺院香烟缭绕,一派海天佛国景象。

2. 桃花岛(4A 级景区)

坐落于舟山本岛沈家门渔港的南面,面积 43 平方公里,为舟山群岛第七大岛,是金庸先生所著《射雕英雄传》和姐妹篇《神雕侠侣》中所描绘的美妙神奇的东海小岛。桃花岛从宋至明洪武十九年(1386)属昌国县安期乡,清康熙初年建安期乡桃花庄,光绪年间为定海安期乡,民国时改称桃花乡,后几经建区并乡,撤区并乡,直迄今日的桃花镇。全岛由塔湾金沙、安期峰、大佛岩、桃花港、鹁鸪门、乌石砾滩六大旅游风景区组成;另有龙女峰、东海明珠、白雀寺、圣岩寺、含羞观音、仙人桥、黄药师居室、清音洞等60多处景点。

(二)岱山县

1.观音山

位于岱山衢山岛(衢山镇)上,海拔314米,是普陀山的姊妹山,其结庐供佛最早可追溯到宋朝年间。相传观音菩萨去普陀山修行之前,先在衢山的观音山上立道场3年,观音山因此得名。观音山南临岱衢洋,与海天佛国普陀山隔海相望,故名。1986年该地列入宗教旅游圣地开放后,游客逐年增加,香会期尤盛。观音山峰峦高耸,山势险峻,数峰连环似莲花。山中建有洪福、普庆、洪因三寺(今改称广济上、中、下寺)。峰顶常有云雾缭绕,若隐若现,夏秋季节,白云飘绕。最高峰天灯山顶建有一座百年历史的六角形水泥结构灯塔,高6米,建于清朝。塔上书有"东南第一山",每当夜晚,灯塔放光,数十里外都能见到晶晶光亮,与天上星光相辉映,故称"天灯"。

第四节 浙东唐诗之路的文化节事

浙东唐诗之路不仅是一条景观线路,更是一条文化线路。文化节事作为一种重要的文化活动,千百年来一直活跃在浙东唐诗之路沿线。从由来已久的传统节事活动到新时期创新的各种节事活动,它们作为一个个鲜活的存在,点亮了浙东唐诗之路这条景观文化线路。

一、杭州萧山

萧山是杭州的南大门,历史悠久,是观赏钱塘江大潮的最佳区域之一,境内的"跨湖桥文化"距今有8000年。萧山的文化节庆主要围绕观潮和跨湖桥文化开展。

1.中国国际(萧山)钱江观潮节

举办时间:每年农历八月十八。

举办地点:萧山区钱塘江沿线观潮点。

举办单位:萧山区政府主办。

起源与发展："八月十八潮,壮观天下无。"钱江潮是世界一大奇观,以其磅礴的气势和壮观的景象闻名于世,每年都有不少游客前来观看这一奇景。观潮始于汉魏,盛于唐宋,历经 2000 余年,已成为当地的习俗。本着"以潮会友,以潮兴旅,以潮引资,以潮促贸"的宗旨,萧山区政府于 1994 年 9 月举办了首届中国国际(萧山)钱江观潮节。此后每年举办一次。2009 年起,与首届萧山国际旅游节合并举办。

活动内容：以凸显"以潮会友"和民俗风情为主题,每年的活动内容会有变化,通常活动内容包括国际冲浪挑战赛、商务论坛、文化艺术活动等。

2.中国国际(萧山)跨湖桥文化节

举办时间：每年 9 月、10 月开始,持续到年底。

举办地点：浙江杭州萧山。

举办单位：萧山区委、区政府主办。

起源与发展：跨湖桥遗址被评为"2001 年度全国十大考古新发现",是浙江史前考古取得的一项重大成果。2004 年 12 月,"跨湖桥文化"正式命名。2006 年 5 月,跨湖桥遗址被国务院公布为第六批全国重点文物保护单位。为了进一步挖掘跨湖桥文化的丰富内涵和独特魅力,传承弘扬萧山八千年历史文化,萧山区委、区政府于 2010 年 9 月 23 日举办首届跨湖桥文化节,此后每年一届。截至 2019 年,已举办十届。

活动内容：各届设不同的主题,如跨湖桥文化;越文化;瓷文化;渔浦文化;西施文化;潮文化;贺知章、越王城的故事;围海造田的创业故事;大运河的故事。通常会举办国际文化研讨会、学术论坛、歌舞晚会等活动。

二、绍兴地区

"悠悠鉴湖水,浓浓古越情",鉴水湖畔的古城绍兴,素有"山清水秀之乡""历史文物之邦""名人荟萃之地"的盛誉,又有水乡、桥乡、酒乡和书法之乡、戏曲之乡、名士之乡的美称。各种文化和风物资源催生了丰富多彩的节事活动。

(一)绍兴市

1.中国绍兴黄酒节

举办时间：节期起初多在春季,以后逐渐下移到秋季,与春季的书法节形成时间上的对应。

举办地点：浙江绍兴。

举办单位：中国酒业协会、绍兴市人民政府主办，中国绍兴黄酒集团承办。

起源与发展：历史上关于黄酒的节会活动早已有之。据传，每年旧历七月初六至初八，东浦都要举行长达三天的酒业会市。新中国成立以来，绍兴黄酒业得到了长足的发展，丰富的黄酒文化也酿造出了一个颇具特色的地方新兴节会，即中国绍兴黄酒节。首届中国绍兴黄酒节举办于 1990 年，以后基本上一年一度，承续至今。截至 2019 年，共举办了 25 届。

活动内容：操办黄酒节的思路，基本遵循"文化搭台，经济唱戏"的原则，以经济活动为重心。每届的主题和活动内容会进行调整。以 2019 年第 25 届黄酒节为例，以"中国黄酒之都·扬帆'一带一路'"为主题，分为开幕式、"一带一路"中国（国际）黄酒产业博览会、中国（国际）黄酒产业高峰论坛三大主题活动。

2. 中国兰亭书法节

举办时间：每年农历三月初三。

举办地点：浙江绍兴兰亭风景区。

举办单位：中国书法家协会、中共绍兴市委、绍兴市人民政府主办。

起源与发展：东晋永和九年（353）农历三月初三，会稽内史王羲之邀约谢安、孙绰、支遁等亲朋子侄共 42 人聚会于会稽山阴之兰亭，行上巳修禊之礼，作流觞曲水之娱。1981 年农历三月初三，江浙沪两省一市的 27 位著名书法家雅集兰亭，倡议成立"兰亭书会"，翌年获得浙江省文联正式批准；1985 年 1 月，绍兴市人大常委会又做出了关于"以农历三月初三为绍兴市书法节"的决议；1993 年，还确定了节徽和节歌。这样，自 1985 年开始，中国兰亭书法节每年举办一届。截至 2020 年，已举办 36 届。

活动内容：弘扬二王书风是兰亭书法节的一大宗旨。书法节期间，海内外书坛名家雅集兰亭，研讨书学，泼墨挥毫，流觞赋诗，盛况非凡。书法节活动丰富，如觐圣、修禊、曲水流觞、书法展览等。许多全国性的书法赛事和书法展览，也多安排在此时此地举行。

3. 祭禹大典

举办时间：每年 4 月 20 日。

举办地点：浙江绍兴大禹陵景区。

举办单位：中华人民共和国文化和旅游部、浙江省人民政府主办，绍兴市人民政府承办。

起源与发展：大禹死葬会稽后，即开始有了守禹陵、奉禹祀的活动，以后历时千年，承传不绝。秦始皇、康熙、乾隆等帝王曾亲临祭祀。祭禹形式多样，或宗室族祭，或皇帝御祭，或遣使特祭，或春秋例祭。新中国成立以来，人民政府十分重视对大禹陵庙的保护，经常拨款修缮。1995 年 4 月 20 日，大禹陵隆重举行了"浙江省暨绍兴市各界公祭禹陵大典"。自此，每年大禹陵都会举行公祭大禹典礼，2007 年公祭大禹陵升格为国家级祭祀活动。祭禹已成为绍兴市的一个常设节会，"每年一小祭、五年一公祭、十年一大祭"，也有了一套相对稳定的程式。

活动内容：祭禹大典采用"禘礼"（古代最高礼祭）形式，仪式主要分为 13 项议程，分别为肃立雅静、鸣铳、献贡品、敬香、击鼓撞钟、奏乐、献酒、敬酒、恭读祭文、行礼、颂歌、乐舞告祭、礼成等。整个议程紧凑规范，典礼仪式大约 45 分钟。典礼后，祭祀人员前往大禹陵享殿举行谒陵仪式。

4. 鲁迅文化艺术节

举办时间：每年 10 月 16—22 日。

举办地点：浙江绍兴市。

举办单位：中华人民共和国文化和旅游部、浙江省文化和旅游厅、中共绍兴市委和绍兴市人民政府联合主办。

起源与发展：作为鲁迅的故乡，绍兴人杰地灵，名人辈出，形成了群星璀璨的名人文化。为弘扬鲁迅的民族精神和人文思想，进一步展示以鲁迅为代表的名人文化，2003 年 10 月 16 日，为期一周的中国绍兴首届鲁迅文化艺术节拉开了帷幕。这是我国第一个以名人命名的文化艺术盛会，每两年举办一次。

活动内容：鲁迅文化艺术节以展示鲁迅笔下的风土人情和绍兴当地两个文明建设的崭新成果为主，形式包括戏曲、音乐、舞蹈、书画展览等，每届节会内容有所侧重，更好地体现地域文化特色。节会期间，除了举办丰富多彩的文化活动，还有多种经济活动。

5. 中国·绍兴（上虞）孝文化节

举办时间：每年 5 月。

举办地点：浙江省绍兴市上虞区。

举办单位：上虞区委、区政府、中国新闻社浙江分社共同主办。

起源与发展：上虞是中华孝德文化的重要发源地之一，传统"二十四孝"中男孝之首大舜、女孝之首曹娥都生长于此。数千年来，上虞孝风延绵，孝贤辈出，涌现了无数孝行感人的人物,曹娥江两岸一直传颂着从古至今的孝德美谈。为创新传承孝文化,播撒孝德文明之种,2017年起,上虞开始举办孝文化节,一年一届。截至2019年,已举办3届。

活动内容:围绕孝文化,中国·绍兴(上虞)孝文化节每年有不同的主题,如2019年主题为"孝炳千秋·薪火相传"。节会期间举行孝女曹娥祭祀大典、曹娥江国际龙舟大奖赛、孝德文化研讨会、孝德文创"大观园"等一系列活动。

(二)嵊州市

1.中国嵊州国际书法朝圣节

举办时间:每年4月。

举办地点:浙江省绍兴嵊州市。

举办单位:浙江省书法家协会、嵊州市人民政府联合主办。

起源与发展:嵊州是一代书圣王羲之晚年归隐之地,此后王氏子孙在嵊州建宅安家。千百年来,王氏子孙沿袭着书法文风,将王氏书法一脉传承,书法也因此成为嵊州文化的代表。为弘扬王氏书法文化,2004年嵊州举办了第一届国际书法朝圣节。此后每年一届。截至2019年,该文化节已举办16届。

活动内容:国际书法朝圣节旨在抚今追昔,缅怀圣贤,弘扬王羲之书法文化,为众多书法家及书法爱好者提供交流渠道,搭建一个展示、切磋书技、修养身心、博采众长的平台。期间主要举办朝圣仪式、金庭笔会、金庭诗会、王羲之学术研讨会等活动。

2.绍兴(嵊州)中国民间越剧节

举办时间:每年4月。

举办地点:浙江省绍兴嵊州市。

举办单位:浙江省书法家协会、嵊州市人民政府联合主办。

起源与发展:越剧是中国第二大剧种,起源于清末浙江嵊州。因嵊州是古越国所在地而得名。为继承和弘扬越剧文化,2002年,嵊州市举办首届中国民间越剧节。此后每年一届。截至2019年,已连续举办18届。

活动内容:中国民间越剧节旨在保护和传承越剧文化,每届设不同主题,如2018年第17届中国民间越剧节以"越情春咏"为主题。节会期间开展全国越剧票友擂台赛、嵊州越剧艺校传承人班毕业公演、中国越剧戏迷网流派坐镇、嵊州市越剧团惠民演出等活动。

（三）新昌县

1.新昌大佛龙井茶文化节

举办时间：每年4月中旬。

举办地点：浙江省绍兴市新昌县。

举办单位：中共新昌县委、新昌县人民政府主办。

起源与发展：新昌县是中国名茶之乡。大佛龙井是新昌县主要名茶品种，为中国名茶三珍，1995年荣获中国科技精品博览会唯一的金奖，2002年获国家商标局"大佛"证明商标注册，为浙江省名牌产品和中国国际农博会名牌产品。为了繁荣中华茶文化，引领新昌茶产业发展，2007年新昌县举办首届大佛龙井茶文化节。截至2020年，该文化节已连续举办14届。

活动内容：节会期间主要举办茶叶博览会、斗茶会、茶王大赛、茶祭大典等活动。其中，茶祭大典包括鸣炮、献贡品、敬香、击鼓撞钟、奏乐、献茶敬茶、恭读祭文等传统仪式，在2015年11月入选第六批绍兴市非物质文化遗产名录。

2.中国（新昌）天姥山文化旅游节

举办时间：每年10月中旬。

举办地点：浙江省绍兴市新昌县。

举办单位：中共新昌县委、新昌县人民政府主办。

起源与发展：前身为新昌旅游节。首届新昌旅游节举办于1999年，至2006年，已连续举办8届。2007年起，新昌旅游节更名为中国（新昌）天姥山文化旅游节。

活动内容：节会期间，举办天姥山文化研讨会、文化博览会、茶道茶艺表演等活动。

三、台州地区

台州历史悠久，5000年前就有先民在此生息繁衍，素以佛宗道源享誉海内外，是佛教天台宗和道教南宗的发祥地，博大精深的"和合文化"在这里绽放，共同孕育出了主题丰富的文化节事。

（一）天台县

1. 中华济公文化节

举办时间：每年5月—6月。

举办地点：浙江省台州市天台县。

举办单位：天台县人民政府、海峡两岸关系研究中心、台州市人民政府台湾事务办公室共同主办。

起源与发展：天下济公，祖在天台。济公文化起源于天台山，历经800多年的传承积淀，成为世界华人的主要民间信仰之一。在宝岛台湾，济公信仰十分普遍，深入社会的方方面面，引导着人们崇善向上。为深化两地交流合作、增强文化认同，2004年天台县举办首届中华济公文化节。截至2019年，已连续举办16届。

活动内容：每年的中华济公文化节设不同的主题。节会期间举办两岸书画艺术作品展、祈福法会、学术座谈、投资项目推介会和产业发展交流会等活动。

2. 天台山和合文化节

举办时间：每年10月。

举办地点：浙江省台州市天台县。

举办单位：中共天台县委、天台县人民政府主办。

起源与发展：天台山是和合文化的圣地。得天独厚的人文地理环境，孕育了具有融合性和独创性的和合文化，是中华和合文化的三大源头之一，有中国和合文化传承基地之称。为传承和弘扬和合文化，2017年天台县举办首届天台山和合文化节。截至2019年，已举办3届。

活动内容：文化节期间，举办和合论道系列活动、和合文化讲坛、专题学术研讨会、和合展演等活动。

（二）临海市

1. 中国·临海古城文化节

举办时间：每年10—11月。

举办地点：浙江省台州临海市。

举办单位：浙江省文化和旅游厅、台州市人民政府主办，中共临海市委、临海市人民政府、台州市文化广电旅游体育局承办。

起源与发展：临海市作为台州府城有1600多年历史，素有"小邹鲁"之称。台州府城墙依山傍水,雄伟壮丽,有"江南八达岭"之美誉,已入选中国世界文化遗产预备名单。为展示城内古文化风貌,临海市于1998年举办了首届浙江临海中国古城文化节。截至2019年,已举办12届。

活动内容:每年的主题会有所不同,如2016年中国·临海古城文化节的主题为"千年古城新崛起"。节会期间主要举办开幕式文艺晚会、文化学术研究、文化系列活动、蜜橘节、台州府城文化旅游等系列活动。

2.台州府城公共艺术节

举办时间:每年5月。

举办地点:浙江省台州临海市。

举办单位:中共临海市委宣传部、临海市文化和广电旅游体育局、临海市旅游发展有限公司主办。

起源与发展:临海作为一个拥有近千年历史的城市,保存着完好的古城墙与古建筑,向世人展示着古代江南风情。台州府城公共艺术节以近千年文化为土壤,邀请来自不同国家的艺术家齐聚临海,旨在在临海播下艺术的种子。首届台州府城公共艺术节于2019年5月举办。

活动内容:除了露天音乐会、即兴铜管派对等丰富的公共空间演出外,还举办艺术论坛、讲座、工作坊等各种学术活动。

(三)仙居县

1.仙居·浙江油菜花节

举办时间:每年3月中旬—4月下旬。

举办地点:浙江省台州市仙居县。

举办单位:浙江省农业农村厅、浙江省文化和旅游厅和台州市人民政府主办。

起源与发展:仙居是台州市母亲河的源头,正是这样一个仙山洞府孕育了仙居"八山一水一分田"的风姿。每年的3月,上千亩油菜花一同绽放,勾勒出一幅绝美的山水画。2008年,仙居举办首届油菜花节,此后每年一届。截至2019年,已连续举办了12届。

活动内容:每届油菜花节的主题都会有所变化。例如,2019年第十二届油菜花节以"金色仙居·浪漫花海"为主题。节会期间,主要开展"动漫仙居"稻草人创意制作大赛、周末文艺剧场、摄影大赛、花车巡游、农耕体验、美食品鉴、特产展销等一系列旅游文化活动,各镇还会设分会场。

2.仙居花灯节

举办时间：每年元宵节前后。

举办地点：浙江省台州市仙居县。

举办单位：仙居县文化和广电旅游体育局、浙江省神仙居旅游度假区管委会主办。

起源与发展：仙居花灯是浙江省特色传统工艺品，是我国第一批非物质文化遗产代表性项目。尤为奇妙的是仙居皤滩"针刺无骨花灯"，被人们誉为"灯海明珠"。为更好地保护传承仙居花灯非遗文化，仙居县于2019年举办首届仙居花灯节。

活动内容：仙居花灯节会期间，通过仙居针刺无骨花灯展、百幅非遗摄影作品展、动态非遗节目展演、趣味运动会、猜灯谜、仙居小吃展销等活动，起到保护和传承非遗文化的作用。

（四）台州市

1.台州农民文化节

举办时间：每年开幕时间不一，可持续数月。

举办地点：浙江省台州市各县（市、区）。

举办单位：中共台州市委、台州市政府主办，中共台州市委宣传部、台州市文化广电新闻出版局等多个单位承办。

起源与发展：台州是一个有450多万名农民、5000多个村居的城市。为了展现台州农民的文化生活和精神风貌，推动全市文化事业的振兴与繁荣，2006年6月，台州市举办首届农民文化节，此后每年一届。截至2019年，已成功举办了14届。

活动内容：农民文化节围绕"建设社会主义新农村"这一时代主题，以村级文化俱乐部为基础，以农民自办文化为主角，采取市、县、乡、村四级联动的方式，在几个月的时间内，全市分区域、分时段轮番上演以农民为主体的丰富多彩的各类文艺活动。

2.两岸大陈乡情文化节

举办时间：每年4月下旬。

举办地点：浙江省台州大陈岛或台湾地区。

举办单位：台州市台办与台州市椒江区委区政府主办。

起源与发展：1955年，台州大陈岛及其附近岛屿的居民被迫迁往台湾。经过

60 多年的繁衍生息,大陈人在台湾已经发展至 10 多万人。如今他们跨越海峡,返乡寻根。为搭建两岸交流联谊平台,培育两岸大陈人世代血脉亲情,为椒江和台湾两地合作牵线搭桥,促进两地优势产业发展。2015 年台州市开始举办两岸大陈乡情文化节。截至 2019 年,已连续举办了 5 届。其中,2017 年的"两岸大陈乡情文化节"在台湾举行。

活动内容:每届主题不同,如 2019 年主题为"同根同祖　两岸同心"。主要设置启动仪式、大陈风光摄影展、联欢晚会、乡愁主题活动、"孝慈堂"祭祖仪式等活动。

(五)温岭市

1.温岭市民文化节

举办时间:每年 4 月 23 日开幕,持续数月。

举办地点:浙江省台州温岭市。

举办单位:温岭市精神文明建设委员会主办。

起源与发展:温岭市民文化节是温岭近年来公共文化建设的成果和市民文化风采的一个展示平台。文化节以文化馆、图书馆、社区文化活动中心为主要活动场地,策划开展丰富多彩的文化活动,让市民更好地享受公共文化服务。2013 年温岭市举办首届市民文化节。截至 2018 年,已连续举办了 6 届。2016 年起,市民文化节与"全民读书月"共同举办。

活动内容:每年的温岭市民文化节有不同的主题。例如,2017 年温岭市民文化节以"书香温岭,阅读致远"为主题。节庆期间推出各种文化活动,如市民歌咏大赛、村镇舞蹈大赛、形象歌曲大赛、市民摄影大赛以及市民才艺展示等。

2.中国(温岭)曙光节

举办时间:每年 1 月 1 日。

举办地点:浙江省台州温岭市石塘镇。

举办单位:中共温岭市委、温岭市人民政府主办,温岭市文化和广电旅游体育局、石塘镇人民政府承办。

起源与发展:浙江省温岭市的石塘镇为 2000 年中国陆域地区第一道阳光的地理经纬点。温岭抓住机遇,于 1999 年 12 月举办了首届中国千年曙光节,吸引海内外百名记者聚焦温岭,活动全球直播。从名不见经传到名扬天下,温岭因为一缕阳光而实现了华丽转身。截至 2020 年,已连续举办了 20 届。

活动内容:主要开展曙光节启动仪式、歌舞表演、共迎曙光、放飞和平鸽、新年音乐会等活动。

四、宁波地区

宁波人文积淀丰厚,历史文化悠久,属于典型的江南水乡兼海港城市。早在七千年前,宁波就创造了灿烂的河姆渡文化,后来更是涌现了浙东学术文化、青瓷文化等。这些优秀的传统文化催生了大量文化节事。

(一)宁波市

1.中华慈孝节

举办时间:每年 10 月。

举办地点:浙江省宁波市。

举办单位:由宁波市江北区主办。

起源与发展:江北区的慈孝文化源远流长,作为全国历史文化名镇,江北区慈孝文化的主要传承地——慈城,至今还保留着完整的慈孝文化遗址,如张孝子祠、董孝子溪、节孝祠、孝子井……不胜枚举。为弘扬慈孝文化,构建和谐社会,首届中华慈孝节于 2009 年举办,一年一届。截至 2020 年,已连续举办 12 届。

活动内容:每年活动设不同的主题,设置当代中华最感人的十大慈孝故事(人物)颁奖、中华慈孝论坛、慈城文化旅游推介等活动。

2.宁波国际服装节

举办时间:每年 10 月。

举办地点:浙江省宁波市。

举办单位:中国服装协会、宁波市人民政府主办。

起源与发展:浙江宁波国际服装节创办于 1997 年,是宁波创办最早的大型经贸活动,是宁波市政府会同中国纺织工业联合会、中国服装协会等权威机构央地联合打造的国际性、专业化、平台型活动。截至 2020 年,已连续举办 24 届。

活动内容:以"宁波装、妆天下"为主题,举办服装展览、商贸洽谈、经贸论坛、时尚发布等活动。

(二)余姚市

1.中国余姚杨梅节

举办时间:每年 6—7 月。

举办地点:浙江省宁波余姚市。

举办单位:余姚市人民政府主办。

起源与发展:余姚杨梅冠天下。余姚是著名的"杨梅之乡",是"余姚杨梅"原产地,也是唯一被列入实施国家原产地域产品保护的杨梅产地。全市各杨梅主产乡镇推出丰富多彩的杨梅观光旅游主打产品。首届杨梅节于 2006 年举办,每年一届。截至 2020 年,已连续举办了 15 届。

活动内容:每年主题不同,根据主题设置不同的活动。例如,2020 年余姚杨梅节主题为"摘杨梅、品文化、享山水——余姚杨梅中国红",主要活动包括余姚六大旅游线路发布、第五届网络杨梅文化节、白衣天使梅山行等。

2.宁波(余姚)阳明文化周

举办时间:每年 10 月底 11 月初。

举办地点:浙江省宁波余姚市。

举办单位:中共宁波市委、宁波市人民政府主办,中共宁波市委宣传部、宁波市社科院(市社科联)、中共余姚市委、余姚市人民政府承办。

起源与发展:余姚是王阳明先生的出生地、成长地和讲学之地。近年来,宁波余姚坚持擦亮王阳明这张"金名片",连续多年举办阳明文化日活动,2017 年升格为宁波(余姚)阳明文化周活动。截至 2020 年,已举办 4 届。

活动内容:每年主题不同,根据主题设置不同的活动。例如,2020 年阳明文化周以"阳明故里　良知善治"为主题,推出一系列活动,包括礼贤仪典、"阳明心学与良知善治"主题峰会、"姚江书院"研讨会、阳明文化笔会等。

(三)奉化区

1.奉化水蜜桃文化节

举办时间:每年 3—8 月。

举办地点:浙江省宁波市奉化区。

举办单位:浙江省宁波市奉化区人民政府主办。

起源与发展:奉化桃文化源远流长,早在汉明帝时期,溪口四明山区域已有桃树栽种的记载;经过几百年传承和创新,奉化水蜜桃声名鹊起,全市现有桃园 5.6 万亩,锦屏山牌水蜜桃被评为中国驰名商标,是中国十大农产品品牌之一,"琼浆玉露、瑶池珍品"的美誉传遍天下。2016 年,举办首届水蜜桃文化节。截至 2020 年,已举办 5 届。

活动内容：每年活动主题不同，根据主题设置活动。例如，2019 年活动主题为"看桃花来奉化，品蜜桃爱奉化"，活动分为"赏花季""品桃季"两块内容，具体包括 12 项子活动，如水蜜桃文化节新闻发布、海峡两岸桃花马拉松、蜜桃乡村音乐会、桃产业发展高峰论坛等活动。

2. 中国（奉化）雪窦山弥勒文化节

举办时间：每年 11 月。

举办地点：浙江省宁波市奉化区。

举办单位：中国佛教协会指导，浙江省佛教协会主办。

起源与发展：奉化是佛教界普遍认同的弥勒化身——布袋和尚的家乡，留有许多布袋弥勒的文化遗迹和传说。雪窦山作为"弥勒根本道场"，历史文化积淀深厚，对外交流交往活跃。中国（奉化）雪窦山弥勒文化节自 2008 年 11 月首次举办以来，每年举办一届。截至 2020 年，已成功举办了 12 届。

活动内容：雪窦山弥勒文化节以"慈行天下　和乐人间"为主题。节会期间开展如佛教讲经交流会、雪窦山全国摄影展、"四海同心"弥勒文化海外慈行、禅智慧讲座等一系列活动。

五、舟山地区

舟山是长江流域和长江三角洲对外开放的海上门户和通道。舟山人因海而生、因海而兴，在漫长的历史长河中，在长期的生产、生活中，舟山人兴渔盐之利，行舟楫之便，创造了独具特色的舟山海洋文化。舟山地区的文化节事多以海洋文化为主题。

（一）舟山市

1. 中国·舟山海鲜美食文化节

举办时间：每年 7—10 月。

举办地点：浙江省舟山市沈家门。

举办单位：中国烹饪协会、舟山市人民政府主办。

起源与发展：舟山是世界四大渔场之一，是中国最大的海产品生产、加工、销售基地，素有"中国渔都"之美称。舟山海鲜美食文化节的宗旨是以"中国海鲜，吃在舟山"为理念，挖掘和弘扬具有浓郁海洋海岛特色的海鲜美食文化，系统地宣传推介舟山的特色海鲜美食，推动舟山旅游业和饮食业的发展。截至 2020 年，已经成功举办了 11 届。

活动内容：海鲜美食文化节活动包括美食文化周、家庭烹饪大奖赛、舟山名菜评选、华东海鲜烹饪大奖赛等。

2.中国·普陀山南海观音文化节

举办时间：每年 10—11 月。

举办地点：浙江省舟山市普陀山。

举办单位：普陀山佛教协会主办。

起源与发展：普陀山为中国佛教四大名山之一，是观世音菩萨的道场所在地。普陀山南海观音文化节以普陀山深厚的观音文化底蕴为依托，是以弘扬观音文化、打造文化名山为内涵的佛教旅游盛会。2003 年，首届普陀山南海观音文化节在普陀山举办。截至 2020 年，已成功举办 17 届。

活动内容：节会期间有大型法会、佛教音乐会、众信朝圣、莲花灯会、文化研讨会、佛教文化旅游品展览会等一系列活动，吸引着众多海内外观音弟子、佛教信徒、香客游客聚缘"佛国"。

（二）岱山县

1.岱山岛听海节

举办时间：每年 7 月—10 月。

举办地点：浙江省舟山市岱山县。

举办单位：岱山县人民政府主办。

起源与发展：岱山县位于中国东海前沿，海域辽阔，各个岛屿海岸港湾蜿蜒曲折，以其海瀚、滩美、礁奇、山秀，显示出山海奇观的特色。岱山岛听海节是将沙滩、露营、海鲜、音乐、体育等元素融为一体倾情打造的大型活动。截至 2020 年，已经成功举办了 9 届。

活动内容：每年听海节设置不同的主题，根据主题设置包括追海音乐会、听海露营、沙滩运动、微博听海等在内的各项活动。

第五节　浙东唐诗之路资源评价

从上述资源梳理不难看出，浙东唐诗之路沿线名山盘踞、名人辈出、文化兴盛，具有构建文旅融合范本的重要基础，主要体现在以下四个方面。

一、拥有山水形胜的景观资源

浙东唐诗之路沿线地区山地、丘陵、盆地和平原相间,会稽、四明、天台、括苍四大山系纵向盘结,曹娥江、灵江、姚江、奉化江、剡溪等水系交错其间,石梁飞瀑、千丈岩、徐凫岩等名岩瀑布令人向往,4000 余公里海岸线蜿蜒曲折,造就了居山面海、神秀山水的丰富自然景观。历代诗人为探寻名山秀水游历浙东,李白一句"此行不为鲈鱼脍,自爱名山入剡中"展现了浙东山水在古人心目中的独特地位。目前,区域内拥有 6 个 5A 级景区和 68 个 4A 级景区,2 个国家级旅游度假区和 18 个省级旅游度假区,得天独厚的山水资源成为旅游业发展的重要基础。

二、拥有传颂千年的文化积淀

浙东唐诗之路沿线地区是古越文化的中心地,越俗、越艺、越学在这里生根滋长,孕育了王充、王羲之、谢灵运、贺知章、王阳明等一批人文巨匠和鲁迅、周恩来、蔡元培、秋瑾等一批时代先驱,拥有国家级历史文化名城 3 座、名镇 6 座,国家级文保单位 68 处,省级文保单位 151 处,国家级非遗项目 34 项,省级非遗项目 157 项,省级以上非遗传承人 188 人。浙东地区是诗书名作的荟萃地,王羲之的《兰亭集序》、谢灵运的《山居赋》、李白的《梦游天姥吟留别》传诵千年,《全唐诗》2200 余位诗人中有 400 余位诗人来此游历,留下唐诗上千篇。浙东地区是儒释道三教和合地,诗路沿线寺观棋布、仙释睦居,明代阳明心学、清代浙东史学均在此诞生,影响远至日本、朝鲜及东南亚。浙东物产富饶,绍兴黄酒、姚黄竹纸、朱金木雕、越窑瓷、金银刺绣等制作精良的物产闻名天下,浙东是海上丝绸之路的重要起航地。

三、拥有通江达海的区位条件

浙东唐诗之路沿线地区处于长三角南翼,横跨杭州、宁波两大都市圈,背靠上海都市圈,良好的区位条件使沿线地区具备充足优质的客源市场和多样便捷的交通方式。杭州萧山国际机场、宁波栎社国际机场、舟山普陀山机场、台州路桥机场四大民航机场区域共享,杭甬高速、甬台温高速、上三高速、台金高速等高速公路四通八达,杭州湾跨海大桥、舟山跨海大桥两座大桥横越东海,杭甬高铁、甬台温高铁等铁路网络不断完善,浙东运河沟通江海,宁波舟山港、台州港等港口通达海内外,是浙江省重要的交通走廊。

四、拥有系统严谨的学理支撑

自 20 世纪 90 年代浙东唐诗之路正式提出以来,沿线多地以民间自发、政府支持等形式,开展诗路文化研究,成果丰硕,先后出版了专业著作近30本,发表相关研究论文400多篇,举办国内外学术会议10余次,接待国内外学术团组访问和考察500多次,组织专题讲座近百场,成为唐诗之路研究的全国性学术高地。中央电视台、人民日报、浙江日报等媒体刊发唐诗之路相关报道1000多篇(条),央视科教频道摄制播出大型纪录片《唐诗之路》,浙江省交响乐团创作排演大型咏诵交响套曲《唐诗之路》,形成良好的社会影响和舆论氛围。

五、拥有加速成长的产业基础

浙东唐诗之路沿线城镇密集、经济密集、文化密集,区域人口超过2000万,地区生产总值占全省的40%以上。近年来,文化和旅游产业发展成效显著、特色鲜明,拥有国家音乐产业基地等30多个重点文化产业园区和50多家重点文化企业。2018年,宁波、绍兴、台州、舟山四市旅游产业增加值达到1617亿元,占区域国内生产总值的比重为7.8%,占全省旅游产业增加值的比重达37%,成为浙江省乃至长三角文化和旅游产业的重要增长极。

基于以上分析评价,本研究认为可以以文化为魂、旅游为体,围绕浙东唐诗之路沿线丰富的名山、名人、故里(故居)资源,以诗人行踪为线索,追忆古镇意蕴,品味乡村风物,探访佛宗道源,谈诗研学论道,拾趣名人轶事,使诗和远方有机融合,充分挖掘浙东地区文化和旅游的"明珠",并串"珠"成"链",加强历史遗存、非物质文化和生态环境保护,把浙东诗画山水与中华诗词经典有机结合起来,打造在国际上有影响力的文旅融合的范本。

第五章 浙东唐诗之路居民文化感知、文化认同和对旅游发展的态度的关系研究

第一节 导言

"文化是一个国家、一个民族的灵魂。文化兴国运兴,文化强民族强。没有高度的文化自信,没有文化的繁荣兴盛,就没有中华民族伟大复兴。"[①]唐诗是我国文化遗产的瑰宝,也是全人类文明的结晶,其中蕴含着中华民族特有的精神价值、思维方式、想象力,体现着中华民族的生命力和创造力。浙东唐诗之路旅游目的地的居民需要加强文化感知、提升文化认同,从而提高对旅游业发展的积极态度和提升目的地居民对传统文化的传承与保护的积极性。本章以唐诗之路沿线城市的居民为例,研究旅游目的地居民的文化感知、文化认同和对旅游发展的态度之间的关系,探究感知—认同—态度的内在机制,对旅游管理和政府部门制定政策具有一定的借鉴意义。

第二节 文献综述

一、旅游目的地居民行为研究

从居民行为的研究角度来看,学者们主要从居民的感知、居民感知和其他居民行为变量的关系,以及居民感知和游客感知的对比研究这三个方面进行研究。[②]

---

① 习近平:《决胜全面建成小康社会,夺取新时代中国特色社会主义伟大胜利——在中国共产党第十九次全国代表大会上的报告》,新华网,http://jhsjk.people.cn/article/29613458,访问日期:2022 年 7 月 30 日。

② 王梅、角媛梅、华红莲等:《红河哈尼梯田遗产区居民旅游影响感知和态度的村寨差异》,《旅游科学》2016 年第 3 期,第 69—79 页;廖春花:《城市历史街区"地方性"的居民感知与游客感知的比较研究——以广东潮州古城区为例》,《旅游论坛》2015 年第 5 期,第 31—38 页;唐晓云:《古村落旅游社会文化影响:居民感知、态度与行为的关系——以广西龙脊平安寨为例》,《人文地理》2015 年第 1 期,第 135—142 页。

首先,居民的感知是学者们研究的重点,尹华光等[1]对张家界非物质文化遗产居民的感知进行了深入研究。从不同性别来看,男性对促进传统文化传承与保护这个维度的感知比女性强烈,而男女在提高经济生活、加剧环境或社会问题和破坏传统文化这三个维度的感知较为一致;从不同年龄来看,65 岁以上和 25～44 岁的居民在提高经济生活水平方面感知最强,25～44 岁的居民在促进传统文化传承与保护方面感知最强。加剧环境或社会问题和破坏传统文化这两个维度的感知方面,所有年龄段的居民感知都较弱;从文化程度来看,学历越高的居民对促进传统文化传承与保护的感知越强,硕博学历的居民对提高经济生活水平的感知最强,其他文化水平的居民对提高经济生活水平的感知较一致,但都持肯定态度,而对加剧环境、社会问题的感知都较弱;从收入水平来看,月收入大于 6500 元和 5000～6499 元的居民对促进传统文化传承与保护和提高经济生活水平这两个方面的感知最强,收入水平在 3501～4999 元及 3500 元以下的居民在正面和负面的维度的感知都没有显著差异;从不同职业来看,所有居民对提高经济生活水平这个维度的感知都较一致,教师职业的居民对促进传统文化传承与保护这个维度的感知最强,退休居民对加剧环境、社会问题和破坏传统文化这两个负面维度的感知最弱;从不同旅游经验来看,非物质文化遗产旅游经验较丰富的居民在正面维度(提高经济生活水平、促进传统文化传承与保护)上的感知更为强烈,而所有居民对加剧环境、社会问题和破坏传统文化这两个负面维度的感知都较弱。

另外,王梅[2]分析研究了红河哈尼梯田遗产区中的 82 个村寨(分为旅游核心村、遗产保护核心村和其他村寨三类),发现总体而言,居民在旅游开发中的参与度较低,但对景区旅游资源和管理水平的态度都较为正面,且其他村寨的村民对旅游开发的感知高于其他两个类别的村民的感知;三个村的村民对旅游发展收益的感知都较为明显,但是感知强弱有所差别;三个村的村民对旅游区建立发展之后发生的变化的感知也较为明显,虽然感知水平存在一定的差异,但是总体是正面感知强于负面感知。吴丽敏等[3]在对同里居民的研究中发现,居民的正面感知主要集中

———————

① 尹华光、赵丽霞、彭小舟等:《张家界非物质文化遗产旅游居民感知差异分析》,《经济地理》2012 年第 5 期,第 160—164 页。

② 王梅、角媛梅、华红莲等:《红河哈尼梯田遗产区居民旅游影响感知和态度的村寨差异》,《旅游科学》2016 年第 3 期,第 69—79 页。

③ 吴丽敏、黄震方、谈志娟等:《江南文化古镇居民旅游影响感知及其形成机理——以同里为例》,《人文地理》2015 年第 6 期,第 143—148 页。

在经济获益和生活改善、地方认同与思想更新、文化传承和形象提升这三个维度，负面感知主要集中在原真性削弱与环境恶化、成本增加和分配不公、社会失序这三个维度。旺姆和吴必虎[①]在对拉萨八廓历史文化街区的居民的研究中发现，旅游业参与度高的居民对旅游的负面效应（对社会文化、环境的负面影响）的感知较强，未从事旅游业的居民对旅游的负面效应的感知较弱。张爱平等[②]对哈尼梯田的社区居民的研究发现，居民对旅游对传统农业的影响的感知强烈。林翠生等[③]对福建妈祖文化旅游进行了研究，探索了居民感知的形成机制。该研究发现，居民感知主要通过直接经验和社会互动形成，其中正面感知占主导地位，也包含利益分配和土地利用的负面感知。

学者们除了对居民的感知进行了深入研究，也研究了居民感知和其他居民行为变量的关系以及居民感知和游客感知的对比研究。例如，唐晓云[④]以广西龙脊平安寨为例研究了居民感知、居民态度和居民行为之间的关系。研究发现，居民对旅游社会文化的正面或者负面感知随着居民对古村落文化认同的增加而增强；居民对旅游社会文化的正面感知随着居民参与旅游程度的增加而增强；居民对社区发展的正面或负面感知随着居民对旅游社会文化的正面或负面感知的增强而增强；居民支持或反对旅游开发的行为与居民对旅游社会文化的正面和负面感知显著相关。廖春花[⑤]则以广东潮州古城区为例，对比分析了居民感知和游客感知。该研究对比了居民和游客在以下几个维度的感知：潮州人特点、代表性潮州人、潮州文化特色、地方特色、地方特色民间艺术、地方特色传统工艺、潮州古城地方元素、感受到的地方元素、地方特色景点、古城旅游业发展现状、古城旅游开发中存在的问题、游客希望看到或参与的活动选择的调查分析。结果显示，居民感知和游客感知差异较大的主要在以下几个方面：本地居民对潮州人的感知比游客更加正面；游客对潮州文化及潮州古城地方性特色的感知比居民的感知相对更加客观，但也

---

① 旺姆、吴必虎:《拉萨八廓历史文化街区旅游发展居民感知研究》,《人文地理》2012 年第 2 期,第 128—133 页。

② 张爱平、侯兵、马楠:《农业文化遗产地社区居民旅游影响感知与态度——哈尼梯田的生计影响探讨》,《人文地理》2017 年第 1 期,第 138—144 页。

③ 林翠生、宋立中、王雅君:《福建妈祖文化旅游节影响的居民感知及其形成机理研究》,《旅游论坛》2014 年第 1 期,第 32—39 页。

④ 唐晓云:《古村落旅游社会文化影响:居民感知、态度与行为的关系——以广西龙脊平安寨为例》,《人文地理》2015 年第 1 期,第 135—142 页。

⑤ 廖春花:《城市历史街区"地方性"的居民感知与游客感知的比较研究——以广东潮州古城区为例》,《旅游论坛》2015 年第 5 期,第 31—38 页。

存在一些偏见；游客对地方元素的感知比居民对地方元素的感知弱。

此外，Kaltenborn 等[①]以挪威的文化遗产地为例，研究了当地居民认为的旅游发展是否与文化遗产的命名相关。该研究发现当地居民非常重视社会和社区的条件以及遗产与文化和自然资源的联系：虽然大多数的居民支持在旅游发展过程中对遗产进行保护，但是他们也觉得文化遗产的命名不应该限制旅游发展的机会。Chi 等[②]研究了中国遗产旅游地居民的主观幸福感。该研究发现经济收入越高、社区感和社会环境感越强的居民的主观幸福感越强。Rasoolimanesh 等[③]以马来西亚的乡村和城市的文化遗产地为例，研究了居民对旅游发展的感知的影响因素。该研究显示，乡村居民和城市居民对经济收益和社区介入的感知的差异较为明显，但是对社区依恋和环境态度的感知差异不大。Rasoolimanesh 等[④]以伊朗的文化遗产地（卡尚和大不里士）为例，研究了文化遗产地居民对文化遗产旅游的态度、社区依恋、环境文化态度、经济收益和社区介入，以及离文化遗产地的距离的调节效应。该研究显示，居住地离文化遗产地较远的居民和居住地离文化遗产地较近的居民对文化遗产旅游的态度、社区依恋、环境文化态度、经济收益和社区介入的感知存在一定的差异；居住地离文化遗产地较远的居民对以上几个因素的感知水平并没有更高；离文化遗产地的距离的调节效应也并不明显。

最后，居民的社区参与也是研究重点之一。例如，Su 等[⑤]以中国的文化遗产地三清山为例，研究了文化遗产地的可持续发展性。研究发现，当地居民传统的维持生计的模式已被旅游形成的模式所取代，对旅游高度依赖的模式影响了当地居民维持生计的可持续发展性。Rasoolimanesh 等[⑥]以乔治城为例，应用动机－机会－能力模型，研究了影响社区参与世界文化遗产地的保护和旅游发展的因素。研究

① Kaltenborn B P，eds. "World Heritage Status as a Foundation for Building Local Futures? A Case Study from Vega in Central Norway." *Journal of Sustainable Tourism*，2013，21(1)：99-116.

② Chi C G-Q，Cai R Y & Li Y F. "Factors Influencing Residents' Subjective Well-being at World Heritage Sites." *Tourism Management*，2017，63：209-222.

③ Rasoolimanesh S M，eds. "Factors Influencing Residents' Perceptions toward Tourism Development：Differences across Rural and Urban World Heritage Sites." *Journal of Travel Research*，2017，56(6)：760-775.

④ Rasoolimanesh S M，eds. "Does Living in the Vicinity of Heritage Tourism Sites Influence Residents' Perceptions and Attitudes?" *Journal of Sustainable Tourism*，2019，27(7-9)：1295-1317.

⑤ Su M M，Wall G & Xu K. "Heritage Tourism and Livelihood Sustainability of a Resettled Rural Community：Mount Sanqingshan World Heritage Site，China." *Journal of Sustainable Tourism*，2015：1-23.

⑥ Rasoolimanesh S M，eds. "Community Participation in World Heritage Site Conservation and Tourism Development." *Tourism management*，2017，58(2)：142-153.

发现,动机对低水平的社区参与的影响最大,机会对高水平的社区参与的影响最大;居民对世界文化遗产地的了解对低水平的社区参与影响较大,而居民对世界文化遗产地的知识对高水平的社区参与影响较大。Tan 等[1]以马来西亚的世界文化遗产地为例,研究了"居民—遗产地的结合"的具体维度(person-place bonding)是否对文化遗产的可持续发展有益。研究发现失落感、正义感和使命感是"居民—遗产地的结合"最主要的三个维度。这三个维度是居民参与保护无形遗产的主要动机。Dragouni 等[2]以希腊的文化遗产地为例,研究了社区参与文化遗产地规划的影响。研究发现与不参与的群体相比,参与的群体更易出现分歧。但是,这些分歧是具有建设性的。个体内在的差异对群体决策并不总是产生负面的影响,因为信任和机构信用在影响个体和群体偏好中起了重要作用。Olya 等[3]以伊朗的世界文化遗产地比索顿古迹为例,研究了在旅游可持续性发展中社区依恋、社区介入、感知收益和感知成本之间的关系。基于社会身份理论(social identity theory),该研究对比分析了社区的各个群体:农民、商人、手工业者和当地政府雇员。研究发现,社区依恋、社区介入和感知收益对可持续发展的正向影响,而且不同群体感知的社区依恋和社区介入对可持续发展的影响具有较大的差异。

二、文化感知和文化认同

从旅游目的地居民行为的研究来看,学者们对文化感知和文化认同的关系进行了丰富的研究。吴丽敏等[4]发现同里居民对旅游发展的经济获益和生活改善、地方认同与思想更新、文化传承和形象提升具有正面的感知。唐晓云[5]发现广西龙脊平安寨的居民对旅游社会文化的正面或者负面感知随着居民对古村落文化认

① Tan S K, eds. "Sense of Place and Sustainability of Intangible Cultural Heritage-the Case of George Town and Melaka." *Tourism management*, 2018, 67(8):376-387.

② Dragouni. D, Fouseki K & Georgantzis N. "Community Participation in Heritage Tourism Planning: Is it too Much to Ask?" *Journal of Sustainable Tourism*, 2018, 26(5): 759-781.

③ Olya H G T, Alipour H & Gavilyan Y. "Different Voices from Community Groups to Support Sustainable Tourism Development at Iranian World Heritage Sites: Evidence from Bisotun." *Journal of Sustainable Tourism*, 2018, 47:1-21.

④ 吴丽敏、黄震方、谈志娟等艳:《江南文化古镇居民旅游影响感知及其形成机理——以同里为例》,《人文地理》2015 年第 6 期,第 143—148 页。

⑤ 唐晓云:《古村落旅游社会文化影响:居民感知、态度与行为的关系——以广西龙脊平安寨为例》,《人文地理》2015 年第 1 期,第 135—142 页。

同感的增加而增强。左迪等[①]以南京市先锋书店为例,研究了文化消费空间消费者感知与认同的影响因素。该研究发现,先锋书店通过设计国内外各个地方的标志性景观和文化符号,体现了跨文化的消费空间,消费者通过感知书店内部空间的设计及其营造的氛围,实现了消费者对实体空间的功能认同,通过特色商品和文化符号实现了对地方文化的认同,逐步达到经营者、服务者和消费者对共同情感心理的群体认同。张健等[②]以“易俗社”与“陕西省戏曲研究院”为例,研究了文化消费者对秦腔展演空间的感知与地方认同。该研究显示秦腔文化生产者、经营者和消费者通过秦腔展演空间蕴含的陕西地域文化记忆和秦腔地域文化内涵的审美性,实现了感知秦腔传递的文化价值功能,从而使得秦腔文化生产者、经营者和消费者构建了一个地域文化共同体,达到文化认同。

基于以上论述,本研究提出如下假设:

H1:文化感知对文化认同具有正向影响。

三、文化感知和居民对旅游发展的态度

以往的学者对文化感知和居民对旅游发展的态度也进行了较为深入的研究。例如,唐晓云[③]以广西龙脊平安寨为例研究了居民支持或反对旅游开发的行为与居民对旅游社会文化的正面和负面感知显著相关。王芳等[④]通过研究乡村旅游发展背景下绵竹年画村社区居民旅游影响感知及态度,发现由于旅游目的地具有生命周期,当地居民对旅游业发展的态度随着旅游目的地所处的生命周期阶段的不同而不同。该研究认为绵竹年画村地区的乡村旅游正在初级发展阶段,年画村居民对旅游业发展的正面感知较为强烈,年画村居民也较强地感知到了旅游业的发展对当地经济的正面影响。胥兴安等[⑤]在研究感知公平、社区支持感与社区参与旅游发展的关系中发现,当社区居民感知享受到了越公平的旅游利益、越公平的利

①　左迪、孔翔、文英姿:《文化消费空间消费者感知与认同的影响因素——以南京市先锋书店为例》,《城市问题》2019 年第 1 期,第 31—39 页。

②　张健、卫倩茹、芮旸等:《文化消费者对秦腔展演空间的感知与地方认同——以“易俗社”与“陕西省戏曲研究院”为例》,《人文地理》2018 年第 1 期,第 31—42 页。

③　唐晓云:《古村落旅游社会文化影响:居民感知、态度与行为的关系——以广西龙脊平安寨为例》,《人文地理》2015 年第 1 期,第 135—142 页。

④　王芳、王苏、唐梦莹:《乡村旅游发展背景下绵竹年画村社区居民旅游影响感知及态度研究》,《文化产业》2020 年第 19 期,第 132—134 页。

⑤　胥兴安、王立磊、张广宇:《感知公平、社区支持感与社区参与旅游发展关系——基于社会交换理论的视角》,《旅游科学》2015 年第 5 期,第 14—26 页。

益分成、越公平的人际交流和信息沟通,社区居民越能积极参与到旅游发展之中;当社区居民在旅游发展中的感知公平的三个维度上感知越高时,社区居民越会认为社区重视他们对旅游发展做出的贡献,越会感知到社区重视个人的价值观,越能感受到来自社区的支持和关怀;居民感知到来自社区的支持和关怀程度越高时,其参与旅游发展的程度也相应越高。

此外,史春云等①以九寨沟为例分析了基于个体视角的旅游地居民感知与态度。研究发现,国内旅游区的居民对旅游业的发展都比较支持;影响九寨沟居民对旅游发展的感知和态度的主要因素是年龄、职业、旅游业带来的家庭经济收益,其中从事和旅游业息息相关的工作的居民旅游发展的感知和态度比从事非旅游业工作的居民的态度更加正面;当旅游目的地的生命周期达到较为成熟的阶段的时候,出现更多的积极的、理性的支持者或谨慎的对当地旅游业发展的支持者。李友如等②以常州环球恐龙城为例研究了旅游地居民的旅游影响感知对态度的影响作用。该研究发现,旅游地居民的经济收益的感知、社会文化收益的感知和环境收益的感知对旅游业发展态度具有显著的正向影响。进一步对比发现,社会文化收益的感知对旅游业发展态度的影响比经济收益和环境收益的感知对旅游业发展的态度的影响更大。衣传华等③以常州环球恐龙城为例研究了旅游地居民对主题景区旅游影响的感知与态度。该研究发现常州城市居民对环球恐龙城旅游业的发展的感知较为积极;当地居民的感知和对环球恐龙城发展的态度联系密切,感知的不同维度对居民态度的不同维度有显著影响;尽管常州城市居民环球恐龙城发展的态度可分为乐观支持者、理性支持者、谨慎支持者和冷漠态度者四种类型,但是常州城市居民对环球恐龙城旅游发展的态度总体而言都较为积极与理性。

另外,黄洁等④以浙江省兰溪市诸葛村、长乐村为例,研究了目的地居民对旅游业发展的态度。该研究发现由于诸葛村、长乐村尚处在旅游发展的初期,当地居

---

① 史春云、张捷、李东和:《基于个体视角下的旅游地居民感知与态度研究——以九寨沟为例》,《北京第二外国语学院学报(旅游版)》2007 年第 11 期,第 11—17 页。

② 李如友、黄常州:《旅游地居民的旅游影响感知对态度的影响作用——以常州环球恐龙城为例》,《旅游论坛》2013 年第 4 期,第 45—52 页。

③ 衣传华、黄常州:《旅游地居民对主题景区旅游影响的感知与态度——以常州环球恐龙城为例》,《地理研究》2013 年第 6 期,第 1165—1176 页。

④ 黄洁、吴赞科:《目的地居民对旅游影响的认知态度研究——以浙江省兰溪市诸葛、长乐村为例》,《旅游学刊》2003 年第 6 期,第 84—89 页。

民总体上对旅游发展以及旅游所带来的经济文化影响持较为肯定态度。例如当地居民认为旅游业的发展改善了村里的公共设施、卫生状况、整体环境,使得村里的历史古建筑和遗迹得到了有效的保护等。陈鹏[①]研究了台湾居民对大陆游客旅游影响的感知与态度。研究发现台湾居民对旅游业发展带来的经济文化提升感知较为强烈。黄玉理等[②]以平遥、丽江古城为例,研究了我国世界遗产地居民对旅游影响的感知与态度。该研究发现,处于不同旅游发展阶段的世界遗产地居民对旅游的感知与态度存在显著差异。居民对旅游正面影响的感知与旅游的发展水平呈正相关;反之,负面影响感知与旅游的发展水平呈负相关。

根据以上论述,本研究提出以下假设:

H2a:文化感知对居民对旅游发展带来的经济文化收益的态度具有正向影响。

H2b:文化感知对居民对旅游发展带来的社会文化成本的态度具有正向影响。

H2c:文化感知对居民对旅游发展规划和旅游的可持续发展性具有正向影响。

H2d:文化感知对居民对旅游发展的态度具有正向影响。

在本研究中,居民对当地文化的体验和居民对当地文化的感知具有较大的相似性,因此,根据以上论述,可以做出如下假设:

H3:文化体验对文化认同具有正向影响。

H4a:文化体验对居民对旅游发展带来的经济文化收益的态度具有正向影响。

H4b:文化体验对居民对旅游发展带来的社会文化成本的态度具有正向影响。

H4c:文化体验对居民对旅游发展规划和旅游的可持续发展性具有正向影响。

H4d:文化体验对居民对旅游发展的态度具有正向影响。

四、文化认同和居民对旅游发展的态度

以往的研究证明了文化认同和居民对旅游的态度之间的关系。薛熙明等[③]基于个人生活史的视角研究了旅游对恩施土家族居民民族认同感的影响。该研究通

---

① 陈鹏、翟媛:《台湾居民对大陆游客旅游影响的感知与态度研究》,《台湾研究》2014年第4期,第76—84页。

② 黄玉、龙良富、王玉琼:《我国世界遗产地居民对旅游影响感知与态度的比较研究——以平遥、丽江古城为例》,《人文地理》2008年第2期,第91—94页。

③ 薛熙明、覃璇、唐雪琼:《旅游对恩施土家族居民民族认同感的影响——基于个人生活史的视角》,《旅游学刊》2012年第3期,第27—35页。

过分析一名土家族青年女性个人生活史的记录,探索在旅游发展进程中族群个体的民族认同感的演化过程。研究结果发现,由于旅游业的发展引致的经济增长提高了民族文化的"势位",旅游产品创造了民族的集体记忆和文化景观,以及文化旅游的发展使民族认同的层次不断深化。张河清等[①]以油岭千户瑶寨为例,研究了民族村寨居民文化认同感与旅游行为。

该研究证实了居民文化认同感与旅游行为之间的关系,并提出了积极的拥趸、传统文化的保留者、经济发展向往者和无为的参与者四种类型的居民。

基于以上论述,本研究提出以下假设:

H5a:文化认同对居民对旅游发展带来的经济文化收益的态度具有正向影响。

H5b:文化认同对居民对旅游发展带来的社会文化成本的态度具有正向影响。

H5c:文化认同对居民对旅游发展规划和旅游的可持续发展性的态度具有正向影响。

H5d:文化认同对居民对旅游发展的态度具有正向影响。

综上所述,本研究提出如图 5-1 所示的研究框架:

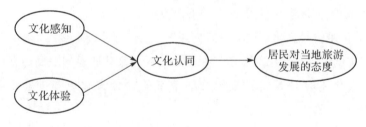

图 5-1　研究模型

第三节　研究方法

一、变量的测量

测量的问项包含关于文化感知的变量、文化体验的变量、文化认同的变量和居民对当地旅游业发展的态度的变量,如表 5-1 所示。

---

① 张河清、郭婷婷、钟芷倩等:《民族村寨居民文化认同感与旅游行为研究——以油岭千户瑶寨为例》,《四川旅游学院学报》2020 年第 5 期,第 68—72 页。

表 5-1　测量问项及其来源

维度	变量	来源
文化感知	B01 感受到唐诗文化遗产；B02 感受到举办的唐诗文化活动；B03 感受到唐诗文化故事的传播；B04 感受到唐诗反映的盛唐时代；B05 感受到唐诗提升了文化品位；B06 感受到唐诗提升了城市形象；B07 当地文化遗产越来越被重视；B08 唐诗是当地文化的有机组成	Prideaux，Timothy & Chon（2008）[①]
文化体验	C01 唐诗较多描写秀丽山水；C02 唐诗与佛教文化的融合；C03 唐诗与书法艺术的融合；C04 唐诗对我有吸引力；C05 唐诗令我视野开阔；C06 唐诗给我文化熏陶；C07 唐诗给我精神抚慰；C08 体验项目有高科技感；C09 体验活动令人愉悦；C10 体验活动令人满意	Pearce（2006）[②]
文化认同	D01 对当地的归属感；D02 对当地文化的自豪感；D03 作为当地人的幸福感；D04 身份对我的意义；D05 环境让我有儿时的记忆；D06 适应旅游发展带来的变化；D07 旅游让当地变得不再独特；D08 通过唐诗理解文化现象；D09 唐诗活动推进文化传播；D10 了解当地的历史、文化和习俗	Wynveen，Kyle，Absher & Theodori，（2011）[③]；Gu & Ryan（2008）[④]；Bernardo & Palma-Oliveira（2013）[⑤]
经济文化收益感知	EA01 更多的文旅基础设施投资；EA02 旅游推动文化企业的成立；EA03 旅游促使文化活动的开展；EA04 旅游保护当地的传统和文化；EA05 旅游提升文化的区域影响力；EA06 旅游促进国内外文化交流；EB01 旅游促使经济多样化；EB02 旅游使当地关联产业受益；EB03 旅游推动当地经济发展；EB04 旅游提高了特产的销售量；EB05 旅游注入了新经济活力；EB06 旅游带来了可观的税收	Hao，Alderman & Long（2016）[⑥]

①　Prideaux B，Timothy D & Chon K. *Culture and Heritage Tourism in Asia and the Pacific*. Oxon：Routledge，2008.

②　Pearce P L. *Tourism Behavior：Themes and Conceptual Schemes*. Clevedon，UK：Channel View，2006.

③　Wynveen C J，eds. "The Meanings Associated with Varying Degrees of Attachment to a Natural Landscape." *Journal of Leisure Research*，2011，43(2)：290-311.

④　Gu H & Ryan C. "Place Attachment，Identity and Community Impacts of Tourism——The Case of a Beijing Hutong." *Tourism Management*，2008，29(4)：637-647.

⑤　Bernardo F & Palma-Oliveira J. "Place Identity，Place Attachment and the Scale of Place：the Impact of Place Salience." *Psyecology*，2013，4(2)：167-179.

⑥　Hao H，Alderman O H & Long P. "Homeowner Attitudes Toward tourism in a Mountain Resort Community." *Tourism Geographies：An International Journal of Tourism Space，Place and Environment*，2014，16(2)：1-18.

续 表

维度	变量	来源
经济文化成本感知	EC01 旅游使休闲资源被过度使用；EC02 旅游造成遗产被过度开发；EC03 旅游对遗产保护有负面影响；ED01 旅游造成了交通拥挤；ED02 旅游造成了物价上涨；ED03 旅游增加了垃圾乱扔现象；ED04 旅游增加了服务压力；ED05 旅游干扰了居民生活节奏；ED06 旅游破坏了自然生态环境	Choi & Sirakaya (2005)[①]
可持续发展感知	EE01 旅游规划应该统筹协调；EE02 旅游规划应该持续完善；EE03 旅游规划应面向未来；EF01 旅游应保护动植物的多样性；EF02 旅游应保护原始自然栖息地；EF03 旅游应保护环境的原真性；EF04 旅游应与自然环境和谐发展；EF05 各利益主体应遵循道德准则；EF06 旅游应制定环境保护标准	Wall & Mathieson (2006)[②]
旅游发展态度	EG01 吸引游客是个好主意；EG02 旅游开发是一个明智想法；EG03 希望有更多游客游览遗迹；EG04 游客到访令我感到愉悦；EG05 支持开发唐诗之路；EG06 唐诗文化将是旅游的重要内容	Wall & Mathieson, (2006)

二、样本的统计描述

本次收集问卷的时间为 2020 年 7 月，共收集了 833 份有效样本。问卷主要在浙东唐诗之路沿线城市进行发放，部分问卷来源于网络滚雪球数据。相关样本信息见表 5-2。

表 5-2　样本数据个体基本特征的统计描述

统计内容	类别	频次/次	占比/%
性别	男	276	33.13
	女	557	66.87
年龄	15—24 岁	247	29.65
	25—34 岁	172	20.65
	35—44 岁	212	25.45

---

① Choi H-S C & Sirakaya E. "Measuring Residents' Attitude toward Sustainable Tourism: Development of Sustainable Tourism Attitude Scale." *Journal of Travel Research*, 2005, 43:380-394.

② Wall G & Mathieson A. *Tourism: Change, Impacts and Opportunities* (1st ed.). Harlow: Pearson Education Limited, 2006.

统计内容	类别	频次/次	占比/%
年龄	45—60 岁	187	22.45
	61 岁及以上	15	1.80
学历	初中及以下	12	1.44
	高中/高职	54	6.48
	职高/本科	565	67.83
	研究生及以上	202	24.25
婚姻状况	未婚	325	39.02
	已婚无小孩	28	3.36
	已婚有小孩	465	55.82
	离异无小孩	1	0.12
	离异有小孩	8	0.96
	其他	6	0.72
职业	政府部门、国企事业单位管理人员	113	13.57
	专业技术人士(教师/医生/律师等)	324	38.90
	各类职员(从事一般性事务工作的人员)	94	11.28
	服务业人员(餐饮服务员/司机/售货员等)	7	0.84
	工人(工厂工人/建筑工人/环卫工人等)	6	0.72
	私营企业主(或个体经商人员)	38	4.56
	自由职业者(作家/艺术家/摄影师等)	8	0.96
	学生	185	22.21
	家庭主妇(或全职太太)	9	1.08
	离退休人员	17	2.04
	失业待业人员	8	0.96
	其他	24	2.88
月收入	3000 元及以下	194	23.29
	3001~5000 元	140	16.81
	5001~10000 元	283	33.97

续　表

统计内容	类别	频次/次	占比/%
月收入	10001~15000 元	117	14.05
	15001~20000 元	50	6.00
	20001~25000 元	15	1.80
	25001~30000 元	9	1.08
	30001 元及以上	25	3.00

三、问项的统计描述

首先对有效数据进行描述性统计分析,得出均值、标准差、偏度和峰度。正态分布的条件为偏度绝对值小于 3,峰度绝对值小于 10。[1] 各个测量问项的偏度绝对值在 0.035 和 1.65 之间。峰度绝对值在 0.006 和 3.081 之间。因此,样本数据服从正态分布,可进行下一步分析。

第四节　变量的质量及结构分析

一、探索性因素分析

本研究将所有研究变量:文化感知(8 个问项)、文化体验(10 个问项)、文化认同(10 个问项)和居民对旅游发展的态度(36 个问项),共 64 个变量进行探索性因子分析。

1. 探索性因子分析的条件

本研究进行探索性因子分析的测量问卷共 64 个,有效样本数量为 833 个,有效样本数量和问项数量的比值为 13.02,符合因子分析对样本量的最低要求。[2] 分析结果显示,测量问项的 KMO 值为 0.970,Bartlett 球体检验的显著性统计值小于 0.001。根据 KMO 抽样适合性检验,KMO 值大于 0.9 表示数据非常适合因子分析。

2. 探索性因子分析过程及结果

本研究进一步采取主成分分析方法以及凯撒正态化最大方差法对测量问项进

---

① Kline R B. *Principles and Practice of Structural Equation Modeling*. New York:Guilford Publications,1998.

② Rummel R J. *Applied Factor Analysis*. Evanston, IL:Northern University Press,1970.

行分析和删减。根据 Hinkin[①] 的标准,删除以下问项:因子载荷小于 0.5 的问项;两个及以上因子上的因子载荷均大于 0.5 的问项;独自成一个因子的测量问项。

结果显示,第一次因子分析提取出了 8 个特征根大于 1 的因子,累计方差解释量为 77.472%,大于 60%,根据 Hinkin 的标准,符合可以接受的因子分析的提取结果。根据删减问项的标准,C1(唐诗较多描写秀丽山水)、C2(唐诗与佛教文化的融合)、D6(适应旅游发展带来的变化)、D08(通过唐诗理解文化现象)、D09(唐诗活动推进文化传播)、D10(了解当地的历史、文化和习俗)这三个问项在所有因子的载荷都小于 0.5,予以删除。D07(旅游让当地变得不再独特)这个问项单独成一个因子,予以删除。

将删除以上几个问项后的测量问项再次进行探索性因子分析。结果显示,测量问项的 KMO 值为 0.967,Bartlett 球体检验的显著性统计值小于 0.001,证明数据非常适合因子分析,第二次探索性因子分析的结果如表 5-3 所示。结果显示,第二次探索性因子分析共提取了 8 个特征根大于 1 的因子,累计方差的解释量为 80.176%,大于 60%,符合可接受的因子分析提取结果。经过两次探索性因素分析,共删除 7 个问项,生成 7 个维度,共 57 个问项。7 个维度分别是旅游发展的经济文化收益(12)、旅游发展规划及可持续性(9)、文化感知(8)、旅游发展的社会文化成本(9)、文化体验(8)、居民对旅游发展的态度(6)、文化认同(5)。

表 5-3　第二次探索性因子分析结果

测量问项	因子							
	1	2	3	4	5	6	7	8
EB03	0.790	0.297	0.208	0.072	0.136	0.211	0.180	−0.024
EB02	0.785	0.317	0.218	0.090	0.152	0.193	0.180	−0.014
EB01	0.778	0.320	0.202	0.082	0.177	0.173	0.163	−0.004
EA05	0.778	0.254	0.244	0.044	0.215	0.149	0.189	−0.002
EA03	0.774	0.242	0.253	0.047	0.226	0.163	0.123	0.023
EB05	0.770	0.295	0.176	0.096	0.174	0.225	0.166	−0.037
EB06	0.758	0.211	0.154	0.132	0.125	0.213	0.121	0.030

---

① Hinkin T R & Bower G H. *Theory of learning*. Englewood Chiffs, New Jersey: Prentice Hall Inc, 1975.

续　表

测量问项	因子							
	1	2	3	4	5	6	7	8
EB04	0.747	0.265	0.211	0.115	0.143	0.197	0.186	−0.015
EA06	0.743	0.201	0.258	0.082	0.239	0.172	0.159	0.019
EA04	0.716	0.214	0.219	0.017	0.226	0.233	0.189	−0.008
EA02	0.713	0.217	0.292	0.074	0.278	0.148	0.102	0.064
EA01	0.707	0.234	0.286	0.080	0.261	0.109	0.140	0.017
EF04	0.216	0.896	0.130	0.060	0.080	0.142	0.118	−0.032
EF01	0.234	0.890	0.098	0.063	0.095	0.14	0.101	−0.041
EF03	0.225	0.886	0.111	0.072	0.109	0.111	0.109	−0.024
EF02	0.248	0.885	0.093	0.061	0.097	0.134	0.112	−0.015
EF05	0.209	0.884	0.091	0.058	0.092	0.157	0.134	−0.029
EF06	0.230	0.879	0.126	0.055	0.075	0.157	0.129	−0.025
EE03	0.248	0.819	0.126	0.058	0.045	0.200	0.131	0.037
EE02	0.217	0.819	0.108	0.077	0.053	0.211	0.111	0.026
EE01	0.261	0.797	0.101	0.073	0.050	0.213	0.116	0.037
B05	0.246	0.116	0.802	0.055	0.260	0.152	0.119	−0.083
B06	0.275	0.125	0.794	0.076	0.243	0.152	0.108	−0.095
B03	0.234	0.076	0.776	0.054	0.272	0.074	0.116	0.209
B08	0.261	0.144	0.760	0.063	0.202	0.164	0.124	−0.143
B07	0.296	0.173	0.743	−0.013	0.142	0.100	0.174	−0.151
B01	0.227	0.155	0.742	0.050	0.230	0.097	0.139	0.041
B04	0.157	0.153	0.740	0.028	0.168	0.083	0.168	0.116
B02	0.249	0.014	0.719	0.065	−0.280	0.085	0.121	0.291
ED05	0.040	−0.004	0.054	0.886	0.065	0.009	−0.005	−0.021
ED03	0.052	0.125	−0.033	0.849	0.042	0.041	0.062	−0.096
ED06	0.011	0.062	0.027	0.849	0.049	0.011	0.033	−0.014
ED02	0.138	0.120	0.003	0.843	0.020	0.019	−0.011	−0.222
ED04	0.093	0.058	0.008	0.841	0.080	0.020	0.058	−0.058

续　表

测量问项	因子							
	1	2	3	4	5	6	7	8
ED01	0.159	0.171	0.037	0.803	0.022	0.012	0.024	−0.246
EC01	0.052	0.035	0.111	0.788	0.039	0.070	0.035	0.317
EC02	0.054	−0.039	0.119	0.785	0.080	0.038	0.047	0.417
EC03	−0.016	−0.056	0.067	0.782	0.096	0.014	0.052	0.401
C07	0.308	0.141	0.334	0.090	0.713	0.206	0.184	−0.108
C09	0.326	0.029	0.343	0.119	0.704	0.165	0.168	0.184
C10	0.357	0.032	0.343	0.113	0.682	0.147	0.152	0.217
C05	0.294	0.202	0.374	0.074	0.670	0.205	0.199	−0.132
C08	0.315	−0.030	0.257	0.160	0.664	0.094	0.121	0.285
C04	0.236	0.195	0.396	0.057	0.664	0.150	0.188	−0.140
C06	0.284	0.212	0.376	0.064	0.652	0.205	0.202	−0.195
C03	0.251	0.171	0.357	0.098	0.605	0.086	0.180	−0.014
EG05	0.330	0.330	0.197	0.022	0.144	0.758	0.170	−0.018
EG04	0.294	0.300	0.214	0.022	0.218	0.756	0.144	0.021
EG06	0.327	0.241	0.213	0.067	0.252	0.729	0.118	−0.006
EG03	0.303	0.365	0.199	0.014	0.207	0.722	0.158	−0.024
EG02	0.359	0.354	0.103	0.069	0.104	0.700	0.138	0.050
EG01	0.358	0.406	0.107	0.068	0.109	0.666	0.110	0.026
D03	0.294	0.263	0.233	0.045	0.162	0.131	0.791	−0.044
D01	0.299	0.222	0.276	0.039	0.170	0.142	0.776	−0.057
D04	0.284	0.217	0.196	0.073	0.178	0.161	0.764	−0.022
D02	0.317	0.220	0.294	0.019	0.226	0.167	0.723	−0.072
D05	0.165	0.146	0.104	0.108	0.211	0.094	0.666	0.204
特征根	25.559	5.981	5.466	2.565	1.890	1.850	1.389	1.002
方差解释量/%	44.840	10.493	9.589	4.500	3.315	3.245	2.436	1.757
累计解释量/%	44.840	55.333	64.922	69.422	72.737	75.982	78.419	80.176

3. CITC 分析和信度检验

CITC 分析和信度检验遵循以下标准:删除该问项后的克伦,巴赫系数并未显著提高以及克伦巴赫系数(Cronbach's α)大于 0.7。如表 5-4 所示,七个变量的所有问项 CITC 值都高于 0.4,前六个变量删除问项后的克伦巴赫系数并未显著提高。第七个变量中的 D5 删除问项后的克伦巴赫系数并未显著提高,因此 D5 予以删除。七个变量的克伦巴赫系数为 0.975、0.980、0.949、0.946、0.948、0.957、0.924,均大于 0.7,表明各个问项具有较好的信度。

表 5-4　CITC 分析和信度检验

变量	问项	CITC	删除该问项后 α 系数	α 系数
经济文化收益	EA01	0.831	0.974	0.975
	EA02	0.837	0.974	
	EA03	0.885	0.973	
	EA04	0.836	0.974	
	EA05	0.898	0.972	
	EA06	0.857	0.973	
	EB01	0.895	0.973	
	EB02	0.909	0.972	
	EB03	0.899	0.972	
	EB04	0.853	0.974	
	EB05	0.884	0.973	
	EB06	0.812	0.974	
可持续性发展	EE01	0.857	0.979	0.980
	EE02	0.869	0.979	
	EE03	0.879	0.978	
	EF01	0.929	0.976	
	EF02	0.927	0.976	
	EF03	0.921	0.976	
	EF04	0.936	0.976	

续　表

变量	问项	CITC	删除该问项后 α 系数	α 系数
可持续性发展	EF05	0.922	0.976	0.980
	EF06	0.925	0.976	
文化感知	B01	0.794	0.943	0.949
	B02	0.779	0.944	
	B03	0.836	0.940	
	B04	0.747	0.946	
	B05	0.868	0.938	
	B06	0.866	0.938	
	B07	0.785	0.943	
	B08	0.813	0.941	
社会文化成本	EC01	0.775	0.940	0.946
	EC02	0.775	0.940	
	EC03	0.756	0.941	
	ED01	0.748	0.941	
	ED02	0.789	0.939	
	ED03	0.801	0.939	
	ED04	0.799	0.939	
	ED05	0.845	0.936	
	ED06	0.8	0.939	
文化体验	C03	0.731	0.946	0.948
	C04	0.808	0.941	
	C05	0.847	0.939	
	C06	0.827	0.940	
	C07	0.862	0.938	
	C08	0.733	0.947	
	C09	0.855	0.938	
	C10	0.834	0.940	

续 表

变量	问项	CITC	删除该问项后 α 系数	α 系数
对发展的态度	EG01	0.822	0.953	0.957
	EG02	0.835	0.951	
	EG03	0.886	0.946	
	EG04	0.89	0.945	
	EG05	0.905	0.944	
	EG06	0.849	0.951	
文化认同	D01	0.879	0.893	0.924
	D02	0.846	0.899	
	D03	0.888	0.892	
	D04	0.834	0.901	
	D05	0.619	0.950	

4.验证性因子分析

本研究进一步进行验证性因子分析,进一步确认各个变量的聚合效度和区分效度。验证性因子分析的结果如表 5-5 所示。

表 5-5　验证性因子分析结果

变量	问项	标准化因子载荷	CR	AVE
经济文化收益	EA01	0.826	0.975	0.765
	EA02	0.833		
	EA03	0.878		
	EA04	0.836		
	EA05	0.891		
	EA06	0.854		
	EB01	0.920		
	EB02	0.935		
	EB03	0.927		
	EB04	0.878		

变量	问项	标准化因子载荷	CR	AVE
经济文化收益	EB05	0.911	0.975	0.765
	EB06	0.833		
可持续性发展	EE01	0.820	0.978	0.834
	EE02	0.830		
	EE03	0.842		
	EF01	0.954		
	EF02	0.954		
	EF03	0.949		
	EF04	0.964		
	EF05	0.948		
	EF06	0.951		
文化感知	B01	0.801	0.948	0.696
	B02	0.781		
	B03	0.832		
	B04	0.757		
	B05	0.914		
	B06	0.915		
	B07	0.819		
	B08	0.850		
社会文化成本	EC01	0.774	0.946	0.660
	EC02	0.775		
	EC03	0.760		
	ED01	0.782		
	ED02	0.818		
	ED03	0.838		
	ED04	0.839		
	ED05	0.880		
	ED06	0.836		

续　表

变量	问项	标准化因子载荷	CR	AVE
文化体验	C03	0.749	0.947	0.692
	C04	0.843		
	C05	0.905		
	C06	0.893		
	C07	0.909		
	C08	0.717		
	C09	0.838		
	C10	0.818		
对发展的态度	EG01	0.828	0.957	0.790
	EG02	0.839		
	EG03	0.915		
	EG04	0.920		
	EG05	0.933		
	EG06	0.886		
文化认同	D01	0.919	0.950	0.826
	D02	0.916		
	D03	0.931		
	D04	0.870		
拟合度：$\chi^2/\mathrm{df}=7.217$；GFI=0.649；RMSEA=0.086；RMR=0.043；SRMR=0.048；CFI=0.852；NFI=0.832；TLI=0.844；IFI=0.852				

　　从拟合度来看，χ^2/df 值为 7.217，在 5～8 之间，可以接受。RMSEA 的值为 0.086，小于 0.1，RMR 值为 0.043，小于 0.05，SRMR 的值为 0.048，小于 0.1，CFI 和 IFI 的值都为 0.852，大于 0.85。总体来看，验证性因子分析的拟合指标满足研究要求。[①]

　　如表 5-6 所示，从聚合效度来看，各个变量的测量问项的因子载荷均大于 0.6，

---

　　① Bacharach S B, Bambergcr P A & Sonnenstuhl W J. "Driven to Drink：Managerial Control, Work-related Risk Factors, and Employee Problem Drinking." *Academy of Management Journal*，2002，45(4)：637-658.

表明聚合效度较好。此外，所有因子的 CR（建构信度）均大于 0.7，AVE（平均方差抽取量）均大于 0.5，也证明了各个因子具有较好的聚合效度。

表 5-6　各个变量的 AVE 值及变量之间的相关系数

	EA/B	EE/F	B	EC/D	C	EG	D
EA/B	0.875	——	——	——	——	——	——
EE/F	0.591	0.913	——	——	——	——	——
B	0.624	0.373	0.834	——	——	——	——
EC/D	0.210	0.165	0.160	0.813	——	——	——
C	0.691	0.389	0.741	0.236	0.832	——	——
EG	0.697	0.630	0.505	0.151	0.581	0.889	——
D	0.636	0.495	0.560	0.148	0.606	0.551	0.909

注：斜对角线加粗数值为 AVE 平方根值 EA/B＝经济文化收益；EE/F＝可持续发展；B＝文化感知；EC/D＝社会文化成本；C＝文化体验；EG＝居民对旅游发展的态度；D＝文化认同

从区分效度来看，各个因子的 AVE 值均大于相关系数的平方值，说明具有较好的区分效度。分析结果如表 5-6 所示，本研究中的各个因子的 AVE 值均大于因子间的相关系数。因此，本研究的测量问项具有较好的区分效度。

从共同方法偏差检验来看，Harman 单因素检验是将所有测量问项进行探索性因子分析，判断第一个因子的解释方差是否在 50％以上。[1] 本研究的探索性因素分析结果显示，8 个特征根大于 1 的因子的累计方差解释量为 80.176％，第一个因子的解释方差为 44.840％，小于 50％，证明共同方法偏差并不严重。

第五节　假设检验

一、中介效应检验

本研究首先使用因果步骤法[2]对"文化感知或文化体验—文化认同—居民对

---

① Podsakoff P M, eds. "Common Method Biases in Behavioral Research: A Critical Review of the Literature and Recommended Remedies." *Journal of Applied Psychology*, 2003, 88(5): 879-903.

② Baron R M & Kenny D A. "The Moderator-mediator Variable Distinction in Social Psychological Research: Conceptual, Strategic, and Statistical Considerations." *Journal of Personality and Social Psychology*, 1986, 51(6): 1173-1182.

旅游发展的态度"的作用机制进行检验并对模型进行修正。由于因果步骤法会低估第一类的错误率,因此,本研究在此方法之后使用结构方程模型进行检验,再使用 Sobel 检验进一步判断中介效应的显著性。

1. Baron & Kenny 中介效应检验

第一,对自变量和因变量之间的关系进行检验。如表 5-7 和图 5-2 所示,文化感知对居民对旅游发展的态度、旅游规划和可持续性以及经济文化收益具有显著的正向影响,标准化路径系数分别为 0.169($p<0.001$)、0.137($p<0.001$)、0.265($p<0.001$)。其中文化感知对社会文化成本的影响不显著。文化体验对居民对旅游发展的态度、社会文化成本、旅游规划和可持续性以及经济文化收益具有显著的正向影响,标准化路径系数分别为 0.560($p<0.001$)、0.232($p<0.001$)、0.361($p<0.001$)、0.601($p<0.001$)。总体来看,文化感知和文化体验对居民对旅游发展的态度、社会文化成本、旅游规划和可持续性以及经济文化收益的回归系数在 0.001 的水平上显著,满足中介效应的第一个条件。

表 5-7　自变量和因变量之间的关系检验

假设回归路径	标准化路径系数	显著性	是否显著
居民对旅游发展的态度←——文化感知	0.169	***	是
社会文化成本←——文化感知	−0.008	0.831	否
旅游规划和可持续性←——文化感知	0.137	***	是
经济文化收益←——文化感知	0.265	***	是
居民对旅游发展的态度←——文化体验	0.560	***	是
社会文化成本←——文化体验	0.232	***	是
旅游规划和可持续性←——文化体验	0.361	***	是
经济文化收益←——文化体验	0.601	***	是

注:*** 表示 $p<0.001$,后同。

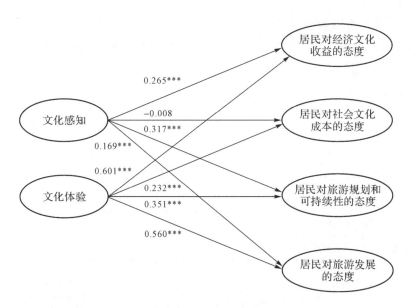

图 5-2　自变量和因变量之间的关系

第二,对自变量和中介变量之间的关系进行检验。如表 5-8 和图 5-3 所示,文化感知对文化认同具有显著的正向影响,标准化路径系数为 0.261($p<0.001$)。文化体验对文化认同有显著的正向影响,标准化路径系数为 0.511($p<0.001$)。

表 5-8　自变量和中介变量之间的关系检验

假设回归路径	标准化路径系数	显著性	是否显著
文化认同←——文化感知	0.261	***	是
文化认同←——文化体验	0.511	***	是

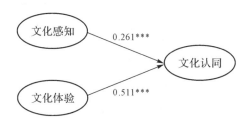

图 5-3　自变量和中介变量之间的关系

第三,对中介变量和因变量之间的关系进行检验。如表 5-9 和图 5-4 所示,文化认同对居民对旅游发展的态度、社会文化成本、旅游规划和可持续发展以及经济文化收益具有显著的正向影响,标准化路径系数分别为 0.608 ($p<0.001$)、0.160 ($p<0.001$)、0.535 ($p<0.001$)、0.683 ($p<0.001$)。

表 5-9　中介变量和因变量之间的关系检验

假设回归路径	标准化路径系数	显著性	是否显著
居民对旅游发展的态度◄──文化认同	0.608	***	是
社会文化成本◄──文化认同	0.160	***	是
旅游规划和可持续发展◄──文化认同	0.535	***	是
经济文化收益◄── 文化认同	0.683	***	是

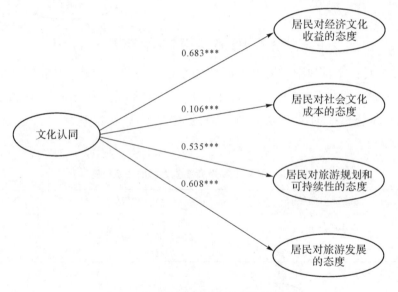

图 5-4　中介变量和因变量之间的关系

接下去,首先对完全中介模型进行检验。如表 5-10 和图 5-5 所示,文化体验对文化认同,文化感知对文化认同,文化认同对居民对旅游发展的态度、旅游规划和可持续性、经济文化收益以及社会文化成本均具有显著的正向影响,标准化路径系数分别为 0.547 ($p<0.001$)、0.272 ($p<0.001$)、0.588 ($p<0.001$)、0.506 ($p<0.001$)、0.667 ($p<0.001$)、0.152 ($p<0.001$)。

表 5-10　自变量－中介变量－因变量(完全中介模型)之间的关系检验

假设回归路径	标准化路径系数	显著性	是否显著
文化认同←──文化体验	0.547	***	是
文化认同←──文化感知	0.272	***	是
居民对旅游发展的态度←──文化认同	0.588	***	是
旅游规划和可持续性←──文化认同	0.506	***	是
经济文化收益←──文化认同	0.667	***	是
社会文化成本←──文化认同	0.152	***	是

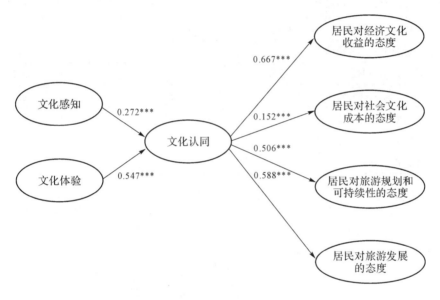

图 5-5　完全中介模型各个变量之间的关系

其次,对部分中介模型进行检验。如表 5-11 和图 5-6 所示,文化体验对文化认同,文化感知对文化认同,文化认同对居民对旅游发展的态度、经济文化收益、旅游规划和可持续性,文化体验对居民对旅游发展的态度、经济文化收益、旅游规划和可持续性以及社会文化成本,文化感知对居民对旅游发展的态度、经济文化收益均具有显著的正向影响,标准化路径系数分别为 0.511 ($p<0.001$)、0.261 ($p<0.001$)、0.295 ($p<0.001$)、0.383 ($p<0.001$)、0.343 ($p<0.05$)、0.396 ($p<0.001$)、0.413 ($p<0.001$)、0.149 ($p<0.001$)、0.223 ($p<0.001$)、0.099 ($p<0.001$)、0.182 ($p<0.001$)。其中文化认同对社会文化成本、文化感知对社会文化成本以及文化感知对旅游规划和可持续性的影响不显著。

表 5-11　自变量—中介变量—因变量（部分中介模型）之间的关系检验

假设回归路径	标准化路径系数	显著性	是否显著
文化认同←——文化体验	0.511	***	是
文化认同←——文化感知	0.261	***	是
居民对旅游发展的态度←——文化认同	0.295	***	是
旅游规划和可持续性←——文化认同	0.383	***	是
经济文化收益←——文化认同	0.343	***	是
居民对旅游发展的态度←——文化体验	0.396	***	是
经济文化收益←——文化体验	0.413	***	是
旅游规划和可持续性←——文化体验	0.149	***	是
社会文化成本←——文化体验	0.223	***	是
居民对旅游发展的态度←——文化感知	0.099	0.001	是
经济文化收益←——文化感知	0.182	***	是
社会文化成本←——文化认同	0.015	0.744	否
社会文化成本←——文化感知	−0.011	0.778	否
旅游规划和可持续性←——文化感知	0.045	0.173	否

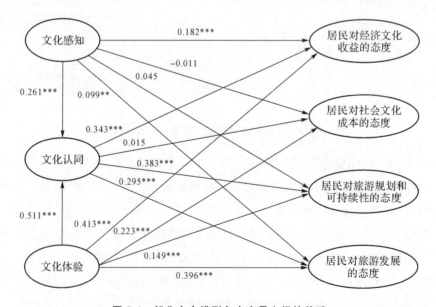

图 5-6　部分中介模型各个变量之间的关系

注：** 表示 p<0.05。

最后,比较自变量和因变量的直接作用模型和间接作用模型。如表 5-12 所示,加入中介变量(文化认同)之后,文化感知对经济文化收益和文化体验对居民对旅游发展的态度、经济文化收益的作用在 $p < 0.05$ 的水平上显著,但是显著性水平有所降低。文化感知对居民对旅游发展的态度、旅游规划和可持续性和文化体验对旅游规划与可持续性的作用从显著变为在 $p < 0.05$ 的水平上显著。

文化体验对社会文化成本的影响从在 $p < 0.05$ 的水平上显著变为不显著。而文化感知对社会文化成本的影响不显著。总体来看,文化认同在文化感知或文化体验对旅游态度的四个维度的影响中起到了部分中介的作用。

表 5-12　直接作用模型和间接作用模型比较

假设回归路径	直接作用模型		间接作用模型	
	标准化路径系数	显著性概率	标准化路径系数	显著性概率
居民对旅游发展的态度◄——文化感知	0.099	**0.117**	0.077	0.006
经济文化收益◄——文化感知	0.182	0.009	0.090	0.005
社会文化成本◄——文化感知	−0.011	**0.940**	0.004	**0.617**
旅游规划和可持续性◄——文化感知	0.045	**0.543**	0.100	0.002
居民对旅游发展的态度◄——文化体验	0.396	0.004	0.150	0.028
经济文化收益◄——文化体验	0.413	0.006	0.175	0.018
社会文化成本◄——文化体验	0.223	0.012	0.007	**0.726**
旅游规划和可持续性◄——文化体验	0.149	**0.071**	0.196	0.018

注:加深表示 $p > 0.05$,不显著。

2.结构方程模型检验

根据中介模型的检验结果,将部分中介模型中不显著的路径予以删除,得到修正模型。回归结果如表 5-13 和图 5-7 所示,文化体验对文化认同和文化感知对文化认同均具有显著的正向影响;文化认同对居民对旅游发展的态度、旅游规划和可持续性、经济文化收益具有显著的正向影响;文化体验对居民对旅游发展的态度、经济文化收益、社会文化成本具有显著的正向影响;文化感知对经济文化收益具有显著的正向影响。标准化路径系数为 0.513 ($p < 0.001$)、0.264 ($p < 0.001$)、0.310 ($p < 0.001$)、0.493 ($p < 0.001$)、0.349 ($p < 0.001$)、0.433 ($p < 0.001$)、0.410 ($p < 0.001$)、0.226 ($p < 0.001$)、0.174 ($p < 0.001$)。

表 5-13　各变量间的作用关系

假设回归路径	标准化路径系数	显著性	是否显著
文化认同←——文化体验	0.513	***	是
文化认同←——文化感知	0.264	***	是
居民对旅游发展的态度←——文化认同	0.310	***	是
旅游规划和可持续性←——文化认同	0.493	***	是
经济文化收益←——文化认同	0.349	***	是
居民对旅游发展的态度←——文化体验	0.433	***	是
经济文化收益←——文化体验	0.410	***	是
社会文化成本←——文化体验	0.226	***	是
经济文化收益←——文化感知	0.174	***	是

$\chi^2/df=7.879$；GFI＝0.629；RMSEA＝0.091；CFI＝0.835；NFI＝0.815；TLI＝0.828；IFI ＝0.835

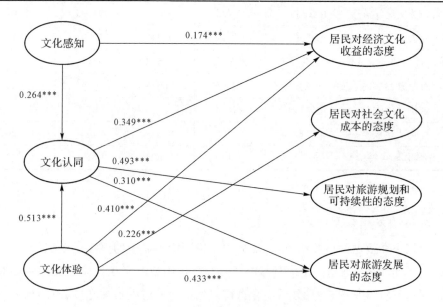

图 5-7　修正模型各个变量之间的关系

3. Sobel 检验

在确定拟合模型之后,需要对结构方程的中介路径进行 Sobel 检验。[①] Sobel 检验的标准为 Z 值绝对值大于 1.95,显著性水平为 $p<0.05$。

修正模型中的 Sobel 检验的结果如表 5-14 所示,文化感知通过文化认同的中介作用对居民对经济文化收益的态度的影响显著;文化体验通过文化认同的中介作用对居民旅游发展的态度中的三个维度(居民对旅游发展的态度、经济文化收益的态度、旅游规划和可持续性的态度)的影响均显著。并且所有被检验的中介路径均达到 $p<0.001$ 的显著性水平,即满足 Z 值绝对值大于 1.95,显著性水平为 $p<0.05$ 的 Sobel 检验标准。

表 5-14　Sobel 检验

中介路径	Sobel 检验值 Z	显著性概率	是否显著
文化感知—文化认同—居民对经济文化收益的态度	11.464	0.000	是
文化体验—文化认同—居民对旅游发展的态度	8.557	0.000	是
文化体验—文化认同—居民对经济文化收益的态度	10.334	0.000	是
文化体验—文化认同—居民对旅游规划和可持续发展的态度	9.756	0.000	是

4. 假设检验结果小结

本研究通过结构方程模型检验了文化感知或文化体验、文化认同和居民对旅游发展的态度之间的关系;并检验了文化认同在文化感知或文化体验和居民对当地旅游发展的态度的中介作用。检验结果证实了本研究的部分研究假设,有一小部分假设未被证实。

根据表 5-15,以下假设得以证实:

H1 提出的文化感知对文化认同具有正向影响。根据结构方程的分析结果,文化感知对文化认同具有显著的正向影响,标准化回归系数为 0.264($p<0.001$),假设 H1 得到支持。

[①]　温忠麟、侯杰泰、张雷:《调节效应与中介效应的比较和应用》,《心理学报》2005 年第 2 期,第 268—274 页。

H2a 提出文化感知对居民对旅游发展带来的经济文化收益的态度具有正向影响。根据结构方程的分析结果,文化感知对居民对旅游发展带来的经济文化收益的态度具有正向影响,标准化回归系数为 0.174($p<0.001$),假设 H2a 得到支持。

H3 提出文化体验对文化认同具有正向影响。根据结构方程的分析结果,文化体验对文化认同具有显著的正向影响,标准化回归系数为 0.513 ($p<0.001$),假设 H3 得到支持。

H4a 提出文化体验对居民对旅游发展带来的经济文化收益的态度具有正向影响。根据结构方程的分析结果,文化体验对居民对旅游发展带来的经济文化收益的态度具有显著的正向影响,标准化回归系数为 0.410($p<0.001$),假设 H4a 得到支持。

H4b 提出文化体验对居民对旅游发展带来的社会文化成本的态度具有正向影响。根据结构方程的分析结果,文化体验对居民对旅游发展带来的社会文化成本的态度具有显著的正向影响,标准化回归系数为 0.226 ($p<0.001$),假设 H4b 得到支持。

H4d 提出文化体验对居民对旅游发展的态度具有正向影响。根据结构方程的分析结果,文化体验对居民对旅游发展的态度具有显著的正向影响,标准化回归系数为 0.433($p<0.001$),假设 H4d 得到支持。

H5a 提出文化认同对居民对旅游发展带来的经济文化收益的态度具有正向影响。根据结构方程的分析结果,文化认同对居民对旅游发展带来的经济文化收益的态度具有显著的正向影响,标准化回归系数为 0.349($p<0.001$),假设 H5a 得到支持。

H5c 提出文化认同对居民对旅游发展规划和旅游的可持续发展性具有正向影响。根据结构方程分析的结果,文化认同对居民对旅游发展规划和旅游的可持续发展性具有正向影响,标准化回归系数为 0.493($p<0.001$),假设 H5c 得到支持。

H5d 提出文化认同对居民对旅游发展的态度具有正向影响。根据结构方程分析的结果,文化认同对居民对旅游发展的态度具有正向影响,标准化回归系数为 0.310 ($p<0.001$),假设 H5d 得到支持。

表 5-15　假设检验结果

研究假设	检验结果
H1：文化感知对文化认同具有正向影响。	支持
H2a：文化感知对居民对旅游发展带来的经济文化收益的态度具有正向影响。	支持
H2b：文化感知对居民对旅游发展带来的社会文化成本的态度具有正向影响。	不支持
H2c：文化感知对居民对旅游发展规划和旅游的可持续发展性具有正向影响。	不支持
H2d：文化感知对居民对旅游发展的态度具有正向影响。	不支持
H3：　文化体验对文化认同具有正向影响。	支持
H4a：文化体验对居民对旅游发展带来的经济文化收益的态度具有正向影响。	支持
H4b：文化体验对居民对旅游发展带来的社会文化成本的态度具有正向影响。	支持
H4c：文化体验对居民对旅游发展规划和旅游的可持续发展性具有正向影响。	不支持
H4d：文化体验对居民对旅游发展的态度具有正向影响。	支持
H5a：文化认同对居民对旅游发展带来的经济文化收益的态度具有正向影响。	支持
H5b：文化认同对居民对旅游发展带来的社会文化成本的态度具有正向影响。	不支持
H5c：文化认同对居民对旅游发展规划和旅游的可持续发展性具有正向影响。	支持
H5d：文化认同对居民对旅游发展的态度具有正向影响。	支持

当然,根据结构方程分析结果,文化感知对居民对旅游发展带来的社会文化成本的态度、文化体验对旅游发展规划和旅游的可持续发展性的影响、文化认同对居民对旅游发展带来的社会文化成本的态度等影响不显著。受本研究样本和研究方法的局限,已经验证或未能验证的结论可能会存在一定的偏差,将会在后续研究中加以深化论证和检验。

第六节　结论和讨论

本研究探讨了文化感知或文化体验、文化认同和居民旅游发展的态度之间的机制,揭示了文化认同在文化感知或文化体验和居民对旅游发展的态度之间的中介作用。本研究的结论丰富了旅游行为理论,为旅游目的地居民行为的相关理论提供了实证支持,对旅游管理具有一定的指导意义。

本研究基于"感知—认同—态度"的逻辑分析框架,并将居民对旅游发展的态度细分为居民对旅游发展带来的经济文化收益的态度、居民对旅游发展带来的社会文化成本的态度、居民对旅游发展规划和旅游的可持续发展性的态度,进一步形成旅游目的地居民行为的关系模型,并在浙东唐诗之路的文化遗产旅游目的地的情境下得出实证的结果。根据实证分析的结果,文化感知或文化体验对文化认同具有正向影响,文化认同对居民对旅游发展的态度具有正向影响,论证了"感知—认同—态度"的分析框架。根据研究结论,文化感知或文化体验对居民对旅游发展带来的经济文化收益的态度具有正向影响,文化体验对居民对旅游发展带来的社会文化成本的态度具有正向影响,文化认同对居民对旅游发展带来的经济文化收益的态度、旅游发展规划和旅游的可持续发展性都具有正向影响,为进一步解释"感知—认同—态度"的逻辑分析框架拓展了新的视角。特别需要指出的是,根据研究结论,文化感知对居民对旅游发展带来的社会文化成本的态度、文化体验对旅游发展规划和旅游的可持续发展性的影响、文化认同对居民对旅游发展带来的社会文化成本的态度等影响不显著,这为提升居民对旅游发展的态度提供了作用机理,同时拓展了旅游目的地的居民行为的研究。因此,本研究对文化感知、文化认同和旅游态度方面的理论都具有一定的贡献。

本研究对旅游管理者和相关的政府部门都具有一定的实践意义。首先,旅游管理者和政府部门不仅仅要深入了解游客,提高游客的满意度、忠诚度、重游率等,还要关注旅游目的地的发展是否能增加当地居民的文化感知,提高居民对当地文化的参与度。因此,本研究表明,旅游管理者和政府部门除了对游客和潜在游客大力宣传当地的特色,还需要提高当地居民对当地文化的感知。例如,旅游管理者和政府部门邀请当地居民积极参加当地的旅游活动、节事活动、节庆活动等,努力提升当地居民对当地文化的感知,从而提高居民对当地旅游发展的满意度和个人的幸福感,进一步促进当地旅游业的发展。

其次,旅游管理者和政府部门还要提高当地居民对当地文化的认同感,提高居民对当地文化的自信程度。居民对当地文化的认同感建立在对当地文化的感知的基础之上。因此,旅游管理者和政府部门在让当地居民积极参加旅游活动的基础上,对区别于其他旅游目的地的有特色的景点、习俗、饮食、建筑等进行弘扬和保护,传承当地独特的文化脉络。旅游管理者和政府部门在国际和国内加大宣传,对一些旅游产品进行国际合作,开展国际贸易,不断增强当地居民对当地文化的自信,提高居民对当地文化的认同,在居民积极嵌入旅游目的地的宣传的基础上,进一步促进当地旅游业的发展。

最后,旅游管理者和政府部门需要区分居民对旅游发展带来的不同方面的态度。居民对旅游发展的态度细分为居民对旅游发展带来的经济文化收益的态度、居民对旅游发展带来的社会文化成本的态度、居民对旅游发展规划和旅游的可持续发展性的态度。旅游管理者和政府部门需要区分居民的文化感知、文化认同对旅游发展带来的不同方面的态度。根据研究结论，居民更注重旅游发展带来的经济文化收益。旅游管理者和政府部门需要给当地居民提供更多的机会参加旅游产品的交易，帮助宣传当地特色的旅游产品，提高当地居民在旅游产品方面的经济文化收益。

第六章　浙东唐诗之路游客的感知意象研究：基于大数据的分析

第一节　导言

随着体验经济时代的到来,体验式旅游成为旅游发展的新模式之一,旅游和文化的协同发展成为体验式旅游的重要发展方向。[①] 文化是历史留给人类的宝贵财富,无论是古遗址、古建筑、石窟、寺庙和壁画,还是传说、习俗、语言、音乐、舞蹈、礼仪、饮食和传统医药,都是人类智慧的结晶,体现了人类文明在历史上达到的高峰。因此,在旅游中体验文化越来越受到游客的青睐,旅游组织也越来越重视文化在旅游政策中的作用。世界旅游组织[②]对 69 个成员国的研究数据显示,参与游客文化体验的国家占了 47%,90% 的成员国表示"文化旅游"在旅游政策中占据非常特殊的位置,69% 的成员国表示"文化旅游"在旅游政策中非常重要,84% 的成员国表示"文化旅游"在营销中占据非常特殊的位置。文化旅游除了在国际上越来越受到重视,在国内也日益盛行。近年来,全国各省市和自治区着力发展文旅融合产业,例如,北京推出的京剧和昆曲大戏,围绕三个文化带(长城文化带、运河文化带、西山文化带)的主题探访线路;江苏省的"非遗文化月",包含非遗市集、非遗美食、非遗体验、非遗传承等活动;浙江省的"四条诗路"文化带,包含"唐诗之路""大运河诗路""钱塘江诗路""瓯江山水诗路",以"诗词歌赋"为依托,展示诗情画意的江南风情、江南越文化、南宋文化,弘扬中华文明的东方意蕴。[③]

然而,文化旅游在体验经济的背景下,在供需平衡的方面遇到了较大的挑战。从供给方面来看,文化旅游的日益盛行促进了相关的旅游产品的开发。旅游产品

---

① World Tourism Organization and Korea Culture & Tourism Institute. "Case Studies of Traditional Cultural Accommodations in the Republic of Korea, Japan and China", *UNWTO*, Madrid, 2016.

② World Tourism Organization. "Tourism and Culture Synergies", *UNWTO*, Madrid, 2018.

③ 靳畅:《浙江以诗路建设推进文旅融合》,《中国旅游报》2020 年 1 月 3 日。

可分为三个层次：核心产品、有形层次和附加层次。核心产品和游客的核心利益息息相关，主要回答以下两个问题："产品满足了游客的哪些需求"和"产品给游客带来了什么好处"；有形层次是核心产品的表现形式，有助于满足游客的核心需求，从而使游客达到预期的体验，例如乡村的氛围区别于都市的生活方式；附加层次指包含了有形层次之外的功能，这些功能使旅游产品增值并能进一步满足游客的核心需求，例如免费巴士和免费使用的文化空间。从需求方面来看，旅游产品是否能在核心、有形和附加三个层次满足消费者的需求是个巨大的挑战。因此，深入研究游客行为的意义重大，特别是游客对旅游产品的整体感知以及正面感知和负面感知的特征，有助于旅游组织开发更合适的文化旅游产品以及提高文化旅游产品的营销效率。

本章节利用文本大数据，以"浙东唐诗之路"这个具有标志意义的文化遗产为研究场景，深入剖析游客的感知意象（destination image），以提高游客对文化旅游产品的满意度、忠诚度、重游率和口碑。具体而言，本章节拟解决以下几个关键问题：（1）挖掘游客对"浙东唐诗之路"中三类景点（人文、自然、宗教）总体感知意象；（2）深入对比分析三类景点游客的正面感知意象；（3）对比剖析三类景点游客的负面感知意象；（4）整体对比分析游客的正面感知意象和负面感知意象；（5）对感知意象的维度进行内容分析，对形成游客的正面和负面感知意象的原因进行深入探讨。

第二节　相关研究基础与文献综述

一、文化旅游的起源和定义

文化旅游可以追溯到后二战时代，欧洲为了解决战后的经济衰退问题，开始利用旅游来增进文化理解和刺激经济。[①] 20 世纪 60－70 年代，随着居民的收入和消费的增加，国际旅游和文化消费日益盛行。到了 80 年代，随着国际游客的增加，旅游景点为了吸引游客，突出了旅游产品中的"文化"元素，"文化旅游"逐渐成为小众市场。[②] 90 年代初，遗产热促进了文化旅游的进一步发展，文化旅游被认为在国际旅游、国内旅游增进文化理解、刺激经济方面起到了重要的作用。[③] 从 90 年代起，文化旅游正式进入大众旅游市场。

---

① World Tourism Organization. "Tourism and Intangible Cultural Heritage", *UNWTO*, Madrid, 2012.

② 同上。

③ Hewison R. *The Heritage Industry：Britain in a Climate of Decline*. London：Methuen，1987.

20世纪80年代以来,随着文化旅游的日益盛行,学术界也开始对文化旅游进行研究。文化旅游可以从以下两个角度进行定义:产品的角度和过程的角度。① 从产品的角度来看,文化旅游指的是游客去某个地方或目的地的含有文化元素的旅游景点或者游客在旅游过程中消费含有文化元素的旅游产品,这种技术性的定义方法主要应用于定量研究之中;从过程的角度来看,文化旅游描述了游客的文化旅游动机和意义,研究游客为什么和如何参加文化旅游活动,这种将文化旅游定义为基于过程的方法主要应用于定性研究之中。② 1985年,世界旅游组织在产品和过程角度的基础上对文化旅游做了狭义和广义的定义。狭义的文化旅游基于产品的角度,涉及游客文化方面的动机,例如游学、观赏表演、观赏节庆和其他文化节事活动、参观历史遗迹、参观大自然、欣赏民间艺术和宗教活动。广义的文化旅游基于过程的角度,涉及旅游过程的各个方面,旨在提高游客的知识、经验和体验。③

1991年,旅游与休闲教育协会(ATLAS)在举办的文化旅游研究项目中提出从技术性和概念性的角度来定义文化旅游。④ 从技术性的角度来看,文化旅游涉及游客在文化景点的旅游行为,其中文化景点包含在游客的居住区之外的历史遗迹、文化的表现形式以及艺术和喜剧。从概念性的角度来看,文化旅游涉及游客的两大动机:第一个动机是教育,指的是正式和非正式的教育元素;第二个动机是新颖,指的是原真性和独特性。其中,概念性角度的定义成功区分了文化旅游和其他类型的旅游,例如,虽然教育动机在其他旅游活动中也会出现,但是教育动机区分了文化旅游和休闲旅游。1999年,国际古迹遗址理事会(ICOMOS)对文化旅游的涵义做了进一步的延伸,即旅游和文化保护活动须对当地社区有益。首先,文化旅游所得的收益须按照公平分配的原则促进社会经济的发展和对消除贫困做出贡献;其次,文化旅游的收益须对当地社区的经济、社会和文化三个方面进行公平分配;最后,从历史遗迹中所得的旅游收益须分配到对遗迹的保护、维护和展示中(包含自然保护和文化保护两个方面)⑤。

随着文化旅游的进一步发展,学者们发现文化旅游的游客不仅喜欢体验艺术、

---

① Ivanovic M. *Cultural tourism*. Cape Town:Juta and Company Ltd,2008.

② Richard G. "*Production and Consumption of European Cultural Tourism*", *Annals of Tourism Research*,1996,23(2):261-283.

③ 同①。

④ Richard G. "Cultural Tourism:A Review of Recent Research and Trends", *Journal of Hospitality and Tourism Management*,2018,36,12-21

⑤ Ivanovic M. *Cultural Tourism*. Cape Town:Juta and Company Ltd,2008.

历史和古迹,他们对非传统的活动也很感兴趣,例如流行音乐、足球、购物、俱乐部活动等,因此,文化旅游产品的范围得到了进一步的扩展,例如,主题公园、休闲设施、购物中心等都可以成为文化旅游产品。[①] 之后,随着体验经济时代的到来,世界旅游组织在 2012 年把文化旅游定义为现代旅游的重要模式之一[②],随着游客越来越丰富的旅游经验和文化管理的不断衍变,文化旅游产品需要不断创新。文化旅游产品可分为四个主题:旅游衍生的、动机的、体验的和可操作的。这四个主题可分为两个维度,第一个维度是动机－旅游衍生维度,即供给－需求维度;第二个维度是管理－意义维度,即可操作－体验维度。在 2017 年世界旅游组织大会上,世界旅游组织对文化旅游的涵义进行了进一步的界定,即文化旅游指的是游客去一个旅游目的地的主要动机为学习、探索、体验和消费有形和无形文化产品的一种旅游模式。[③] 2018 年,世界旅游组织的研究进一步显示文化旅游的中心从西方的物质文化遗产旅游逐步转向世界其他国家和地区更为丰富的非物质文化遗产、物质文化遗产以及其他文化活动的体验。[④]

二、文化旅游的游客行为研究

学者们对文化旅游的游客行为研究主要聚焦在对游客体验、游客动机、游客满意度和游客忠诚度的研究。从游客体验的研究角度来看,游客在旅游目的地的原真性的体验和游客忠诚度的关系是研究的重点。例如 Park 等[⑤]在一项对韩国的旅游目的地的研究中发现原真性和游客忠诚度的密切关系。原真性可分为客观的原真性、存在的原真性和建构的原真性三个维度;游客忠诚度可分为认知忠诚度、意动忠诚度和情感忠诚度这三个维度。该研究发现客观的原真性对存在的原真性没有显著的影响,进而对游客忠诚度、游客满意度、重游意愿度的影响都不显著;建构的原真性显著影响存在的原真性,进而对游客满意度的影响较显著,而且建构的原真性对三个维度的游客忠诚度都有间接性的影响,比存在的原真性对游客忠诚度的影响更显;存在的原真性对游客满意度和意动忠诚度具有直接效应,而对认知

①　Smith. M. *Issues in Cultural Tourism Studies*. London：Routledge，2003.

②　World Tourism Organization. "Tourism and Intangible Cultural Heritage"，*UNWTO*，Madrid，2012.

③　Richard G. "Cultural Tourism：A Review of Recent Research and Trends"，*Journal of Hospitality and Tourism Management*，2018，36，12-21.

④　World Tourism Organization. "Tourism and Culture Synergies"，*UNWTO*，Madrid，2018.

⑤　Park E，Choi B K & Lee T J. "The Role and Dimensions of Authenticity in Heritage Tourism"，*Tourism Management*，2019，74，99-109.

忠诚度和情感忠诚度具有间接效应;游客满意度直接影响认知忠诚度和情感忠诚度,但是间接影响意动忠诚度,意味着游客对文化遗产旅游中原真性的满意度不会直接影响与未来的旅游行为相关的意动忠诚度;游客的认知忠诚度对情感忠诚度的影响比对意动忠诚度更显著,情感忠诚度对意动忠诚度也有影响。该研究显示游客对旅游目的地的整体感知是基于游客对旅游产品的价值判断形成的对原真性的态度。

其他学者例如 Yi 等[1]在广东开平碉楼中研究了原真性和游客忠诚度的关系。该研究显示存在的原真性是游客忠诚度的先决条件;内在的原真性和人际的原真性对意动忠诚度都没有直接的影响;内在的原真性和人际的原真性需要通过认知忠诚度或情感忠诚度才对意动忠诚度产生间接的影响;情感忠诚度对意动忠诚度的影响比认知忠诚度对意动忠诚度的影响更显著。同时,Yi 等[1]对比广东的开平碉楼和福建的永定土楼,分析了感知的原真性、存在的原真性和游客忠诚度的关系。该研究发现后现代原真性在有形遗产对存在的原真性的影响中的调节作用,后现代原真性水平越高,影响越小。Lin 和 Liu[2]以台湾的文化遗产游客为例,解构了原真性的三个维度:对象相关的原真性、内在的原真性和人际的原真性,并研究了原真性和动机、忠诚度的关系。该研究发现,内在的原真性是对象相关的原真性和人际的原真性之间的中介变量,而且游客最后感知到的是内在的原真性。

此外,原真性和满意度、遗产保存的完整性等之间的关系也是重要的研究内容。例如,Wang 等[3]的研究也证明了原真性和保存的完整性对文化遗产旅游的重要性。Baral 等[4]在对珠穆朗玛峰国家公园的游客的研究中发现,游客感知有以下几个维度:原真性、保存的完整性和建构的突出的普遍价值。该研究结果进一步显示游客的整体满意度和教育水平对原真性、保存的完整性和建构的突出的普遍价值都有显著的影响;先前的公园旅游经验、公园的可持续性发展程度、年龄和收入也对以上每个维度都有显著的影响;通过对公园更深入的阐释和导游来进一步满

---

① Yi x, eds. "Authenticity and Loyalty at Heritage Sites: the Moderation Effect of Postmodern Authenticity." *Tourism Management*, 2018, 67(8): 411-424.

② Lin Y C & Liu Y C. "Deconstructing the Internal Structure of Perceived Authenticity for Heritage Tourism." *Journal of Sustainable Tourism*, 2019, 1-19.

③ Wang Y F, Huang S & Kin A K J. "Toward a framework integrating authenticity and integrity in heritage tourism." *Journal of Sustainable Tourism*, 2015, 23(10): 1468-1481.

④ Baral N, Hazen H & Thapa B. "Visitor Perceptions of World Heritage Value at Sagarmatha (Mt. Everest) National Park, Nepal", *Journal of Sustainable Tourism*, 2017, 25(10-12): 1494-1512.

足游客的需求能让游客对公园的态度更为积极。Gao 等[1]研究了中国的适应性遗产再利用的旅游目的地中的原真性、介入性和怀旧之间的关系。研究发现,感知原真性显著影响怀旧,而怀旧显著影响游客满意度,但是感知原真性既没有直接影响游客满意度,也并不通过怀旧间接影响游客满意度;介入性对游客满意度的影响最为显著,但是怀旧在介入性和游客满意度之间起到部分中介作用。该结果说明,原真性虽然是一般的旅游遗产目的地的游客满意度的重要因素,但并不是适应性遗产再利用的旅游目的地的游客满意度的最重要的因素。

学者们除了研究原真性和游客行为的关系,也对游客体验、游客重游意愿、游客推荐意愿、游客感知、游客满意度、游客忠诚度、游客行为意向之间的关系进行了深入研究。例如,Lynch 等[2]以加拿大新斯科舍省的米克马(Mi'kmaw)土著文化旅游地为例研究了游客行为。研究发现,这类游客大多数具有较高的教育水平,对米克马土著文化有深入的了解,并且偏好原真性的旅游体验;游客对该区域的体验和满意度较高,对体验土著文化非常感兴趣。Lacher 等[3]以南加州海岸的旅游目的地为例,分析了遗产和文化元素在游客体验中的作用。研究发现,游客虽然偏好具有当地特色的元素,但是他们还是更关注不包含文化和遗产的元素。Chen 和Rahman[4]研究了文旅游客的互动、文化接触、难忘的旅行经验和游客忠诚度之间的关系。研究发现,游客互动正向影响文化接触,文化接触正向影响难忘的旅游经验,难忘的旅游经验显著地正向影响游客忠诚度,文化接触在游客互动和难忘的旅游经验中起到中介作用。

其他学者如刘静艳和靖金静[5]对宗教旅游进行了研究,分析了游客体验对游客行为意向的影响机制,证明了游客心境在游客体验和游客行为意向之间

[1]　Gao J，Lin S S & Zhang C. "Authenticity，Involvement，and Nostalgia：Understanding Visitor Satisfaction with an Adaptive Reuse Heritage Site in Urban China"，*Journal of Destination Marketing and Management*，2020，15：1-10.

[2]　Lynch M-F，eds. "Sustainable Mi'kmaw Cultural Tourism Development in Nova Scotia，Canada：Examining Cultural Tourist and Mi'kmaw Perspectives"，*Journal of Sustainable Tourism*，2010，18(4)：539-556.

[3]　Lacher R G，eds. "The Role of Heritage and Cultural Elements in Coastal Tourism Destination Preferences：A Choice Modeling-based Analysis"，*Journal of Travel Research*，2013，52(4)：534-546.

[4]　Chen H & Rahman I. "Cultural Tourism：An Analysis of Engagement，Cultural Contact，Memorable Tourism Experience and Destination Loyalty"，*Tourism Management Perspectives*，2017，26，153-163.

[5]　刘静艳、靖金静:《宗教旅游体验对游客行为意向的影响研究——游客心境的中介作用》,《旅游科学》,2015 年第 3 期,第 36—48 页。

的中介作用。根据该研究,宗教旅游体验维度包含感官体验、情感体验、思考体验、行动体验和关联体验,这几个维度都通过游客心境对游客行为产生影响,但是在不同的两种游客类型中(宗教信徒和休闲型游客),心境的中介作用的程度有所不同。对于宗教信徒而言,游客心境在情感体验、思考体验、行动体验和关联体验中均起到完全中介的效应,但是在感官体验中的作用不明显;对于休闲型游客而言,游客心境在感官体验、思考体验和行动体验中均起到完全中介的作用,而在情感体验和关联体验中的中介作用不明显。黄克己和吴茂英[1]在研究佛教圣地(五台山)的游客体验中发现,游客体验不仅受到物态环境的影响,同时也受到游客动态行为的影响。结果显示,游客的核心体验包含内心的虔诚和五台山的神圣。

此外,游客需求偏好,影响游客满意度的因素、游客情感、信息技术对游客的影响等方面也是研究的重点。例如,朱湖英和许春晓[2]研究了凤凰古城的不同收入水平游客的需求偏好,结果显示,低收入水平的游客偏好低价干净的住宿环境、具有民族文化特色和教育意义的旅游产品;中等收入水平的游客偏好舒适方便的住宿环境,对有文化元素的旅游产品需求没有明显的特征;较高收入水平的游客偏好具有民族特色的民居或者亲友家、温馨安静的旅游产品,追求人与人之间的情感交流;高收入水平的游客偏好较高端的住宿环境、文化元素浓厚的旅游产品,尤其偏好具有教育色彩的旅游产品,追求山水风光和人文景观结合的旅游区。曾琪洁等[3]对文化创意旅游(上海世博会)的游客需求的研究发现多元性、娱乐性、符号性、实用性和虚拟性这五个维度。展馆、文化演出和论坛是游客的核心需求;旅游纪念品中的世博护照、海宝和世博徽章是主要的衍生产品的需求;游客亦逐渐对网络文化服务产生需求。Ramires等[4]研究了葡萄牙的国际文旅游客,发现这些游客可以分为三个类别:传统型文旅游

① 黄克己、吴茂英:《佛教圣地的游客体验研究——以五台山为例》,《旅游论坛》2019年第2期,第20—25页。

② 朱湖英、许春晓:《不同收入城市居民文化旅游需求差异研究——以长沙市不同收入居民对凤凰古城的旅游需求为例》,《北京第二外国语学院学报》第2006年第1期,第12—14页。

③ 曾琪洁、吕丽、陆林等:《文化创意旅游需求及其差异性分析——以上海世博会为例》,《旅游学刊》2012年第5期,第103—111页。

④ Ramires A, Brandão F & Sousa A C. "Motivation-based Cluster Analysis of International Tourists Visiting a World Heritage City: The Case of Porto, Portugal", *Journal of Destination Marketing & Management*, 2008, 8, 49-60.

客、自发型文旅游客和吸收型文旅游客。此外,美食、住宿、文化、娱乐及服务是影响游客满意度的重要因素。

其他学者例如 Lacher 等[①]研究了遗产文化因素在沿海旅游城市中的作用,结果显示,游客对当地的特色有较强的偏好,但是他们对其他与文化元素无关的因素的偏好更强。Palau-Saumell 等[②]研究了西班牙世界文化遗产地游客的行为。研究发现,遗产建筑和雇员的情感影响游客的情感,进而影响游客满意度和游客的其他行为;遗产建筑对游客行为有直接的影响;对世界文化遗产地的了解在遗产建筑和游客情感、游客情感和满意度、满意度和游客行为之间的关系中都起到了调解作用。Ballantyne 等[③]对比研究了中国游客和国际游客对北京的文化遗产地感知的差异。结果显示,中国游客比国际游客更重视文化遗产传递的国家力量和名气,中国游客更偏向于体验著名人物到访过和书画诗歌里出现过的遗产地;国外游客更偏好体验原真性的古老建筑和与现代生活相关的遗产地。Chung 等[④]在一项对韩国的文化遗产旅游的研究中发现信息技术对游客行为的影响。该研究发现增强的真实性的优势和美感影响扩大的真实性的满意度,而扩大的真实性的满意度通过态度影响文化遗产游客的行为。

三、文化旅游的游客感知研究

文化旅游的游客感知研究主要聚焦在游客的感知维度、感知对游客行为的影响和感知意象的形成这三方面。首先,游客的感知维度是学者们比较聚焦的研究角度。例如,唐文跃等[⑤]研究分析了九寨沟游客的感知,发现游客的感知维度主要为自然风景、社会人文、旅游功能和情感依恋这四个维度。其中,游客对自然风景的感知评价最高,自然风景也对旅游环境和功能的感知具有正面影响,但是社会人

---

① Lacher R G, eds. "The Role of Heritage and Cultural Elements in Coastal Tourism Destination Preferences: A Choice Modeling-based Analysis", *Journal of travel research*, 2013, 52(4): 534-546.

② Palau-Saumell R, eds. "Tourist Behavior Intentions and the Moderator Effect of Knowledge of UNESCO World Heritage Sites: the Case of La Sagrada Familia", *Journal of Travel Research*, 2012, 52(3): 364-376.

③ Ballantyne R, eds. "Chinese and International Visitor Perceptions of Interpretation at Beijing Built Heritage Sites", *Journal of Sustainable Tourism*, 2014, 22(5): 705-725.

④ Chung N, eds. "The Role of Augmented Reality for Experience-Influenced Environments: the Case of Cultural Heritage Tourism in Korea", *Journal of Travel Research*, 2018, 57(5): 627-643.

⑤ 唐文跃、张捷、罗浩等:《九寨沟自然观光地旅游者地方感特征分析》,《地理学报》2007 年第 6 期,第 599—608 页。

文维度未得到游客的充分感知。周永博等[①]分析了游客对吴文化"史诗式"主题公园开发的感知维度,包括历史时期与历史人物、江南水乡与江南园林、手工艺术、名家巨著、民间习俗、文化艺术、手工技术这七个维度。邹永广[②]对泉州市的历史文化名城的游客感知进行了研究,发现游客感知最高的维度是历史文化名城的资源和特色。周玮等[③]对南京夫子庙游客的感知进行了深入分析,发现从时间维度来看,游客的体验由浅至深;从空间维度来看,游客的感知从儒学文化、商业文化到雅士文化依次递进;总体而言,游客认为儒学文化受到干扰,出现了泛商业文化,而雅士文化的载体则逐渐弱化。焦世泰[④]对民族文化旅游演艺产品的游客感知进行了分析,发现感知维度为魅力性、知识性、传统性、娱乐性和原真性这五个方面,原真性对旅游感知的影响低于魅力性、知识性、传统性对游客感知的影响。Liu[⑤]以台湾为例,分析了影响游客的感知意象,研究发现艺术、博物馆、遗产和生活文化是四个主要维度。武传表和向慧容[⑥]分析了辽宁四处世界文化遗产(九门口水上长城、五女山城、清昭陵、沈阳故宫)的游客感知,得到四个感知维度:资源、服务、活动和环境。研究发现,游客对资源、活动和环境的感知比较正面,而对服务的感知较为负面。在辽宁的这四处世界文化遗产中,游客对沈阳故宫的感知最强,其中的高频词汇为"清朝""历史""宫廷""建筑",游客认为沈阳故宫"值得一去"。整体感知较好。程珊珊和夏赞才[⑦]分析对比了两个文化主题景区(深圳世界之窗和长沙世界之窗),发现认知形象的维度一致(旅游吸引物、旅游环境、旅游设施、管理服务),但是各个维度的重要性有所不同,而情感形象方面较为一致,都以积极的感知为主。

此外,学者们还对游客感知和游客行为的其他变量之间的关系进行了深入分

---

① 周永博、沈敏、余子萍等:《吴文化旅游景观"史诗式"主题公园开发》,《经济地理》2010 年第 11 期,第 1926—1931 页。

② 邹永广:《历史文化名城的文化性测评模型及实证研究》,《旅游论坛》2012 年第 6 期,第 25—31 页。

③ 周玮、黄震方、郭文等霞:《南京夫子庙历史文化街区景观偏好的游后感知实证研究》,《人文地理》2012 年第 6 期,第 117—123 页。

④ 焦世泰:《基于因子分析的民族文化旅游演艺产品游客感知评价体系研究——以"印象刘三姐"实景演出为例》,《人文地理》2013 年第 1 期,第 150—154 页。

⑤ Liu Y-D. "Image-based Segmentation of Cultural Tourism Market: The Perceptions of Taiwan's Inbound Visitors", *Asia Pacific Journal of Tourism Research*, 2014, 19(8): 971-987.

⑥ 武传表、向慧容:《基于 Smartmining 文本挖掘的旅游目的地形象研究——以辽宁四处世界文化遗产地为例》,《旅游论坛》2018 年第 1 期,第 91—102 页。

⑦ 程珊珊、夏赞才:《基于网络文本的文化主题景区旅游形象感知对比研究——以深圳、长沙世界之窗为例》,《旅游论坛》,2018 年第 5 期,第 111—123 页。

析。例如,苏勤和钱树伟①以苏州园林为例,发现了旅游涉入、旅游吸引力、旅游功能对游客感知的影响机制。其中,旅游吸引力对游客感知的影响最大,旅游涉入对游客感知的影响最小,而且游客对旅游目的地的感知的形成对遗产保护的态度和行为都具有较大的影响,其中对遗产保护的行为的影响大于对遗产保护的态度的影响。肖潇等②对汉中石门十三品的游客行为研究发现,游客的感知可分为情感依恋、景观原真性、社会文化氛围、书法功能四个维度。游客年龄对感知的影响较为显著,而游客的性别、职业、文化程度等对感知的影响不显著。老年人比中青年人对石门十三品的情感依恋高;游客的书法背景对游客感知的影响较为显著,书法基础深厚的游客对目的地的感知最强,书法基础薄弱的游客对目的地的感知最弱。感知意象的形成过程也是一个研究角度,Carballo 和 León③ 以西班牙兰扎罗特岛为例,研究了游客对兰扎罗特岛的感知意象的形成过程。研究发现,环境相关因素直接影响游客的感知意象,而艺术和文化相关的因素间接影响游客的感知意象。

根据以上研究,以往的学者对文化旅游进行了广泛而深入的研究。从文化旅游目的地的游客感知的研究来看,以往学者较少对不同类型的文化旅游目的地进行对比和研究。因此,本书以浙东唐诗之路的重要节点绍兴市为例,对绍兴市的人文、自然和宗教主题的旅游目的地游客的感知意象进行剖析,并探究这三类景点游客感知意象的差异性。

第三节 研究方法

一、数据收集

随着近年来社交媒体的迅猛发展,旅游网站中在线用户生成的内容为旅游企业集团创造了巨大的价值。例如携程网的在线用户对旅游目的地、酒店和餐饮的点评形成了海量的文本大数据,为旅游、酒店和餐饮集团进一步了解消费者行为提

---

① 苏勤、钱树伟:《世界遗产地旅游者地方感影响关系及机理分析——以苏州古典园林为例》,《地理学报》2012 年第 8 期,第 1137—1148 页。

② 肖潇、张捷、孙上茜:《书法景观旅游地游客地方感影响因素分析——以陕西汉中石门十三品为例》,《人文地理》第 2012 年第 6 期,第 130—136 页。

③ Carballo R R & León C J. "The Influence of Artistically Recreated Nature on the Image of Tourist Destinations: Lanzarote's Art, Cultural and Tourism Visitor Centres and Their Links to Sustainable Tourism Marketing", *Journal of Sustainable Tourism*, 2018, 26(2): 192-204.

供了丰富的信息,也为旅游领域的学者深入研究游客行为提供了巨大的研究机会。携程网中用户生成的内容有以下几个特点:从时间跨度来看,包含了近十年的文本数据;从空间跨度来看,用户来自全国不同的地区;从用户类型来看,包含家庭、情侣、商务、朋友和独自旅行的用户;从评分来看,从一分至五分都有一定数量的分布。因此,旅游网站中用户生成的数据涵盖了游客体验的各个方面,例如对环境、文化元素、交通、设施、价格等的体验,为游客行为的研究提供了海量的数据支持。本研究通过计算机语言 Python 撰写代码,从携程网采集了"浙东唐诗之路"中绍兴市的 185 个景点的游客点评,并将这些景点分为人文、自然和宗教主题三大类别。本研究共采集了 26863 个点评文本,其中有效文本为 14673 个,时间跨度为 2002 年至 2020 年。

二、数据处理

由于旅游网站用户的点评是大量的非结构化文本数据,数据量巨大,无法使用手工的传统方法进行采集、解释和编码。因此,本研究应用计算机语言 Python 进行文本采集和分析。Python 是一种计算机语言,在计算机科学中得到了广泛使用,并且可以通过开发适当的程序来有效地处理问题。由于 Python 的程序以计算机和数学为基础,因此与传统方法相比,使用 Python 进行文本挖掘更为客观。本研究的文本分析主要分为以下几个步骤:

首先,读取文本的词频。先将点评数据按照人文、自然和宗教三类景点进行分类。再对文本数据进行数据清洗,删除重复的和不完整的数据。之后,设置一个 Python 程序,对每一个类别的数据进行词频读取,并选取前 500 个字符的词频。词频计算完成后,对读取的字符进行筛选,删除没有意义的字符,例如"和""很""非常""是""有""我""说"等。然后将同义词根据以往的文献进行归类,并用一个通用术语表示。最终,对每个类别的数据各选取前 100 个关键词。

其次,对关键词进行归类,分析三类景点游客的感知意象的主题。根据以前的文献,由三名研究人员进行主题分析。先让两名研究人员熟悉这些关键词,再让他们共同制定较为广泛的主题类别,并就提出的主题达成共识。之后,在分类过程中若出现分歧,则邀请第三位研究人员共同讨论分析并达成最终一致的结果。最后,根据以往文献对分析出的主题进行进一步核对,最终确定各个主题,以及和主题相关的关键词。然后,根据词频对比每个主题的相对重要性。正面感知(评分为 4—5 分的点评数据)和负面感知(评分为 1—2 分的点评数据)可以用相同的方式进行分析,对比分析同一个主题在正面感知和负面感知之间的不同的重要性。

再次,对每个主题进行可视化分析。本研究利用 Gephi 软件对每个主题进行可视化分析,揭示与每个主题与对应的关键词之间的关系。主题的可视化能揭示与某个主题相关的关键词的聚类特征,更深入地剖析游客的整体感知意象、正面感知意象、负面感知意象以及人文、自然和宗教这三类景点游客的感知意象的差异性。

最后,对文旅景点的维度进行概念化归类,再对每个类别进行深入的内容分析。通过内容分析,探究形成文旅游客正面或负面感知的维度和原因,并对三类景点(人文、自然、宗教)的文旅游客的感知进行对比和分析,进一步区分文旅景点的细分市场。

第四节　研究结果

一、描述性分析

本研究采集的点评数据的时间跨度是 2002 年 1 月至 2020 年 2 月。如图 6-1 所示,三类景点的平均点评数在这个时间跨度中的变化有一定的差异。自然主题的景点和其他两类景点的差异较为明显,平均点评数从 2012 年开始增加,其中 2017 年和 2019 年是两个波峰(由于 2020 年仅包含 1 月和 2 月的数据,因此,暂不进行对比)。人文主题和宗教主题的景点的平均点评数量的变化较类似,都从 2013 年开始增加,在 2017 年达到最高峰。但是这两类主题的景点也有一定的区别,人文主题的景点的平均点评数在 2013—2017 年逐年增加,而宗教主题的景点的平均点评数在 2016 年是一个波谷。

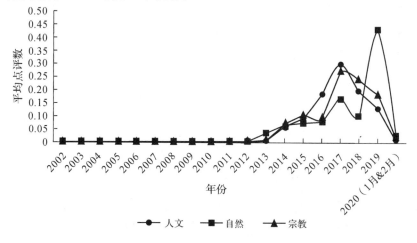

图 6-1　三类景点的平均点评数(按年份)

如图 6-2 所示,三类景点的平均点评数在 1—12 月的变化规律也有一定差异。三类景点的平均点评数都在 2 月、8 月和 10 月达到波峰;4 月是人文主题景点的平均点评数的波峰,而不是自然和宗教主题景点平均点评数的波峰;5 月是自然和宗教主题景点平均点评数的波峰,而不是人文主题景点的平均点评数的波峰。三类景点的平均点评数都在 3 月和 9 月达到波谷;6 月是人文和自然主题景点的平均点评数的波谷,而不是宗教主题景点的平均点评数的波谷;7 月和 11 月是宗教主题景点的平均点评数的波谷,而不是人文和自然主题景点的平均点评数的波谷。

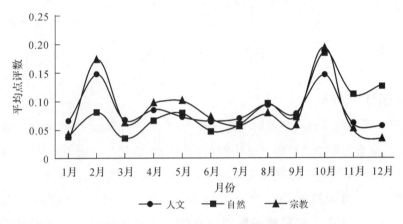

图 6-2　三类景点的平均点评数(按月份)

如图 6-3 所示,文旅游客对三类景点的整体感知较为正面。三类景点中得分为 5 分的点评数占的比例都最高,其次是得分为 4 分的点评数,再次是得分为 3 分的点评数,而得分为 1 分和 2 分的点评数占的比例很低。在得分为 5 分的点评中,宗教主题的景点的平均点评数最高,人文和自然主题景点的平均点评数较为接近,其中人文主题景点的平均点评数略高于自然主题景点的平均点评数。在得分为 4 分的点评中,自然主题的景点的平均点评数最高,人文和宗教主题景点的平均点评数较为接近,其中人文主题景点的平均点评数略高于宗教主题景点的平均点评数。在得分为 1 分和 2 分的点评中,三类景点的平均点评数的比例都很低。

二、文旅游客的总体感知维度及对比分析

如图 6-4 至图 6-6 所示,文旅景点游客的感知可归类为十个维度,包含景点或景观、故事、风格、环境、特色、基本要素、服务、价值、拥挤度和功能性,其中基本要素包含餐饮、住宿、出行、出游、购物、娱乐。如图 6-7 所示,三类景点游客的感知的差异性较为明显,其中景点或景观是三类游客都最为关注的一个维度。除此之外,

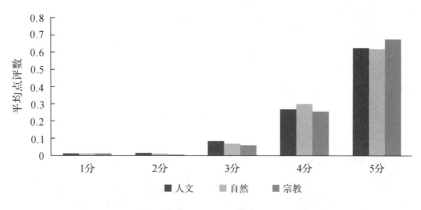

图 6-3　三类景点不同得分的平均点评数

人文主题的游客对景点的故事和风格较为关注，而自然和宗教主题的游客对基本要素和环境较为关注。三类景点游客对价值和服务也有一定的关注，且关注度相近。三类景点游客对特色、拥挤度和功能性这三个维度的关注度都较低，其中人文主题的游客对特色的关注度略高，宗教主题的游客对功能性的关注度略高，三类景点游客对拥挤度的关注度水平相似。

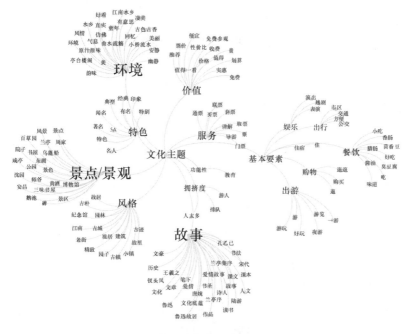

图 6-4　人文主题类景点的游客感知

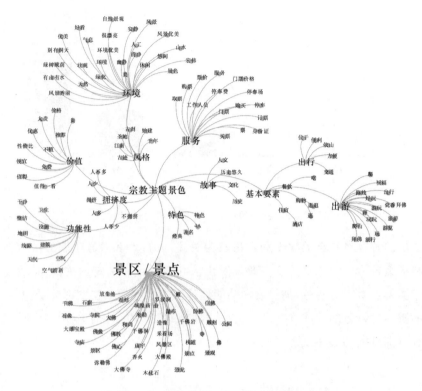

图 6-5　自然主题类景点的游客感知

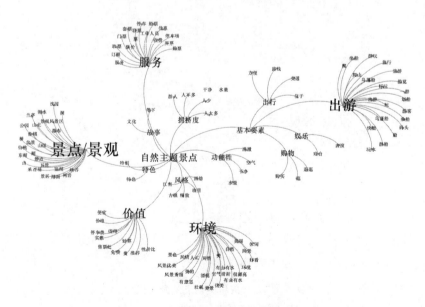

图 6-6　宗教主题类景点的游客感知

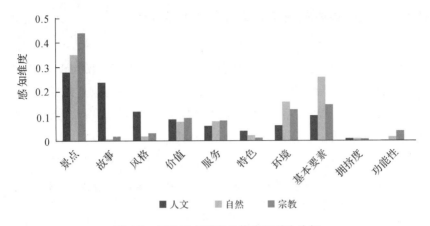

图 6-7　三类景点游客总体感知对比分析

三、三类景点游客正面感知维度及对比分析

如图 6-8 所示，三类景点游客的正面感知的差异性较为明显。在人文主题景点游客的正面感知中，游客对景点和故事这两个维度的关注度最高，其中游客对景点的关注度略高于对故事的关注度。其次，人文主题景点游客对风格和基本要素这两个维度的关注度也较高，其中游客对风格的关注度略高于对基本要素的关注度。在自然主题景点游客的正面感知中，游客对景点的关注度最高，其次是对基本要素的关注度，再次是对环境的关注度。在宗教主题景点游客的正面感知中，游客对景点的关注度也是最高，其次是对环境和基本要素的关注度，其中游客对环境的关注度略高于对基本要素的关注度。此外，三类游客对价值和服务也有一定的关注度，而对特色、拥挤度和功能性的关注度都较低。

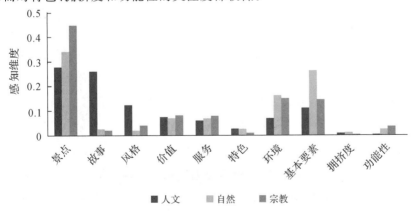

图 6-8　三类景点游客正面感知对比分析

四、三类景点游客负面感知维度及对比分析

如图 6-9 所示,三类景点游客的负面感知和正面感知的差异性较为明显,且在负面感知中,三类景点游客也有较大的差异。在人文主题景点游客的负面感知中,游客对服务的关注度最高,其次是对景点的关注度,再次是对故事的关注度。在自然主题景点游客的负面感知中,游客也对服务的关注度最高,其次是对景点的关注度,再次是对基本要素的关注度。在宗教主题景点游客的负面感知中,游客对景点的关注度最高,其次是对服务和价值的关注度,其中游客对服务的关注度略高于对价值的关注度。此外,三类游客对风格和环境也有一定的关注度,而对特色、拥挤度和功能性的关注度都较低。

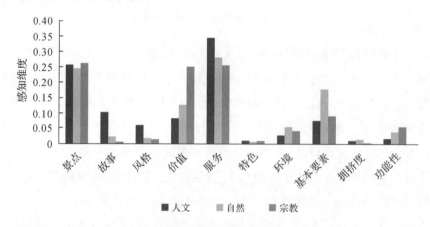

图 6-9 三类景点的游客负面感知对比分析

五、文旅游客感知的内容分析

(一)景点或景观

景点或景观是形成游客感知的一个重要维度。该维度又可细分为壮丽—荒凉、开阔—狭小、崭新—陈旧、真实—人工和生动—单调这几个维度。

壮丽—荒凉 表示游客对景点的视觉感知。正如一位游客所描述的:"带着老伴去旅行。西施的家乡——诸暨,秋色的五泄迷人醉。一路走来,呼吸清爽空气,乘船荡漾碧波,登青绿色台阶,聆听瀑布声音,赏五泄湖风光。湖水清澈,瀑布壮丽,临澧山峰,百年银杏,山水相逢,流连忘返!"也有游客描述了负面的感知:"时至今日,景区面貌是否大有改观,2007 年的夏天一泄见瀑,二泄见溪,三泄见水,四、五泄见土石,景区后山荒凉得不得了。"

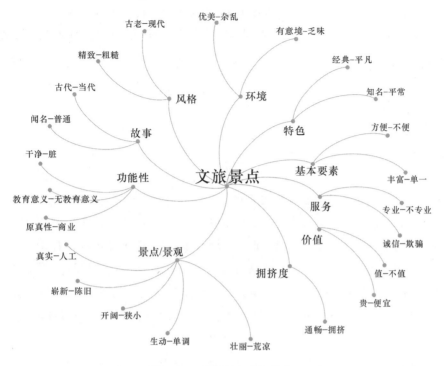

图 6-10　文旅游客感知维度

开阔—狭小　表示游客对景点的空间感知。一位游客描述道:"从柯桥景区出来已是下午四点,赶到安昌古镇,已是五点,许是未到周六,许是温度太高,景区此刻游客不多,倒是能好好地拍几张长廊和街景的照片。这里比之西塘,少了几分喧嚣,但多了几分文雅、几分闲适。"也有游客描述:"过了这座小桥,渐渐地湖面开阔起来了,本不是那种小桥流水式的景象也愈发显得有些粗犷。它不是那种高山峻岭中的山水,也不是那种园林中的池塘小河。眼前犹如一个浓缩了的气势不凡的巨型山水盆景,亦如一幅泼墨淡涂的山水画卷。近在咫尺绵亘天际的峻峭挺拔的岩石矗立湖边一侧,岩石顶部是一片翠绿,岩面如皴裂斧劈,纹理清晰可见,有些岩缝中盘根长出绿树植草,湖岸边的岩土中也是翠绿成荫。这连绵一片的绿褐色岩石气魄雄伟,与这宽阔平静的湖面相映成趣。几只小小的载着游客的乌篷船不时从桥洞出来,从岩下、青绿色的湖面轻轻滑过,有一种平静、安逸、缥缈的情趣意境,更有宁静致远的感觉。"

崭新—陈旧　表示游客对景点的维护程度的感知。例如,有游客描述道:"因为有着江南第一大佛,所以即使隐藏于山林的深处,也不乏参观者前去。虽然外观陈旧,可是走到内部美丽的风景跃进眼帘,此时才会觉得真是风景很美很不错。"还有游客抱怨:"这绝对是一个坑人的景点。公园里有很多 80 年代才有的廉价游乐设施,摆渡船陈旧,园区服务人员态度恶劣。鲁镇上全是叫卖的,东西比外面贵很多。对旅游品质有要求的千万不要去。"也有游客认为:"15 年前去过,还是老样子,景区有点陈旧,打理得一般。"

真实—人工　表示游客对景点的原汁原味的旅游产品的需求。大多数游客对具备真实性的景点或景观具有正面的感知,例如"鲁迅先生青少年时期生活过的故土,一代文豪在这里启蒙学习、生活起居、游戏玩耍,一个原汁原味解读鲁迅正品、品味鲁迅笔下人文风物、立体感受鲁迅当年生活情境的真实场所";"柯岩是国家 5A 级风景区,具有绍兴水乡特色,充分体现古越文化,带孩子过来真的是对了。鲁迅书上写的文章在这里真实体现,他的感触可深了"。有些游客对具有人工痕迹的景点的感知比较负面,例如"第一天晚上看了沈园之夜,演出还说得过去,不过有点短,后面拿了其他的越剧来充数。晚上进去纯粹看戏,别指望看夜景。第二天白天补看了南苑还有陆游纪念馆,感觉景色不及苏州园林精致,人工的痕迹太过明显。陆游纪念馆还行。总体感觉一般,就是慕名而来,到此一游";"基本上人工建造的一个贩卖的小集市,与文化历史无关";以及"正逢春节,游人如织,顿失探幽之意,且景点人工痕迹浓重,与期望太不对称了"。有些游客认为景点中自然和人工的结合很和谐,例如"兰亭有练字的墨池,也有那个著名的王献之写太字的碑。还有曲水流觞,虽然有人工的痕迹,但还是能让人遥想当年一群风流雅士的美好";"东湖虽是人工开凿形成,但石奇洞奇、移步换景、小桥流水,再坐一圈乌篷船,很是惬意。鲁迅故里非常值得带孩子去,可以近距离了解鲁迅。沈园之夜也值得看一看";以及"大佛寺为全国重点开放寺院,始建于东晋。景区内有石壁金相、稀世楼台、奇岩怪石、幽谷清泉,人工巧筑与天然野趣融为一体,文化蕴含丰富"。

生动—单调　表示游客对景点的创意的需求。有些游客认为景点生动有趣,例如"兰亭,王羲之的书法与曲水流觞故事让我印象深刻,枯燥的文化变得生动起来。个人认为无论是鲁迅故里,沈园还是兰亭,景物都一般,但因为文化底蕴给它们赋予了鲜活的生命。在鲁迅故里,找寻儿时教科书里的想象,从百草园到三味书屋,孔乙己、阿 Q、闰土、祝福……算是圆了儿时的一个梦,兰亭也是如此,若了解这段历史或热爱书法确实值得一看";"东湖风景区,一条条载满游人的乌篷船只前呼后拥般浩浩荡荡在清澈如镜的湖面上铺展开来,仿如一幅幅生动美丽的画卷。早樱星星点点地开出了美丽的花朵,平添了一份节日的喜气。爬了座小山,俯瞰整个东湖，风景这边独好"；"大佛寺景区内有好几座寺庙，大佛寺是最大的也是最有名的。景区内有一尊石头雕刻的大佛，依山而建，佛像表情生动。大佛寺面积很大，游客也很多，沿着台阶爬上爬下的，有点累。感觉门票比较贵，景区的环境很幽静，到处都是绿树，适合周末休闲游"。也有一些游客认为景点比较乏味，"在本次旅游中，西施故里感觉比较乏味，没有让人眼前一亮的感觉，我之所以选择3分是因为这个联票的设置，西施故里部分太差了，真的不好玩，五泄风景区蛮好玩的，呼吸下大自然的空气非常好"。

（二）故事

历史人文故事也是形成游客感知的一个重要维度。该维度又可细分为古代—现代和闻名—普通。

古代—现代 表示游客对景点的时间维度的感知。例如，有些游客描述："这同样是一座典型的江南园林，婉约精致。沈园因陆游和唐婉两人的凄美爱情故事而得名。少年陆游才华横溢，爱上了远亲家的才女唐婉。但陆游母亲望子成龙，硬生生拆散了这对鸳鸯。陆游仕途不顺回到家乡，在沈园邂逅已为人妻的唐婉，却已无法再诉衷肠，只得在墙上写下了千古名句《钗头凤》，以表相思之情。后来唐婉看见了陆游所留诗句，也和了一首写在墙上"；"其实基本没有直接和王羲之有关系的物品，很多临摹的帖子和根据故事传说建设的东西，后面靠山一大片还没有完成建好或者说还在扩张开发。就当是大公园，走走散步，不过蚊虫不少哦"；"兰亭这里景色秀丽，又有名人典故，很值得一去。特别是喜欢书法的朋友，都是真迹啊！其中王献之练习写字18缸水的故事也有场景所在哦！绝好的人文景观"；以及"五泄景区空气清新，山川河流配合得不错，爬山，赏瀑，游船，走走停停看看，比较惬意，但必须早上就去，人少些。西施殿，比较有故事，景色楼台一般吧"。

闻名—普通 表示游客对景点的知名度的需求。例如，有游客描述道："沈园是绍兴市比较有名气的一个景点吧，沈园还是有些典故的，因历史上记载诗人陆游和唐婉的凄美的爱情故事而著名，陆游题在墙上有首著名的词《钗头凤》，非常有名气。如今景点也营造了这一气氛，在墙上刻有《钗头凤》，让游客们吊古凭今一番有个去处，园林景色在江南随处可见，并没有什么特色"。还有一些顾客描述的是文学作品中的著名故事，例如"体会下鲁迅笔下的故事和环境"和"阿Q、祥林嫂等故事很受欢迎"。

（三）环境

环境也是形成游客感知的一个重要维度。该维度又可细分为有意境—乏味和优美—杂乱。

有意境—乏味　表示游客们追求艺术和情景结合的意境,例如"看着鲁迅作品,踏着他的故乡,回味无穷,景区还是挺美的,石桥还有手摇船,有点那个时代的意境,非常不错的体验。离开城市,在乡间小路散步,很有诗意";"沈园确实不错,和苏州的园林不是一个风格,不知道说得对不对,感觉日本的园林是模仿沈园的。陆游纪念馆很不错,特别是诗和书法,近距离了解一位诗人,感受诗里的意境,好地方";"王羲之在兰亭曲水流觞,酒酣写就巅峰之作《兰亭序》。山中一处休闲之地,景区设计挺好的,虽不大但精巧,有以水代墨挥毫的地方,也有曲水流觞的意境所在,值得去看看";以及"学习书法的我决定利用清明假期来一次书法艺术之旅,最后一站必须是绍兴兰亭,瞻仰一下王羲之的惬意生活和曲水流觞的美好时光,太有意境了,此生难忘"。也有游客的感知比较负面,例如"在本次旅游中,西施故里感觉比较乏味,没有让人眼前一亮的感觉"。

优美—杂乱　表示游客们对景点设计的追求,例如"一座古代富商的私家花园,园内亭台楼阁,小桥流水,景色优美";"最著名的《兰亭序》就是这个地方,保留着康熙乾隆的御笔书法,这里绿树成荫,景色非常优美";"沈园为南宋时一位沈姓富商的私家花园,故有'沈氏园'之名。由于园内建有亭台楼阁、假山池塘,环境优美,中国历代文人墨客常来此游览,赋诗作画。园中的葫芦池、宋井、土丘三处为宋代遗迹,东北角的清代建筑已按原貌修复,并开辟了陆游纪念堂。真的很好啊";"号称水上盆景的东湖景区,景色非常优美,一山一水,山水相依,山在水中,水依山傍,既婉约又粗犷,景区绿化得非常好,满眼皆是绿色,非常值得一游";以及"大佛寺的环境优美,而且我觉得算是转角有惊喜,像是稍微高点的地方看到的大雄宝殿,树枝遮掩,烟雾缭绕,真的很美;还有在某个尽头看见化石,就像个奇妙的冒险"。也有游客的感知比较负面,例如"幽静的古镇,有自己独特的韵味,只是稍显杂乱"和"大佛寺差强人意,商业化气息太浓,而且感觉很杂乱"。

(四)风格

风格也是形成游客感知的一个重要维度。该维度又可细分为古老—现代和精致—粗糙。

古老—现代　表示时间维度的风格。游客们被古老的风格吸引,例如"这里因为陆游跟唐婉的爱情故事而出名,非常有特色的一个古老的宋式园林,漫步其中,仿佛回到了千年以前,特别的唯美浪漫多情,据说夜游也比较有特色";"青砖灰瓦,亭台交错,古老的街巷、宅院、会馆、作坊、商行、典当、码头等古镇昔日风貌犹存。地道江南民俗风情在安昌古镇被发挥得淋漓尽致";"在大佛殿看江南最古老的石窟大佛,弥勒塑像金碧辉煌,非常壮观。木化石恐龙园看有上亿年树龄的硅化木,当年雷击、虫蛀的痕迹清晰可辨"。不少游客对古老和现代结合的风格的感知也较为正面,例如"天下第一风雅之地,古代的兰亭与现代书法博物馆结合,人文美景";"古韵和现代很好地结合,很好还原了百草园和三味书屋,还原了我们脑海中课本里的场景";"大佛寺古今与现代的完美对话。千佛院,江南第一佛,庄严肃穆,带给人千年历史沉淀感。亚洲第一大卧佛安逸祥和,运用当代先进技术,雕刻精良,令人震撼。般若洞构思巧妙,依靠山体、瀑布、佛像完美融合,让游人流连忘返";以及"整个大佛寺设计构思巧妙,大卧佛积聚了无数人的智慧和汗水,值得一看。寺中客问,何为最大的佛,我曰乃心中的佛。五百罗汉洞是现代完成的,艺术成分更浓"。

精致—粗糙　表示游客对景点的品质的需求。不少游客认为景点的风格很精致,例如"小巧精致的亭子,因为一首诗词而闻名天下,充满了艺术气息";"景点都不大,但人文挖掘得很好,比较精致";"古典园林的精致秀美体现得淋漓尽致。精致美丽,古朴雅致,便是对沈园的最初印象。古树、绿草、假山、怪石、小溪、池塘、亭台楼阁……古典园林的要素她一样不缺。'红酥手,黄滕酒。满城春色宫墙柳。'陆游唐婉的凄美爱情让沈园的每一寸景都有了故事";"鲁迅家江南院落精致细腻,原来鲁迅家也是大户人家。鲁迅的童年应该衣食无忧,黑瓦白墙典型的南方风格,人在其中能够感受到当年的繁华";以及"东湖真的比较值得玩,景区不大,但景很精致,是个公园,也是园林,乌篷船是一大特色";"南朝古刹非常好,精致,震撼"。也有一些游客认为景点比较粗糙,例如"园林比起苏州的园林显得粗糙了一些,因为《钗头凤》而闻名";"古色古香,但是景点稍显粗糙";"也许是冬天,景色不那么雅致,感觉不到诗意,几处建筑比较精美,小河上的几座桥建得粗糙,后建之镇更是不堪,总之,整个景区有负兰亭盛名";"古迹众多,票价略高。也许是宣传不够,在长假里还算比较清静。只是新建的部分比较粗糙,和古迹不协调";以及"千佛殿据说上了美术书,但后期修复得太多了,而且粗糙"。

（五）基本要素

基本要素也是形成游客感知的一个重要维度。该维度包括餐饮（吃）、住宿（住）、交通（行）、游览（游）、购物（购）、娱乐（娱）。该维度又可细分为丰富—单一和方便—不便。

丰富—单一 表示旅游产品的多样性。有些游客认为餐饮、购物、娱乐活动比较丰富,例如"景区内的老街有很多小吃和土特产商店";"一路都是民宅卖吃的各种糖果";"这条街小吃特别多,估计是绍兴最热闹的地方了"。也有一些游客认为吃的比较单一,品种不够多。

方便—不便 表示便利程度。有些游客认为住宿(住)、交通(行)、游览(游)比较方便,例如"鲁居的交通和饮食、住宿很方便";"酒店对面就是鲁迅故里,左拐就是沈园,门口是公交站";"酒店门口就是公交,有去各方向的线路。总之景点都不是太远,人多打车也划算。绍兴公交很快,没人下的站都不停,节省了很多时间"。也有些游客表达了对住宿和交通的不满,例如"住宿不是很满意"和"交通容易拥堵"。

(六)特色

特色也是形成游客感知的一个重要维度。该维度又可细分为地道—平常和经典—平凡这两个维度。

地道—平常 指的是游客对当地特色的产品的需求。游客们对具有当地特色的元素感兴趣,例如"节目很有地方特色,但就是时间短了些";"景区里有些特色小吃,可以尝试,做得还不错,价格也还算公道,比如黄酒奶冻、糯米糕之类的。有种黄酒冰棒,味道很不错";"安昌腊肠、扯白糖远近闻名,具有水乡风情的水上婚礼也是别具特色"。

经典—平凡 表示游客们对经典的江南水乡、园林和田园的特色尤其青睐,例如"建筑风格传承了典型的江南水乡特色";"这里因为陆游跟唐婉的爱情故事而出名,非常有特色的一个古老的宋式园林,漫步其中仿佛回到了千年以前,特别的唯美浪漫多情";以及"景区很有特色,小桥流水人家,很有田园风格"。也有些游客喜欢天人合一的自然景观,即兼具自然美景和人工印记。还有一些游客在游览寺庙时青睐经典的石窟造像。

(七)价值

价值也是形成游客感知的一个重要维度。该维度又可细分为贵—便宜和值—不值这两个维度。

贵—便宜 表示旅游产品的价格水平。大多数游客主要抱怨景点门票的价格太贵,还有一些游客抱怨商品、娱乐节目和停车费太贵;而有些游客认为套票比普通门票便宜,打车和餐饮也还比较便宜。

值—不值 表示旅游产品的性价比。有些游客认为景点或景观值得游览,例如"大佛寺景区环境不错,沿着山崖拾级而上,主要景点有卧佛殿、千佛禅院,最后来到'江南第一大佛'石弥勒佛的大佛寺。般若谷值得一看,山壁雕刻石像栩栩如生,九级瀑布有点像黄果树瀑布。著名的'人过大佛寺,寺佛大过人'的大佛寺,值得花上一下午慢慢盘桓。景区很大,人虽然多,但不显拥挤,倒是在最后的大佛寺,人满为患,匆匆而过。确实不错,门票价格不低,但是值得一去,关键是老少皆宜";"景美,山水古刹佛雕,交通方便,市中心最热闹的地段。值得一去"。还有些游客认为门票的价格相对于景点的环境、服务、特色、风格、干净程度、拥挤度而言性价比不高,例如"景色一般,若没有王羲之的故事,这个景点就不值得一去,门票太贵,好多后修的建筑,缺乏古韵";"四十元不值得,园内没啥景色,主要靠陆游的名气撑起来,一般";"门票性价比低,很普通的园林,不如鲁迅故居,不值得去";以及"旅行团太多太密集、导游音量无穷大,本是个有气息有记忆的场所,变成了市侩的集市。适合走马观花的人咸集,是个讨热闹的地方,呼朋唤友型景点。不值得 40 元人民币"。

（八）服务

服务也是形成游客感知的一个重要维度。该维度主要用专业—不专业来表示。

专业—不专业　表示游客们对服务态度、服务水平的体验,例如"是个非常不错的旅游胜地,内外指示标志设计人性化,工作人员态度超级好,讲解人员知识渊博,内外景色优美宜人,休息区、服务区都特人性化设计";"很干净,环境很好,服务人员态度特别好,最主要的是免费,景点设施齐全,吃住玩都很方便。体会了课本上的从百草园到三味书屋";以及"景点不错,导游很细心,医务室的服务人员特别给力,游客也挺多的,只是这几天天气超级热,有些受不了。景点唯一的缺点就是停车不方便"。也有不少游客认为服务管理方面比较欠缺,服务人员不够专业。例如有些游客抱怨:"服务人员的态度恶劣";"导游的讲解不专业";"售票服务不到位"等。

（九）功能性

功能性也是形成游客感知的一个重要维度。该维度又可细分为有教育意义—无教育意义、原真性—商业性以及干净—脏这三个维度。

有教育意义—无教育意义　表示游客们对人文景点教育意义的追求,例如"三味书屋里陈列了鲁迅小时候读书的学堂,还有些名人书画,教育意义比较大";"今天的鲁迅故里已经成为绍兴的镇城之宝、红色旅游景区、爱国教育的基地。这里是鲁迅先生出生与成长的故土，也是他儿时生活、求学的地方，先生对家乡是有很深感情的，景区里的建筑也保持了原汁原味，从百草园到三味书屋，那些曾经在课本上读到过的场景在宅院之中是如此近距离地接触。参观绍兴鲁迅故里，也算是对鲁迅先生不能忘却的纪念了"。

原真性—商业性　表示游客对景点的真实性的追求。大多数游客比较青睐原汁原味的景点，而对过于浓厚的商业性开发的感知较为负面。正面的感知如"人少，商业味道不浓，在腊月风情节的时候估计就是热闹时候了。河道上的桥大多是明清时代的"；"古色古香，看着小桥流水，可能还没有开发得那么好，但是到处都是当地的居民，很有人情味，去过商业化的古镇，推荐你们去这里"；"保留了江南水乡的自然风光，商业气息不是很浓，是休闲旅游的好去处"。负面的感知如"感觉一般般，商业化气息太浓了，两边基本都是商铺"；"卫生差，门票很不值，商业化气息太浓"；以及"我 97 年来过，当时在园内的亭子里卖手写的《钗头凤》的扇子，按字的好坏标不同的价格，让慕名而来的我们对绍兴文化留下深刻印象。至今我还保留着那时买的若干把扇子。今天再去，已经完全商业化了，没有一点文化的味道"。

干净—脏　表示景点的卫生程度。例如"百草园也是鲁迅故里一个很漂亮的后花园了，曾经这里应该风景也很棒，让鲁迅先生如此地怀念这里，现在这里也打扫得很干净，风景很不错"；"沈氏庄园这里的风景也很不错啊，离鲁迅故居不是很远，这里人更少，感觉上更加干净一点，江南的风景还真的是不错，每个大户人家的院子都很漂亮"；"东湖真的很美，水很干净，尤其那个石头山鬼斧神工，山上有茂密的竹林，还有成片的茶树"；以及"大佛寺整体感觉不错，景区干净整洁，景点紧凑，基本不用走回头路"。也有些游客抱怨景点不够干净，例如"卧佛区域还不错，景色也漂亮，放生池有点脏，还是印象中比较美些。如果拜佛的可以去，纯游玩的倒真没什么，随便走走，景色什么的还可以，还过得去，主要是景区管理太乱了！脏乱差！指示也不是很清楚，不过周边交通还是很便利的"。

（十）拥挤度

拥挤度也是形成游客感知的一个重要维度。该维度主要用通畅—拥挤来表示。

通畅—拥挤　表示景点的人流密度。例如有些游客描述道："语文课本当中鼎鼎大名的三味书屋，正是鲁迅曾经学习的地方，事实上是个不算大的小屋罢了。如今他曾坐着的地方依然保持着原样。进门就可以看到'三味书屋'的牌匾，另外还有'思仁堂'等可以参观。由于地方实在太小，人流显得非常拥挤，进出口不好找"；"可能是暑期的原因吧，来这里旅游的学生团很多，由于景点面积不是很大，所以很拥挤，但总体旅游体验还是不错的！去看看鲁迅先生的成长环境，对人还是有很大启迪的"；"爬到山顶还是比较累的，电瓶车还是值得的，走路最后根本走不动了，码头坐船太拥挤了，台阶特别陡"；"值得一去的地方，景色优美，难得国庆节人流还不拥挤，古刹通幽"。

第五节　结论和讨论

本研究基于目的地意象理论，以浙东唐诗之路游客为例，解构了文旅游客的感知意象。首先，本研究发现文旅游客的感知意象可归纳为十个维度，并揭示了不同维度的显著性的差异。其次，基于主题模型分析，揭示了三类景点游客感知的不对称效应，即正面感知的维度和负面感知的维度具有较大的差异。最后，基于内容分析，进一步挖掘了文旅游客感知意象的内涵，更全面地阐释了文旅游客感知意象的独特性。

以上研究结果在文旅研究领域具有以下几个方面的贡献：

首先，本研究利用文本大数据挖掘了文旅游客的感知维度，大数据的分析结果一定程度上拓展了游客感知的研究。本研究归纳的十个关键维度较为全面地涵盖了游客对文旅景点的感知，包含景点或景观、故事、风格、环境、特色、基本要素、服务、价值、拥挤度和功能性。与以往文献相比，例如唐文跃等[1]通过分析九寨沟游客的感知得出的自然风景、社会人文、旅游功能和情感依恋这四个维度以及焦世泰[2]通过分析民族文化旅游演艺产品的游客感知得出的魅力性、知识性、传统性、娱乐性和原真性这五个维度，本研究基于丰富的文本数据，更全面地涵盖了游客的感知维度。

其次，本研究基于大量的文本数据，对比分析了文旅景点中三类不同主题（人

---

[1]　唐文跃、张捷、罗浩等：《九寨沟自然观光地旅游者地方感特征分析》，《地理学报》2007 年第 6 期，第 599—608 页。

[2]　焦世泰：《基于因子分析的民族文化旅游演艺产品游客感知评价体系研究——以"印象刘三姐"实景演出为例》，《人文地理》2013 年第 1 期，第 150—154 页。

文、自然、宗教)游客感知的差异性。相较于以往的文献,由于数据量的限制,往往聚焦在某一个特定的主题景点的游客的研究上,本研究通过分析不同主题景点的游客感知的差异性,细分了不同市场游客感知的异质性。例如,邹永广①仅针对泉州市的历史文化名城的游客感知进行了研究,发现游客感知最高的维度是历史文化名城的资源和特色。程珊珊和夏赞才②虽然对比分析了两个文化主题景区(深圳世界之窗和长沙世界之窗),但是这两个主题文化景区比较类似,结论也显示两个景区的游客的感知都包含旅游吸引物、旅游环境、旅游设施、管理服务这四个维度,但各个维度的重要性有所不同。而本研究对人文、自然、宗教三类景点的游客感知进行了区分,发现虽然景点或景观是三类游客最为关注的维度,景点的故事和风格是人文主题景点的游客较为关注的维度,而基本要素和环境是自然和宗教主题的游客较为关注的维度,本研究探索了不同类型主题景点游客的异质性。

再次,本研究在大数据的基础上对比了文旅游客对十个关键维度的正面感知和负面感知的差异性。本研究发现在正面感知中,整体来看,游客对景点或景区、故事、环境、风格、基本要素的关注度较高。而在负面感知中,游客对服务的关注度都较为一致。该结果与武传表和向慧容③通过分析辽宁四处世界文化遗产(九门口水上长城、五女山城、清昭陵、沈阳故宫)的游客感知发现,游客对资源、活动和环境的感知比较正面,而对服务的感知较为负面的结论较为一致。同时,本研究也区分了三类景点(人文、自然、宗教)游客的正面感知和负面感知的差异性,与以往文献相比,进一步拓展了不同类型主题的文旅景点的游客感知的研究。

最后,本研究基于文本数据,深入探索分析了游客正面感知和负面感知的原因。本研究在十个维度的基础上,对每一个维度相关的文本进行深入分析,探索了文旅游客在景点或景观的壮丽—荒凉、开阔—狭小、崭新—陈旧、真实—人工和生动—单调这几个维度;故事的古代—现代和闻名—普通这两个维度;风格的古老—现代和精致—粗糙这两个维度;环境的有意境—乏味和优美—杂乱这两个维度;特色的地道—平常和经典—平凡这两个维度;基本要素的丰富—单一和方便—不方

① 邹永广:《历史文化名城的文化性测评模型及实证研究》,《旅游论坛》2012年第6期,第25—31页。
② 程珊珊、夏赞才:《基于网络文本的文化主题景区旅游形象感知对比研究——以深圳、长沙世界之窗为例》,《旅游论坛》2018年第11卷第5期,第111—123页。
③ 武传表、向慧容:《基于Smart mining文本挖掘的旅游目的地形象研究——以辽宁四处世界文化遗产地为例》,《旅游论坛》2018年第1期,第91—102页。

便这两个维度;服务的专业—不专业这个维度;价值的值—不值和贵—便宜这两个维度;拥挤度的通畅—拥挤这个维度;功能性的有教育意义—无教育意义、干净—脏、原真性—商业性这三个维度的感知。与以往文献相比,本研究更完整地展现了文旅游客的感知维度以及形成正面感知和负面感知的原因。

本研究还存在一定的局限性。首先,本研究选取的景点虽然有185个,但是都在绍兴市,后续的研究可以加入浙东唐诗之路中的其他沿线城市的景点,以得到更为完整的研究结论。其次,本研究进行词频分析的时候选取的是前500个关键词,后续研究可以扩大关键词的选取,以挖掘更为完整的游客感知维度。再次,本研究的文本数据来源于携程网,后续的研究可以加入更多不同网站的数据进行验证性研究。最后,本研究采用的是在线文本数据,即用户生成的数据,后续研究还可以采用一手数据,例如访谈、进行验证性研究,或者进一步分析游客感知和其他行为变量之间的关系。

第七章　浙东唐诗之路文旅融合典型案例

经过几年的持续开发建设,目前浙东唐诗之路已经落地了一些可圈可点的代表项目。为了系统回顾和全面分析浙东唐诗之路文旅融合背后的模式,笔者从浙东唐诗之路沿线各地遴选出了最具代表性的不同类型的四个案例,从文旅融合的体制机制、实现路径、品牌塑造等多维度全面解析浙东唐诗之路文旅融合的范本模式。

第一节　天台:文旅融合的机制创新典范

天台县因天台山"顶对三辰、上应台宿"而得名。早在一千多年前的唐朝,400多位诗人从钱塘江南岸出发,一路南下,棹声帆影,载舟扬帆,直达天台山,留下了许多脍炙人口的名篇佳作。他们经过的这条路,就是浙东唐诗之路,天台山就是这些诗人的目的地。2018 年 6 月,浙江省委省政府印发《浙江省大花园建设行动计划》,把建设包括浙东唐诗之路在内的四条诗路作为全省大花园建设的标志性工程。《浙东唐诗之路黄金旅游带规划》则把天台山"唐诗之路目的地"建设工程列为十大重点项目之一。天台县创新体制机制,搭建多样化平台,实施唐诗文化与旅游融合发展,"一路唐诗到天台",将天台打造成浙东唐诗之路上一颗耀眼的明珠。

一、唐诗与天台的渊源

天台立县至今已有近 1800 年历史,凝结了道教、佛教、和合、唐诗、济公、霞客、茶叶、民俗八大璀璨文化。其中,唐诗文化为古韵天台绘上了尤为浓墨重彩的一笔。

天台山因为孙绰的《游天台山赋》、刘义庆的《刘阮遇仙》、智者大师在天台山创立的佛教天台宗、司马承祯在桐柏宫修道并撰写《坐忘论》而名声大振,成了当时佛道文化的高地和唐朝诗人们魂牵梦萦的圣地,名家巨擘,趋之若鹜,纷至沓来,李白的"龙楼凤阙不肯住,飞腾直欲天台去"就是真实写照。无数诗人从长安出发到达浙东,沿着曹娥江、剡溪一路奔赴浙东唐诗之路目的地——天台山,挥毫泼墨。他们或为寻仙访道,或为仰慕山水,或为遁世隐逸,或为朝圣礼佛,在浙东唐诗之路上留下无数佳作。"仙驾初从蓬海来,相逢又说向天台",唐代著名诗人元稹更是用诗句直接还原了当时文人墨客的"最爱"。

天台山是唐诗之路的目的地和最精华地。据记载,唐代 400 多位诗人写下并流传至今的浙东唐诗达 1500 多首,其中描绘天台山的诗词有 1362 首,涉及 312 位诗人,分别占浙东唐诗之路诗歌总数的 90% 和诗人总数的 69%。[①]《浙江唐诗之路》全书 41 个景点 207 首诗,其中涉及天台山的有 13 个景点 55 首诗。从诗人质量上看,诗仙李白、诗圣杜甫、王维、孟浩然、白居易、元稹、刘禹锡,还有"初唐四杰""中唐三俊""晚唐三罗"等名家都曾来此写下诗篇。从诗词内容涉及的地点看,有华顶山、赤城山、石梁、国清寺、桃源、琼台仙谷、寒山等名山秀水。其各时期代表诗人及主要行迹地与诗篇如表 7-1 和表 7-2 所示。

表 7-1　天台唐诗之路沿线主要代表诗人及代表诗篇[②]

主要行迹地	代表诗篇	诗人
华顶山	《天台晓望》	李白
	《华顶道者》	项斯
	《怀天台华顶僧》	齐己
赤城山	《题赠郑秘书征君石沟溪隐居》	白居易
	《送僧归天台》	贾岛
	《舟中晓望》	孟浩然
国清寺	《兴唐寺》	李白
	《寄题天台国清寺齐梁体》	皮日休
	《送台州李使君,兼寄题国清寺》	刘长卿
	《冬日暮国清寺留题》	刘昭禹
琼台	《琼台》	李白
	《琼台》	柳泌

---

① 来源:《天台山浙东唐诗之路目的地规划》。

② 同上。

续　表

主要行迹地	代表诗篇	诗人
石梁	《送杨山人归天台》	李白
	《送元简上人适越》	刘禹锡
	《临海所居三首》	顾况
桃源	《奉留赠集贤院崔于二学士》	杜甫
桐柏山	《送司马道士游天台》	宋之问
	《宿天台桐柏观》	孟浩然
寒山	《赠王正己》	廖融
	《渚宫莫问诗一十五首其三》	齐己
天台山	《寄题上强山精舍寺》	白居易
	《赠毛仙翁》	元稹
	《送超上人归天台》	孟郊
	《忆天台》	皎然
百丈岩	《求崔山人百丈崖瀑布图》	李白

表 7-2　天台唐诗之路沿线主要代表诗人

朝代	代表诗人
初唐	宋之问、张说
盛唐	李白、杜甫、王维、李隆基、孟浩然、刘长卿、皎然
中唐	白居易、韩愈、刘禹锡、元稹、孟郊、贾岛、李绅、项斯、施肩吾、柳泌、徐凝、张祜
晚唐	皮日休、刘昭禹、李郢、齐己、贯休

二、主要做法

诗路文化带是浙江全省大花园的标志性工程和十大名山公园的重要内容,是浙江推进高质量发展和"两个高水平"建设的点睛之笔。近年来,天台在全省诗路文化带建设大局中找准定位,深入挖掘天台山历史文化内涵,精心设计文化载体,高水平建设可看、可听、可学、可体验的"浙东唐诗之路"目的地,打造山水与诗情相互交融、自然与人文相得益彰、历史与当代相互结合的中华优秀传统文化传承发展示范区,荣获 2019 年浙江文化和旅游产业融合发展十佳县区,2020 年成功创建省文旅产业融合试验区。

（一）挖掘唐诗文化内涵，解码唐诗文化基因，为文旅融合夯实文化
基础

近年来，天台对唐诗文化的研究由浅入深、由点及面，正着力打造全国唐诗
之路研究高地。2018 年，天台唐诗研学规划编制完成；由天台山唐诗之路文化
体验中心与台州学院合作成立唐诗之路文化研究院；联合中国人民大学开展专
题研究，追溯"寻佛问道访友"的诗路本源，整理 312 位诗人咏赞天台诗作 1362
首；出版《司马承祯与天台山》《天台山唐诗总集》等专业著作 16 部；发表相关研
究论文 100 余篇；拍摄制作"浙东唐诗之路"等相关人文地理专题片 17 部。连续
三年举办大型唐诗之路相关学术会议及研讨活动共计 22 场次，奠定了"一座天
台山、半部全唐诗"的文化地位。[①] 开展诗路文化教育普及工程，推进"诗词六
进"示范点建设。

《天台县打造"浙东唐诗之路"目的地三年行动计划（2020—2022）》进一步指出
要整合天台山文化研究会、台州市唐诗之路研究院、台州学院等县内外社科力量，
围绕"浙东唐诗之路目的地"和"佛道名山文化圣地"建设，开展学术理论和实践应
用类课题研究，推出一批有影响力的研究成果。联手中国韵文学会、中国唐代文学
学会等办好浙东唐诗之路高峰论坛、唐诗之路文化研究会年会。推动《寒山诗注》
等一批专业著作出版，详见表 7-3 和表 7-4。

表 7-3　天台诗路文化部分学术研究情况[②]

类别	具体名称
专业著作	《浙东唐诗之路与隐逸文化》《天台山唐诗总集》《司马承祯与天台山》《寒山诗注》《天台山唐诗百首》《天姥山考证》《寒山子诗集通俗注解》等。
纪录片剧本	《浙东唐诗之路目的地——天台山》
研究机构	天台山唐诗之路文化体验中心、唐诗之路文化研究院

① 来源：浙江省发展和改革委员会官方微信《全省大花园建设最佳实践｜天台县文旅融合赋能 再绘
诗画新卷》。

② 来源：《天台山浙东唐诗之路目的地规划》。

表 7-4　部分天台唐诗之路沿线文化交流活动①

序号	活动名称	主要内容	时间
1	"浙东·诗与远方——浙东唐诗之路人文纪行"	探讨关于协同推进唐诗之路文化带建设面临的形势、学术研究现状和人文社科普及等事项。	2018.8
2	"浙东唐诗之路"国际研讨会	对"浙东唐诗之路"研究成果做简要报告,进行学术交流。	2018.8
3	2018年"读霞客游记,走唐诗之路"中国旅游日主题活动	唐诗之路书印展开幕式、唐诗禅乐雅集、和合天台唐诗之旅巡游以及唐诗之路文化节等子活动。	2018.5
4	2019年天台山旅游合作大会	成立唐诗沿线城市联盟。	2019.1
5	2019年"研学天台山,诗路霞客行"中国旅游日主题活动	举办浙东唐诗之路文化论坛,"雅望唐诗路"星空朗读会等系列子活动。	2019.5
6	2019年浙江"四条诗路"文化产业发展主题活动	助力推进诗路沿线建设诗路文化高地、文化和旅游融合发展样本地,同时进一步推进四条诗路协同发展,串珠成链,为浙江大花园建设做贡献。	2019.6
7	2019年中国台州"文化融"主题峰会暨天台山和合文化论坛	围绕"融产品""融产业""融城市"三个层面,组织了10个"文化融"典型项目进行展演,彰显台州发展中的文化力量。	2019.10
8	诗路传薪——2019年浙江传统体育类非物质文化遗产大会暨天台山文旅融合高峰论坛	围绕非物质文化遗产融入当代生活,努力开创新时代浙江非遗保护发展的新局面,来自浙江省13个县市的15支传统体育非遗展演队伍,共300多人参加。	2019.10

深入的学术研究和强大的理论支撑是开展诗路建设的基础,研究的深度和广度赋予了天台县极大的文化自信和底气。这些系统专业的研究,有助于深入挖掘天台唐诗文化,解码唐诗文化基因,从物质要素、精神要素、语言和符号要素等维度进行研究分析,有助于提炼最具价值、最为核心的文化基因,为文旅融合打下了坚实的文化基础,构筑起天台唐诗特色文旅融合发展的核心竞争力。

---

① 来源:《天台山浙东唐诗之路目的地规划》。

（二）加强浙东唐诗之路文化遗产发掘和保护，为文旅融合提供物质载体

近年来，天台全面梳理沿线名人名居、名城古镇、历史文化街区等遗存情况，健全文化遗产保护体系，对"浙东唐诗之路"沿线中具有历史文化价值的村落、建筑、桥梁、驿道等进行登记，并逐步启动重点保护与修缮工程。目前，天台唐诗之路沿线记录在册的不可移动文物有431处。[①]

《天台县打造"浙东唐诗之路"目的地三年行动计划（2020—2022）》中提到下一阶段将全面开展诗路遗产调查，系统梳理沿线司马悔山、司马悔桥、洞天宫等诗路文化遗址遗迹，进行物化标识，加强保护，力争将天台山摩崖石刻等列入国家级文保，与相关县市区合力推动浙东唐诗之路申报世界遗产。

对诗路古道旁的历史遗存进行挖掘、登记、保护与修缮，为当地的文旅融合提供了广泛的物质载体。

（三）以重大文旅项目为抓手，坚持融入式建设，物化打造诗路明珠

天台把"唐诗之路"建设提到文旅名县的战略高度，牢牢把握"物化、活化、产业化"三个关键点，以唐诗之路为主线，串联山水人文，展示唐诗元素大花园，重点推进唐诗之路目的地，形成"一廊一馆两重点三小镇"格局。一廊一馆，即结合始丰溪流域综合治理项目，修建"百里和合唐诗廊"，营造"百里游廊千首诗"景象；筹建唐诗之路博物馆，集中展示诗路文化；两重点，一是聚力大琼台核心景区建设，通过景区唐诗文化和仙道文化的物化、活化和大瀑布流态改造，恢复"中华第一高瀑"，打造极具视觉震撼力和文化影响力的核心龙头景区；二是启动"诗路文化"再现工程，实景重塑司马承祯、李白等诗路文化印记。三小镇，即对接浙江名山"十大公园"建设，打造云端唐诗小镇、和合小镇、寒山文旅小镇。其中"云端唐诗小镇"，将唐诗元素融入小镇的日常生活中；寒山小镇依托隐居天台70多年的唐代诗僧寒山子及寒岩、明岩等景区资源优势，建设寒明岩景区、寒山文化园，融合周边村庄、生态特色，发展乡村精品民宿和田园游乐产品。另外，天台还谋划唐诗之路景区化公路，贯通各大知名景点，打造"一诗一景点"，并计划投资3亿元，推进大国赤、大石华景区的"诗路文化"再现工程。通过刻石立碑、建馆塑像、建立唐诗书院等方式，使"诗路文化"在景区再现。

---

① 来源：《天台山浙东唐诗之路目的地规划》。

《天台"浙东唐诗之路"目的地三年工作计划》中共谋划重点项目 19 个,总投资约 148.6 亿元,其中天台山和合小镇建设项目、天台山景区改造提升工程、石梁唐诗云端小镇、天台始丰溪和合文化唐诗廊、天台寒山古道、张思村提升项目等 6 个重点项目入选浙江省诗路文化带重大标志性项目库。

天台以项目为基石,将诗路建设融入景区建设、美丽乡村、美丽城镇、美丽公路、美丽河湖、特色小镇建设中,高水平打造一批可看、可听、可学、可体验的重大文旅项目。这些重大文旅项目的落地建设,加快了唐诗物化的步伐,大大推进了天台旅游建设进程,为之后的文旅融合旅游产品的推出奠定了良好基础。

(四)坚持多样化文旅融合特色产品开发,诗路产品遍地开花

1."文化+研学+旅游",推出诗路研学研修产品

近年来,天台依托得天独厚的文旅资源,以研学《徐霞客游记》和浙东唐诗之路为突破口,优化顶层设计,有效整合资源,以和合文化、唐诗文化、霞客文化等为主题,设计营地辐射式和主题串连式的研学实践路线,供不同年龄学生进行"菜单式"选择。2019 年,天台山优秀传统文化研学旅行基地(浙东唐诗之路)荣获浙江省首批中小学省级研学基地。县旅游集团推出了 7 条研学实践路线,其中就包括"游学唐诗路,人生三大礼"的唐诗之路游学体验之旅。台州市唐诗之路研究院研讨会暨课题论证会在天台和合小镇唐诗之路文化体验中心召开,唐诗文化与研学引发市、县专家学者们热议。同时,县教育、旅游部门深度融合,共同开发研学实践课程,将研学实践点串点成线。《重走霞客古道·品读霞客游记》《游天台神秀山水·品唐诗和美韵味》《走进和合圣地·研修和合智慧》《天台山和合文化》等系列教材相继面市。"小霞客走天台""小李白走诗路""唐诗流韵""儒学六艺"等主题鲜明的研学特色课程带给孩子们独特的文化体验。

2."文化+旅游+演艺",开发诗情旅游演艺产品

2017 年,根据国家级非遗项目《刘阮传说》改编的《天台遇仙记》旅游演艺舞台剧项目启动。2018 年,《天台遇仙记》在指向艺术中心音乐剧场举行了首演。游客来到天台,不仅可以观赏美景,也可以看好看的故事,品味天台山和合文化和唐诗文化。"旅游+演艺"的全新模式,开启了天台文化旅游发展的新局面。下一阶段,天台将继续深入挖掘特色民俗、奇山秀水等资源,有机结合唐诗文化主题,开发特色文化演艺、影视动漫两大产品。一是依托天台山唐诗文化资源,结合宫观寺庙、爱情传说和非遗传承等,打造唐诗之路实景演出、音乐会,创编"和合圆融·天台山

佛道音乐会",开发大瀑布行进式演艺项目。二是挖掘佛道文化精髓,围绕唐诗之路及相关主题,依托独特的景观源、文化底蕴和天台山影视文化小镇平台,开发天台山诗词大会等一批文化综艺节目,与央视合作继续编创大型动画《小济公》,投资、出品一批以浙东唐诗之路、和合圣地、佛宗道源等为主题的电影、电视剧、动漫等影视文化作品。

3."文化＋旅游＋体验",开发诗性文化体验产品

天台成立了浙东唐诗之路文化体验中心,唐诗讲堂、唐诗吟诵、唐诗活字印刷、拓片等丰富的体验活动,让这里成为游客的必到之地和学生们的研学基地。"天台度过"作为旅游文化综合体验平台,现有"天台度过"和合雅集、澜山书院、慢布工作室、东方生活美学、研学体验、文化游学等项目运营,为游客带来不同的文化体验。接下来,天台将继续挖掘和合文化、民俗文化、农耕文化等内涵,积极融入唐诗文化元素,开发诗性和合文化体验、特色民俗体验和户外田园体验三大产品。一是依托和合文化遗存、和合人间博物馆及和合小镇等平台,推进和合文化理论研讨、价值引领、地标建设,积极开发和合文化遗存鉴赏、和合文化体验、和合文化交流等产品。二是挖掘爱情、祈福、美食、茶祖、非遗等特色民俗文化内涵,依托"刘阮遇仙传说"、天台高山茶园等资源与平台,积极开发民俗非遗体验、高山云雾茶品鉴、美食鉴赏等产品。三是依托唐诗古道、乡村绿道资源以及寒山国家田园综合体、南屏梯田花海农业公园、平桥创意农业园等集农业、科教、旅游观光于一体的田园综合体,积极开发徒步穿越、绿道骑行、汽车运动、水上皮划艇、山地户外运动、农事体验等产品。

4."文化＋养生",开发诗意休闲养生产品

天台以历代诗人行迹为线索,在全域旅游战略指导下,依托天台山等知名景区景点、特色乡村资源等,开发名山名景观光、康体养生度假、古镇古村落休闲三大产品。一是以"佛宗道源"深厚的文化底蕴、优美的生态环境等元素为核心,以天台山国家级风景名胜区、苍山云雾石海度假区、和合小镇、云端小镇、桃源小镇等为平台,开发名山观光、古道探秘、小镇游览等为内容的名山名景观光产品体系。二是以"五养天台"为导向,依托天台山、国清寺、桐柏宫、紫凝山谷养生度假区、天台当药等资源,开发养生禅修、养生悟道、易筋经养生、乌药中医养生、养生素食等康养度假产品。三是依托三合、街头平桥、南屏和坦头传统民居和古村落聚集资源,积极开发民宿体验、古镇古村观光、亲子娱乐、农旅休闲等古镇古村休闲产品。

（五）打造多种平台载体，为文旅融合插上腾飞翅膀

天台除了创建一批文旅融合特色小镇，建设一批文旅主题景区外，还打造了多样化的平台，为文旅融合提供了更多载体。

1.谋划了一批文旅研学基地（营地）

天台以唐诗之路、和合文化、三教合一等内涵及天台丰富的研学旅游资源为依托，以专业化、智慧化为重要手段，以建设浙江省研学基地（营地）综合体、长三角研学基地（营地）首选地、国家级研学基地（营地）示范地为目标，打造"4＋7＋X"文旅研学基地（营地）平台体系。包括4个研学营地（台岳书院、和合书院、寒山书院、明达书院）、7个研学基地（唐诗小镇基地、和合小镇基地、唐诗之路露营基地等），以及设立在天台山大瀑布、济公故里、天台博物馆中的多个体验点、示范点。研发了一系列研学旅行课程、产品和路线，并重点开发品味唐诗美韵、重走霞客古道、天台山和合文化、体验生态经济等主题研学课程。按"课程体系—课程模块—课程群"组织设计课程体系，将课程分为室内公共课程模块、室内专业课程模块、户外游学课程模块、户外实践课程模块，每个课程由相应的课程群组成。

2.深耕一批文旅特色乡村

围绕让乡村唤醒乡愁、留住记忆，结合乡村特色文化，差异化打造一批文旅特色乡村。其中唐诗集云村深挖唐诗文化元素，在村庄建设中挖掘、充实唐诗元素，并融入景观打造、业态培育等，加快建设太白酒楼、唐诗拾遗馆、唐诗主题公园等文旅空间。

3.提升一批文旅融合体验馆

围绕"内容为王"发展导向，重点提升和建设一批民间展览馆和民俗展示馆。加快和合文化博物馆、唐诗之路博物馆等内容展示策划，启动建设天台山文化博物馆，融入"十地"文化元素，做到"见物见人见生活"。完善已建成博物馆功能，引导和合人间文化园继续深挖寒山拾得文化，发挥上千件藏品及满堂红民俗馆的作用，打造"和合人间"品牌，带领游客体验"和合之旅"。加快筹建唐诗博物馆等10余处博物馆、艺术馆，培育一批雕塑类本土博物馆、艺术馆。招引一批外来收藏家建馆设展，满足游客文化体验需求，形成新的文化旅游吸引点。

4.培育一批文旅主题民宿

围绕推动"民宿"向"文宿"转变，发挥寒山隐逸为主题的"寒山居"、禅意风为主

题的"舍不得"、养心发呆为主题的"风来半山"等已建成高端民宿的带动作用,推进农房流转和下山移民,推动整村流转、整村开发,破解项目土地制约。挖掘桐柏道教文化资源,依托高道驻锡、隐逸地的优势,打造"和合山居"品牌民宿,加快道教养生主题的"云边—村宿"和"观云"唐诗民宿建设。

5.打造一批文旅融合精品线路

围绕文化为魂、串珠成链总体要求,重点谋划打造文化主题、乡村文旅、主题研学三类文旅融合精品线路。以主题文化体验为导向,串联相关文旅景区景点,重点打造新天仙配·唐诗之路、和合佛道文化体验、山水文化体验、文化养生度假、文体运动休闲、田园文化体验六大类主题游线。围绕可游、可学、可研、可做、可秀的总体要求,以具有天台文化典型意义的旅游景点为依托,设计唐诗之路与霞客古道、农耕文化、和合文化、生态经济、红色文化等主题研学旅行线路。

(六)体制机制灵活,为文旅融合提供坚实保障

1.管理机制

天台全面确立了县乡村三级联动的文旅管理机制,实行由县政府主要领导主管文旅工作,一名县委常委专职分管的体制。在各乡镇(街道)和旅游重点村分别设立文旅委和文旅办,乡镇书记和村支书分别任文旅委、文旅办主任。赋予县文旅局在项目规划审查上的"一票否决"权,对不同项目情况部分简化审批流程,部分实行备案制,不再进行审批。在原先"1+3+X"旅游综合管理体制基础上进一步深化文化旅游综合监管体制,以县文旅局为中心,组建技术团队,成立文旅警察、文旅巡回法庭、文旅综合执法办公室,推动文化旅游与公安、市监、交通等部门快速联勤联动,实现从景点景区围墙内的"民团式"治安管理向全域文化旅游依法治理转变。探索推行文旅行业安全监管片区长制,将行业管理融入网格建设,形成条块链整体作战的格局,设立首席安全官,保障行业安全。

2.开放合作机制

建立长三角重点城市文旅交流合作机制,积极主动融入长三角文旅产业联盟,加强与上海、苏州、杭州、常州等长三角重点城市的合作交流,引导文旅相关产业向天台阶梯转移和集聚,推进区域客源互送、市场共拓。建立周边县市区域文旅交流合作机制,充分发挥唐诗之路黄金旅游线联盟的作用,加强与绍兴柯桥、嵊州等浙东唐诗之路沿线八地的合作,各方共同打造世界级的"浙东唐诗之路"黄金游线品

牌。联合周边县市建立联合推广营销机制,积极开展"重走唐诗路""共吟唐诗"为代表的品牌营销活动。

3.要素保障机制

土地使用上,积极争取把重大文化旅游项目纳入县级以上重点项目盘子,对列入县级重点项目的用地实行一事一议,优先使用浙江省下达新增建设用地计划;对利用荒地、荒坡、荒滩、垃圾场、废弃矿山开发文化旅游项目的,给予政策扶持。财政上,以政府和知名文旅集团合作方式,共同设立天台文化旅游发展基金,重点支持重大文化旅游项目和基础设施建设;在文旅特色小镇、主题景区建设等领域积极推行 PPP 模式,实施一批文旅 PPP 项目;加大对文化旅游融合发展成效突出的重大项目、已落实财政资金的重点旅游项目、小微文化旅游企业的信贷投放。人才引进培养上,推进天台县校地合作机制,积极与中国美术学院、浙江大学、台州学院等高校对接,建立文化旅游类产教融合基地,打通高校优质资源下沉通道;深化文旅名家工作室做法,常态化引进一批文旅名家和领军人才,助力天台文旅创业创新;强化文旅发展人才培养机制,扶持天台大中专旅游专业发展,重点培养文旅策划、营销、管理以及高端创意人才。

三、发展成效

（一）文旅领域改革试点成效显著

近年来,天台承担了多项国家级、省级的示范试点工作,如国家首批全域旅游示范区创建单位、浙江省旅游统计改革试点、旅游综合改革试点、浙江省中小学生研学旅行工作试点等。改革试点效果良好,率先在全省整体推进"唐诗之路一霞客古道"研学基地(营地)建设,参与台州市创成第三批国家公共文化服务体系示范区,并获浙江省文旅厅通报表扬。同时,配套出台了系列政策,有效促进了文旅产业发展和要素保障。

（二）以唐诗之路为载体的经济带初步形成

天台近年来坚持"文旅兴县"不动摇,推出以研学游、考古游、体验游、修心游等为主要内容的"跟着唐诗游天台"旅游项目,吸引了众多的海内外游客重游唐诗之路。与唐诗配套的文化体验旅游、旅游文创产品受到了工商资本的青睐,有以天台山云雾茶、铁皮石斛、乌药等系列产品为主的旅游礼品,拉长了旅游商品链。

（三）基本确立"浙东唐诗之路目的地"品牌

上榜长三角"十大名山"榜单,获得浙江省首批"浙江文化印记"荣誉,获评国家级生态文明建设示范县、中国最美县域、浙江省美丽乡村示范县、浙江省首批大花园典型示范建设单位,连续三年获评中国县域旅游竞争力百强县、浙江省文旅产业融合发展十佳县,入围 2020 年全国县域投资潜力百强县。天台山景区入选国家 5A 级景区综合影响力 50 强、云端唐诗小镇成功创建浙江省级旅游风情小镇、石梁镇创成浙江省首批 5A 级景区镇。"名山公园"加快建设,创成浙江省诗词之乡,获评全国、全省中小学生研学实践教育基地,列入浙江省"诗路黄金旅游线",入围浙江省首批诗路旅游目的地培育名单。

（四）旅游人次和旅游收入创下新高

2019 年全县接待游客 2100 万人,同比增长 10.7%;旅游经济总收入 234.7 亿元,同比增长 12%。[①]

第二节　新昌:文旅融合的全域实现路径

新昌县,隶属浙江省绍兴市,地处浙江省东部,东与宁波市奉化区、宁波市宁海县交界,南边与台州市天台县交界,西南与金华市东阳市、金华市磐安县交界,西、北两面与嵊州市交界,与嵊州市同属新嵊盆地,全县陆域面积 1212.7 平方公里。近几年来,新昌县以唐诗文化为引领,全局规划、全域推进文化旅游融合与高质量发展,相继创建为浙江省全域旅游示范县、首批大花园典型示范建设单位,荣获"最美中国文化旅游县"和"绿水青山就是金山银山"实践创新基地。

一、基本情况

新昌县历史悠久、物华天宝,是中国山水诗、山水画的发源地,也是浙东唐诗之路、佛教之旅、茶道之源的精华所在,自然山水资源丰富,人文风貌独特,素有"东南眉目"之称。新昌的文旅融合具有多方面优势。

一是自然生态环境良好。新昌是浙闽低山丘陵的一部分。东部以低山丘陵为主,主要高峰海拔均在 800 米以上,中部多为 300 米以下的丘陵台地,自南向北梯级下降,西北部为河谷与低丘地相间分布。生态林覆盖密度高、茶园广袤依山起伏、台地和缓坡连绵是新昌山地生态景观的写照。全县水资源丰富,境内溪江支流纵横密布,澄潭江、新昌江、黄泽江三大主要河流呈折扇形流向西北注入曹娥江,县

---

① 来源:浙江省发展和改革委员会官方微信《全省大花园建设最佳实践|天台县文旅融合赋能 再绘诗画新卷》。

境流域面积 1209 平方公里,有大小支流 73 条。好山好水好空气,新昌是全国生态文明建设示范县、全国"两山"发展百强县、国家级生态县,浙江省第三批"绿水青山就是金山银山"实践创新基地。新昌的生态环境美不仅有"天蓝水碧"的直观体验,还得到了国家层面的最高认证:2014 年、2017 年两度捧得全省"五水共治"优秀县"大禹鼎";荣获全国首批"国家生态文明建设示范县""两美浙江特色体验地"称号,成为绍兴地区唯一获此殊荣的县(市、区)。

二是文化积淀传颂千年。新昌传统文化资源丰富,许多中国山水诗、山水画于新昌诞生,其中唐诗文化、佛教文化、茶文化是代表文化。新昌是浙东唐诗之路的重要一站,素有"一座天姥山,半部全唐诗"之称。据不完全统计,单是唐代诗人中到过天姥山的就多达 450 余人,占《全唐诗》中诗人的五分之一,其中包括李白、孟浩然、杜甫、白居易、杜牧等。他们寄情山水,留下有关浙东唐诗之路的诗篇达1500 多首,他们所走的水路和陆路至今仍有众多历史遗存。新昌江是条古代航道,当年唐代诗人前往新昌(剡东)游历天姥山所走的水路正是这条航道;李白的《梦游天姥吟留别》一诗中的天姥山,至今遍布着很多古驿站和古驿道;刘阮遇仙处、迎仙桥、司马悔桥、横板桥、冷水铺、谢公古道等连接而成的陆路古驿道遍布县境内村落。除唐诗文化外,新昌佛教文化历史悠久,茶文化优势突出,是佛教中国化发祥地,是中国茶文化之乡、茶道之源,地方文化资源极具开发潜力。

三是诗路研究成果丰硕。20 世纪 90 年代初,新昌学者兼社会活动家竺岳兵先生首先提出了"浙东唐诗之路"的概念,1993 年 8 月,中国唐代文学学会正式发文批准"浙东唐诗之路"的专用名称。自此之后,在新昌召开了 6 次全国性和国际性的唐诗之路研究会。2012 年,新昌正式成立了"唐诗之路研究中心",兴起唐诗文化研究、保护与利用的热潮。截至 2018 年底,该县研究人员就已经正式出版专业著作 14 本,发表相关论文 400 多篇,累计拍摄制作《浙东唐诗之路专题片》等人文地理片 30 多部。这些研究成果为新昌开展浙东唐诗之路文旅融合奠定了坚实的理论基础。

四是区域经济实力强劲。2019 年,新昌实现生产总值 451.46 亿元,按可比价计算比上年增长 6.3%。全县人均生产总值为 103962 元,折合 15070 美元,比上年增加 453 美元。2019 年,新昌的上市公司数量达到了 10 家;全县共有 188 家企业列入国家高新技术企业,是全国科技进步示范县,也是浙江首个县域综合性的科技改革试点。新昌县综合实力位居 2019 年全国综合竞争力百强县(市)第 61 位,全国县域经济综合竞争力百强县第 81 位。强劲的区域经济实力为新昌的文旅产业发展提供了经济基础。

二、主要做法

（一）目标为核，创新体制机制

早在 2018 年，新昌县就提出了文旅融合样板地建设。浙江省委省政府作出诗路文化工程建设决策部署后，更是提出了新昌旅游发展的目标，即以打造"浙东唐诗名城"为主题，争创首批 5A 级景区城，深度参与浙东唐诗之路黄金旅游带建设，创成国家全域旅游示范区，打造成为浙东唐诗之路上璀璨的明珠、浙江大花园建设的重要目的地。围绕这一核心目标，从县级层面进行战略部署，完善文旅融合的各项体制机制。

具体做法包括：一是完善管理体制。成立由县主要领导挂帅的工作领导小组，形成了文旅局、旅游集团、天姥山文旅发展中心"三驾马车"促发展的格局，强力领导、合力推进的机制高效运行。二是重视顶层设计。统筹编制《新昌浙东唐诗之路战略规划》《新昌县全域旅游发展行动计划（2019－2022）》《新昌县天姥山旅游区总体规划》等多项文化旅游规划，统筹盘活资源，串珠成链，打造全景新昌，把李白心中的"梦游地"建成游客向往的实景地。三是落实政策保障。每年安排专项资金 1.5 亿元，带动各线资金 30 亿元统筹用于全域旅游发展。① 四是创新经营机制。制定实施《新昌县闲置农房激活工作三年行动计划（2018－2020）》，以空倒房整治、民宿经营、改造利用等为抓手，通过探索农房入股、村庄联动抱团、多方共建共享、"村集体＋农户自主联动"等方式，实现了儒岙镇尚诗堂·天姥山居整村激活、镜岭镇安山十八灶村户自主激活、镜岭镇溪西里民宿统一收储激活、沙溪镇生田社生活实验室大学生返乡激活、回山镇蟠龙客栈以房入股激活、东茗乡"两岩两山两坑"联动抱团激活、小将镇共享小院激活、巧英乡巧云居社团参与激活等多种激活模式，盘活农村资源，创新文旅产业发展。

（二）保护为基，整合诗路资源

重视对自然及历史文化资源的保护。自然保护方面，坚持绿色发展，重视生态环境保护，为唐诗之路的文旅融合发展筑牢生态基底。历史文化资源保护方面，贯彻"保护为主、抢救第一、合理利用、加强管理"的工作方针，出台了《关于打造"浙东

---

① 张林勇：《打造唐诗文化名城，彰显东南山水眉目——大花园建设的新昌实践与思考》，《今日新昌》2020 年 11 月 1 日第 7 版。

唐诗之路精华地"的实施意见》,实施规划、研究、保护、利用、宣传五大工程,科学地进行唐诗之路沿线文化遗产资源整合。围绕陆上"唐诗之路"和水上"唐诗之路"两条线路,对诗路新昌段沿线具有历史文化价值的村落、建筑、民居、桥梁等进行重点修缮和保护,修缮及复建唐诗之路古驿道,谋划天姥寺、沃洲山禅院等重要节点寺(馆)重建,推进儒岙镇等唐诗风情小镇和班竹村、横板桥村等唐诗风情村建设,保护和开发新昌特色美食、新昌调腔、新昌砖雕等非遗文化,积极申报《刘阮传说》等国家非物质文化遗产项目。

(三)项目为主,落地唐诗文化

以"筑梦新昌唐诗城、寻梦唐诗天姥山、追梦唐诗十九峰、缘梦唐诗大佛寺"为主题,分别投资 60 亿建设天姥山景区开发工程项目、投资 66 亿元推进浙东唐诗名城 5A 级景区城创建工程建设、投资 47 亿打造丹霞风情旅游综合体。实施旅游业招商"一号工程",大力开展文旅招商推介,通过"走出去,请进来"等方式开展精准招商;举办 2020 年"缘来新昌"云招商推介活动;与康力电梯、张家界天门山旅游集团以"云签约"的方式,远程签署十九峰户外体验项目战略合作协议,计划总投资 10 亿元;招引安缇缦生态旅游度假区、开元乡村旅游度假综合体、"狐巴巴"星球乐园、三花"云水禅居"养生度假谷等高端文旅项目。同时,积极赴上海、苏州等城市开展招商推介,赴丽水市景宁县学习考察景区城创建等相关工作。

(四)唐诗为魂,点亮产业链条

因地制宜,做足唐诗文章,将唐诗文化与新昌地域特色文化相结合,打造集吃、住、游、购、娱于一体的文旅产业链条,为文旅产业融合发展注入灵魂。吃的方面,将唐诗文化与新昌特色美食结合,推出"天姥唐诗宴"。厨师团队结合新昌特色美食研发菜品,文史专家结合菜品取唐诗赋名,让地道的新昌味既接地气,又充满诗意(参见表 7-5):"天姥连天向天横"是新昌炒年糕,炒年糕呈条状,层层叠叠似天姥山;"茶炉天姥客"是天姥工夫茶;"飞流直下三千尺"是新昌汤榨面;"剡溪一醉十年事"是笋干菜蒸河虾……一道菜就是一首诗,游客吃的不仅仅是菜,还有唐代诗人在新昌留下的气韵与绝响。此外,还对炒年糕等十大新昌小吃立项,每年下拨 1000 万元专项资金用于扶持品牌建设、人才队伍培养等。住的方面,以多种模式激活闲置农房,打造出系列唐诗文化主题的民宿,代表性民宿如儒岙镇尚诗堂·天姥山居、镜岭镇溪西里民宿、回山镇蟠龙客栈、七星街道元呑村百丈风情等。游的方面,以十二时辰为时间轴线,整合全域旅游资源、产品,形成游览新昌一日的典型日程安排。购的方面,以天姥农味为品牌,将新昌小京生、大佛龙井、玉米饼等新昌特色农产品打造为旅游必购商品。娱的方面,以李白名诗《梦游天姥吟留别》为主素材,开发原创大型行进式文旅演出《诗路芳菲·梦游天姥》,以诗舞、诗乐、诗茶、诗戏的形式,从盛世大唐的浮华追忆,临经自古"从剡如流"的浙东唐诗之路,飞向"梦游天姥"的新昌月。由此,形成了吃有"天姥唐诗宴"、住有"天姥山居"、游有"新昌十二时辰"、购有"天姥农味"、娱有"诗路芳菲"的特色文旅产业链。

表 7-5　新昌天姥唐诗宴菜点与唐诗

类别	菜名	唐诗别称	唐诗出处
头菜	天姥工夫茶	茶炉天姥客	温庭筠《宿一公精舍》
热菜	石城依云豆腐	千金散尽还复来	李白《将进酒》
	农家玉米饼	满城尽带黄金甲	黄巢《不第后赋菊》
	豆腐干小炒	何人不起故园情	李白《春夜洛城闻笛》
	农家土粉皮	春溪绿色藏应难	方干《叙雪献员外》
主菜	笋干菜蒸河虾	剡溪一醉十年事	许浑《对雪·云度龙山暗倚城》
	清蒸长诏大鱼头	此行不为鲈鱼脍	李白《秋下荆门》
	老鸭田螺锅	银鸭金鹅言待谁	陈陶《将进酒》
	清蒸回山茭白	越女天下白	杜甫《壮游》
	咸肉蒸边笋	未缘春笋钻墙破	薛涛《十离诗·竹离亭》
特色菜	新昌芋饺	荷花镜里香	李白《别储邕之剡中》
	新昌炒年糕	天姥连天向天横	李白《梦游天姥吟留别》
	新昌汤榨面	飞流直下三千尺	李白《望庐山瀑布》
	新昌麦糕	身登青云梯	李白《梦游天姥吟留别》
水果	饭后果盘	谁收春色将归去	韩愈《晚春二首·其二》

资料来源:笔者根据网络资料自行整理。

（五）宣传为媒,塑造诗路品牌

文旅 IP 打造方面,创新设计以唐代书生为原型的李梦白 IP 形象。注重 IP 运营规划,包括 IP 表情包、IP 漫画、IP 主题网络产品、游戏、景区 IP 植入、文化活动 IP 推广、IP 文创产品开发、IP 品牌授权等方面,将浙东唐诗之路形象以生动有趣的形式推向年轻人群体,形成良好的互动和循环。文旅宣传活动方面,举办全省唐诗之路主题系列活动、《浙东唐诗之路》大型咏诵交响音乐会、抖音唐诗大赛、"全民诵唐诗"、唐诗"五进"、环浙骑游·唐诗之路新昌站、《中国诗词大会》浙江赛区(新昌)选拔赛、"诗路芳菲"行游唐诗之路暨纪念尹桂芳诞辰百年专场演出、"2019 诗画新昌·天姥文化季"(包含氧气音乐节、唐诗之路国际越野赛等 11 项子活动)等活动。对外宣传推广方面,加大对外推介,举办长三角重点城市唐诗之路推介会,引进优质项目;编排以《梦游天姥吟留别》等有关唐诗或者天姥山文化为主题的调腔新戏。区域合作宣传方面,加强区域协作联动,开展"三诗联姻"(以边塞诗为代表的甘肃敦煌、以宫廷诗为代表的西安未央、以山水诗为代表的浙江新昌"三地三诗"签约),联手打造"诗路一号产品",推动"丝绸之路"与"唐诗之路"良性互动,携手为重现中国千年诗路发力;与嵊州、天台等唐诗之路沿线县市联合申报"浙东唐诗之路"为中国文化遗产;深化"唐诗为媒,新天仙配"黄金旅游线。

三、发展成效

(一)绿水青山依旧,生态文明持续夯实

通过大力实施"百村成景"行动,加强生态环境整治提升,城乡面貌再展新颜。2020 年 1—6 月,全县空气优良率 97%,PM2.5 均值浓度为 $27\mu g/m^3$,上榜 2020 年中国县域全生态百优榜(全省 15 个),镜岭镇作为"千万工程"五个代表之一获得联合国最高环境荣誉"地球卫士奖"。

(二)全域景区显现,诗路品牌日渐响亮

2019 年,成功创建 4A 级景区城、A 级景区镇 10 个、A 级景区村庄 165 个。现有省级旅游风情小镇 4 个、3A 级景区村 22 个、省 A 级以上景区村 165 个。唐诗公园已建成开放,唐诗广场已完成形象工程,历史文化街区已启动建设,安岚度假酒店、安缇缦生态康养度假区、狐巴巴主题乐园、开元芳草地等旅游招商项目相继落地。班竹村、横板桥村等一批诗路古村、唐诗风情村、唐诗文化驿站得到保护开发,尚诗堂、悠见南山等一批高端文化体验民宿得到建设,唐诗文化在整个文旅产业链中得以渗透,诗路品牌影响力日益扩大。

(三)金山银山可期,文旅经济持续增长

随着诗路品牌的提升,旅游业态不断丰富,市场活力不断释放。2019 年,全县

接待游客 1816 万人次,实现旅游总收入 159 亿元,分别增长 13.0％和 13.3％。2017—2019 年,全县共接待游客 4818.87 万人次,年均增长 15.27％;实现旅游总收入 420.23 亿元,年均增长 16.06％。2019 年,新昌县全面消除村级集体经济年收入低于 20 万元、经营性收入低于 6 万元的薄弱村,农村居民人均可支配收入增幅连续 14 年高于城镇居民。

（四）主客共享有声,群众幸福感不断增强

通过全域景区城的建设,城区生态环境、基础设施等得到显著提升和完善,鼓山公园、大佛寺、江滨公园等成为县内居民日常休闲的高频去处。通过激活空闲农房打造一大批高端民宿等,带动了农村就业、农户增收,例如,出现了"七间半""悠见南山""溪西里""立德书院""十里云上"等一大批高端民宿,还出现了"尚诗堂""生田社""拨云间""山中来信"等整个自然村激活的典范,这些充满诗情诗景的文旅项目,每年带动村集体和农户增收近 8000 万元;羽林街道枫家潭村通过旅游项目建设小木屋出租,当年就获得 25.3 万元的经营性收入。通过文旅企业带动的特色农产品销售,帮助东茗乡后岱山村 21 户低收入农户脱贫;镜岭镇安山村发展乡村旅游,实现茶叶销售不出村,全村茶农收益超过 2000 万元。在发展文旅产业的同时,不仅满足了游客的需求,而且提升了当地居民的生活幸福感,促进了乡村振兴,主客共建共享氛围日益浓厚,人民追求美好生活的需求不断得到满足。

第三节　柯桥:文化旅游的多元融合典范

柯桥隶属绍兴市,素有"东方威尼斯"之美称,是中国著名的水乡、桥乡、酒乡、书法之乡、戏曲之乡和名士之乡。拥有亚洲最大的布匹集散中心——中国轻纺城,曾连续多年位列全国县域经济基本竞争力十强,连续多次荣获"中国全面小康十大示范县"称号。柯桥充分利用传统优势产业纺织业的文化积淀,实现了旅游与纺织文化、时尚文化、酒文化、水文化等的多元融合发展。

一、基本情况

（一）地理位置与历史沿革

柯桥由原绍兴县撤县设区而成,是绍兴大城市建设的重要组成部分,区域面积 1040 平方公里,常住人口约 100 万人。下辖 16 个镇街,拥有 1 个国家级开发区——柯桥经济技术开发区,1 个国家级文化旅游融合发展示范区——绍兴兰亭文化旅游度假区,2 个省级开发区——滨海工业区、鉴湖旅游度假区。柯桥地处长三角南翼,浙江省中北部,位于杭州 0.5 小时经济圈和上海 1.5 小时交通圈,是绍兴接轨沪杭都市圈的桥头堡,杭州宁波一体化发展的关键节点区,区位优势明显。①

柯桥历史悠久。新石器时代,境内就有人类繁衍生息。传说时代,尚存舜、禹遗迹。春秋战国时期是越国基地。秦行郡县,始置山阴县。南朝陈时,析为山阴、会稽两县,同城而治。民国建元,撤府建县,合二而一,统名绍兴。因山阴、会稽、绍兴,自东汉永建四年(129)起,向为会稽郡治、越州州治、绍兴府(路)治、绍兴市(专署)治所在地,故"绍兴"既泛指郡、州、府、市,其辖区时有变动;亦专指越国都城和山阴、会稽及柯桥区。其基本地域和治所,历经近 2500 年基本不变。而文献史册中郡、县难分,多以县显而名闻全国,远播世界。1982 年 2 月 8 日,国务院公布绍兴为全国第一批 24 个历史文化名城之一。1983 年 7 月,国务院批准实行市管县体制,撤绍兴地区行政公署,设绍兴市(地级),撤县级市,恢复为绍兴县,驻市。2001年,绍兴县治迁至柯桥。2013 年 10 月,撤销绍兴县,设立绍兴市柯桥区②。

(二)经济与城乡建设情况

1. 经济建设

2019 年,生产总值突破 1500 亿元,增长 8%;一般公共预算收入完成省控指标131.4 亿元,增长 4%;全员劳动生产率提高 8%,R&D(研究与试验发展)经费支出占比达到 2.65%;城乡常住居民人均可支配收入分别增长 8.2%、9.2%;城镇登记失业率 2.05%;完成上级下达的节能减排任务。综合实力居全国百强区第 11 位,比上年再提升一位。

营商环境。深化"三服务",推进"最多跑一次"改革,22 个年度重点改革项目取得突破。企业投资项目审批集成式改革实现从立项到验收全过程审批"最多 90天"。实到外资 4 亿美元,引进内资 110.9 亿元。

对标"绿色高端、世界领先",改造提升全域印染企业,成功创建省先进印染制造业创新中心。建成省级小微企业园 6 个,新集聚入园企业 548 家,整治落后产能企业 56 家。实施"双倍增"计划,新增高新技术企业 95 家、省级企业研发机构 13

---

① 今日柯桥,绍兴市柯桥区人民政府网站,http://www. kq. gov. cn/art/2018/6/7/art_1488935_18475612.html。

② 柯桥历史,绍兴市柯桥区人民政府网站,http://www. kq. gov. cn/art/2019/9/4/art_1488936_22553651.html。

家,入选省科技型中小企业 251 家,新获授权发明专利 550 件。新增"浙江制造"标准 6 个、"品字标"企业 5 家、"浙江制造"精品 8 项。

出台数字经济五年倍增计划。新建 5G 网络基站 16 个,率先在纺织领域试点 5G 商用。新增工业机器人 250 台,累计企业上云 9000 家,数字经济核心产业增加值增长 15%。建筑产业现代化领跑全国,全区新建项目装配式建筑占比提高到 37%,实现产值 677 亿元,增长 30.2%,农村钢结构装配式住宅成为全国试点。

社会消费品零售总额增长 10%。新增税收超千万元楼宇 32 幢,楼宇税收增长 18.4%。成功举办第二届世界布商大会、亚洲纺织大会等重大活动,会展收入增长 10.3%,获评辉煌 70 年中国最具影响力会展名区。[①]

2. 城乡建设

城市建成区扩展到 77 平方公里。实施小赭等城中村拆改,全年拆迁 120 万平方米,"三改"360 万平方米。打造"融杭接沪示范区",与杭州萧山、宁波北仑签订友好城区战略合作协议。探索"萧山—柯桥政务服务一体化"模式。杭绍城际轨道交通全速推进,杭州中环柯桥段开工建设,启动杭甬高速柯桥互通改造,安昌北路接萧山段正在加快打通,实施杭金衢与杭绍台高速连接线、31 省道北延等融杭工程。开通钱清到宁波的城际客运班列。开展融杭经济区空间规划研究,启动省"千人计划"绍兴产业园柯西园建设。建成树人大学杨汛桥校区二期。引进浙江大学医学院附属第一医院、浙江大学医学院附属儿童医院等优质医疗资源,共建名医工作室 20 个。

建成景观亮化一期工程,城市夜景更加绚丽。智慧城管扩面到柯南,处置违建 208.7 万平方米。深化交通治堵,推动智慧治理,城区主要路口通行率提高 10.4%。打造更多地标,开建总面积 30 万平方米的绍兴国际会展中心,1 号馆当年开工当年投用;216 米中纺时代大厦主体结顶,318 米绍兴龙之梦加快建设,218 米温德姆酒店打桩施工,柯桥更具国际范。高标准建设和管理社区,创建五星达标社区 21 个、和美家园社区 4 个。

建成"千万工程"升级版。累计打造五星达标村 166 个、3A 级景区化示范村 16 个,农村人居环境整治综合测评全市第一,被授予全省首批新时代美丽乡村示范县。南部三镇保护开发,闲置农房盘活走在全市前列。打造农村物流"机场模式",

---

① 经济建设,绍兴市柯桥区人民政府网站,http://www.kq.gov.cn/art/2018/6/7/art_1488935_18475527.html。

建成"新供销"农村网点 150 个,推动农产品进城、工业品下乡,促进山区农民增收。提前一年完成三年"消薄"任务。柯桥成为中国春兰节永久承办地。创建省级农业绿色发展先行区 3 个,建成省级美丽牧场 2 个、市级美丽场园 5 家。提标改造粮食生产功能区 5000 亩,打造蔬菜基地 2.5 万亩,农业生产保持稳定,增加值增长 2.2%。花香漓渚、美丽茶园具有较高知名度。①

(三)文旅产业发展介绍

1.柯桥区文旅产业发展情况

柯桥区拥有丰富的文化旅游资源,区内有国家 A 级旅游景区 26 个(其中 5 个国家 4A 级旅游景区),省级旅游风情小镇 1 个,省级旅游度假区 1 个;世界文化遗产点 1 处,全国重点文保单位 9 处,省级文保单位 7 处,中国历史文化名镇 1 个,省级历史文化名镇 1 个,国家级非遗 2 项,省级非遗 12 项,为国家首批历史文化名城。其中,山水风光资源、历史文化资源与旅游产业的依存度较为明显,柯岩风景区、鲁镇景区、安昌古镇等均为依托自然与人文资源,发展壮大旅游产业的典型代表。

柯岩鲁镇景区创意源自鲁迅文学作品,是先发性文化旅游经典产品的开创样板并以此促进地方旅游产业发展壮大的典型代表。2019 年,全区在建、新建包括绍兴龙之梦、东方山水乐园二期、柯桥历史文化街区改造(一期)项目等在内的 38 个旅游项目,总投资 430 亿元,其中东方山水乐园二期项目"酷玩王国"总投资 100 亿元,已于 8 月 3 日开业运营。

2.文旅产业发展现状及特点

柯桥全域景区化工作推进迅速,已成功创建省级全域旅游示范区,正在推进景区城、景区镇(街道)创建工作,截至 2019 年底,全区共接待国内外游客 2901.96 万人次,实现旅游收入 301.08 亿元,同比增长 19.10%。

2019 年以来,柯桥区围绕大运河文化带、浙东唐诗之路建设,重点打造浙东运河古纤道、柯桥历史文化街区等历史人文景观,开通了古运河、古鉴湖两条水上游线,取得初步成效;启动开展了景区城创建工作,通过浙江省文化和旅游厅 4A 级景区城创建验收;以乔波冰雪世界、东方山水主题乐园为代表,形成了运动休闲产业块状集聚。2019 年 5 月,世界休闲组织授予柯桥"世界休闲城市"称号。

① 城乡建设,绍兴市柯桥区人民政府网站,http://www.kq.gov.cn/art/2018/6/7/art_1488935_18475506.html。

柯桥旅游业发达,已成功创建省级全域旅游示范区,正在推进景区城、景区镇(街道)创建工作,2019 年 1 月—10 月,全区接待国内外游客达 2514.20 万人次、旅游总收入 260.67 亿元,同比分别增长 12.27% 和 14.05%。柯桥公共文化服务水准较高,是首批通过省级基本公共文化服务标准化认定验收的县(市、区)之一。

2019 年以来,在文旅资源产业化转化上,柯桥区已进行初步探索实践,围绕浙东运河柯桥段,重点打造古纤道、柯桥历史文化街区等历史人文景观,着力打造运河水上游线,取得初步成效;开展了安昌腊月风情节、王坛虞舜文化节(舜王庙会)、王坛梅花节、稽东香榧文化旅游节、漓渚兰文化节、夏履春笋节等地域特色文旅活动,是将乡村地域文化资源转化为旅游经济的初步探索。

二、主要做法

(一)主业引领,突出传统优势产业特色

柯桥是全球规模最大、经营品种最多的纺织品集散中心,全球近 1/4 的纺织产品在此交易,与全国近一半的纺织企业建立了产销关系。围绕纺织文化,柯桥着力打造纺织商贸游、轻纺会展游等特色项目,并形成了以纺织创意设计为特色的文化创意产业,主要推进三方面工作。

1.精心打造纺织文化体验景区

按照"市场+旅游"理念,对中国轻纺城市场交易区进行景区化打造,于 2013年成功创建国家 3A 级景区。中国轻纺城坚持"布上城市"理念、注重"全球纺织"视野、锚定"国际纺都"定位,汇聚全球商人,发挥"市场+产业"独特优势,重点展示纺织商贸文化。日客流量 10 万人次,其中境外采购商日均达 1 万人,另有来自 63个国家和地区的常驻外商 6000 余人。围绕"绿色高端、世界领先"的发展目标,投资 136 亿元建成蓝印时尚小镇。集聚全区 108 家印染企业,以绿色印染为基础、以时尚文旅为支撑、以产城融合为方向、以科技创新为驱动,全面升级专业机器设备技术,引领纺织印染业向中高端变革。积极发展纺织工业游,传递绿色环保、高效节能的新纺织工业文化,通过客商参观引流、专家讲座沙龙、商务签约接洽活动等,2019 年,小镇接待游客数达 35 万人次。

2.做精做强轻纺会展时尚产业

立足本地办展会,坚持"做精纺博会、做强产业展",形成"月月有会展,天天可时尚"氛围。连续 22 年举办中国绍兴柯桥国际纺织品面辅料博览会,融合开展世

界布商大会、中欧时尚发展论坛、WGSN 流行趋势报告会等高端活动（赛事），逐步接轨国际时尚生态圈，硬核拓展"文化＋旅游＋产业"实效。2019 春季博览会邀请580 家企业参加，设立标准展位 1546 个，布置展厅 3.4 万平方米。三天引流客商52576 人次，其中境外采购商达 8210 人次。会展举办期间，同步带动周边景区景点、餐饮住宿等行业发展。

3. 开拓发展轻纺设计文化产业

借助深厚的纺织文化底蕴，依托创意设计人才，以轻纺设计为核心，打造有柯桥特色的文化创意产业。重新编制《绍兴市柯桥区时尚创意产业发展实施意见方案（2018－2022）》，启动新三年提升计划（2018－2020），涌现"设计＋制造""时尚＋贸易""设计＋会展""时尚＋品牌""设计＋互联网"等多种"设计＋"新模式，形成以纺织创意设计为核心的时尚产业生态链。依托柯桥传统纺织印染产业特色，全区已集聚 500 余家创意设计企业。

（二）环境引流，加强 5A 级景区城创建工作

柯桥借助老柯桥原有底蕴，汇集大运河、古纤道等文物古迹，寻踪项羽、蔡邕、贺知章、陆游、王阳明等名人轶事，紧抓全域旅游和 5A 级景区城创建时机，着力打造"城在景中、景浮水中、水融诗中"的旅游新体验。

1. 高起点规划，绘制发展蓝图

出台《柯桥区创建浙江省景区城和景区镇（街道）实施方案》，计划用三年时间全面完成创建总体目标。着重依托主城区水上游线"浙东古运河、瓜渚湖、大小坂湖、古鉴湖"规划布局，围绕"水城"主题，培育城市旅游新体验。串联区内公共文化资源、文物古迹、非遗文化、特色艺术、美食和文娱产品，做精"稽山鉴水唐诗路"等一批文旅特色游线，打造蕴含"旅游＋文化""旅游＋农业""旅游＋休闲""旅游＋养生"等丰富内涵的全域旅游图景。

2. 高水平建设，塑造特色品牌

固本强基，以良好环境助力文旅产业发展。投入 31 亿元开展城区环境和景观综合提升、小城镇环境综合整治等工作，打造"水城"自然景观。深度开发瓜渚湖、大小坂湖、鉴湖三大城市休闲湖泊，优化环湖绿道 15 公里，开展鉴湖江南岸慢行系统工程建设。投资 100 亿元，拓展东方山水二期酷玩小镇项目。投资 1.1 亿元，打造鲁镇"一台演艺"，让观众身临其境感受绍兴文化风貌。全区歌舞娱乐场所 39

家,包厢 1181 间,电影院 10 家,"百花大舞台"年引进精品演出 50 余场,"莲花书场"实现地方戏曲曲艺"天天演"。

3.高标准配套,提升旅游体验

提升出行体验,推进杭绍城际轨道、杭绍台高速、杭州绕城"中环"、31 省道北延等融杭交通项目,打造融杭"半小时交通圈"。建设全域智慧旅游体系,推进建设诗路驿站 13 家,提供旅游资讯服务。提升住宿体验,发展星级高档酒店,培育特色品牌民宿,引进个性化住宿设施。提升消费体验,打造万达、蓝天、中纺 CBD 三大商圈。投资 2 亿元,建设浙东古运河和鉴湖两条水上游线,实现全程贯通。投入经费 3000 余万元,购置车辆 15 辆,开通 3 条旅游观光专线,对外地游客实行免票政策,率先在全省开通景区城夜巴士。

(三)风尚引路,促进休闲娱乐产业发展

柯桥秉持处处有景、人人是客、主客共享的理念,着力打造宜居、宜业、宜游的长三角最佳旅游目的地,为来到柯桥的四方游客量身定制"唐诗国潮之旅""美丽乡村之旅""激情酷玩之旅""纺都风尚之旅""浙东古运河水上之旅"等特色游线。做好文化变产业、资源变资产、景观变经济工作,并于 2020 年 6 月成功申办首届世界休闲节。

1.全面做好"中华老字号"文章

柯桥传承历史文化、延续人文精神,承载品质匠心,持续发力"酒""酱"两篇老字号文章。"酒"文章做好酒旅融合、酒文融合、酒养融合工作,企业打造"一厂一品"酒文化会客展示厅,举行"绍兴黄酒开酿节",丰富绍兴黄酒非物质文化遗产精神内涵,做到代有传承、辈有创新,打上"文化＋品牌"产业烙印。"酱"文章以酱制产业为本味,以"酱缸"文化促回味。在观光中植入酱园宣传,展示技艺制造,感悟"酱缸"文化,推出集讲解、体验、品尝、购买于一体的体验游,为线上线下产品销售打下扎实基础。

2.提质做好"特色节会"文章

柯桥"南闲"区域,依托南部鉴湖旅游度假自然资源,坐拥会稽山、鉴湖两大名山大泽,形成以柯岩风景区、大香林—兜率天宫、东方山水乐园、乔波冰雪世界、鉴湖高尔夫俱乐部、浙江国际赛车场、酷玩王国等为核心的休闲旅游高端项目集聚地。南部山区以醉梅王坛、养生平水、榧乡稽东、生态夏履为基调,挖掘虞舜文化节、兰文化节、香雪梅海梅花节等特色节会,连点成线,连线成片,形成一镇一品的个性化旅游品牌。

3.创新做好"特色小镇"文章

根据《绍兴市柯桥区人民政府关于加快培育建设特色小镇的实施意见》,制度保障、财政扶持、考核激励,围绕产业、文化、旅游三大功能,强化布局规划,坚持多规融合,优化功能布局,差异化呈现处处皆景。如马鞍街道结合印染集聚区实际,围绕"蓝印时尚小镇"规划创建;柯岩街道围绕"酷玩小镇"规划创建,2019年接待游客460万人次;兰亭街道借势兰亭文化旅游度假区,围绕"书法小镇"规划创建,2019年接待游客89万人次;湖塘街道围绕"黄酒重镇"规划创建,通过"一镇两区"模式,打造"产业+文化+旅游+社区"四位一体的大格局,成为浙江省第一批37个特色小镇之一。漓渚镇结合国家级田园综合体打造,围绕"花木特色景区镇"规划创建。

4.积极做好"水"文章

柯桥是座水城,水是柯桥文化的源和根,无论是历史上的大禹治水、马臻治水的故事,还是近现代柯桥以水为媒介发展壮大的纺织印染产业,蕴含丰富内涵的"三乌""三缸"文化,均与水有不解之缘。针对柯桥江南水乡、因水而兴的实际,牢牢抓住"水"这一核心,找准方向,结合柯桥实际,通过对柯桥产业、文化、制度、空间等方面的考察,系统研究柯桥文化沿革、文物古迹、制度变迁、产业形态、地理空间等方面,充分解码地域文化基因,绘制一张柯桥文化基因图谱,在景区景点、历史遗迹上将文化植入旅游资源中,充分体现文旅融合。

(四)文旅融合改革试点具体举措

1.搭建试点平台

兰亭文化旅游度假区创建国家级旅游度假区;各重点景区创建国家5A级景区;对照要求,开展景区城、景区镇创建;依托"五星3A"工作,大力开展景区村创建。在平台创建过程中,努力探索产业化发展路径。

2.启动试点项目

继续开展文旅产业项目引进落地工作,壮大文旅产业规模与实力;以柯桥历史文化街区、浙东大运河(柯桥段)为突破口,探索积累历史文化资源产业化转化经验;以鲁镇"一台演艺"为突破口,探索文化艺术资源产业化转化手段;以安昌古镇、非遗嘉年华为突破口,探索地方特色文化、非物质文化遗产资源产业化转化途径。

3.优化文旅服务

开展基础设施建设,创建国家全域旅游示范区建设,巩固提升公共文化服务体系建设水准,为文旅产业发展营造良好外部环境。

4.转变政府职能

服务产业发展,深化文旅"最多跑一次"改革,改进提升文化旅游市场执法管理水平。

三、发展成效

(一)经济效益提升

2020年1—9月,柯桥旅游总收入222.36亿元,同比增长1.55%,国庆中秋长假期间,实现旅游收入23.16亿元,同比增长3.04%。在"文旅＋产业"方面,发挥"市场＋旅游""产业＋设计""时尚＋贸易""文化＋品牌"等融合效应,2019年,纺城市场群实现成交额2000亿元,国际纺织之都的影响力不断扩大。试水"纺织＋文化",将文化创意元素注入工艺技术、产品设计、品牌营销等各环节,带动相关销售超过300亿元。

(二)人文环境改善

自2020年初入选培育试验区以来,柯桥区成功申报首届世界休闲节。结合景区城、景区镇创建,打造主客共享优美环境,人居环境得到全面提升,6家单位荣获首批浙江省3A级景区镇(街道)称号。美丽城区建设稳步推进,美丽乡村打造不断升级,特色小镇发展多点开花,柯桥人民享受到文旅产业发展带来的红利。

(三)示范效应显现

通过推动产业引领,强化市场带动,实现文旅产业与全区发展大局同频共振、互补互兴。2020年,引进各类文旅项目40个,其中100亿以上文旅项目1个,50亿以上项目2个,开工建设文旅项目36个,其中景区景点类项目10个,酒店民宿类项目8个,大型文旅综合体项目5个,其他文旅配套基础设施项目13个。2020年上半年,柯桥区文旅项目投资推进综合评价指数得37.06分,列浙江第二、绍兴市第一。

第四节　仙居：文旅融合的品牌塑造典范

仙居地处浙江省东南部,台州市下辖县,东连临海、黄岩,南接永嘉,西邻缙云,北与磐安、天台分界。县域面积2000平方公里,其中丘陵山地(1612平方公里)占全县80.6％,有"八山一水一分田"之说。仙霞岭延伸至缙云分叉,绵亘本县南北边境,南为括苍山,北为大雷山,永安溪自西向东穿流而过。仙居以"诗意仙居"品牌建设为核心,坚持全域统筹,注重资源高效利用和区域协调发展,整合旅游资源,深入挖掘诗路文化内涵,打造"行至仙居就是仙"主题IP,实现了文化与旅游的高质量融合发展。

一、基本情况

仙居县下辖7镇10乡3个街道311个建制村,总人口近52万,城镇人口比重为59.4％。中共仙居县委、仙居县人民政府坚持以科学发展观为统领,狠抓产业转型升级,使全县经济社会保持较快发展。2019年,全县实现地区生产总值249.20亿元,人均可支配收入34483元,按可比价格计算,比上年增长5.2％,三次产业结构为6.3：43.7：50.0,连续两年荣获全国绿色发展百强县和投资潜力百强县称号。仙居在文旅融合方面具有以下优势和基础。

一是自然景观优美。仙居县生态环境优良,拥有山、水、林、泉、田五大特色资源,旅游景点众多。历史上有仙居八景——"南峰眺艇""东岭晓钟""石龙霖雨""水帘瀑布""景星望月""锦凤冲霄""麻姑积雪""苍岭丹枫"。清代翰林院编修潘耒谓"天台深幽,雁荡奇崛,仙居兼而有之",是仙居山水资源的真实写照。近年来,开发了神仙居、永安溪漂流、淡竹休闲谷、皤滩古镇、景星望月等景点,初步形成了"山、水、林、古、月"的特色景区谱系。仙居国家公园是近年来的重点建设项目,总面积302平方公里,包含国家级风景名胜区、国家森林公园、省级地质公园等多个保护区、保护地。其中,国家重点风景名胜区和国家4A级旅游区仙居风景名胜区,总面积158平方公里,包括神仙居、景星岩、十三都、公盂、淡竹五大景区,保留了原汁原味的纯自然生态景观,有"奇、险、清、幽"的特点,极具隔世桃源的诗情画意。

二是文化遗产丰富。早在6000多年前,就已有瓯越族人聚居于永安溪中下游河谷平原。东晋穆帝永和三年(347),仙居立县,名乐安。隋、唐间几经废置,至五代吴越宝正五年(930),改名永安。仙居是宋代时期国内著名的宗教圣地之一,北宋景德四年(1007),宋真宗以其"洞天名山屏蔽周卫,而多神仙之宅",下诏赐名"仙居",意为仙人居住的地方。仙居境内有"万年台州"历史源头——下汤遗址及 31 个布局巧妙、保存完好的中国传统村落,历史文化名镇蟠滩古镇便是我国古代江南山区农村古镇文化的典型缩影;石头禅院始建于东汉,是江南最古老的寺庙;中国道教第十大洞天括苍洞,唐宋共有六代帝王有过赐名赐物;南宋大理学家朱熹曾两次送子到"江南第一书院"桐江书院求学。仙居是"中国民间艺术之乡"。针刺无骨花灯、彩石镶嵌、九狮图均为国家级非物质文化遗产,有国家级非遗传承人 1 位,省级非遗传承人 14 位,国家级非遗项目 3 项,省级非遗项目 15 项。

三是诗歌文化独特。仙居人杰地灵,有丰富的诗歌文化。台州历史上第一位进士、第一位闻名全国的诗人项斯是仙居人,被列为唐朝百家之一,《全唐诗》中收录了一卷计 97 首他的诗作。仙居的诗词基本上是本地诗人的作品,或是外来诗人与本地诗人之间的应答酬赠之作,独具特色。自唐代至清末共 2000 多首吟咏仙居的诗歌,收录入《赤域集》《三台诗录》《台诗三录》《天台集》《安州诗录》以及各类文集,体裁多样、内容丰富。唐代方干、李道古,宋代司马光、梅尧臣、朱熹、王十朋,明代方孝孺等名家都曾有过吟咏仙居的作品。

四是三产全面发展。工业方面,形成了医药化工、工艺美术、橡塑、机械四大支柱行业。其中,工艺美术名扬海内外,是全国最大的木制工艺品基地县,荣获"中国工艺礼品之都"和"中国工艺礼品城"的称号。农业方面,是财政部、农业农村部基层农技改革建设试点县、全国休闲农业与乡村旅游示范县、浙江省"三位一体"农业公共服务体系建设试点县,荣获"中国杨梅之乡""中国有机茶之乡"称号。服务业方面,旅游休闲业蓬勃发展,景观房产、商贸流通、现代物流、总部经济、金融服务、文化创意、养老服务等新兴服务业正在加快发展。[①]

二、主要做法

(一)高度重视,全面领导

仙居县高度重视诗路文旅融合发展工作,成立了以书记、县长为双组长的文旅融合工作领导小组,以宣传部部长、县分管领导、县联系领导为副组长,县委宣传部、县文化广电旅游体育局、发改局、自然资源和规划局、财政局、教育局、农业农村

---

① 数据来源:《2019 年仙居县国民经济和社会发展统计公报》,仙居县人民政府网站,http://www.zjxj.gov.cn/。

局、文联等单位主要负责人组成的领导小组,统筹制定文旅融合发展战略,协调解决文化旅游发展的重大问题,从顶层设计上为诗路文旅融合发展提供了保障。

在文旅融合工作领导小组统一领导下,成立"大文化、大旅游"产业专班,由县委书记和县人大常委会主任牵头联系、县委常委领导挂帅、文旅局牵头各职能部门,按照"一个主导产业、一名挂帅领导、一套招商方案、一套支持政策、一批产业项目"的要求,谋划文旅产业项目,加大招商力度,搭建各类平台,对接服务企业。

(二)政策支持,资金保障

仙居把文化作为打造城市品牌和经济社会发展的"点睛之笔",提出发展"大文化、大旅游、大健康"等新三大百亿产业的战略,编制《仙居县"人间仙居·美丽乡村"县域总体规划》《仙居文旅融合规划》等,将文旅融合发展作为重要内容纳入经济社会发展、国土空间利用、基础设施建设和生态环境保护等相关规划,出台支持政策,体现文化、旅游功能建设要求。如《仙居县全域旅游发展资金使用管理办法和若干意见》,每年安排不少于 5000 万元资金,专门用于全域旅游发展;《仙居县人才新政三十五条》,给予创业人才和团队 500 万—1000 万元资助,对国际一流团队和顶尖人才领衔的重大项目最高可给予 1 亿元资助。出台《仙居县农家乐(民宿)扶持和管理办法(试行)》《关于推进仙居县民宿产业规范发展的指导意见》《仙居县民宿发展资金扶持办法(试行)》等政策。同时,积极推行非遗体验进民宿,推行图书馆进民宿、仙乡仙宿管理系统,开展仙宿评选活动,充分促进文旅融合,为诗路文化增添亮色。同时,仙居县精准施策、优化服务,采取并联式一站审批服务,简化审批事项、优化审批流程,采用分块验收方法,促进了旅游项目建设大提速,为产业发展提供有力依托。

(三)三产融合,丰富供给

作为唐诗之路上的重要节点,仙居始终坚持文旅融合,做大做强文化旅游产业。早在 2001 年,仙居就和新昌、天台、临海联手,对诗路文化景观进行了有序整合和挖掘,合力推出了"新天仙配"精品线路,被誉为"中国黄金旅游线"。加快下汤遗址的挖掘、研究、开发工作,推进核心区保护展示工程项目,建设省级考古遗址公园,打响"万年台州"品牌,为游客提供高品质的文旅休闲体验。投资 6.3 亿元打造包括图书馆、文化馆、剧院、博物馆、非遗馆等内容的集文化体验、游览观光、休憩娱乐功能为一体的仙居城市建设新地标——仙居文化综合体。重点打造非遗＋旅游特色文旅产品,通过非遗项目街区集聚整合,开展丰富多彩的非遗活动,使发扬优秀传统文化与推进产业化、市场化实现无缝对接;通过成立非遗研究中心、建基地设专业等措施,推动非遗的传承和创新性发展。重视文旅 IP 打造,从本地的佛道文化和成语故事、美丽传说出发,结合美丽风光,打造"行至仙居就是仙"主题 IP,并举办丰富的旅游节庆活动,如唐诗歌会、汉服礼乐大会、神仙居诗会等。深入推进农旅融合,丰富旅游产品供给,以国家级农村产业融合发展示范园为抓手,将创意、文化、休闲等元素融入农业产业,按照"做足旺季、做旺淡季"思路,打造"四季花海",做到"季季有节庆,月月有活动",连续举办 12 届油菜花节、23 届杨梅节等农事节庆。

（四）全域发展,全民参与

全县开展全域旅游资源普查,建立全县旅游资源数据库,编制《仙居县全域旅游规划》《仙居文旅融合规划》等,构建以神仙居景区为核心的"一核一轴三带四板块"全域旅游格局。持续推进国家全域旅游示范区和浙江省大花园建设,通过建设一批唐诗之路标志性工程,串起下汤文化遗址、皤滩古镇、桐江书院、高迁古民居等文化旅游资源,形成以永安溪诗路休闲文化带为主轴的唐诗元素旅游线路。通过发展乡村旅游和民宿经济,鼓励支持村集体、农户通过各种方式参与旅游发展,实现群众受益、百姓致富。此外,仙居县还通过创建全民导游制度、引导社会志愿服务等方式,先后成立导游之家、仙居旅游文化研究会、文化志愿者协会等,开展全民学导游活动,推动全域旅游纵深发展。

（五）注重营销,招商引资

仙居县引导各旅游企业实施统一营销、联合营销,积极开拓韩国及国内的台湾、广东、福建、北京等市场。通过电视、平面媒体等渠道,扩大宣传力度,深化宣传主题。围绕旅游目的地形象建设,与央视、浙报集团、浙江信息中心等主流媒体平台合作宣传,突出新媒体营销,创新互联网＋营销方式,加大智慧营销力度,树立仙居旅游品牌形象。在上海、南京、杭州、福建等主要客源市场举办推介会,积极参与市局、省厅举办的各类文旅博览会、商品展销会等活动。提升在浙东唐诗之路发展中的受关注度,继续开展新天仙配唐诗之路推介活动,拓展合作渠道,深度拓宽旅游市场。2019 年,仙居县文化广电旅游体育局与《中国旅游报》、神仙居旅游集团与字节跳动科技有限公司分别签署战略合作协议,在强化神仙居旅游整体形象、传播神仙居·天姥山文化方面开展深入合作,进一步做好仙居诗路文化旅游和全域旅游的宣传推广。仙居国家公园与法国孚日大区公园、美国国家公园管理局等均建立了友好合作关系,定期进行人员交流,在拓宽欧美等国际旅游潜在市场方面起到了一定作用。

（六）重视人才,仙燕归巢

仙居县委、县政府高度重视文旅人才队伍建设。出台《仙居县人才新政三十五条》,提供专项资金,大力引进创业人才和团队;打造仙居籍人才的宣介家乡、情感交流、返乡创业就业平台;与台州学院合作共建"台州学院文化旅游与大健康产业学院（仙居）",把文旅学院建成浙江省内具有较大影响力的全域旅游产业人才的培养基地;共建"仙居县文旅融合研究中心",将其定位为县文旅研究智库,承担仙居全域旅游、乡村振兴、大健康和休闲体育等产业规划、项目实施及产业提升等工作;推进仙居县职业中专与台州学院合作办学,开设旅游服务类专业"中本一体化"试点,推进旅游服务类专业人才培育;向在仙居工作、符合一定学历技术要求的优秀人才发放"景区绿卡",享受全年免费游览景区待遇;重视大学生思想教育工作和就业创业,以"仙燕归巢"为主题启动百校引才行动和大学生社会实践活动,创办"仙燕课堂",建立"仙燕导师制",组织主题为"跟着唐诗游仙居"的暑期实践活动。以上举措为仙居在浙东唐诗之路文旅融合发展过程中提供了重要的人才保障。

三、发展成效

通过全县共同努力,大胆创新,仙居县全域旅游初具规模,2019年荣获全国县域旅游竞争力百强县、浙江省全域旅游示范县等称号,并于2020年12月入选"国级全域旅游示范区"。全域旅游带动百姓致富,全县共有民宿（农家乐）经营户484户,床位7816个,户均增收25万元;淡竹乡的"乡村＋创客"模式使农户年租金收入就达20多万元;永安溪绿道景区开放后为沿线村提供就业岗位4000多个,实现沿线农民年人均增收1200余元,沿线村集体经济增长比非沿线村快53.6％。

旅游业持续稳步增长。旅游产业增加值占GDP比重超过8％。2019年仙居县共接待游客1907.73万人次,实现旅游总收入213.32亿元。在拓展入境旅游市场方面取得突破,全年接待入境游客6.04万人次,旅游外汇收入1856万美元(如图7-1所示)。

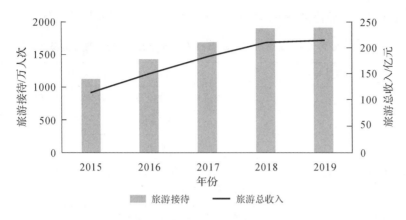

图 7-1　2015—2019 年仙居县旅游业发展情况

　　仙居县作为"浙东唐诗之路"的一个重要节点,被纳入"浙东唐诗之路文化旅游带"规划,是黄金旅游带发展"主轴"上的节点之一。神仙居景区荣膺国家 5A 级景区,入选浙江省诗路黄金旅游线,荣获中国旅游影响力文化景区十强、中国体育旅游十佳精品景区,景区扩容工程列入全省十大"名山公园"试点名单,并在北京成功举办"论道天姥山·逐梦神仙居"第二届神仙居·天姥山文化论坛,与会专家建议将仙居打造成"中国诗歌之都",将诗歌等文学作品的内容活化到旅游产品中,为浙江诗路发展注入力量。

　　全县共有 5A 级景区 1 个,4A 级景区 2 个,3A 级景区 11 个,省 A 级景区村庄 102 个,基本形成"众星拱月,月照群星"的全域景区大格局。神仙氧吧小镇成为台州市首个省级特色小镇,皤滩古镇保护开发项目签订框架协议,永安溪绿道获评 2019 浙江省"十佳运动休闲绿道"。目前,仙居国家公园试点有序开展,下汤遗址考古挖掘工作顺利推进,下汤遗址核心区保护展示工程项目已经立项。淡竹乡获评全国乡村振兴示范基地,并被认定为省级乡村旅游产业集聚区和 4A 级景区镇。古杨梅群复合种养系统列入中国全球重要农业文化遗产候选项目,仙居杨梅获得国家农产品地理标志登记。"仙居花海仙境游"成功入选"2019 年中国美丽乡村休闲旅游行(春季)"精品景点路线。

　　"仙燕归巢"引才工程成效显著,2019 年引进台州"500 精英计划"创业创新高层次人才 27 人,项目数位列台州市第一。全县完成技能人才培训 9200 人,培养高技能人才 208 人。

　　目前,仙居被纳入"浙东唐诗之路文化旅游带"规划,成为"唐诗之路·新天仙配"

山水人文精品线、"唐诗之路·越中山水"精品自驾游线上的重要节点(详见表7-6)。

表 7-6 仙居县在《浙东唐诗之路黄金旅游带规划》中的培育规划概况①

项目(景区)名称	《浙东唐诗之路黄金旅游带规划》培育规划
仙居	浙东唐诗之路文化黄金旅游带发展"主轴"
仙居	"唐诗之路·新天仙配"山水人文精品线
仙居	"唐诗之路·越中山水"精品自驾游线
神仙居、仙居国家公园	浙东唐诗之路文化黄金旅游带山海颐养片区
神仙居景区	重点培育的高能级旅游平台
神仙居旅游度假区	国家级度假区培育名单
神仙居(括苍山)	浙东唐诗之路十大文化名山名单
仙居国家公园生物多样性研学旅游基地(生态保护)	浙东唐诗之路研学旅游示范基地(营地)培育名单
仙缙古道(仙居、缙云,20km)	
仙永古道(仙居、永嘉,20km)	重点保护和修复古道名单
公盂古道(18km)	
诗路文化演艺场馆	仙居下汤文化遗址展示馆
神仙居驿站	主要诗路驿站规划建设名单
神仙居旅游集团	旅游运营服务主体培育名单

未来,仙居将围绕着力打造经济强、体制活、环境优、城乡美、百姓富的美丽中国样板区,努力开创绿色发展新境界,规划至2035年,基本建成长三角康体养生旅游目的地和浙江省特色生态产业示范基地,全面建成"中国山水画城市"。

---

① 浙江省文化和旅游厅:《浙东唐诗之路黄金旅游带规划》,2020年3月。

第八章　浙东唐诗体验旅游目的地案例
——天台县始丰溪

　　唐诗根植于中华传统文化最肥沃的土壤,能引起国人广泛的文化共鸣,也具有很强的民族认同感。《全唐诗》收载诗人2200余人,先后有400多位诗人踏上"浙东唐诗之路",沿途留下1500多首诗。在这些诗人中,有近300人、1300多首诗歌,留给了天台。这些"远方"的唐诗,被称为"天台诗"。而天台县始丰溪作为"中国唐诗文化"的重要目的地,诠释了"唐人"们向往的诗意远方。

第一节　天台县始丰溪研究背景

　　始丰溪,发源于浙江磐安县大盘山南麓,贯穿天台盆地,出境入临海市,于临海市三江村与永安溪汇合后称灵江。始丰溪,犹如毛细血管,张满了天台整个县域,也映照了源远流长的天台山文化。始丰溪很好地诠释了"浙东唐诗之路"的旅游目的地。

一、政策背景

　　从国家层面来看,经济新常态下,旅游业上升为国家战略性产业。2015年8月发布的《关于开展"国家全域旅游示范区"创建工作的通知》,是全域旅游从理念向实践落实的重要推动,是地方践行全域旅游的重要指引。2016年1月,国家有关部门发布《国家康养旅游示范基地标准》《国家人文旅游示范基地标准》《国家蓝色旅游示范基地标准》《国家绿色旅游示范基地标准》等4个旅游行业标准,推动康养、人文、蓝色、绿色等旅游示范基地建设。国家政策频频出台,旅游上升为国家发展战略,"旅游+"进入优质发展时代。在旅游新常态下,旅游经济爆发式增长。

　　从省级层面来看,"八八战略""绿水青山就是金山银山"理念引领浙江全域旅游发展。浙江省委、省政府高度重视旅游业发展,以"八八战略"为总纲,深入践行"绿水青山就是金山银山"重要思想,发布了《浙江省全域旅游示范县(市、区)创建工作指南》,从认定办法、认定标准、评分细则、创建申报等多个方面为全域旅游示范县(市、区)创建工作指明了方向。浙江省第十四次党代会报告提出:大力发展全域旅游,积极培育旅游风情小镇,推进万村景区化建设,提升发展乡村旅游、民宿经济,全面建成"诗画浙江"中国最佳旅游目的地。

《天台县域总体规划》提出将天台打造成以"山水神秀、佛道宗源"为特色,以游览观赏、休闲度假、宗教朝觐和科学文化活动为主要功能的山岳型国家重点风景名胜区。规划形成"一心一带,两片六区"的旅游空间结构。北部宗教文化风情旅游区,西部生态山水旅游区。北部宗教文化风情旅游区以国清寺、赤城山、绿城石梁旅游综合体项目为突破口。加大开发力度,联动整合华顶、石梁—铜壶、百丈—琼台,将北片旅游景区有机串联,更深层次挖掘佛道养生文化,打造一条以宗教文化为主线的天台旅游发展的大动脉。西部生态山水风景旅游区以天湖、寒山湖、始丰溪、九遮山、寒岩—明岩景区的提升建设为突破口,提高景区知名度,完善旅游基础设施建设,着重开发参与性、体验性旅游项目,丰富景区内涵,使之成为北部宗教文化风情旅游区的有力补充。

二、文化背景

"山水是表,人文是魂。"天台山与始丰溪的山水资源,彰显了文化的民族高度和当代价值,立足东方,影响世界。从佛道之源来看,包含佛宗文化——佛教天台宗、赭溪国清寺(天台宗祖庭)、赭溪济公文化;道源文化——三茅宫与三茅溪道教文化、道教南宗、桐柏宫道教文化(道教南宗祖庭)。从和合之源来看,中华文化的核心之一是"和合"文化,也是习近平新时代中国特色社会主义思想的重要组成部分。源于始丰溪的和合二仙,指唐代天台山隐僧寒山与拾得,两位大师之间的玄妙奇谈,为世人所推崇,可谓中华和文化之源。从诗路之源来看,包含唐诗文化——浙东"唐诗之路"是以剡中一带为根据地,以剡溪为线索,且以北之浦阳江,南之括苍山,西之镜湖,东之大海为包围的一个确定的范围。剡溪的发源地正在其南面台州之天台山华顶峰以北山麓。因此,以天台山为代表的台州可谓浙东唐诗之路的源头。

三、旅游资源背景

根据《旅游资源分类、调查与评价》,天台县旅游资源包含 8 个主类,28 个亚类,95 个基本类型,366 个资源单体,自然资源占总量的 38.52%,人文资源占总量的 61.48%。其中五级旅游资源 7 个,占总量的 1.91%;四级旅游资源 20 个,占总量的 5.46%;三级、二级和一级旅游资源共 339 个,占总量的 92.63%。

县域基本形成旅游组团格局:北片区,以"天台山"为核心的山水佛道城;南片区,以后岸、街头、南屏为代表的山水田村。作为浙东唐诗之路的"浓墨"所在,天台"浙东唐诗之路目的地"形象已经初步提出,但在资源转化和市场产品上未得到应有体现。作为一条抽象的文化遗产线路,浙东唐诗之路需要找到一个能看得到的"肉身",来实现地理上和文化上的双重拟合,尤其是在浙东唐诗之路目的地。就文化旅游开发而言,始丰溪从空白到将浙东唐诗之路目的地的文化灵魂,植入始丰溪的生态空间,诗水交融,天台的"十地文化"找到串联脉络,成为浙东唐诗之路目的地建设的一个案例。

第二节　天台县始丰溪景观布局

一、物理空间结构

始丰溪以"一干·十枝·百叶"为主脉络,以河道治理、绿道建设为抓手,整合串联沿线生态景观、旅游景区、特色小镇、特色村落、公共文化设施与文创园区等多元要素,体现自然风光与城乡生活高度融合,推动县域旅游交通网络和公共服务的有效辐射,构建了一条集文化体验带、生态景观带、旅游交通带、富民产业带等复合功能于一体的天台县域发展大动脉。

二、文化功能结构

始丰溪依托天台山浓郁的地域文化,按照"文化映照,珠联碧河"总体格局,实现了四大结合:"文化"包含唐诗体验段(唐诗文化首展+沉浸式研学+本地市民休闲)与和合文化段(和合文化主题+乡村民宿+乡村度假旅游);"碧河"包含生态田园段(乡村振兴主题+庭院经济+合作社产业)与爱情湿地段(刘阮遇仙主题+婚纱摄影+生态湿地治理)。

三、文化景观节点

始丰溪以唐诗为主题脉络,结合区域建设功能要求,文化景观节点包含"始丰溪唐诗十景"。

第一个景点是"宿雾寒山",来自诗人刘沧描写天台的《赠天台隐者》中的诗句"天开宿雾海生日,水泛落花山有风"。

第二个景点是"思见石桥",来自唐朝四位诗人的诗句。第一位是顾况,他在《临海所居三首》中写道:"不知叠嶂重霞里,更有何人度石桥。"第二位是李隆基,他在《石桥铭》中写道:"苔深石暗,山斜路幽。"第三位是李绅,他在《华顶》中写道:"石标琪树凌空碧,水挂银河映月寒。"第四位是李郢,他在《重游天台》中写道:"南国天台山水奇,石桥危险古来知。"

第三个景点是"作赋会稽",来自诗人张继的《会稽秋晚奉呈于太守》中的诗句"禹穴探书罢,天台作赋游"。

第四个景点是"舟中晓望",来自诗人孟浩然的《舟中晓望》中的诗句"问我今何去,天台访石桥"。

第五个景点是"空引飞鸟",来自诗人齐己的《怀天台华顶僧》中的诗句"好鸟亲香火,狂泉喷沕寥"和刘禹锡的《送元简上人适越》中的诗句"浙江涛惊狮子吼,稽岭峰疑灵鹫飞"。

第六个景点是"风吹烟雨",来自诗人皮日休的《寄题天台国清寺齐梁体》中的诗句"怪来烟雨落晴天,元是海风吹瀑布"。

第七个景点是"心向天台",来自李白的《送友人寻越中山水》中的诗句"此中多逸兴,早晚向天台",施肩吾的《送人归台州》中的"醉后不忧迷客路,遥看瀑布识天台",李白的《琼台》中的"龙楼凤阙不肯住,飞腾直欲天台去",以及张祜的《忆游天台寄道流》中的"忆昨天台到赤城,几朝仙籁耳中生"。

第八个景点是"醉梦诗章",来自高骈《访隐者不遇》中的"落花流水认天台,半醉闲吟独自来"和刘希夷《春日行歌》中的"醉罢卧明月,乘梦游天台"。

第九个景点是"逍遥赤城",来自韦应物《题石桥》中的"自与幽人期,逍遥竟朝夕",以及李白《天台晓望》中的"门标赤城霞,楼栖沧岛月"。

第十个景点是"千寻花海",来自孟浩然的《访寒山隐寺过霞山湖上》中的"千寻倒石波涵碧,几树飞丹岩落花"。

四、滨水空间构筑

滨水空间构筑包含:流域观,强调形而上的战略高度对浙东唐诗体验旅游目的地的打造进行整体性的把握;自然观,强调形而下的自然生态与景观的协调性;人文观,强调形而下的公众主题参与性和休闲旅游的舒适性。在流域观、自然观和人文观的指引下,始丰溪从点、线、面的不同空间组合层面构筑一个融合生态、生活和生产的具有东方文化品位的中国唐诗之路文化旅游融合带。

第三节　天台县始丰溪品诗之路

始丰溪创新游览方式——环境剧场,打造了全国首个沉浸式的浙东唐诗研学旅游目的地。依托天台作为浙东唐诗之路目的地的文化优势,以始丰溪为背景和主脉,环境式剧场的形式营造了"全天候、全场景"的沉浸式互动体验。通过线路设计、节点体验、角色包装、主题活动等,塑造感官、思维、情感体验,引起了旅游者的情感共鸣,为广大的中小学生创造一个寓教于乐、生动活泼的沉浸式旅游体验目的地,塑造华东地区中小学生和中国唐诗爱好者必到的"打卡地"。品诗之路之"初唐四杰"指中国唐代初期文学家王勃、杨炯、卢照邻、骆宾王,简称"王杨卢骆"。四杰齐名,主要用以评其诗。诗歌题材从宫廷、台阁的狭小领域扩展到市井、江山塞漠的辽阔空间,赋予唐诗以新的生命力。

一、重点开发的项目

以杨炯《从军行》为主题的从军行主题绿道,融合了拥军文化,作为征兵宣传特色绿道。以卢照邻《曲池荷》为主题,演绎荷花池景观公园,配套建设凉亭、戏台等休憩设施。提炼鹅字碑元素,同时以脍炙人口的骆宾王名诗《咏鹅》为主题,引入黑天鹅、白天鹅等观赏性较强的鸟类,面向亲子家庭,打造国内首个鹅鹅鹅主题乐园。以王勃名诗《送杜少府之任蜀州》为主题,演绎"城阙""风烟""五津"等元素,作为园区景观元素,放大"海内存知己,天涯若比邻"作为文化品牌,突出诗句与本地的关联性,打造了集聚天下英才的知己创业园。初唐四杰雕塑群,作为中国唐诗之路的缘起地标,打造了浙东唐诗体验旅游目的地第一站。

第一个项目是中国唐诗体验馆。该项目为全球首家唐诗专题性体验馆,目标人群为全国各地区文化体验型游客、亲子休闲游客等。核心功能:浙东唐诗体验旅游目的地的形象地标、展示界面与服务窗口。发展思路:传承与创新的融合,向公众普及中国唐诗文学艺术和历史知识,成为向群众特别是儿童和青少年开放的德育、美育教育基地,也是城市中一处与大众日常生活不断发生互动的地方。中国唐诗体验馆基于城市、展品、场地及人的需要而设计,让体验馆融入本地人的日常生活,打造日常空间。当参观者在这里触摸盛唐历史的痕迹,恰又完成了当代与当代、当代与历史、当代与未来之间的对话。对标敦煌数字体验中心的《又见敦煌》,以交互科技、舞台艺术共同讲好天台故事,呈现唐诗文化、佛道文化、和合文化。

第二个项目是中国唐诗学院。该学院是华东地区青少年研学旅游战略合作基地,目标人群为华东地区中小学生、国内外研学旅行者及唐诗爱好者。核心功能:开放的唐诗大学堂、浓厚的学习国学好风气。发展要点:依托始丰溪两岸的自然风光和开阔空地,结合全国范围内复兴国学的大好风气,面向华东地区青少年群体,开发集体验、旅游、亲子、教育、互动于一体的研学旅游战略合作基地。内设唐诗研修室、藏诗阁、汉服坊、茶坊、棋室、诗画讲授室等吟诗研习场所,举办各类唐诗研讨活动,邀请名家名师前来讲座。

第三个项目是中国唐诗翻译院。该学院旨在让中国唐诗走向世界。目标人群为国内外唐诗研究爱好者、社会各界文字翻译工作研究者。核心功能:将中国唐诗国际化,对其进行外语翻译,并推向世界。发展要点:突出"以文化人"的核心思想,助力中华民族文化复兴大业,汇集社会各界唐诗文化研究者与外语翻译研究者,将中国唐诗进行外语翻译,以英语为主要语言,向世界宣扬中国唐诗文化。定期开展国际交流研讨会,举办外语学习、唐诗文化学习等培训活动,吸引更多的学习者。该项目志在为祖国培养中国诗词传承人,共襄中华文化复兴大业。

第四个项目是唐人街历史街区。该项目定位是唐文化主题休闲街区,目标人群是全国各地区文化体验型游客、亲子休闲游客等。核心功能:"唐诗之路"展示界面,"让诗歌活起来"。发展思路:位置设置在嵊溪,结合城关城市更新项目,提炼精选突显唐诗文化特色的经典性元素和标志性符号,纳入城镇化建设、城市规划设计,合理应用于城市雕塑、广场园林等公共空间,避免千篇一律、千城一面,启动唐人街历史街区综合改造。挖掘整理传统建筑文化,鼓励建筑设计继承创新,推进城市修补、生态修复工作,延续中国唐诗文脉。结合当地民俗工艺,打造乡村主题作坊、唐宴等,形成一条集商、养、学、闲、情、奇旅游新要素于一体的唐诗休闲步行街。

第五个项目是唐村。北有宋城,南有唐村。该项目定位是研究、展现和创新唐代建筑形制与唐代文化艺术的平台。目标人群为表演家、建筑师、艺术家、设计师、摄影师、画家、思想者等群体及其工作室,配套休闲旅游服务设施。核心功能:通过唐式建筑体现唐诗文化内涵,用诗意重构与塑造空间。发展思路:依托毗邻横店影视城的区位优势,公开征集邀请国内外具有较高知名度的建筑设计师操刀,研究、展现与创新唐式建筑风格,筑巢引凤,一定时期内以零租金的补贴方式,邀请影视明星、建筑师、艺术家、设计师、摄影师、画家、思想者等群体或其工作室,来此入驻。同时,完善配套书吧、茶吧、酒吧、音乐吧等休闲旅游服务设施,打造一处艺术大咖云集的影视创作基地。

第六个项目是中国唐诗广场。该项目旨在创建主客共建共享的人文休闲空间。项目定位:节假日唐诗广场是游客的旅游空间,早晚又是市民的休憩空间,打造主客共建共享共创模式。目标人群:本地市民和外地游客。核心功能:唐诗文化展示、生态保护、健身公益、日常休闲。发展思路:中国唐诗广场设计始终围绕传承与发扬唐诗文化、保护和恢复生态环境的主题,力图形成良性生态环境,设计手法突出唐诗之文化、溪水之脉络、绿色之生气,为市民游客提供最佳的活动场所。景点设计从总体到细节体现人本关怀,处处以人的生理和心理需求为导向,使得整体环境体现人性化的色彩,满足现代人的各项需求。

第七个项目是唐装全球研发中心品牌发布会。该项目旨在实施中华节庆礼仪服装服饰计划,设计制作展现中华民族独特文化魅力的系列服装服饰。根据 2017 年《关于实施中华优秀传统文化传承发展工程的意见》,项目定位为以国际先进设计创意理念和具有原创性、本土精神的设计作品,推动唐诗文化与服装时尚设计艺术融合发展。目标人群:国内外华人青年设计师。核心功能:产业时尚化、时尚产业化。发展思路:唐装是中国"衣冠上国""礼仪之邦""锦绣中华"的体现,承载了中华民族的染织绣等杰出工艺和美学,传承了 30 多项中国非物质文化遗产以及受保护的中国工艺美术。唐装也是一种文化的自信和自我确认,是属于中国的、生活的、传统的,也是观念的。每年举办唐装全球品牌发布大赛,积极引导并鼓励参赛者创新设计、省思设计,将其打造成热爱设计的华人青年相互交流与学习、发挥创意与才华、提升设计修养与品位的广阔平台,也积极引导中国未来设计的栋梁们感受生活本源、传承中国唐诗文化。

第四节　天台县始丰溪重点文旅项目

第一个项目是寒山田园综合体。位置范围:里石门水库、后岸村等区域。项目定位:国家田园综合体试点、寒山文化旅居目的地。目标人群:来自本地及周边,长三角城市群旅游人群。核心功能:乡村旅居、隐逸休闲。发展思路:田园综合体是农业旅游发展的方向和趋势,也是农业旅游发展的重要创新,寒山国家田园综合体农业特色建设主要任务在于提升农业景观、做足农业特色、做大农业产业、做响农业品牌,推动所涉及乡村的农业特色挖掘与品牌塑造。以"隐逸、诗意、创意""旅游+农业"带动地方产业转型升级,打造诗画和民宿风情主题的浙东地区极具文化风雅的田园乐土。

第二个项目是天台湾湿地公园。项目范围:浅水湾地块。项目定位:唐诗中的爱情体验地。目标人群:青、中、老情侣群体。核心功能:水系治理、爱情主题体验、婚纱摄影写真、野生鸟类观察。发展思路:按照水清岸绿、滩净堤固、路敞景美的总体原则,对始丰溪浅水湾片区湿地进行治理,保护水生态环境,保护生物多样性,整体打造"天台湾国家湿地公园",引入天鹅、鸳鸯等观光性鸟类,开放式展示始丰溪唐诗人文和自然景观的生态风光。

紧紧围绕唐诗中的爱情文化,发挥旅游主场优势,演绎王维、李商隐等唐代诗人的爱情传说故事,进一步衍生融合樱桃、桃花、红豆等爱情水果产业,做好相亲大会、新婚摄影、蜜月度假、金婚纪念等主打品牌,打造家喻户晓的爱情体验地和天台旅游的一张王牌。

第三个项目是"唯读唐诗"诗舞剧,一部舞动的唐诗,让唐诗走出去。项目定位:浙江文化遗产传播的一种新形式。目标人群:所有年龄段的受众群体。核心功能:通过舞台表演的形式,展示唐诗,传播唐诗。发展思路:通过现代舞台艺术的表现方式,再现唐诗中的历史题材、人物故事,将唐诗与舞蹈、演唱等艺术形式结合起来,精心打磨一台省级层面具有品牌效应的舞蹈作品——"唯读唐诗"。在宣传推广上,积极推动"唯读唐诗"进机关、进社区、进学校、进工厂。通过宣传系统、文化旅游系统,进一步在全国范围内进行文化交流与传播推广,努力将"唯读唐诗"舞剧打造成浙江又一个文化精品标杆工程。

第五节　天台县始丰溪公共文化品牌项目

公共文化品牌项目在业态上明确和充实沿岸休闲商业业态,注入易于集聚人气、富有生命力的特色潜力产业、时尚活动,丰富本地市民生活;如果有需要,增加业态更替、产业演进的思路,变"打造"为"孕育"。在空间上重视容易互动交流、强调河道环境特点、符合本地气候和风俗的公共空间(如小广场、滨水绿化带、主题街区、码头等)和半公共空间(酒吧餐馆、俱乐部、健身美体、夜间休闲、儿童游憩等),融合现代、时尚的手法,提供更多安全、舒适的游乐场所。通过空间调整、旅游营销,创造真正属于城市的、生态的和人性的空间。

第一个项目是"一干",始丰溪百里和合唐诗绿廊。依托始丰溪在天台国家全域旅游示范区创建过程中的"中轴"地位,建设以唐诗文化和和合文化为主题的滨水慢行绿道,统筹城关与近郊、乡村等城乡治理与产业升级,联动天台山、后岸两大旅游组团,高标准做好百里和合唐诗绿廊沿线交通规划和景观设计,合理化布局驿站、观景平台、房车营地、野餐露营地、徒步旅游设施等重点公共服务配套设施,辐射腹地,带动产业,打造唐诗主题突出的融生态治理、旅游休闲与公共服务功能于一体的滨水风景道。

第二个项目是"十枝",滨水旅游绿道。依托始丰溪主要支流溪谷形成的自然走廊,考虑主要旅游景区、特色小镇、特色村落、现代观光农业园、公共配套设施布局等要素,遴选打造10条绿化生态环境优美、绿道游径标准合理、标识系统统一清晰、综合服务设施完善的滨水旅游绿道。旅游绿道宽度根据具体需要及场地条件不同控制在3—5米。因地制宜完善驿站、观景平台、港湾式停靠站等设计。鼓励采用自然河岸代替混凝土和石砌挡土墙的硬质河岸,推广生态驳岸。严禁在50年一遇的洪水位上限内进行任何方式的、未经授权的建设活动或毁坏天然植被的活动,从而建立起新的河岸生态系统。参照浙江千岛湖"环湖绿道"的开发设计成功案例,优先启动城关水口区域的绿道建设,以绿道休闲整合自驾骑行、观光摄影、房车露营、临水垂钓、乡村民宿、生态庄园等旅游产品,护一溪秀水,富一方百姓。

第三个项目是"百叶",山塘水库。绿水青山就是金山银山。天台县最大的资源优势就是山水。优质的水资源是天台发展旅游和改善生态环境的根本保障。天台地处浙南丘陵山区,山高坡陡,雨水的汇流时间短,洪水陡涨陡落,建设山塘水库对于"把优质的水留在天台"十分必要。目前,天台境内已有里石门、幸福、桐柏、黄龙、狮子口等大小山塘水库多座,成为防洪蓄水、灌溉生产、旅游休闲的宝贵资源。系统梳理始丰溪天台境内的大中小型山塘水库,对防汛路、大坝护坡等进行整修硬化,在保证防洪安全的前提下,合理布置蓄水建筑物,提高河道的整体蓄水能力,将山塘水库打造成为一个个唐诗旅游目的地的"生态细胞"。

(1)生态管控类。里石门水库,采取立足长远的战略,集中保护大型水库水生态环境,对水库沿岸区域启动雨污分流、截污纳管、生态修复等系统性工程,控制入水污染源头。

(2)休闲旅游类。包含桐柏水库、狮子口水库、岩板寺水库、龙珠潭水库、大峧里水库、王浪水库、桐坑溪水库、伍伯水库。对于生态环境优、(交通、市场)区位条件较好的山塘水库,在充分论证的前提下,适当引入旅游度假村、主题餐饮、水上运动、旅游房产、滨水绿道等休闲旅游项目,严格控制开发密度与开发强度,避免建设性破坏。

(3)自然野趣类。包含幸福水库、黄龙水库、龙溪水库、孟岸水库、王里溪水库、岩弄口水库、利民水库。对于体量较小、区位一般的山塘水库,尽量保持自然生态环境,根据周边居住人口密度,适时增设亭台楼阁、栈道等景观小品,开展垂钓、农家乐餐饮、果园采摘、自驾车露营等体验类项目。

第四个项目是城市公共品牌——唐诗驿站。布点原则:结合规划码头、文化广场等节点,综合设置旅游服务、信息咨询、厕所、夜间安全等多项功能的服务点,即"唐诗驿站"。在驿站文化主题上,以李白、杜甫、王维、孟浩然等诗人为驿站的主人,一个驿站、一首唐诗、一个故事。布点数量:12个。设计要点:Logo、风格和色彩统一,与标识系统建设同步。砖混结构,现代建筑风格。楼层建议设计为二层,二楼为管理用房。驿站将统一连锁经营,成为天台城市旅游、毅行、休闲健身服务的一个新品牌。

第五个项目是城市公共品牌——城市家园。布点原则:在老的社区,比较缺乏居民的交流空间,纯商业性的店铺消费也比较高,普通市民难以接受。同时,年轻人成家立业后不一定能胜任基本家务。沿承新加坡邻里中心、苏州邻里中心等一线城市成熟打造理念,融入社区配套服务、文化活动及居民活动场所,为周边居民提供具有吸引力的社区功能综合体——城市家园。城市家园可以成为新时代的主妇学习烹饪和家政、交流育婴知识的便利场所,成为平价的社区互动中心、女人天地及各类培训教室。设计要点:Logo、风格和色彩统一,配套小规模的停车场地(10个停车位)。总建筑面积1000平方米左右,有利于将来的正常经营。考虑两种建筑风格:一种为钢构建筑,方便业态调整时的内部分割;一种为唐式建筑风格,主要考虑和现有建筑的协调。楼层建议设计为二层,局部三层。统一连锁经营内容:一楼为厕所、棋牌室、宠物美容及宠物相亲、社区黑板报等;二楼为婴童看护+幼儿活动场地、交友、茶室、咖啡馆、书吧;三楼为社区厨房(烹调培训)。同时开设不定期的各类培训(舞蹈、健美、瑜伽、陶艺、插花、手工编织等)。

第六个项目是城市公共品牌——唐诗广场。布点原则:沿始丰溪两岸,考虑在用地紧张的城关段成熟社区,建设200平方米左右的健身小广场,部分空间可考虑拉膜。在近郊新区缓坡入水地段,建议考虑下沉式小广场设计,解决高差问题,并且节约用地;在用地较宽敞的乡村,可建设500—800平方米左右的健身广场。考虑以下功能的互换:上午为健身场所,如太极、瑜伽、轮滑、跑酷、街舞;下午和傍晚为戏曲小舞台、社区居民的广场舞场地;晚上形成"18—22点经济",如夜宵露营、露天电影、二手书市、跳蚤市场。夏天可考虑改为游泳池,配套设施用房。

第七个项目是城市公共品牌——"逍遥游船,去赤城中,逍遥白云外"。

布点原则:境内上中下游河段形态各异,各河段径流量、水面宽度、水深、水质条件相差较大,水质优劣并存,沿岸拥有多种人工、自然景观风貌,自然风貌不同程度被破坏。局部有亲水埠头设施,自然风貌、水域开阔度以及水质情况较好。游船设计方面,近期于城关段增设游船码头,考虑小船通行。中远期酌情向上游、下游拓展游线。考虑通行画舫或安排竹排漂流等旅游交通体验方式。

第六节　天台县始丰溪其他配套设施

一、交通和市政

交通方面的设施包括生态绿道、登山步道、游步道、自助单车点。公共服务系统包括停车场、公共交通工具(景区、度假区公共交通工具,如乡村巴士等)和游船码头。市政方面包括给水规划、排水规划、电力规划和电信规划。

二、旅游餐饮

天台县域特色美食优势,结合"唐诗之路"文化主题,具有"百县千碗"的特征。始丰溪流域十大特色美食种类丰富。对于很多人而言,旅行的意义就在于美食。美食充满了极强的地域特征,在始丰溪,厚重的天台山文化底蕴影响了当地的饮食之道。

三、旅游住宿

住宿类型包括高星级度假酒店、主题型酒店、经济型酒店、农家乐、风情民宿、房车营地、青年旅舍、户外营地。住宿规模覆盖中高端和大众消费群体。住宿管理上逐步推广国际上通行的饭店服务质量管理制度。

四、休闲娱乐

挖掘拓展流域沿线原有乡村休闲娱乐内容,融入新型娱乐方式,完善休闲娱乐业态,本着高品位、高层次、特色化、多样化的原则,以文化性、趣味性、亲水休闲、度假娱乐、亲子互动为主要定位,打造始丰溪流域的休闲娱乐体系。

五、旅游商品

重点开发文创伴手礼,设立旅游 IP,打造流域旅游的特色 Logo 和品牌形象,活化诗人形象,如"跟着李白游天台"等有声绘本、融合唐诗文化的生活化产品等。发挥始丰溪区位、文化、物产、工农业、经济基础雄厚等优势,调动一切积极因素。加快旅游商品经济发展,通过整合旅游商品资源,形成特色产品和设立旅游购物商店。

六、环保设施

公厕采用生态环保型厕所,公厕外观尽量主题景观化,与周边环境相协调,内部空气流通,光线充足,设施齐全。厕所除了整洁卫生、方便舒适,还应突显唐诗文化主题,营造整体旅游氛围。可在景区外部打造主题景观小品,并设置宣传导引等,内部设施可建设人文景观,如唐诗字画、和合文化、儒教文化等,进行景观点缀。

七、标识系统

国际语境导向的标识标牌系统(导览牌系统、解说牌系统、指示牌系统、警示牌系统、提示牌系统)、导游画册、唐诗手绘图。其中唐诗手绘图是将唐诗中关于天台的地名挖掘出来,如赤城、石桥、石梁、桐柏等,以手绘地图的方式,制作成兼具趣味性、文化性、收藏性等功能的唐诗手绘地图。

八、管理体制

管理制度保障是各项工作顺利、高效展开的基础,是旅游开发建设的重要基石。始丰溪流域浙东唐诗体验旅游目的地的建设离不开强有力的制度保障。要形成统一化管理体制:统一领导,防止各自为政;统一规划,避免资源浪费;统一指挥,保障高效行动;统一资金,保证财政调度。

九、政策扶持

包括政府扶持、经济扶持、文化扶持和社会扶持。

十、人才保障

包括专家咨询、科学决策、加强旅游人才队伍建设、完善人才奖励机制和人才培育,实现永续保障。

十一、管理技术和科技水平

提高科学管理水平,包括运用现代技术、"旅游＋科技"、增加科研投入以及增强旅游商品化研发力度。

第九章 浙东唐诗之路文旅融合的范本建构

基于浙东唐诗之路文旅融合的丰富实践、创新发展,参考浙江省文化和旅游厅发布的《浙东唐诗之路黄金旅游带规划》以及一系列相关的文化遗产保护传承的行动计划、生态保护区建设、保护和管理计划、基因解码工程、传承发展工程、保护制度体系建设、传承机制建设的通知和法规,"浙东唐诗之路"文旅融合的范本建构主要可以从六个维度上开展。

第一节 价值维度建构:世界遗产界定标准与申遗价值

浙东唐诗之路是有代表性的、珍贵的文化遗产,是大批古代诗人进行文化朝圣之旅的必经之路。目前,学术界普遍认为,浙东唐诗之路的概念应该包括两层含义。第一层含义,指浙江东部地区唐代诗人往来比较集中的古代旅游线。始自钱塘江,经浙东运河过绍兴、上虞,再溯剡溪,经嵊州、新昌,到天台华顶峰,再经国清寺北回过儒岙至新昌,是为干线。浦阳江、东阳江、好溪、奉化江、甬江等,是为支线。第二层含义,"唐诗之路"是形象思维之路,是诗人凭借浙东山河和丰富的文化底蕴的感性材料,通过想象、联想和幻想,伴随自己炽热的感情,进行概括和集中而喷发为诗的思维过程。[①]

浙东唐诗之路申报世界遗产已经成为沿线各地从政府到民间的一种共识。2007年9月26日,绍兴市新昌县成立浙东唐诗之路申报世界文化遗产工作领导小组,率先启动"唐诗之路"申遗工作。10月,作为联合国教科文组织中国唯一授权永久使用其标志的刊物,《中华遗产》杂志以"中国文人的山水走廊——唐诗之路"为封面标题,专题介绍浙东唐诗之路。2018年,浙江省政府工作报告提出"积极打造浙东唐诗之路"。在此背景下,浙东唐诗之路沿线各地再次行动起来,将唐诗之路研究与开发推上了一个新台阶。10月9日,萧山、越城、柯桥、上虞、嵊州、新昌、

---

① 伊旭松、许文豹:《"浙东唐诗之路"申遗》,《绍兴日报》2008年1月17日。

天台、仙居、临海等沿线九个县、市、区签署"浙东唐诗之路"建设联合行动框架协议，共同开展沿线文化遗产整理挖掘，为"浙东唐诗之路"申报世界文化遗产做准备。[①]

一、世界遗产及其评定标准

世界遗产指被联合国教科文组织和世界遗产委员会确认的人类罕见的目前无法替代的财富，是全人类公认的具有突出意义和普遍价值的文物古迹和自然景观，具有巨大的社会意义与经济价值。[②] 世界遗产包括世界文化遗产、世界自然遗产、世界文化与自然遗产以及人类口述和非物质遗产代表作等四种类型。我国于1985年加入《保护世界文化和自然遗产公约》，自1987年首次申报世界遗产开始，截至2021年1月，我国已成功申报世界遗产55项，其中，文化遗产37项、自然遗产14项、自然与文化双遗产4项。我国世界遗产总数、自然遗产和双遗产数量均居世界第一，是近年全球世界遗产数量增长最快的国家之一。

世界遗产的永久性保护对整个国际社会都具有至高的重要性，申报世界遗产是一项复杂而又具体的系统性工程。联合国教科文组织依据《保护世界文化和自然遗产公约》，对申报遗产项目是否被列入《世界遗产名录》进行考核，考核的标准和评审过程非常严格。凡提名列入《世界遗产名录》的文化遗产项目，必须具有罕见的、超越了国家界限的、对全人类的现在和未来均具有普遍的重要意义的文化和/或自然价值，即突出的普遍价值（outstanding universal value）。根据最新的《保护世界文化和自然遗产公约》实施操作指南，申报世界遗产需要符合下列一项或几项标准方可获得批准。[③]

（1）作为人类天才的创造力的杰作；

（2）在一段时期内或世界某一文化区域内对人类价值观的重要交流，对建筑、技术、古迹艺术、城镇规划或景观设计的发展产生重大影响；

（3）能为延续至今或业已消逝的文明或文化传统提供独特的或至少是特殊的见证；

（4）是一种建筑、建筑群或技术整体或景观的杰出范例，展现人类历史上一个

---

① 项菁：《为申报世界遗产，浙江九个地区签署浙东唐诗之路联建协议》，搜狐网，2018年10月10日，https://www.sohu.com/a/258608983_100253944，访问日期：2021年1月17日。

② 彭岚嘉：《甘肃申报世界遗产的社会与经济意义》，《甘肃理论学刊》2004年第4期，第102—105页。

③ "The Operational Guidelinesfor the Implementation of the World Heritage Convention" UNESCO, Jan17，2021，http://whc. unesco. org/en/guidelines/.

（或几个）重要阶段；

（5）是传统人类居住地、土地使用或海洋开发的杰出范例，代表一种（或几种）文化或人类与环境的相互作用，特别是当它面临不可逆变化的影响而变得脆弱；

（6）与具有突出的普遍意义的事件、生活传统、观点、信仰、艺术或文学作品有直接或有形的联系（委员会认为本标准最好与其他标准一起使用）；

（7）绝妙的自然现象或具有罕见自然美和美学价值的地区；

（8）是地球演化史中重要阶段的突出例证，包括生命记载和地貌演变中的重要地质过程或显著的地质或地貌特征；

（9）突出代表了陆地、淡水、海岸和海洋生态系统及动植物群落演变、发展的生态和生理过程；

（10）是生物多样性原址保护的最重要的自然栖息地，包括从科学和保护角度看，具有突出的普遍价值的濒危物种栖息地。

二、唐诗之路的申遗价值分析

浙东唐诗之路是唐代诗人穿越浙东地区而形成的山水人文之路，既是一条具有突出普遍价值的天然名胜荟萃的自然遗产线路，又是一条产生伟大思想与艺术，且对中国以至世界产生重要影响的文化遗产线路。著名国学大师启功先生特地为此撰诗："浙东自昔称诗国，间气尤钟古沃洲。一路山川谐雅韵，千岩万壑胜丝绸。"[①]

浙东唐诗之路是融合儒学、佛道、诗歌、书法、茶道、戏曲、陶艺、民俗、方言、神话传说等内容的中华文化宝藏，沿线自然景观和文化遗产丰富多彩，是中国继丝绸之路、茶马古道之后，又一条具有景观特色、深含历史开创意义的区域文化线路。作为典型的具有中国特色、中国风格、中国气派的文化资源，研究浙东唐诗之路，有利于传承发展中华优秀传统文化，增强文化自觉和文化自信，夯实文化软实力根基，提升中华文化的影响力，助推区域经济和文化发展。[②] 浙东唐诗之路具备申报世界文化遗产的条件。

（一）山水生态价值

浙东地区山岳景观壮美雄奇，因为不同的地质作用和山体岩石性质，可分为三

---

① 王婷、孙艺秋：《浙东唐诗路，踏上申遗路》，《浙江日报》2013 年 3 月 20 日第 14 版。

② 高平、包建永：《"浙东唐诗之路"蕴含丰富自然文化遗产》，《台州日报》2017 年 11 月 15 日。

大类型：火山岩山岳景观，如乐清雁荡山、仙居神仙居、临海桃渚、缙云仙都、奉化雪窦山、新昌大佛寺凝灰岩石窟、龙泉凤阳山等；花岗岩山岳景观，如天台山、浮盖山等；丹霞山岳景观，如江山江郎山、天台赤城山、永康方岩、新昌穿岩十九峰、东阳三都屏岩等。浙江八大水系中，七大水系在浙东：瓯江、灵江、甬江、曹娥江、苕溪、飞云江、鳌江，另外还有人工开凿的浙东运河沟通东海与钱塘江，镜湖广纳越州多源之水。浙东唐诗之路的线路多为水路，如由杭经越而至台州的干线即从钱塘江西行渡口进入浙东运河，在越州绍兴县进入曹娥江，转溯剡溪而穿新昌，陆行至新昌与天台交界处的关岭再登天台山。浙东唐诗之路沿线独特的山水地貌给诗人们留下了深刻记忆。如东晋孙绰《游天台山赋》"赤城霞起而建标"之句掷地有声，李白《秋夕书怀》云"海怀结沧洲，霞想游赤城"，晚唐皮日休《寒日书斋即事三首》亦云"江汉欲归应未得，夜来频梦赤城霞"等。

（二）文学艺术价值

浙东唐诗之路文学艺术价值主要体现在诗词、书画、戏曲、神话传说等。古人游浙东以水路为主，水尽则登山而歌。唐代诗人从浙东运河、曹娥江、剡溪直到天台山，一路上留下大量脍炙人口的诗篇。绍兴镜湖是浙东唐诗之路的路基，更是浙东唐诗之路的焦点，剡溪是唐诗之路的亮点，天台则是整条浙东唐诗之路干线的终点。[①] 据统计，在《全唐诗》收录的 2200 余位诗人中，有 400 多人游览过这条风景线。从诗词题材看，主要有旅游观光、为官赴任、题赠送别、寻师访友、参道礼佛、归隐修真等。如诗人李白、杜甫曾乘舟溯剡溪而上，饱览"山色四时碧，溪光十里清"的美景，留下了《梦游天姥吟留别》《壮游》等千古绝唱。诗人们除了游山玩水，一路观赏优美的山水风光，更多的是寻师访道、拜访朋友，在游历过程中也留下许多友情佳话、交往故事。曾任浙西观察使、唐武宗时期的宰相李德裕，在得到台州刺史颜从览赠予的天台宝华石时，就写了"闻君采奇石，剪断赤城霞"表示感谢。李白与司马承祯之间也有非常多的交集与诗赋往来，并结下深厚情缘。司马承祯曾称赞李白"有仙风道骨，可与神游八极之表"，而李白作《大鹏遇希有鸟赋》以回馈，并在序中写道："余昔于江陵，见天台司马子微，谓余有仙风道骨，可与神游八极之表。因著《大鹏遇希有鸟赋》以自广。"因此留下一段忘年交的佳话。孟浩然写给太乙子的"吾友太乙子，餐霞卧赤城。欲寻华顶去，不惮恶溪名"；杜甫写给郑虔的"天台隔

---

① 徐智麟、虞挺：《"浙东唐诗之路"的文化坐标及传承价值》，《浙江水利水电学院学报》2019 年第 4 期，第 7—9 页。

三江,风浪无晨暮"等,不胜枚举。

唐诗之路上的文化艺术,不仅仅是诗歌,还有书画、音乐等。比如天台比较著名的佛教音乐、道教音乐、天台道情等皆得益于唐诗之路的文化交融。特别是隋唐之际题画之风开始盛行,唐代许多著名诗人如李白、杜甫、王维、白居易等都热心于绘画、咏画,促进诗歌与绘画的密切联系,开创了新的诗歌体裁——咏画诗。与天台山有关的题画诗,较为著名的如李白的《求崔山人百丈崖瀑布图》、杜甫的《观李固请司马弟山水图》、景云的《画松》等,著有"百丈素崖裂,四山丹壁开""方丈浑连水,天台总映云""曾在天台山上见,石桥南畔第三株"等诗句,名诗与美图相互辉映,增添了浙东唐诗之路文化的内涵与魅力。

在书法碑刻方面,浙东唐诗之路的名家摩崖石刻与石碑记载很多,但遗存的已经很少。如初唐时大书法家李邕曾撰书《国清寺碑并序》,现石碑已毁,仅存碑文。由唐代诗人崔尚撰文、翰林学士韩择木书写、唐玄宗亲书碑额的《新桐柏观碑颂》现存部分残碑、拓片。尚存国清讲寺后山上的柳公权"大中国清之寺"石刻大字,是天台山摩崖石刻中的珍品;现存真觉寺的《修禅道场碑铭》,碑文前题字:"台州隋故智者大师修禅道场碑铭并序。右补阙翰林学士梁肃撰,朝散大夫台州刺史上柱国高平徐放书。"这是唐代高僧行满为重建修禅寺而立的石碑。碑文是智者大师圆寂后190余年,湛然大师请求梁肃所撰,并由时任台州刺史的徐放所书,其撰者和书者是唐代著名的文学家和书法家,堪称佛儒文化交融的经典之作,在中国佛教史尤其是天台宗历史上具有崇高的地位,有着极高的文史价值。

（三）文化交流价值

从思想文化交流与融合来看,主要是中外文化的融合、南北文化的融合、三教文化的融合。因浙东地区濒临大海,海外入唐者多横渡东海至明州登陆,再上天台山礼佛求法。特别是日本,为了学习中国文化,先后向唐朝派出十几次遣唐使团,通过遣唐使从中国带去大量典籍,朝野上下竞相撰写唐诗汉文。其中,日本天台宗创始人最澄大师就是第十七次遣唐使团成员,他经明州转临海最后到达天台山佛陇,跟随行满学法。归国时,毛涣、幻梦等都有《送最澄上人还日本国》赠别诗。行满赠诗云:"异域乡音别,观心法性同。来时求半偈,去罢悟真空。贝叶翻经疏,归程大海东。何当到本国,继踵大师风。"希望他返国后能不辱使命、发扬光大天台宗。此后,最澄的再传弟子智证大师圆珍入唐,在越州（今绍兴）开元寺、天台山国清讲寺求法,并与大唐各界人士互相唱和,诗集多达十卷。遣唐使还大量输入唐朝书法、绘画、雕塑、音乐等艺术,融合为日本民族文化,中国文化由此风靡日本上层社会,渗透到思想、文学、艺术、风俗习惯等各个方面。

从南北文化交流来看,浙东的越州、会稽在魏晋时期就是文化交流的中心。早在东晋永和九年(353),当时任会稽内史、右军将军的王羲之邀请谢安、孙绰、孙统等41位文人雅士聚于会稽山阴兰亭,曲水流觞、饮酒作诗,并将当时所作37首诗,汇编成《兰亭集》,因此有了冠绝千古的《兰亭序》流传至今。另据《新唐书·艺文志》集部总集类著录《大历年浙东联唱集》二卷,地点也是越州一带,时间大致是广德元年(763)至大历五年(770)鲍防任浙东节度使从事期间,参与吟唱者有鲍防、严维、吴筠、徐嶷、朱放、陆羽、灵澈等57人,作诗38首、偈11首、序2首。中唐时期,江南地区的诗酒文会频繁,文士之间、文士与僧道之间的酬唱追和之风盛行,如《吴越唱和集》《杭越寄和诗集》《僧灵澈酬唱集》《元白唱和集》等就是南北诗人文士之间的往来酬唱留下的典型例证。特别是元稹与白居易交往近30年,诗歌唱和近千首,因官场的升迁贬谪,白居易辗转于洛阳、江州、杭州等地,元稹辗转于江陵、通州、忠州、越州等地,他们通过书信往返以诗歌酬唱的方式互相交流思想与创作心得,留下《三州唱和》《通州唱和》《杭越唱和》等。这不但成为他们友情交流、精神慰藉的见证,而且在当时朝野广为流传,并远播域外,促进了唐代诗歌观念与诗歌风格的发展,如推动了讽喻诗的创作,促进了长篇排律叙事诗的成熟。作为新乐府运动的倡导者,创造了文学史上著名的"元和体"等,对文学创作的发展影响广泛而深远。

而浙东的天台山自晋唐以来,因孙绰的《游天台山赋》名扬宇内,成为当时及以后一个时期都具有极高知名度与吸引力的文化名山。汉晋之际葛玄、葛洪先后在天台山修道炼丹,开启天台道教之先河;初盛唐时期,三代帝王师司马承祯在此修道,天台道风流播海内;北宋张伯端倡导"教虽分三,道乃归一"之说,其《悟真篇》被奉为道教南宗之祖经,天台是名副其实的"道源"。及至大唐,天台山成为诗人们魂梦以寄、争相登临吟咏的栖归圣地与文学胜地。从宋人李庚等主编的《天台集》所收的唐代文人赠别酬和诗可以看到,涉及的作者有宫廷帝王、政界官员、文坛雅客、丛林僧道等,内容主要包括帝王题赠、僧道游方、文人与僧道交游、文人游览唱和等。他们以诗歌为媒合力推动了天台山文化的繁荣发展,极大提升了天台山的知名度与影响力,从而吸引了更多来自各地的文人墨客聚集浙东,为浙东诗路输入了丰富多彩的各具特色的多区域文化,也对浙东地区的风俗民情、艺术思想产生极大影响,同时促进了诗路沿线交通商贸经济等的繁荣与发展。

浙东唐诗之路是融合了诗歌、书法、茶道、戏曲、民俗、方言、神话传说等内容的中华文化宝藏;唐诗之路的内涵从文学艺术拓展到了沿线自然地理、宗教哲学、民间信仰、文学艺术、风土物候、商贸交通等领域,对于儒释道三教文化、南北文化、中外文化的共融发展起到不可低估的作用。进入 21 世纪的今天,其仍然以耀眼的光芒吸引着人们的向往与关注,意义与当代价值不容小觑。

（四）文化遗产价值

从文化遗产价值而言,浙东唐诗之路沿线文化遗产资源极为丰富,自然风光秀丽。唐诗路上的景点按其现状,可分三种类型:一是已经修复开放具有较高知名度的景点,如绍兴禹陵、兰亭、东湖、曹娥庙、新昌大佛寺、沃洲湖、穿岩十九峰、天台国清寺、鄞县（州）天童寺、奉化溪口等。二是已日渐湮没,现正加紧修缮、建设的景点,如绍兴的若耶溪旧地、秦望山、镜湖残湖、谢灵运始宁别墅旧址、嵊州王羲之祠旧址、新昌南岩、水帘洞、刘阮祠,天台桐柏宫、石梁等。三是沿线有不少需要进行抢救性保护的文物古迹,如嵊州王子猷访戴处、新昌司马（承祯）悔桥、沃洲山真君殿、儒岙太白庙、彼苍庙、万马渡等。仅台州境内,就有国清讲寺等 10 处国家级文保单位、79 处省级文保单位,作为一条文化线路,唐诗之路所构建的人文景观和自然景观为保护和利用这份文化遗产提供了有利条件。台州市决策咨询委与台州学院课题组曾把浙东唐诗之路的文化遗产归纳为:中国山水诗发祥地、佛教中国化第一个宗派天台宗诞生地、道教巩固充实时期的中心地、中国书法艺术的圣地、山水画发源地、茶道思想渊源地、六朝士文化中心地、民间文学民俗文化兴盛地等,高度概括了其遗产价值所在,充分表明这一文化遗产的丰富性与宝贵性,是具备世界文化遗产特征的区域文化线路。

（五）学术研究价值

浙东唐诗之路作为一个学术概念越来越得到学界关注与重视[①]。在学术研究价值上,主要体现在:一是文学艺术与历史文化研究方面,浙东唐诗之路拓展了唐代文学研究的领域,把唐诗与六朝遗风、山水胜景、社会民俗、佛道玄理、园林建筑、书画音乐等与文学等相关学科进行交叉和综合研究探索,唐诗之路的研究,为我们重新展现一幅波澜壮阔的大唐盛世文化图卷。二是文化旅游融合方面,如肖维鸽、

---

① 肖瑞峰:《"浙东唐诗之路"研究的学术逻辑与学术空间》,《绍兴文理学院学报》2018 年第 6 期,第 1—6 页。

莉莲指出,浙东唐诗之路文旅一体化开发是实现文旅融合、打造浙东唐诗之路黄金旅游带的必然选择。在此基础上,他们从整合共推国家级乃至世界级诗路文旅资源、共筑诗路文旅融合共同体、共推诗路文旅项目和共建诗路文旅新型智库等方面探索浙东唐诗之路文旅一体化开发的基本策略。[①]

(六)产业带动价值

早在 1999 年,《光明日报》发表《一项文学研究带起一方产业》文章,就唐诗之路的当代价值及其对社会发展的推动作用做了专题报道。[②] 在应用价值上,浙东唐诗之路的文化资源挖掘与文化传承发展,对于提高区域知名度、优化区域环境、增强文化自信、促进旅游发展、促进当代经济建设和文化发展等具有重要作用。特别是在旅游产业发展方面,唐诗之路所构建出的人文景观、自然景观与唐诗整体性的渊源关系,为旅游发展提供丰富的文化资源,可形成新的旅游业态与旅游热点。[③] 浙东唐诗之路旅游线应加强体验式旅游开发,深化旅游主题,加强唐诗之路山水文化资源挖掘,理顺区域旅游竞合关系,重新组合旅游路线,依托文化创意产业,设计层次性文化体验旅游项目,吸引更多的海内外游客前来观光旅游。[④]

根据联合国教科文组织制定的相关公约,世界遗产分为自然遗产、文化遗产、自然与文化复合遗产三大类。浙东唐诗之路是以唐诗为标志,蕴含多种文化遗产的山水人文之路,对其研究应借鉴丝绸之路范式,突破有唐一朝、浙东一隅、诗歌一艺的局限。在时间上,上溯下沿,汉晋六朝与宋元明清的相关内容亦应纳入考察范围;在空间上,内连内陆而外通异域,打通西域丝路与海上丝路,加强战略纵深;在内容上,拓展到沿线自然地理、宗教哲学、民间信仰、文学艺术、风土物候、商贸交通等领域,将其视为包蕴丰富、价值巨大的自然文化遗产之宝藏。在协调上,正确处理目标和过程的关系、目的与手段的关系、民间与政府的关系、思路与区域的关系、申遗与保遗的关系、研究与操作的关系等[⑤],统筹谋划,分步推进。唯有如此,浙东唐诗之路才真正具备申报世界遗产之可能。课题组相信,只要社会各界群策群力,

---

① 肖维鸽、莉莲:《浙东唐诗之路文旅一体化开发探索》,《绍兴文理学院学报》2020 年第 1 期,第 60—66 页。

② 叶辉:《一项文学研究带起一方产业》,《光明日报》1999 年 7 月 6 日。

③ 张密珍:《引无数诗人竞折腰丨浙东唐诗之路目的地天台山不简单》,浙江新闻网,2018 年 11 月 27 日,https://zj.zjol.com.cn/news/1083359.html,访问日期:2021 年 1 月 17 日。

④ 李跃军、汤蓉岚、林荫:《试论浙东唐诗之路文化体验式旅游开发》,《台州学院学报》2017 年第 1 期,第 17—20,50 页。

⑤ 周国勇、梁易辉:《浙东唐诗之路"民间申遗"提速》,《绍兴日报》2008 年 7 月 3 日。

浙东唐诗之路成功申报世界遗产的一天终将到来,浙东大地上终将再次迎来诗意盎然的春天。

第二节 空间建构:文旅融合的诗意空间体系规划

浙东唐诗之路文旅融合空间建构应着力推进《浙东唐诗之路黄金旅游带规划》的落实,依据唐代诗人经浙东运河转道古剡溪探访浙东名山的游走文化路线,打造一主一副的"T"字形黄金旅游带发展轴,联动四大特色主题片区,建构"主副轴联动、四片区协同"的文旅融合的诗意空间体系,全方位呈现和提炼唐诗意境,建构浙东唐诗之路文旅融合建构的诗意空间体验,让游览其间的游客能够深刻感知唐诗的真善美。

一、诗意空间体系规划的基本原则

依据浙江省文化和旅游厅发布的《浙东唐诗之路黄金旅游带规划》,诗意空间体系规划的基本原则是:高举习近平新时代中国特色社会主义思想伟大旗帜,坚持以"八八战略"为指引,深入践行"绿水青山就是金山银山"理念,立足浙江"三个地"的政治优势,贯彻落实全省大花园建设行动计划,全面加强文化遗产和生态环境保护,全域推进文化旅游深度融合,全力推出代表国际一流水准的研学、体验、度假游产品,以名山、名人、故里(故居)为珠,以山水为纽带,串"珠"成"链",实现对优秀传统文化的活化、物化和升华,高质量建设"兰亭流觞,天姥留别"的世界遗产文化旅游发展示范带,再现千百年来八方游客齐聚浙东、探访名山的盛况。这里的指导思想提到了通过浙东唐诗之路的山山水水之纽带把名山、名人、故里(故居)散乱之珠串成珍珠链条,做好优秀传统文化的活化、物化和升华,打造出国际一流水准的研学、体验、度假游产品。因此,浙东唐诗之路诗意空间体系规划的基本原则为:

(一)生态为先,保护为要

优美生态环境是大花园建设的要求,是发展浙东诗路黄金旅游带的基础,是山水画卷的底色。一切建设都要全面践行"绿水青山就是金山银山"理念,以保护生态为基础,严格坚守生态保护红线。处理好开发与保护的关系,把文化遗存和生态保护放在首要位置,强化红线管控约束,最大程度保持自然和文化遗产的真实性、完整性和延续性。

(二)文化为魂,融合发展

文化是浙东唐诗之路的灵魂。牢牢把握浙东诗路文化品牌,深入挖掘优秀灿烂历史文化,以及具有浓郁地方特色非物质文化遗存,不断丰富浙东诗路文化内涵。推进浙东诗路建设文旅融合、多规融合、区域融合、产城融合、民族融合,在融合中积极彰显和发扬浙东诗路文化的魅力,充分挖掘文化精髓,实现浙东诗路文化旅游科学快速地发展。

（三）创新表达,融入生活

挖掘浙东诗路各地自然和人文特色,丰富诗路的文化内涵,不断激发文化创新创造活力,创新浙东诗路文化的表达方式和形式。以现代的方式、现代的市场、现代的业态物化、活化、升华相关文化遗产,传承和弘扬优秀民族文化,促进旅游与文化、教育的融合,提升诗路文化的具象性和体验性,探索融入新时代、新生活的路径,深化文化旅游融合发展,实现经济社会高质量发展。

（四）协同发展,开放共享

充分衔接"一带一路"倡议、长三角一体化、长江经济带等国家战略。以"一盘棋"的思路协同推进沿线各地开展浙东诗路文化研究、保护、利用和产业发展;充分衔接"一带一路"倡议,推进国际人文交流合作,推动浙东诗路旅游走向国际市场,提升浙东诗路文化的影响力和美誉度,不断提升浙东诗路文化的世界影响力。

二、"主副轴联动"的诗意空间体系规划

"主副轴联动"的诗意空间体系规划见表 9-1。

表 9-1 "主副轴联动"的诗意空间体系规划

轴线	空间范围	轴线特色
主轴	以浙东运河—曹娥江—剡溪—灵江等水系为主线,串联会稽山、天姥山、天台山、括苍山、湘湖、鉴湖、若耶溪等名山名河资源,覆盖萧山、滨江、柯桥、越城、上虞、嵊州、新昌、天台、仙居、临海等县（市、区）	以黄金水道、生态廊道、旅游风景道为纽带,联动周边高能级景区和旅游发展平台的黄金旅游带发展主轴
副轴	以浙东运河—姚江—奉化江—甬江等水系为东支线,串联四明山、雪窦山、月湖、东钱湖、普陀山等名山名湖资源,覆盖余姚、奉化、鄞州、海曙、镇海、定海、普陀、岱山等县（市、区）	形成浙东唐诗之路向东海延伸的黄金旅游带发展副轴,并通过水系、古道与主轴交汇联动

注:参考浙江省文化和旅游厅:《浙东唐诗之路黄金旅游带规划》,2020 年 3 月。

（一）黄金水道

原指的是具有强大运输能力的河流带动周边城市经济发展的效能。现在则更

多考量相关河流运输价值之外的旅游休闲、文化传播、人文交流等多元化价值。水道是人类文明的发源之地,也是串联各种文化遗产、生命记忆的纽带。

（二）生态廊道

生态廊道郁郁葱葱、悠远漫长,呈线性或带状布局,串联空间分布上较为孤立和分散的生态单元的生态系统,为各种物种的扩散、迁移和交换提供生存空间的同时,也为游客提供感受大自然的纯粹空间。生态廊道是构建区域山水林田湖草完整生态系统的重要组成部分,在连接破碎生境、保护生物多样性上发挥重要功能。

（三）旅游风景道

旅游风景道具有线性特征,往往具有一定的历程。以江河流域为纽带,辅以水陆两线,依托河流沿岸自然风光、丘陵山林、古村落、古道、土楼群、田园民居等景观,将沿线各景区点、百佳摄影点、民宿客栈、农家乐、采摘园等各类乡村旅游点串联起来,总体形成沿江线型的全域旅游自驾公路,形成体验感十足的"自驾游天堂",全方位地满足游客亲近自然、回归农村、感受文化的深度体验。

路线是载体,唐诗是生命,意境是灵魂。在推进以黄金水道、生态廊道、旅游风景道为纽带,联动周边高能级景区和旅游发展平台的黄金旅游带过程中,要充分利用情景推移、情景重塑、情景演绎、情景迁移、视移景现、集中展示、提示标记等范式进行空间建构,充分发挥唐诗及其包含意境的文化价值。这里的"情景",是指感情与景色,是构成意境的核心要素。情景首先是指唐诗中的意境,如杜甫的"感时花溅泪,恨别鸟惊心"就是感情与景色相互融合接触而分不开的。其次,情景是浙东唐诗之路上的景点、景区和景色。借助情景的推移、重塑、演绎、迁移,浙东唐诗之路上的具体、直观和吸引人的景点、景区和景色,随着游客的身动、心动而发生着重构,情景中的人的丰富多彩的感情发生着风起云涌的变化,由此在物理空间变化的同时,物理空间的意境也发生了复杂的建构。浙东唐诗之路文旅融合"主副轴联动"发展的空间建构需要积极采用情景推移、情景重塑、情景演绎、情景迁移等方法,实现唐诗中的意境与浙东唐诗之路上的景点、景区和景色特色的紧密互动、有机互译和高效转换,实现浙东唐诗之路文旅融合"主副轴联动"发展的空间建构的创造性和多元化发展。视移景观类似于"移步换景",十分注重空间顺序,通过在不同的立足点和观察点的空间切换,按照视觉的转移和视角的变化,让新的景色和感情不断展现出来。集中展示是在一定的空间内重点呈现特定的感情与景色。提示标记则是指把需要重点突出和强调的景色通过特定符号和标识进行提醒,使得游客在游览过程中不容易忽视。基于"主副轴联动",采用上述一系列范式和方法,浙东唐诗之路文旅融合就可以构建起以黄金水道、生态廊道、旅游风景道为纽带,联动周边高能级景区和旅游发展平台的黄金旅游带,建构出诗意空间线性体系。

三、"四片区协同"的诗意空间体系规划

"四片区协同"的诗意空间体系规划见表 9-2。

表 9-2 "四片区协同"的诗意空间体系规划

片区	空间范围	片区特色	发展策略
古越水乡片区	范围覆盖杭州市滨江区、萧山区和绍兴市越城区、柯桥区、上虞区,是千百年来吴越文化的重要高地	以古越风情、诗词歌赋、书画戏曲、酿酒品茶等越地经典文化为特色	重点整合古城与水乡、历史与人文、山水与生态资源,打造古越文化深度体验区、高端水乡风情度假区
佛道名山片区	范围覆盖嵊州市、新昌县、天台县、宁波市奉化区和余姚市,是古代文人隐居和游历浙东的主要目的地,是浙江省佛道文化的典型代表	以名山文化、佛道文化、诗词文化为特色	重点围绕四明山、天姥山、天台山、雪窦山等佛道文化名山,打造全国著名的清凉避暑胜地、佛道朝觐圣地、运动养生胜地
山海颐养片区	范围覆盖仙居县、临海市,以及椒江区、温岭市、玉环市沿海岛屿,是浙东地区依山傍海的天然氧吧	以生态文化、佛道文化、海防文化为特色	重点围绕括苍山、神仙居、仙居国家公园、江南长城,打造全国著名的生态科普研学基地、沿海红色旅游基地
海上诗路片区	范围覆盖宁波市鄞州区、海曙区、江北区、镇海区,舟山市定海区、普陀区和岱山县,是陆上丝绸之路和海上丝绸之路的衔接地和启航地	以海洋文化、佛教文化、藏书文化、商贸文化、红色文化为特色	重点围绕东钱湖、月湖、普陀山、朱家尖、桃花岛、金塘岛、秀山岛、岱山岛,打造国际有影响力的高端滨海休闲度假区、旅游产业集聚区

注:参考浙江省文化和旅游厅《浙东唐诗之路黄金旅游带规划》,2020 年 3 月。

(一)古越水乡片区:基于吴越文化重要高地,打造古越文化深度体验区、高端水乡风情度假区

1. 古越文化深度体验区

立足于古越文化开发,以汉文明的重要发源地为文化定位,以古越文化为呈现内容,以古越特有的非遗演艺为核心吸引业态,充分借助高科技开发沉浸式文化体验项目,集聚旅游人气,致力于讲好"古越故事",延续历史文脉,配套游购娱等多元体验的综合性文旅项目,推动浙东唐诗之路景区由单一性的旅游观光转变为涵盖

多业态的文化深度体验型景区。

2.高端水乡风情度假区

古越水乡生态环境优美,地理位置优越,拥有独具江南水乡风味的亭台楼阁和小桥流水,处处体现江南水乡建筑空间特色。同时,古越水乡十分重视传统工艺、手工业与民俗风情等人文遗产的保护恢复,重视中华民族传统价值观念,保留着原汁原味的本土文化,这为打造高端水乡风情度假区提供了独一无二的资源。不仅可以开发高端民宿、绿色餐饮、户外游乐、会务培训等特色旅游服务,而且可以盘活闲置存量资源,改善当地群众生活环境,实现农民增收致富,助力乡村振兴。

(二)佛道名山片区:基于古代文人隐居和游历浙东主要目的地,打造全国著名的清凉避暑胜地、佛道朝觐圣地、运动养生胜地

1.清凉避暑胜地

浙东唐诗之路上的四明山、天姥山、天台山、雪窦山等历史悠久,文化气息浓厚。山崖高耸,峭壁林立,绿竹环绕,青松翠柏相迎,植物围绕参天大树生长,有飞泻直下的瀑布、清澈见底的山间小溪和高耸的山岭别墅,落日余晖,风吹山林,风景如画,绿意盎然,植被面积惊人。气候凉爽宜人,夏天清凉无比,早晚凉风吹拂,建有国际一流度假休闲设施,有历史故事景点和名人故居点缀其间,令人神往。

2.佛道朝觐圣地

浙东唐诗之路上有丰富的佛道寺庙,吸引广大信众纷纷前往朝觐。浙东诗路上除了数量众多的道教寺庙宫观,最著名的是两座佛教古刹。国清寺坐落于天台山,是中国佛教宗派天台宗的发源地,在佛教发展史和中外关系史上都具有重要地位。国清寺寺周保存了大量的摩崖、碑刻、手书、佛像和法器等珍贵文物。孟浩然、李白、陆龟蒙、杜荀鹤、赵朴初等文人雅士均留下墨宝。雪窦寺坐落于雪窦山,内有雪窦山弥勒大佛,是弥勒佛道场,南宋被敕封为"五山十刹"之一,明代被列入"天下禅宗十刹五院",民国跻身"五大佛教名山"。

3.运动养生胜地

相关部门推进旅游供给侧结构性改革,丰富旅游内涵,积极探索、大胆创新,陆续引进和举办具有一定权威和影响力的自行车赛、马拉松赛、武术比赛等体育赛事,推进美景和运动相结合,打造运动赛事品牌和精彩文体盛宴,大力探索运动与养生产业融合发展新路径,打造运动养生胜地。同时,相关部门组织系列养生活

动,深掘养生文化,推进"处处是美景、处处皆养生"的康体养生游热点。注重全民健身,专门设置"月月有活动"的亲民文体活动,为本地居民提供运动养身平台。

（三）山海颐养片区:基于天然氧吧,打造全国著名的生态科普研学基地、沿海红色旅游基地

1.生态科普研学基地

生态科普是全国性的热点科普活动,深受各个学校师生的喜爱,也是提升中小学生科学素养的重要形式。以生态科普为主题的研学基地建设,为生态科普提供生动活泼的载体,能够推动相关活动的深度落地,使得科普知识教育更加系统。浙东唐诗之路拥有丰富的林业资源,可以以森林文化为主导,开展"生态旅游与生物多样性""关注植物多样性,爱护植物从我做起""推进生态文明,建设美丽中国""珍惜自然资源,保护生态环境"等系列生态科普活动,构建生态科普研学基地。

2.沿海红色旅游基地

浙东诗路拥有很多中共在革命和战争时期建树丰功伟绩所形成的纪念地、标志物,其所承载的革命历史、革命事迹和革命精神是中华民族宝贵的精神财富。相关部门积极投资红色旅游主题建设项目,开展红色旅游推广活动。如位于宁波滨海旅游休闲区内的浙东滨海红色旅游基地。基地内有卓兰芳烈士纪念馆、卓恺泽烈士墓地等,游客可以缅怀烈士的革命丰功伟绩,了解革命历史,增长革命斗争知识,学习他们为了理想不惜抛头颅洒热血的革命精神,培育新时代的创新创业精神。

（四）海上诗路片区:基于陆上丝绸之路和海上丝绸之路的衔接地和启航地,打造国际有影响力的高端滨海休闲度假区、旅游产业集聚区

1.高端滨海休闲度假区

普陀山、朱家尖、桃花岛、金塘岛、秀山岛、岱山岛等地风景旅游资源丰富多样,资源门类齐全,质地品位较高,集海洋、山崖、岩石、海礁、洞天、寺庙、道庵、花鸟、林地、军事遗迹、历史纪念地、摩崖石刻和神话传说于一体,可以开发具备滨海休闲旅游、生态涵养、高科技研发转化、邮轮客运服务、城市生活服务等功能的度假区。相关部门利用浙东诗路的海陆资源,打造以洗浴、赶海、垂钓、养殖为主,集吃、住、行、游、购、娱于一体,规划标准高、服务设施全、植被面积大、观光路线长的高端滨海休闲度假区。

2．旅游产业集聚区

浙东诗路相关城市经济高度发达，人们经济收入高，支付能力强，旅游需求快速增长；交通便利，旅游服务品质较高，法规制度与旅游环境较为优秀，旅游形象和文化氛围浓郁，招商引资力度强大，具备旅游产业集聚区建设的资源禀赋与区位优势。相关部门积极引入和汇聚直接面向旅游者生产和提供旅游产品或服务的旅游企业及其门类众多的上下游企业，推进形成结构完整的旅游产业结构；通过专业化分工，促使旅游产业集聚，提高旅游服务质量和水平，降低经营成本和费用，为游客提供丰富多样的旅游产品和服务。旅游产业集聚区建设包括高星级旅游景区、森林生态园、主题度假酒店、旅游不动产、水上乐园、产业研究院、创意研发中心、会议展览中心、美食中心、演艺中心、企业会所、旅游大道、博览中心、宗教寺庙、体育公园区等项目。旅游产业集聚区能够产生集聚带来的规模经济、范围经济和外部经济，有利于促进旅游企业和旅游产业的创新发展，提升旅游目的地产品的市场竞争力，快速形成区域旅游品牌。

"四片区协同"的诗意空间体系规划要善于创造"第三空间"。"第三空间"理论是一种创新性的空间方法论，对浙东唐诗之路文旅融合的空间建构具有重要的指引价值。这里的三个空间，包括："第一空间"是可感知的真实空间，关注的主要是空间形式的物质性的具体形象，以及可以根据经验来描述的事物，可称之为"真实的地方"，如旅游景区、景点和景色等空间的物质形态。"第二空间"是由不同主体精神所建构的、表征生活意义的空间，可称之为"想象的地方"，是在空间的观念之中构想出来的，缘于人们的精神活动，并再现了认识形式之中人类对于空间性的探索与反思，对应的是感情层面的、经过游客选择性理解过的景观物。"第三空间"是超越了空间二元的认识，是可感知的真实和想象的虚拟在同一空间的混杂，可称之为"差异空间"，是一种"第三化"以及"他者化"的空间，是一种在意识层面与实践层面相互作用来灵活呈现空间的策略。"第三空间"理论有利于浙东唐诗之路文旅融合的空间建构过程中打破真实与虚构二元的空间认识论，创新采用"第三性"的视角去理解无限开放的、主客体混杂、物质与精神并存的空间形态。浙东唐诗之路文旅融合的空间建构，不仅仅是在"第一空间"对物质形态的景区、景点的真实感知，也不单单是在"第二空间"凭空臆想、精神建构和意义表征，而是在想象交叠下超越真实物质形态的富有感情体验的"第三空间"。第三空间是游客旅游过程中的高层次的境界，是提高旅游质量和旅游体验的重点。星巴克是"第三空间"理论运用的现代成功案例。其忠实的消费者说:在星巴克,消费的其实不是咖啡,而是空间,这是一个彻底抛开忧虑,放松享受社交乐趣的工作与家庭之外的非正式公开场合。浙东唐诗之路诗意空间体系规划中,需要很好地思考如何精心定位规划第三生活空间;要侧重考虑如何更好地让游客从第一空间、第二空间向第三空间升华和发展,增加游客在第三空间的活动时间,提高第三空间的活动质量,以此来实现文旅融合区域品牌的打造。[①]

浙东唐诗之路各类基地的建设依据资源特征、环境条件、历史情况,严格保护各类文化遗产,维护生物多样性和生态良性循环,同时充分考虑现状特点以及国民经济和社会发展趋势,发挥景源的综合潜力,加强基础设施建设,权衡风景的环境、社会、经济三方面的综合效益,统筹兼顾推进人与自然的协调发展。浙东唐诗之路各类基地的建设需要政策的支持。相关部门积极推进各类基地的项目规划,纳入省市县浙东诗路开发总体规划,确保项目科学设计和扎实落地;投入资金,加大基地相关的基础设施建设和道路建设;创新土地使用政策,优先解决基地建设必要的建设用地指标。

第三节　文化建构:诗路文化遗产保护和传承推进

浙东唐诗之路文化遗产蕴含着中华民族特有的精神价值、思维方式、想象力,体现着中华民族的生命力和创造力。浙东唐诗之路文旅融合的文化建构着力保护相关文化遗产,大力升级对诗路文化遗产保护和传承升级,力求诗路文化遗存的真实性、完整性和延续性,在贯彻落实科学发展观和构建社会主义和谐社会的过程中推进社会主义先进文化建设。管理部门始终贯彻"保护为主、抢救第一、合理利用、加强管理"或者"保护为主、抢救第一、合理利用、传承发展"的方针,对具有历史、文化和科学价值的浙东唐诗之路进行全面有效保护。管理部门牢牢坚持以习近平新时代中国特色社会主义思想为指导,积极落实《浙东唐诗之路黄金旅游带规划》,加大浙东唐诗之路文化遗产保护力度,构建科学有效的文化遗产保护体系,提高全社会的浙东唐诗之路文化遗产保护意识,充分发挥浙东唐诗之路文化遗产在传承中华文化、提高人民群众思想道德素质和科学文化素质、增强民族凝聚力、促进社会主义先进文化建设和构建社会主义和谐社会中的重要作用。

---

① 浙江省文化和旅游厅:《浙东唐诗之路黄金旅游带规划》,2020 年 3 月。

一、实施文化基因解码工程

文化基因解码工程是指通过全面挖掘某一地方或时代的文化内涵,解码每一种区域文化形态,找到文化存在的内在基因,在促进文旅融合发展的同时助推社会经济文化的发展。

（一）挖掘地方文化形态基因

挖掘唐诗、美术、音乐、小说、戏剧、故事等地方文化形态,通过全面普查、重点解码、多维评价、实体应用,对物质要素、精神要素、语言和符号要素、制度规范要素等文化要素进行系统梳理。由浅入深、先易后难、先粗后精,提炼出决定人的思维方式和性格特征的文化基因,探索文化基因在新时代发展阶段的转化利用路径。为了更好地挖掘地方文化形态中的文化基因,浙东唐诗之路文化管理部门积极投入人力物力财力,加快建立"文化基因解码工程"的支持体系,探索保护、展示、利用等新技术应用,整合全社会唐诗文化遗产保护的力量和资源,推进建立地方唐诗文化遗产保护的评价机制,为浙江省"重要窗口"的打造增添唐诗文化底色。

（二）加强基层文化基因解码

推进基层文化基因解码是推进基层治理现代化、增强文化软实力的关键抓手,是助推文旅融合发展的重点举措。加强每个县、镇、村文化基因解码,寻找诗的内涵和情怀,融进旅游资源开发和文艺作品创作中去,营造游客诗意生活氛围,提升游客美学感受,滋养主流价值观。浙东唐诗之路文化管理部门在开展基层文化基因解码的过程中,既要用科学的方法进行研究阐释,又要深入浅出、通俗易懂地进行解码呈现。一是做到科学认识不同基层文化的历史作用,根据时代的变化和现实的需要,辩证界定其现实价值;二是统筹开展全面调查,做好对所有浙东唐诗之路相关的基层文化资源的掌握,同时对部分有特殊价值或者需要抢救性挖掘和特殊保护的基层文化做好重点解码,对最具有代表性、最核心的文化要素进行重点突破,提升基层文化基因解码的执行力,确保文化基因解码的科学性、准确性。

（三）建立高端诗路专家智库

诗路专家智库能够提升浙东唐诗之路文化发展的软实力,增强浙东唐诗之路诗路文化在国际传播的话语权,对诗路文化传播产生深刻影响。浙东唐诗之路开发部门依托省内科研机构和高校,建立高端诗路专家智库,把智库工作与浙东唐诗之路开发的重大决策需求、决策部门的重点工作结合起来。通过智库的影响力和召集力,集合各方文化研究力量,围绕江南文化、古越文化、名人文化、红色文化,开展诗词、书画、艺术、非遗等专题的专业化研究,大力提升研究质量,在文化传播、对外交流、舆论引导中展现大作为,力求在服务浙东唐诗之路发展决策上发挥引领作用。

二、开展浙东唐诗之路申遗工程

（一）推进一揽子捆绑式申报

浙东唐诗之路申报世界遗产的思路是把其七大文化底蕴和由此派生的各种传统文化捆绑在一起进行一揽子捆绑式申报,其具体内容是:

（1）以中国山水诗奠基人谢灵运为代表的山水诗发祥地;

（2）以佛教般若学"六家七宗"为代表的佛教中国化时期佛学修行者的中心地;

（3）在中国佛教盛行时期,中国第一个佛教宗派天台宗的诞生地;

（4）以天姥山（天姥即王母）为中心的道教巩固充实时期的中心地;

（5）以王羲之为代表的中国书法艺术的圣地;

（6）以元嘉年间天姥山山水画为标志的中国山水画的源头;

（7）以谢安为中心的士文化的中心地;

（8）由上述七大文化派生出来的民间文学、民俗活动、表演艺术、传统知识和技能,以及与之相关的器具、实物、手工制品、定期举行的传统文化活动,歌圩、庙会、传统节日庆典等传统文化表现形式及场所。

（二）成立申遗委员会和机构

为了推进申遗,自 2007 年以来,新昌县、嵊州市、上虞市人民政府陆续成立了唐诗之路申报世界文化遗产委员会、浙东唐诗之路申报世界遗产领导小组、浙东唐诗之路申遗联谊会等机构,并开展"我爱背唐诗电视擂台赛""重走唐诗之路"等活动,摄制完成《唐诗之路》电视片等。相关管理部门一方面全面开展遗产调查,持续提升上述七大文化底蕴和由此派生的各种传统文化的基础研究层次和水平,系统梳理沿线自然、交通、文化遗址,加强对诗学、戏剧、书法、宗教、绘画、音乐、服饰、茶叶、丝绸、青瓷、中医药、士文化等专门史的研究。另一方面,大力整合各地文化、文物、方志、水利等相关部门研究力量,通过对诗歌内容、文献史料、历史地理和现存文物古迹等进行相互考证、印证,深入挖掘浙东唐诗之路的遗产价值。

（三）编撰申遗文件和方案

在接下来的申遗推进工作中,浙东唐诗之路管理部门在继续健全已有的市县级浙东唐诗之路申报世界文化遗产委员会,进一步整合力量和明确职责,努力促成浙江省政府成立"浙东唐诗之路申报世界文化遗产委员会"的同时,一是积极组建落实申报世界遗产工作组,开展申报文件编撰,争取早日列入国家申报世界遗产"预备名录"。二是逐步推进世界遗产申报全套方案编撰,包括遗产文字描述、遗产图表描述、遗产影像描述,遗产的真实性、遗产的恢复、线性遗产的缩形展示、有关遗产研究成果的论著和相关机构的资料的整理,组织对"浙东唐诗之路"文化底蕴山水画等的学术论证,编撰提议列入名录的理由,保护管理机构的设立、保护措施、保管过程、开放计划等。

三、推动区域文化高地建设

在文化高地的建设上,首先,相关部门积极打造浙东唐诗之路区域文化品牌,大力推进名山文化、佛道文化、诗词文化为特色的文化产业发展,把海洋文化、佛教文化、书院文化、商贸文化、红色文化等文化遗产变成文创产品,丰富人们不断升级的审美需求。其次,把古越风情、诗词歌赋、书画戏曲、酿酒品茶等区域文化进行改编创作,更好融入唐诗元素,以多种形式加以呈现和传播,使区域文化产生应有的经济效益和社会效益。再次,是网罗和凝聚人才,开展区域考古和区域文化研究。在地方高层次研究人才不足的情况下,灵活用人机制,采用兼职引才和柔性引才,购买服务委托研究项目,深化区域文化研究。

（一）打造古越文化高地

绍兴,古称越州,是浙江省地级市。作为古越地政治文化中心,历史文化极其悠久,文人雅客的聚集也使得它富有历史留下的诗词歌赋资源。发源于绍兴的越剧以唱为主,声腔清悠婉丽,表演真切动人,富有江南地域色彩。绍兴的著名特产黄酒生产历史非常悠久,酒香飘深巷,是中国国家地理标志产品。相关部门依托绍兴古城、鉴湖、兰亭、若耶溪、大禹陵、会稽山等被历代诗词名篇描绘的经典文化载体,以古越风情、诗词歌赋、书画戏曲、酿酒品茶等古越地经典文化为特色,打造古越文化高地。

（二）打造佛道名山文化圣地

浙东唐诗之路相关区域是佛教中国化时期佛学修行者的中心地、佛教宗派天台宗的诞生地,也是道教巩固充实时期的中心地。国清寺寓"寺若成,国即清"之意,是一处文化积淀极其深厚的文化古刹,中国佛教史上第一个宗派——天台宗创立于此。国清寺文物古迹荟萃,有历代御赐的金银器、铜铸品和丝织品,有碑刻、写经、书画,有木雕、玉饰、佛像,有中外文化交流的珍贵礼品,闪烁着千年古寺历史的灿烂与文化的辉煌,是游人理想的旅游之地。除了国清寺,浙东唐诗之路上还有大佛寺、雪窦寺等名寺古刹。相关部门依托这些名寺古刹和天台山、四明山、天姥山、雪窦山等文化名山,以名山文化、佛道文化、诗词文化为特色,打造佛道名山文化圣地。

（三）打造海上诗路启航地

浙东唐诗之路相关地区是"海上诗路"的一个重要入海口和启航地。相关部门依托天一阁·月湖、天童寺、普陀山、台州府城、定海古城、龙兴寺、望海楼等历史人文和自然景观,以海洋文化、佛教文化、书院文化、商贸文化、红色文化为特色,打造海上诗路启航地。各级政府投入资金引入驻岛诗人,形成驻岛诗人群体,开展驻岛诗歌创作,营造海岛诗歌创作氛围,带动群众参与海岛诗歌创作;举办诗歌朗诵会、海岸线诗歌会、跟着诗人游海岛采风等系列活动。与此同时,用海洋文化、佛教文化、书院文化、商贸文化、红色文化等文化IP撬动海岛旅游,举办会展节庆活动,开发文创产品,不断挖掘和丰富海上诗路的内容,推进文化旅游融合发展等。

四、推进文化遗产的保护传承和利用

（一）加强沿线文物古迹发掘保护

相关部门围绕浙东唐诗之路文化,积极开展一批主动性考古项目发掘和调查,并重点对浙东唐诗之路沿线的名人故居遗迹、佛道文化遗迹、水利及古运河、古驿道、古桥址、古纤道、古堰坝、古渡口等交通遗迹进行科学保护和修缮;加强对绍兴古城、定海古城、台州府城、柯桥镇、安昌镇、东浦镇、慈城镇、华堂村、班竹村等沿线古镇古村和历史文化街区的整体性保护;对书画、瓷器、古籍等可移动文物的保护现状进行摸排,实施分级分类、精准管理。

（二）推动非物质文化遗产保护与传承

相关部门坚持"见人见物见生活"的保护理念,全面落实省级以上非遗项目"八个一"保护措施,深入实施"传统工艺振兴行动""传统戏剧保护振兴计划",加强对绍兴黄酒酿造技艺、绍兴石桥建造技艺、绍兴传统木船制作技艺、刘阮遇仙故事、台州乱弹、黄沙狮子、天台山干漆夹苎技艺、济公传说等非遗文化的整体性保护和传承发展,开展非遗主题小镇和民俗文化村建设,推进萧山、新昌、临海、仙居等地非遗馆建设。

（三）推进文化遗产的科学展示和利用

相关部门通过会展的形式,借助最新的技术展示浙东唐诗之路的文化风采。

在诗路重要节点布局建设一批唐诗之路文化专题博物馆、非遗展示体验场馆和主题历史文化街区等,支持各级博物馆设计和布置诗路文化主题展。高标准建设上林湖越窑遗址、河姆渡遗址、下汤遗址等一批国家级、省级考古遗址公园,实施一批诗路文物保护展示工程,不断创新文化遗产展示利用的模式,充分利用数字化、多媒体技术,提高文化遗产和非遗展示利用水平。

第四节　旅游建构:国际级唐诗体验精品线路打造

浙东唐诗之路文旅融合的旅游建构坚持组团发展的原则。浙江各级政府结合省文化和旅游厅《浙东唐诗之路黄金旅游带规划》制定地方的落地规划,开发部门围绕浙东唐诗之路的名山、名人、故里(故居)文化资源,整合在相关的地域范围内的原先较为分散的不同性质、类型和等级规模的文化旅游资源,依托一定的自然环境条件,以特定的产品或主题作为精品旅游线路的主核,借助于景区的轴线设计和串联以及交通的通达性,推动各文化旅游资源之间的内在联系,同时加强各市县的地方联动,共同构成一个相对完整的旅游路线,实现一个景区、一个特色、一个主题,推进供给侧结构性改革,通过组团发展大力打造精品旅游线路。

浙东唐诗之路文旅融合的旅游建构坚持串"珠"成"链"的思路。作为线性旅游资源,浙东唐诗之路拥有无数的文化和旅游资源,相关的景区、景点也是不胜枚举。但是这些景点、景区大部分相对较小,仿佛散落的珍珠。在大众旅游需求的品质化发展和提档升级的背景下,这些景点、景区往往存在着这样那样的束缚,存在着或隐或显的短板。开发部门通过精品旅游线路的打造,将这些浙东唐诗之路的景点、景区串成精美的"项链",突破不同景区、景点存在的束缚,补齐单一供给的短板,在推进品牌化过程中实现浙东唐诗之路旅游产品的新业态、新产品供给。

一、"新天仙配"山水人文精品线

浙东唐诗之路文旅融合的"新天仙配"山水人文精品线,是以新昌—天台—仙居—临海为轴线,串联剡溪(艇湖、温泉城、崇仁古镇)、王羲之故里、越剧小镇、新昌大佛寺、穿岩十九峰、天姥山风景名胜区(天姥山、沃洲湖)、天台山风景区(石梁景区、国清寺、桐柏宫)、赤城山、始丰湖湿地公园、神仙居景区、皤滩古镇、台州府城文化旅游区(巾山、江南长城、翠微阁)等景区,突出文化遗产、旅游、生态、民俗、美食一体化发展,打造独具特色的山水人文旅游精品路线。

（一）具有国际影响力的山水实景演艺产品

自 2004 年中国第一部山水实景演出《印象·刘三姐》首演以来,实景演出作为一种全新的演出形式,成为中国文化旅游发展的重点形式和项目。浙东唐诗之路山水实景演艺产品,以其诗路上的丰富山水资源为取材之地,以真山真水为演出舞台,以漫长诗路上的地方文化、民俗为主要演出内容,让游客深度沉浸其中,产生强烈的代入感。实景演艺在原生态的民间艺术基础上,加上现代化的呈现技术和演出风格,给人一种深度体验式的人文旅游感受。浙东唐诗之路文旅融合创作的山水实景演艺产品追求高质量打造,首要的是树立"少而精"意识。现在中国市场上的实景演艺产品已经有较多的数量,有一部分产生了很好的经济和社会效应,但是也有一部分效果平平,投入大量人力物力也无法实现预期的目标。其次是树立打造国际化影响力的目标。浙东唐诗之路旅游线路品牌的国际化打造需要有具有国际化影响力的山水实景演艺产品。

（二）诗词曲赋予休闲度假的多向融合项目

浙东唐诗之路的诗词曲赋是旅游线路之中的灵魂精华。河姆渡文明、舜禹传说、勾践灭吴等文化渊源和历史故事,加上西晋末年永嘉南渡以来,北方世族对浙东山水有着浓厚兴趣,浙东唐诗之路的诗歌创作十分活跃,流传广泛。如李白《越中秋怀》:"越水绕碧山,周回数千里。乃是天镜中,分明画相似。爱此从冥搜,永怀临湍游。一为沧波客,十见红蕖秋。"又如崔颢《舟行入剡》:"青山行不尽,绿水去何长……山梅犹作雨,溪橘未知霜。"其描述剡中节候清新可爱。充分利用相关的诗词曲赋,使其在精品旅游线路打造中发出应有的光芒,使得上述诗歌作为一种旅游文学,产生了良好的文化旅游开发价值。因此,诗词曲赋应该与各类休闲度假产品进行多向融合,打破传统边界进行深度开发,让休闲度假产品深度融合和拥有唐诗的灵魂和精华,散发出独特的魅力,从而实现休闲度假产品的精品化打造。

（三）浸透唐诗文化元素的观光度假产品

盛唐之治是中国的骄傲,唐诗是盛唐的文化符号。唐代的文化精神和文化元素,包括以丝绸之路为代表的兼容并包的文化精神、以国力强盛为支撑的世界主义的文化精神、对秦汉南北朝优秀体制制度的继承创新的文化精神等,都在浙东唐诗之路的诗歌中或多或少地体现出来。在微观精神层面,诗人们在诗歌中体现出来的或者是追求自由、洒脱浪漫,或者是积极进取、蓬勃向上,或者是忧思家国、报国图强,或者是心有灵犀、述说美妙。相关观光度假产品强化与浙东唐诗之路上撒播的大量充满唐诗文化元素的诗歌结合,使自身浸透唐诗文化元素,使得"新天仙配"山水人文精品线亮出了特有的光芒。

二、"名人故里"研学主题精品线

（一）依托丰富的名人文化资源

浙东唐诗之路拥有丰富的名人文化资源,包括书圣故里(绍兴书圣故里历史街区、嵊州金庭洞)、阳明故里(余姚王阳明故居、绍兴古城)、谢安故里(上虞东山景区)、西施故里(诸暨五泄景区)、鲁迅故里(绍兴鲁迅故里·沈园景区)、英台故里(上虞祝家庄)、济公故里(天台永宁村)、蒋氏故里(奉化溪口景区)、紫阳故里(台州府城景区),周恩来祖居、秋瑾故居、朱自清故居、蔡元培故居等,相关资源之丰富,着实令人赞叹。名人文化资源具有不可复制性,有着无穷的生命力,是十分稀缺的文化旅游的资源,因此这些名人故里故居是精品旅游线路最好的发展主题,可以通过开发旅游景区、历史文化街区、文化古镇古村等来打造独具魅力的旅游景观。

（二）开发六大类研学旅游产品

研学旅游是学校根据区域特色、教学内容和学生兴趣爱好,组织学生走出校园进入相关历史文化资源和景区之中,开拓视野、感受自然、亲近文化并获得不同于课堂的全新的集体生活方式和社会公共道德的体验。研学旅游是"读万卷书,行万里路"的教育理念的现代实践。浙东唐诗之路研学旅游产品开发紧密依托自身的名人文化资源,大力打造六大类研学旅游产品:依托文化名山、名人故里景区开发诗词文化研学游;依托鲁迅故里、谢安故里、秋瑾故居、朱自清故居等景区开发教材名篇研学游;依托英台故里、越剧小镇、梁祝文化园等景区开发戏曲(越剧)研学游;依托书圣故里、嵊州金庭洞等景区开发书法研学游;依托济公故里、紫阳故里等景区开发佛道文化研学游;依托阳明故里等景区开发儒家文化研学游等。

（三）强化和突出游客参与方式

浙东唐诗之路文旅项目的开发针对智慧旅游快速发展,AR/VR大量应用,游客参与需求不断提升的背景,积极融入名家讲学、多媒体展示、实景游历、互动体验等多种类型的游客参与方式。名家讲学邀请对唐诗之路有研究的专家学者进行面向游客和市民的讲座,普及唐诗文化,深化浙东唐诗之路的唐诗文化赏析;多媒体展示、实景游历、互动体验则更多借助AR/VR等现代展示和体验技术将虚拟世界与真实世界巧妙融合。通过广泛运用多媒体、三维建模、实时跟踪及注册、智能交互、传感等多种技术手段,让游客深度体验传统观光无法获得的体验和感受。

三、"越中山水"精品自驾游线

浙东唐诗之路大力开展风景道建设,使得浙东唐诗之路沿线的道路在原先的交通功能的基础上,进一步拥有审美、风景、自然、游憩、文化、历史和考古等价值,实现道路从单一的交通功能向交通、生态、游憩和保护等复合功能的提升。自驾游的游客可以游走于"剡中名山""古越遗韵""四明探胜"的灵山秀水之间,在老桥古宅之中寻找唐代诗人留下的遗迹,实现与唐代文人墨客跨越时空的心灵对话。

(一)"剡中名山"主题自驾游线

"剡中"出自南朝谢灵运《登临海峤初发强中作与从弟惠连见羊何共和之》:"暝投剡中宿,明登天姥岑。"唐李白的《秋下荆门》中也出现"剡中":"此行不为鲈鱼脍,自爱名山入剡中。"相关区域风景道沿线,名山资源丰富,为主题自驾游提供了丰富的文化旅游资源。浙东唐诗之路开发部门大力以老 104 国道上虞至临海段、322省道临海至仙居段为轴线,串联上虞东山、嵊州剡溪、天姥山、穿岩十九峰、大佛寺、天台山、赤城山、羊岩山、神仙居、括苍山等景区,打造"剡中名山"主题自驾游线。

(二)"古越遗韵"主题自驾游线

古越文化具有极其深远的独特文化内涵。古越文化作为独特的一个地域文化,是一种历代文人墨客崇拜的文化形态。而今作为非物质文化遗产,则呈现为浙东唐诗之路人们丰富的精神、情感或独具特色的生产、生活形态,是一种具有丰富文化意涵的文化积淀。浙东唐诗之路开发部门积极以 212 省道为轴线,串联安昌古镇、绍兴柯岩风景区(鉴湖)、绍兴古城、兰亭、会稽山、秦望山、若耶溪、嵊州崇仁古镇等景区,打造"古越遗韵"主题自驾游线。

(三)"四明探胜"主题自驾游线

四明山气势壮观,怪石灵秀,林深茂密,青山碧水,各种鸟兽出没其间,生态环境优越。千百年来,众多文人墨客慕名游胜,兴情所至,吟山咏水,题诗寄情。清姜君献在《嵊县赋》中有"金钟毓四明之秀"之说。浙东唐诗之路开发部门着力以 206省道和 204 省道为轴线,串联余姚阳明故里、四明湖、四明山、奉化溪口—滕头景区、雪窦寺、前童古镇等景区,打造"四明探胜"主题自驾游线。

为打造世界级的"剡中名山""古越遗韵""四明探胜"的主题自驾游线,开发部门根据灵活性强、随机性大且便于流动的人性化自驾游特点,投入大量资金,在浙东唐诗之路沿线建设了有一定数量、规模的服务设施,逐步推进完善相关服务体系,着力构建环境美、生态美、精神美、产业美的自驾旅游风景道,并以独一无二的主题吸引无数游客纷纷自驾前往。

四、"东海巡礼"海洋海岛观光线

(一)大型海上邮轮巡礼东海海岛诗路

海洋旅游资源的开发是中国旅游业的薄弱环节,也是浙东唐诗之路文旅融合发展项目需要开发的重点项目。大型海上邮轮的运营发展,能够推进浙东唐诗海洋旅游资源的开发,服务于海岛旅游需求急剧上升的市场需求。大型海上邮轮是一座流动型的大型游乐综合体,各类娱乐设施应有尽有,让人流连忘返。浙东唐诗之路开发部门以大型海上邮轮为载体,以嵊泗—岱山—普陀—象山—临海—椒江沿海航线为主线,串联嵊泗列岛(嵊山岛、泗礁岛、花鸟岛、枸杞岛)、中街山列岛(东极岛)、岱山岛、秀山岛、舟山岛、普陀山岛、朱家尖岛、桃花岛、登步岛、蚂蚁岛、韭山列岛、渔山列岛、东矶列岛、南田岛、高塘岛、花岙岛等沿海岛屿,开通嵊泗跳岛游,谋划浙江海洋海岛观光游精品线。

(二)开发海岛观光、文艺表演、海鲜美食、海钓运动等旅游产品

邮轮的旅游产品具有典型性和独特性,包括:乘着邮轮到浙东唐诗之路相关的海中岛屿及周围水域中观光、休闲、娱乐、游览和度假等,享受与马尔代夫、巴厘岛相似的优美风景的海岛景观;邮轮上独具风格的、令人忘却烦恼的文艺表演;丰富的、价廉物美的海鲜美食;海钓运动带给人独特的休闲方式,与海滩礁石做伴,与海浪大风共舞,充满着刺激和乐趣。

五、"千年水韵"经典水上观光线

(一)以现代化游船追寻古代诗人内河行迹

唐代诗人的浙东之旅,以内河为主要通道,因此以现代化游船追寻古代诗人内河行迹,打造经典水上观光线具有良好的唐诗资源依托。2020年7月,"钱塘江唐诗之路"富春江水上旅游线开通。浙东唐诗之路开发部门本着串"珠"成"链"的原则,以现代化游船为载体,以古代诗人行迹为线索,以浙东运河—曹娥江—剡溪为主线,串联杭州西兴古镇、湘湖、绍兴古城、柯岩、安昌古镇、会稽山、东山、剡溪、天姥山等景区,打造经典"水上诗路"旅游精品线。

（二）开发戏曲演艺、文化体验、地方美食等旅游产品

内河旅游相对温婉，体验的是戏曲演艺、文化体验、地方美食。浙东唐诗之路沿线地区的戏曲演艺形态发达，包含唱、念、做、打，综合了歌唱、音乐、舞蹈、对白、武术和杂技等表演方式，令人神往。作为历史悠久的文化发源地，地方文化、地方美食同样发达，为"千年水韵"经典水上观光线的打造提供了无限可能。

浙东唐诗之路文旅融合通过"新天仙配"山水人文精品线、"名人故里"研学主题精品线、"越中山水"精品自驾游线、"东海巡礼"海洋海岛观光线、"千年水韵"经典水上观光线，凭借突出的主题、多样化的选择、市场化的运作和安全舒适的景观道等要素，创造性地进行了旅游建构，为我国文旅融合的发展提供了经典的参考范本。[①]

第五节　服务建构：配套设施和服务的高质量建设

一、完善诗路旅游交通服务

（一）推广"运游一体化""运游结合"模式

浙东诗路管理部门大力推广"运游一体化"综合客运枢纽建设，鼓励企业采取"运游结合"模式，实现合作共赢，共同推进文化旅游产业融合发展。"运"是工具，"游"是载体，以客运带动旅游，以旅游促进客运，相辅相成，以旅客方便为前提，以游客满意为中心，以增加收入扩大营运规模为目的。在运游结合过程中，突破传统的客运经营模式，把传统的客运站打造成旅游集散中心。采取"客运＋旅行社""客运＋景区""客运＋酒店"等模式，实现旅游直通车一站式服务、标准化运作、规范化管理，提升客运上座率，代理景区景点门票，进行住宿等捆绑营销。运输企业直接参与到浙东唐诗之路新景点以及周边酒店的建设开发与经营当中，"运"的方面做到客源随时想去哪就去哪，"游"的方面做到交通、游玩、餐饮、住宿一条龙。

（二）推出接驳公交线路、诗路观光巴士线路

浙东诗路相关管理部门陆续推出一批接驳公交线路、诗路观光巴士线路，加强机场、车站、码头与城市公共交通体系之间的衔接。根据人流量大小适度加密班次，实现时空各个方面的无缝连接、便捷通达；提升景区内骑行道、步行道、索道及

---

① 浙江省文化和旅游厅：《浙东唐诗之路黄金旅游带规划》，2020 年 3 月。

观景台、停车场等交通节点的建设水平,关注和解决游客游览浙东唐诗之路过程中的交通瓶颈,丰富连接高能级景区的跨区域旅游交通专线,发展新兴特色的旅游客运专线,开发特色旅游线路,达到集游、娱、食、识等全方位一体化的新型线路,让公路客运与旅游完美结合。

（三）推进公共自行车、电动汽车租赁系统布局

鼓励公共交通工具租赁系统建设,推进自行车、电动汽车等租赁站点合理布局,引入新型公共交通系统,实现与传统交通工具的相互补充。设置浙东诗路公共自行车租赁点,在适合自行车骑行的区域隔一定距离规划设置公共自行车租赁点,借助支付宝个人信用进一步推进自行车借还地点和方式的便利化。利用物联网技术在浙东诗路景区提供电动汽车租赁服务,化解游客游览过程中存在的交通瓶颈。

二、全面提升旅游信息服务水平

（一）建设诗路数字文旅应用系统

相关部门大力深化"最多跑一次"改革,依托浙江省文化和旅游信息服务平台,建设浙东唐诗之路数字文旅应用系统,融 PC 端、移动端、微信小程序、微信公众号为一体,建构"多终端、多渠道、多维度"的文化旅游数字化服务,增强用户黏性,提升服务品质,满足用户需求提高诗路信息化服务水平。通过诗路数字文旅应用系统建设,游客可以通过 PC 端,打开浏览器输入网址,轻松访问相关景区网站;通过移动端,随时随地快速访问,获得超乎想象的便捷性,实时获取文化信息;通过微信小程序,无需安装即可拥有非同凡响的文化体验;通过微信公众号,即用即走、及时送达、快速分享,借助微信庞大的用户群体实现强大的传播力。

（二）参与开发大数据产品及服务

数据是一个巨大的金矿,是现代企业最宝贵的资产。基于旅游服务,各个市场主体可以多途径、多终端、多维度收集用户来源、性别、个性、搜索关键词、偏好等信息数据,开展游客行为研究,分析用户在享受数字化公共文化过程中表现的行为方式、习惯特征和心理活动,从而建立用户画像,为机构业务开展和服务产品开发提供决策支持。相关部门大力引导各类互联网平台和市场主体参与旅游服务大数据产品及增值服务开发,为社会公众提供多样化的诗路旅游信息服务。

（三）推进智慧化和信息服务全覆盖

推进浙东诗路景区智慧化建设,注重对各地通信基础设施和基站的建设,将

5G 设施建设纳入旅游城市"新型基础设施建设目录",实现浙东诗路景区网络全覆盖;加快推进目的地各部门、各行业和旅游企业的信息化建设步伐,实现住宿、泛景区、旅行服务、娱乐、交通、购物等旅游相关企业运营管理的网络化、信息化和数字化管理;推进各级各类景区 5G 信号全覆盖,免费 Wi-Fi、智能导游等服务全覆盖。

三、加快建立诗路驿站服务体系

（一）建设功能全面的诗路驿站

为更好满足游客旅游途中的休憩需求,沿线各地相关部门以诗为魂,在推动特色小镇、旅游风情小镇、历史文化街区、古镇古村保护和"万千百"工程中大力推进驿站建设。驿站建设的一个核心把握就是唐诗文化的植入,把驿站作为唐诗的驿站,成为唐诗文化的传播载体。通过对唐诗之路文化主题和内涵的有机植入,打造文化体验、休闲旅居、咨询服务等多种功能的诗路驿站。诗路驿站布置精致,功能俱全,设置有充电设备、免费报刊栏、爱心雨伞、急救药箱等,为自驾游、驴友、驾驶员提供休憩和补给之地。游客在驿站不仅可以恢复体力,还可以体验唐诗文化、放慢脚步停留居住、咨询各种感兴趣的景区问题等。驿站同时连接观景台、农家乐及旅游步道,建设美丽经济交通走廊,打造公路新亮点,催生"美丽经济"的增长点。

（二）全面完善诗路驿站服务体系

加大政策扶持力度,优先安排用地指标,加大信贷支持,鼓励社会投资,采取政府主导和市场化运作相结合的方式,大力建设区域旅游集散中心、景区服务中心、景点服务站三级游客服务体系,以展示宣传诗路景区景点、文创产品和精品线路,提供旅游咨询、购物引导和导游服务,接受和处理旅游纠纷和游客投诉。建立统一的诗路驿站标识体系,做大科学设置,让游客能够清晰明了地借助标识指引到达目的地和获得所需信息;完善旅游咨询服务和志愿服务,加强人员培训,激发参与人员的积极性,提升服务质量和水平;加大政策引导、资金补助、标准规范,推动旅游厕所高星级标准新建、改扩建,做到数量充足、干净无味、便捷免费、管理有效,全面完善诗路驿站服务体系。

四、全面提高公共服务品质

（一）制定诗路建设服务标准

加强诗路标准化建设,支持各地制定出台诗路建设的服务标准,全面覆盖吃、住、行、游、购、娱六大要素,全面提升游客浙东诗路旅游的体验;提升景区的环境和卫生标准,无乱堆杂物垃圾,有足够数量的专职清洁人员开展景区的定时清扫,做到景区地面干净整洁。鼓励在交通枢纽、游客服务网点和文化驿站增强购物、餐饮等便利服务,特别是结合推广美丽乡村名片,为游客提供周边农户种植的绿色、生态农产品,提高诗路公共服务质量。对相关的标准应该申报省级、国家级的服务标准认定,使相关标准具有行业权威性和影响力,带动整个浙东唐诗之路建设服务标准。

（二）加强市场整治和监管

加强市场整治和监管,开展"双随机一公开",在监管过程中随机抽取检查对象,随机选派执法检查人员,抽查情况及查处结果及时向社会公开,全面开展暗访和交叉检查;运用电子化手段,对"双随机"抽查全程留痕,实现责任可追溯;整合市场监管信息平台,加快各级监管信息互联互通,形成监管合力。文旅部门不断加强社会信用体系建设,建立文旅"黑名单"制度,将严重违法失信的旅游市场主体及从业人员列入"黑名单",并推动失信信息跨部门共享,力求达到"一处失信,处处受限"的治理功效,以此规范文旅市场秩序,保护消费者权益,大力营造良好的市场环境和消费环境。

（三）提升讲解能力和水平

加强导游员、讲解员的遴选和招聘。导游员、讲解员不是简单的传声筒,而是唐诗文化传播的重要载体,是广大游客与浙东唐诗接触的关键触点。优秀的导游员、讲解员能够声情并茂地传递唐诗之中的意蕴意境、文化内涵,带给游客超越自身理解的美妙体验。因此要加强导游员、讲解员的培训,提升讲解能力和水平。在导游员、讲解员具备一定的讲解素质的基础上,专业的培训能够使其业务能力大幅度提升,更好地驾驭浙东唐诗之路文化讲解的使命和任务。

注重诗路讲解词的编写。邀请有影响力的写手或著名作家,采集富有生命力的民间故事句段,融汇整合、反复锤炼,力求诗路讲解词传递出唐诗意境之美。

五、培育壮大旅游运营服务主体

（一）推进综合型旅游集团发展

以文旅"凤凰行动""雄鹰行动""雏鹰行动"为载体,推动文旅企业上市融资,并以上市公司为平台、并购重组为手段,借助资本市场加快传统业态改造和新兴业态培育,推动文旅企业做强产业链,做深价值链,提高龙头企业核心竞争力,发挥龙头企业引领作用。顺应广大民众消费升级和市场文旅消费的爆发性增长,鼓励企业投资文旅综合体、酒店住宿业、旅游景区、文创业态、艺术创作等主业,通过政策扶持企业大手笔投产、续建、新开工重大文旅项目,力争更多超百亿级文旅项目的开工建设。针对浙东唐诗之路文旅企业实际,支持宁波市文化旅游投资集团、绍兴文化旅游集团、天台山旅游集团、神仙居旅游集团等国有企业发展成为综合型旅游集团。

(二)大力引培骨干文旅企业

大力引进国际文化、旅游组织与办事机构、知名旅游运营商、品牌连锁酒店、国际重要赛事活动落户沿线城市,大力增加国际国内品牌企业数量;充分借鉴上述文旅企业的经验,大力加强业务合作,构建战略合作伙伴,采取"我方资源入股"或者"对方经验出资"等创新模式,积极创新合作发展机制,提升浙东诗路文旅发展水平和质量。培育一批主业导向明确、发展潜力较大、核心竞争力强的骨干文旅企业,培育形成一定数量的年产值超10亿的大型文化旅游集团,大力增加年收入超亿元的旅游企业数量,力争骨干文旅企业营业额、利润和税收指标、综合实力名列全国同行的前列。

六、构筑诗路旅游安全保障体系

(一)构建安全监管和防范机制

各地各相关部门将旅游安全工作纳入年度工作计划和目标,建立文旅企业自查自改与相关部门抽查检查相结合的工作机制,制定完善辖区内景区自然灾害、大流量游客分流管控、游客疏散、食品安全、人身伤亡等各类事故应急预案;各地建立诗路旅游安全防范机制,不断完善旅游安全预警机制和旅游目的地安全风险提示制度,健全旅游安全预警体系和旅游安全预警分析平台,加强舆情监测、研判、回应机制建设,及时回应社会关切;安排固定的人员编制和经费,专人专职负责指导协调旅游安全工作;结合浙东诗路的游客行为、团队规模、游客素质、资源状况、空间和设施等实际情况,建立景区最大承载量监测预警体系,科学设置最大承载量核定的数值,做好景区管理超员预警,确保景区安全可持续运营。合理布局建设应急救援中心,在各景区设置紧急救援工作站,鼓励民间应急救援队伍建设,提升旅游应急救援水平。

(二)加强安全巡检和隐患排查

各级旅游安全监管部门建立旅游行业安全信息收集整理机制和突发事件应对

机制；建立旅游行业安全专家库，聘请一定数量的技术专家，全面、系统、科学地开展涉旅安全生产的巡检；采取联合督查、多重检查、重点执法等形式开展安全隐患排查，加强旅游景区道路交通、地质灾害预防、酒店消防及安保、旅游包车、食品安全等各个环节的安全检查和安全监管；严肃处理各类违法违规行为，指导旅游企业建立健全全员岗位安全责任制度，制定安全风险预防控制措施，有效推进旅游安全监管的专业性、针对性、实效性；加强对旅游交通运输、消防、食品、特种设备、大型游乐活动等方面的隐患排查，整改"问题台账"；加大旅游行业生产安全事故查处力度，挂牌督办重大安全责任事故，严肃追究有关责任单位和责任人责任，及时公布处理结果，强化对行业的教育警示。

第六节　生活建构：文化遗产活化，飞入寻常百姓家

浙东唐诗之路是传承民族优秀文化，媲美丝绸之路、茶马古道的经典人文之路，是融合儒学、佛道、诗歌、书法、茶道、戏曲、陶艺、民俗、方言、神话传说等众多文化遗产的中华文化宝藏。作为民族精神的传承载体，浙东唐诗之路凝结的文明底蕴不仅构成了我们这个民族的文化基座，还为民族的生生不息、发展壮大提供了深厚滋养。作为中华民族的文化遗产，浙东唐诗之路曾有辉煌的过去，也应该有闪光的现在，还应充满生机地走向未来。铭记历史沧桑，看见岁月留痕，方能更好地延续文化根脉。在这个意义上，我们不应该让其"养在深闺人未识"，而应让其"飞入寻常百姓家"，即不仅要保护好浙东唐诗之路，更应激活其内在的生命力，让文化遗产与生活相遇，让它们亲民而不再"高冷"，有趣但不失厚重。①

一、遵循生活性保护理念

若想使浙东唐诗之路的文化遗产更好地活在当代、融入民众的生活，坚持正确的保护理念和科学的保护方法是须臾不可缺的。如一位长期考察中国传统村落的专家所说，中国多地保护和开发历史文化遗产的观念都被标签化了：恨不得保护就是"冻结它"、开发就来"格式刷"，与人们生活、与文化传统的关系越来越远。② 理念的偏差将直接导致走入实践的误区。"飞入寻常百姓家"意味着遗产与生活能相互供养，这是冻结化、格式刷化开发理念所不能实现的，与生活有机融合的遗产保

---

① 陈凌：《让文化遗产与生活相遇》，《人民日报》2020年6月12日第5版。
② 郑海鸥：《让遗产与生活相互供养》，《人民日报》2015年5月21日第17版。

护必须遵循生活性保护理念。所谓生活性保护,不是要民众简单地回到过去的生活状态中去,而是要在动态延续发展中,在与民众生活的不断调适中,形成文化遗产与人们生活新的融通关系。①

二、构建社会性参与机制

文化遗产的源头活水在基层、在民间,民众是文化遗产的持有者也是传承者、保护者,只有充分发挥民众的主体作用,构建社会化参与机制,才能使文化遗产在生产生活中更好地生存与发展。

(一)充分调动各方力量

一是要充分调动基层乡村与社区的力量。浙东唐诗之路途经浙江 15 个市区县,沿线有大量基层乡村与社区,它们构成了浙东唐诗之路的文化生态环境和人文背景支撑,浙东唐诗之路的文旅融合离不开它们的主体作用。乡村与社区的参与不仅能使诗路沿线的自然景观可持续存在,而且能够使文化遗产得到有效保护与传承,并能够根据生活之需进行不断的再创造,使之更好地活在当代、造福于民。正如有学者指出的,"由于社区文化生态和社区人文背景的支撑,不仅有可能使'遗产'持久地'活'在民众的生活之中,而且在新的条件下,它还可能获得'再生产'的机会,亦即成为社区文化创造力的源泉"。② 例如,在浙东唐诗之路文旅融合的过程中,新昌县充分调动乡村村民积极性,以空倒房整治、民宿经营、改造利用等为抓手,通过探索农房入股、村庄联动抱团、多方共建共享、村集体+农户自主联动等方式激活农村闲置资源,成功打造了儒岙镇尚诗堂・天姥山居、镜岭镇安山十八灶、镜岭镇溪西里民宿、回山镇蟠龙客栈等民宿品牌,使得当地传统文化在旅游发展中得以重焕生机,实现了文化和旅游的有机融合。

二是要善于发挥民间组织的作用。如民间各种社团组织、老人协会、文管会等,这些由民众自主发起成立的民间组织,既了解本地的乡土民情,又能以民间智慧及百姓易于接受的方式传承保护自己的文化。此外,还有许多关注浙东唐诗之路的学术团体,如浙东唐诗之路研究会、剡溪智库等,可以充分发挥它们在浙东唐诗之路建设中的作用。

三是志愿者团体。建设一支力量庞大、职业多样的志愿者队伍,将浙东唐诗之

---

① 李荣启:《非物质文化遗产生活性保护的理念与方法》,《艺术百家》2016 年第 5 期,第 38—43 页。
② 周星:《民族民间文化艺术遗产保护与基层社区》,《民族艺术》2004 年第 2 期,第 18—24 页。

路建设成为一条文化产业繁荣和公共文化服务健全的诗路文化带。例如,嵊州市发出了"浙东唐诗之路"建设志愿者倡议,倡议号召各方积极参与,组织志愿者队伍,开展生态保护、文化传承、共建共享、采风创作、壮游体验五大合作行动,全面助力"浙东唐诗之路"建设。

（二）开发利用的主客共享

社会性参与机制的构建必须在当今社会经济发展环境中进行,这就要求浙东唐诗之路的建设必须坚持主客共享的原则。尤其是在文化旅游融合发展方面,更需统筹规划,要突出老百姓的主体地位,不能只考虑游客需求,简单地对沿线的历史遗迹、非遗、旅游资源等进行封闭式开发与管理,停留在景区景点打造和商业开发的初级层面,而是要建立在实事求是、尊重历史传统和风俗文化的基础上,重视文化遗产的社会价值、文化多样性价值和情感价值,让生活于其中的人能继续他们的生活,充分享受到文化遗产的价值并产生强烈的认同感和责任心,促使旅游开发与遗产保护传承的互相成就。众所周知,欧洲的许多国家很少把街边的遗产封锁起来,人们和它们生活在一起,互相不破坏彼此的存在。经过长期的情感融合,保护遗产也成了他们义不容辞的责任。其实,其中的道理很简单,就像一个人从小接触小动物,与它成为朋友,自然就会与它为伴,和它形成一种默契,有了感情基础,保护和珍爱也就成了一种自觉。① 开发利用的主客共享既能够让游客感受到原生态的文化,又能够使生活在沿线的人民过上更美好的生活,最终形成文化效益、社会效益和经济效益的多赢。

（三）唤醒公众的文化自觉

社会性参与的一个重要前提是公众要有相当的文化自觉,要有文化遗产保护传承的自觉意识。浙东唐诗之路的提出本身就是公众文化自觉的一个极佳案例。20世纪90年代初,新昌县学者兼社会活动家竺岳兵先生首先提出"浙东唐诗之路"的概念,在提出这一概念后,他还多次邀请国内外研究唐代文学的专家学者沿曹娥江、剡溪至新昌、天台等地踩线考察,并创办浙东唐诗之路研究社,出版《唐诗之路唐代诗人行迹考》《唐诗之路唐代诗人行迹资料汇编》《唐诗之路唐诗总集》《天姥山研究》《李白与天姥》《浙东唐诗之路》等著作,为推动浙东唐诗之路的发展做出了重大贡献。竺岳兵先生的这种文化自觉应当成为社会公众,尤其是浙东唐诗之

---

① 郑海鸥:《让遗产与生活相互供养》,《人民日报》2015年5月21日第17版。

路沿线各地人民的榜样。

从政府管理的角度来讲,应加强对公众参与的引导,让群众认识到自身对于唐诗之路文化带建设的重要性,真正参与到沿线文化资源保护、规划制定与决策、自发传播、监督政府实施的各个环节,自觉自愿地承担起保护和传承的使命,使他们真正成为自己精神家园的守护者、管理者。正如有的学者所言,文化作为一种生活方式,被唤醒文化自觉的广大公众势必也会汇聚成为一股磅礴的力量,推动文化留下来、活起来。①

三、实施多元化传承路径

浙东唐诗之路蕴含了众多的优秀传统文化,要使这些传统文化真正走入老百姓的生活需结合现代人的生活方式,通过多元化传承路径,真正让人们尤其是年轻人去使用它、体验它,通过不断地应用和接触建立一种氛围,传统文化才能真正复活。

(一)通过文创产品传承

通过文创将唐诗和唐诗之路沿线的风物,变得可学、可看、可用,真正让传统文化走进生活、融进生活,并为传统文化不断注入新的生命力来延续价值、创造价值。例如,新昌以唐代书生为原型设计了唐诗之路李梦白IP形象,并进行了系列文创产品开发,围绕李梦白IP形象设计了IP表情包、IP漫画、IP主题网络产品、游戏等,并开发了李梦白IP定制中性笔、手账本、日历、红包、文具包礼盒以及融合唐诗之路主题元素采用如意外形的U盘,一经投放就很受欢迎。再如,嵊州与中国热门手机游戏"王者荣耀"正式签约开展越剧文化传播合作,开发以越剧为主题的游戏皮肤。

(二)通过研学教育传承

青少年是优秀传统文化复兴的生力军。作为祖国的未来和希望,青少年处于世界观、人生观、价值观形成的关键时期,青少年时期的教育对人的一生具有重要影响。在日常教育中融入优秀传统文化可以为青少年弘扬传承中华优秀传统文化奠定基础。正如习近平总书记所说:"要系统梳理传统文化资源,让收藏在禁宫里的文物、陈列在广阔大地上的遗产、书写在古籍里的文字都活起来。"②传承中华优

---

① 郭蓓蓓、姜慧:《非遗保护要"见人见物见生活"》,《走向世界》2018年第10期,第56—59页。
② 习近平:《建设社会主义文化强国 着力提高国家文化软实力》,《人民日报》2014年1月1日第2版。

秀传统文化,应结合青少年的兴趣爱好灵活变通,以青少年喜欢的方式来创新与传播,充分赋予其时代的内涵与感召力。例如,2015 年始,嵊州市城南小学邀请 80 岁高龄的著名作曲家、南京艺术学院教授谢子华为 14 首古诗谱上越剧曲调,取名"越韵古诗",让学生用越剧竺派唱腔吟唱。以古诗为词、越音为调的"越韵古诗"保留了越剧传统的咬字、唱腔,也刷新了学生对越剧的认知、扩大了学生的接受度,如今已有 85 首古诗被谱上越剧曲调,并制成音像教材。这种深拥"老朽"、跨界"新秀"的做法把原本枯燥的传统戏曲唱法和古诗词学习变得更加趣味化、时尚化,让传统文化的面孔不再是呆板的、抽象的,而是鲜活的、水灵的,赢得了青少年的喜爱。此外,还可以通过研学旅游、开展唐诗写讲、主题公开课、成果汇报展演等一系列丰富多彩的文化活动,引导广大青少年发掘中华经典中的内涵与现实意义,内化于心外化于行中,使中华优秀传统文化得以良好传承。

（三）通过节庆活动传承

节庆是人类文明的重要标志之一,节庆活动深深植根于民族血脉,是传统文化的一个重要的显现节点,也是最具典型性的表现时空。浙东唐诗之路沿线各地有大量传统文化节庆,从绍兴黄酒节、兰亭书法节到天台和合文化节、仙居花灯节,无不散发出优秀传统文化的魅力。但除了目前已有的节庆活动,浙东唐诗之路还有更多的物质文化遗产和非物质文化遗产尘封在历史的角落里,等待着文化光芒的重现。文旅融合为这种重现提供了可能。通过深入挖掘文化内涵,创意策划一批融合新时代新元素的文化旅游节庆活动,既能尽显历史文化底蕴,又能符合现代化的发展需求,让传承和创新和谐交融,让文化成为人民生活的常态。

附录:浙东唐诗之路上的唐诗选鉴

一、唐诗甄选标准

浙东唐诗之路上的唐诗多达上千首,本附录仅甄选 52 首唐诗精品,其中 51 首选自《唐诗之路唐诗总集》①。甄选原则有两个:(1)唐诗质量上乘,或者唐诗本身非常有名,由著名诗人所作,或者诗作流传较广;(2)唐诗是专门为浙东地区所作,与当地风土人情密切相关。本附录甄选的唐诗,主要从三方面来解读,即:译文、鉴赏和资源。解读内容依次是翻译唐诗、鉴赏唐诗和介绍相关资源。

浙东唐诗之路沿线城市包括杭州、绍兴、台州、宁波和舟山,附录按照这个顺序介绍唐诗。但这些唐诗的数量和质量分布存在明显的不均衡,有些地方的唐诗高质高量,有些地方的唐诗相对较为匮乏。这些唐诗聚集点,之所以有大量高质量唐诗,是因为受到著名诗人的关注,其中代表性的两位诗人分别是李白、贺知章,其次是白居易、孟浩然等,也有一些当地名人,如方干、贯休等。贺知章在浙东唐诗之路形成中扮演了重要的角色,李白追随贺知章而来,后续很多诗人又追随李白而来。

以李白为主的诗人所创作唐诗的对象理应成为浙东唐诗之路打造的关键节点,比如天台山、天姥山、若耶溪、鉴湖、西施故里、四明山、剡溪、钱塘江等,而贺知章故居则应成为浙东唐诗之路的灵魂节点。打造唐诗之路还可以考虑重现唐诗中的经典场景,如很多著名诗人都曾描述过的若耶溪上采莲的水乡田园生活。同样深受诗人欢迎但如今被淡忘的剡中,也可成为浙东唐诗之路的重要开发对象。

---

① 竺岳兵主编《唐诗之路唐诗总集》,中国文史出版社,2003。

二、浙东唐诗之路上的唐诗精品

（一）浙东唐诗之路上杭州的唐诗精品

回乡偶书二首

贺知章

一

少小离家老大回，乡音无改鬓毛衰。

儿童相见不相识，笑问客从何处来。

二

离别家乡岁月多，近来人事半消磨。

惟有门前镜湖水，春风不改旧时波。

【译文】

年少时离开家乡，老年时落叶归根。我的乡音没有改变，但鬓角的毛发已经疏少。家乡的小孩们看见我，却不认识我。他们笑着问我："你是从哪里来的呀？"

我离开家乡实在是太久了。家乡的人和事，有一半已经消失了。只有门前那镜湖的碧水，在春风吹拂下泛起波澜，还和以前一样。

【鉴赏】

贺知章(659—744)，字季真，号四明狂客，唐越州永兴(今浙江萧山)人。贺知章诗文以绝句见长，风格清新潇洒。著名的《咏柳》《回乡偶书》脍炙人口，千古传诵。[①]

贺知章辞去官职、告老还乡时，已经86虚岁，距他离开家乡已有五十年。[②] 人生易老，世事沧桑，心头有无限感慨。全诗通俗易懂、朴实无华，却情感深沉。陆游曾说："文章本天成，妙手偶得之。"《回乡偶书二首》就是妙手偶得之作。

【资源】

知章故里：贺知章老家是在萧山蜀山街道史家桥村[③]，也是浙东唐诗之路源起地。萧山蜀山街道建了知章公园、贺知章艺术馆。2020年7月15日，人文纪录片

---

① 《贺知章》，浙江省人民政府地方志办公室，2012年10月17日，http://www.zjdfz.cn/html/2012/stwd_1017/942.html。

② 杜永毅：《唐代诗人贺知章故里考》，《图书馆研究与工作》2006年第1期，第70—71页。

③ 同上。

《浙东唐诗之路·诗狂贺知章》开机仪式在萧山蜀山街道举行。①

浪淘沙（其七）

刘禹锡

八月涛声吼地来，头高数丈触山回。

须臾却入海门去，卷起沙堆似雪堆。

【译文】

八月的涛声惊天动地而来，数丈高的潮头冲向岸边的山石又被撞回。顷刻间涌入钱塘江口，卷起的沙堆像是洁白的雪堆。②

【鉴赏】

刘禹锡（772—842），字梦得，籍贯洛阳，出生于苏州嘉兴，中唐时期的诗人、思想家和哲学家。③ 这是描绘浙江钱塘江潮涌。每年八月十八，钱塘潮巨大，极为壮观。李白就曾以浙江潮来说明横江浪涛之大，"浙江八月何如此？涛似连山喷雪来！"两位诗人对钱塘潮的描述有异曲同工之妙。

【资源】

钱塘潮：钱塘江位于浙江省杭州市，最终注入东海。入海口的海潮即为钱塘潮。钱塘潮是世界著名涌潮之一，钱塘江与南美亚马孙河、南亚恒河并称"世界三大强涌潮河流"。④ 潮涌时，远处先呈现细小白点，瞬间变成一缕银线，伴随潮声，白线瞬间又转化为汹涌澎湃的潮水。潮峰可高达数米，有排山倒海之势。观潮始于汉魏，盛于唐宋，历经 2000 余年，已成为当地的习俗。2020 年 5 月，钱塘潮入选首批"浙江文化印记"名单。⑤

观浙江涛

徐　凝

浙江悠悠海西绿，惊涛日夜两翻覆。

钱塘郭里看潮人，直至白头看不足。

---

① 章然、丁水富、冯晓晟：《"贺知章"回到家乡，还原这位大诗人的人文纪录片今天在萧山开拍》，小时新闻，2020 年 7 月 15 日，https://baijiahao.baidu.com/s? id=16722656889913528 18&wfr=spider&for=pc。

② 梁守中：《刘禹锡诗文选译》，巴蜀书社，1990，第 51—52 页。

③ 梁守中：《刘禹锡诗文选译》，巴蜀书社，1990，前言。

④ 周玉凤：《天下壮观钱塘潮》，《地球》2011 年第 10 期，第 82—83 页。

⑤ 童笑雨：《首批 20 项"浙江文化印记"发布》，央广网，2020 年 5 月 16 日，https://baijiahao.baidu.com/s? id=1666812250732551793&wfr=spider&for=pc。

【译文】

钱塘江的绿水从西边流向大海,海水在江口不分白天黑夜、掀起惊涛骇浪,潮头高耸如同天翻地覆。杭州城里的居民喜欢看潮,到老也看不够。

【鉴赏】

徐凝,唐朝诗人,生卒年均不详,睦州分水(今浙江桐庐)人。① 徐凝的诗笔墨流畅、意境高远。徐凝对钱塘潮的描述,堪比北宋诗人苏东坡咏赞钱塘秋潮的千古名句:"八月十八潮,壮观天下无。"

浣纱女

王昌龄

钱塘江畔是谁家?江上女儿全胜花。

吴王在时不得出,今日公然来浣纱。

【译文】

钱塘江边是谁的家乡呢?江上的女孩全都貌美如花。吴王在位时,她们都不敢出门,如今则毫无顾忌地来到江边洗纱。

【鉴赏】

王昌龄(698—756),字少伯,京兆长安(今陕西西安)人,是盛唐最杰出的七绝代表诗人。② 据说西施本是越国的一个浣纱女,后被越王勾践献给吴国国君夫差,故说"吴王在时不得出"。此诗描绘了一个迷人的场景,即一群貌美如花的姑娘在江水中浣纱,整个场景气氛欢快、充满欢声笑语。③

【资源】

钱塘江:古称浙,全名浙江,又名折江、之江、罗刹江,浙江下游杭州段称为钱塘江,是吴越文化的主要发源地之一。

早发渔浦潭

孟浩然

东旭早光芒,渚禽已惊眇。卧闻渔浦口,桡声暗相拨。

日出气象分,始知江路阔。美人常晏起,照影弄流沫。

饮水畏惊猿,祭鱼时见獭。舟行自无闷,况值晴景豁。

① 陈耀东:《桐庐诗人徐凝的成就》,《宁波大学学报(人文科学版)》2011年第1期,第27—31页。

② 孙琴安:《唐人七绝选》,陕西人民出版社,1982,第27页。

③ 周啸天主编《唐诗鉴赏辞典》,商务印书馆国际有限公司,2012,第245—246页。

【译文】

旭日早就从东方露出光芒,沙洲上的水鸟已经一片喧嚷。听说已到渔浦口,我躺在船舱中倾听,船桨正轻轻把流水拨响。太阳出来,照耀得景象分明,才发现江面宽广。美人们常常晚起,拨弄水沫,照着倩影梳妆。行舟时怕惊扰猿猴饮水,又常见到水獭把鱼陈列岸边。江上泛舟,自然不觉得烦闷,更何况遇到了晴天、景象开阔。①

【鉴赏】

孟浩然(689—740),字浩然,襄州襄阳(今属湖北)人,盛唐山水田园诗的代表人物,与王维齐名,合称"王孟"。② 孟浩然即景起兴、伫兴而作造成其诗具有"兴逸之味",寄情山水的人生经历使其诗具有"隐逸之趣",尚节重义的人生性情则让他的诗具有"壮逸之气"。③ 这是一首舟行途中之作,以积极乐观的情绪,欣赏途中的壮丽景色,展现开阔心境。

【资源】

萧山义桥渔浦:这是浙东唐诗之路的重要源头。这里的朝阳落日,曾让孟浩然心境开阔。义桥镇的渔浦老街有 1500 多年历史,"渔浦夕照"是"萧山八景"之一。义桥镇修缮了渔浦古埠头,并出版了《渔浦诗词》等书籍。

答微之泊西陵驿见寄(一无泊字)

白居易

烟波尽处一点白,应是西陵古驿台。

知在台边望不见,暮潮空送渡船回。

【译文】

雾气迷茫的水波尽头有一点儿白色,应该是西陵的古驿台。知道就在古驿台旁边,却看不见。在黄昏的潮水中,空落落地坐渡船回去。

---

① 许海山主编《中国历代诗词曲赋大观》,北京燕山出版社,2007,第 152 页。

② 竺岳兵:《唐诗之路唐代诗人行迹考》,中国文史出版社,2004,第 4 页。

③ 徐定辉、何巧巧:《论孟浩然诗歌的"逸"》,《湖北民族学院学报(哲学社会科学版)》2018 年第 1 期,第 122—126 页。

【鉴赏】

　　白居易(772—846)，字乐天，号香山居士，今河南郑州新郑人①，是我国唐代伟大的现实主义诗人。他的诗歌题材广泛，形式多样，语言通俗易懂。诗人夜宿西兴驿，望着钱塘江水，写下此篇，描绘了诗意朦胧的意境。

【资源】

　　西兴：古称固陵、西陵，位于杭州市萧山区钱塘江东南岸。西陵驿是钱塘江边最早的渡口城堡。如今渡口已弃用，驿站也不复存在。但西兴老街是杭州城区保存较完整的老街之一。

　　(二)浙东唐诗之路上绍兴的唐诗精品

梦游天姥吟留别

李　白

　　海客谈瀛洲，烟涛微茫信难求。越人语天姥，云霞明灭或可睹。

　　天姥连天向天横，势拔五岳掩赤城。天台四万八千丈，对此欲倒东南倾。

　　我欲因之梦吴越，一夜飞渡镜湖月。湖月照我影，送我至剡溪。

　　谢公宿处今尚在，渌水荡漾清猿啼。脚著谢公屐，身登青云梯。

　　半壁见海日，空中闻天鸡。千岩万转路不定，迷花倚石忽已暝。

　　熊咆龙吟殷岩泉，栗深林兮惊层巅。云青青兮欲雨，水澹澹兮生烟。

　　列缺霹雳，丘峦崩摧。洞天石扉，訇然中开。

　　青冥浩荡不见底，日月照耀金银台。

　　霓为衣兮风为马，云之君兮纷纷而来下。虎鼓瑟兮鸾回车，仙之人兮列如麻。

　　忽魂悸以魄动，恍惊起而长嗟。惟觉时之枕席，失向来之烟霞。

　　世间行乐亦如此，古来万事东流水。别君去兮何时还？且放白鹿青崖间，

　　须行即骑访名山。

　　安能摧眉折腰事权贵，使我不得开心颜？

【译文】

　　出过海的人谈起瀛洲，都说烟波渺茫，实在难以寻找。绍兴一带的人谈起天姥山，说在云雾霞光中，有时还能看见。天姥山高耸入云，连着天际，横向天外，高度超过五岳、压过赤城山。天台山高达四万八千丈，都不及天姥山，看起来好像要向

---

　　①　范宁：《白居易》，中州书画社，1982，第 1 页。

东南方倾斜过来一样。

因为这个,我想梦游到江浙一带,一夜之间飞到明月映照的镜湖。湖光月色随着我的影子,一直来到剡溪。谢灵运昔日住宿的地方现在还在。清澈的湖水荡漾,猿猴凄啼。脚上穿着谢公当年特制的木屐,攀登陡峭如梯的山路。在半山腰就看到太阳从海上升起,空中传来天鸡的啼鸣。山路上围绕着众多岩石,盘旋弯曲,方向不定。倚靠着岩石,欣赏着山花,不知不觉天色已黑。

熊吼龙鸣的声音震动着山泉,也让森林战栗,使山峰惊颤。云色深沉,像要下雨;水波起伏,升起烟雾。电闪雷鸣,要把山峦摧毁崩塌了。仙人洞府的石门,訇地一声从中间打开。仙府广阔深远,日月照耀着金银铸造的宫阙。仙人们穿着霓虹做的衣裳,乘着风,纷纷从天而降。老虎鼓瑟奏乐,鸾凤驾着车辆,仙人众多,排列如麻。

忽然魂魄悸动,恍然惊醒,起身长叹。只看到睡觉时的枕席,梦境中的烟雾云霞全消失了。人世间的欢乐也是如此,自古以来,万事都像东流的水一样,一去不复返。与君分别,何时回来?暂且把白鹿放牧在青崖间,等到要远行时,就骑上它去访名山大川。我岂能卑躬屈膝去侍奉权贵,让我不能开心![1]

【鉴赏】

李白(701—762),字太白,自称祖籍陇西成纪(今甘肃秦安),后居四川绵州彰明县青莲乡,享有"诗仙""谪仙人"之誉,与杜甫并称为"李杜"。[2] 这是一首记梦诗,意境雄伟,手法新奇,是李白的代表作之一。这首诗描写的梦境,可能是李白在现实基础上的想象。天姥山临近剡溪,是浙东灵秀之地,逊色于五岳,但因这篇诗作闻名天下。李白在诗中描绘了一幅神奇瑰丽的景象,气势恢宏,却又突然幻灭,并发出"古来万事东流水"的感叹。李白在诗中表现出来的对权贵的抗争,在那样的背景下,非常难得。总体上,全诗风格瑰丽、浪漫、洒脱,淋漓尽致地体现了李白的个性。

【资源】

天姥山:位于绍兴市新昌县境内,是国家级风景名胜区。李白把天姥山变成了文化名山,素有"一座天姥山,半部全唐诗"之称。从地理上看,天姥山是天台山脉的一部分,景区包括天姥山、大佛寺、穿岩十九峰和千丈幽谷等。

---

① 吕新景、张瑞斌:《跟着唐诗游台州——浙东唐诗之路研学读本》,研究出版社,2020,第25—28页。

② 竺岳兵:《唐诗之路唐代诗人行迹考》,中国文史出版社,2004,第33页。

春泛若耶溪

綦毋潜

幽意无断绝,此去随所偶。

晚风吹行舟,花路入溪口。

际夜转西壑,隔山望南斗。

潭烟飞溶溶,林月低向后。

生事且弥漫,愿为持竿叟。

【译文】

我寻幽探胜的心意没有停止,行舟出游,顺其自然。晚风吹拂着前行的小船,沿着开满鲜花的河岸荡入溪口。星夜转过西边的山谷,隔山仰望天上的南斗星。水潭升起柔和迷离的烟雾,林中月亮落在行舟后面。世事何等纷繁渺茫,不如做一名垂钓的老翁。

【鉴赏】

綦毋潜(692—749),字孝通,虔州(今江西赣州)人,唐代著名诗人。綦毋潜的诗清丽典雅,恬淡适然,诗风接近王维。诗人以春江、月夜、花路、扁舟等景物,营造了一种幽美、寂静而又迷离的意境。[①]

【资源】

若耶溪:今名平水江,位于浙江省绍兴市区东南,发源于离城区 22 公里的若耶山(今称化山),沿途纳三十六溪溪水,北入鉴湖。早年,上游流经群山,下游两岸竹木丰茂,是一处非常幽雅的旅游胜地。溪旁有浣纱石古迹,传说西施曾浣纱于此。富有诗情画意的若耶溪,吸引了历代的文人雅士,这些诗人留下的大量诗作又让若耶溪更加著名。

入若耶溪

崔颢

轻舟去何疾,已到云林境。起坐鱼鸟间,动摇山水影。

岩中响自答,溪里言弥静。事事令人幽,停桡向余景。

【译文】

乘着小船,很快就进入若耶溪这片隐秘之地。坐在船上,忽起忽坐,一会儿仰

---

① 萧涤非等:《唐诗鉴赏辞典》,上海辞书出版社,1983,第 112—113 页。

望飞鸟,一会儿俯看游鱼。用船桨拍击溪水,看青山的倒影在水中变幻。聆听着溪岸山岩中的各种声音,还有回声。在这清溪里说话,显得溪谷更加寂静。所有一切都让人感觉环境幽静。停下船桨,面对着夕阳,感受余辉美景。

【鉴赏】

崔颢(704?—754),唐朝汴州(今河南开封)人。[①] 代表作《黄鹤楼》,据说李白曾发出"眼前有景道不得,崔颢题诗在上头"的赞叹。诗人描绘了若耶溪的清澈和环境的幽静,将读者带入一种空灵、有趣的境界。还有一首同名的诗,作者是南北朝的王籍。王籍的《入若耶溪》更有名,"艅艎何泛泛,空水共悠悠。阴霞生远岫,阳景逐回流。蝉噪林逾静,鸟鸣山更幽。此地动归念,长年悲倦游"是写若耶溪的经典之作。

【资源】

若耶溪:位于浙江省绍兴市区东南。

耶溪泛舟

孟浩然

落景余清辉,轻桡弄溪渚。泓澄爱水物,临泛何容与。

白首垂钓翁,新妆浣纱女。相看似相识,脉脉不得语。

【译文】

落日散发着残余的光辉,在若耶溪中轻摇船桨。碧水深澈,水中的生物多么可爱,在清溪泛舟,多么从容悠闲。白头老翁端坐于岸边垂钓,梳妆整齐的少女临水清洗衣衫。彼此对望着,似曾相识,却只是互相凝视,未能攀谈。[②]

【鉴赏】

孟浩然(689—740),唐朝著名诗人。这首诗描绘了一幅悠闲恬静的江南美景,有落日余辉、江南水景、白首老翁、浣纱少女。若耶溪的水光山色、江南的风土人情,都让人心生安宁。

【资源】

若耶溪:位于浙江省绍兴市区东南。

---

① 张海亮:《风流名士——崔颢》,《黑龙江教育学院学报》2012 年第 1 期,第 121—123 页。

② 许海山主编《中国历代诗词曲赋大观》,北京燕山出版社,2007,第 150 页。

皇甫岳云溪杂题五首·鸟鸣涧

王　维

人闲桂花落，夜静春山空。

月出惊山鸟，时鸣春涧中。

【译文】

在这人声寂静的地方，桂花轻轻飘落在地上。在春天宁静的夜晚，山林更加空寂。月亮升起，月光惊动了山中的鸟儿，它们在空旷的山涧中不时啼叫。

【鉴赏】

王维（701？—761），字摩诘，祖籍太原祁县（今山西太原），为盛唐山水田园诗派代表诗人，与孟浩然齐名，世称"王孟"。① 这首诗是王维寓居若耶溪时所作②，为《皇甫岳云溪杂题五首》的第一首。这首诗写春山之静，是王维的代表作。花落、月出、鸟鸣，这些"动"景，反衬出春山的幽静。这首诗写出了闲静的氛围，也反映了诗人宁静的内心。

【资源】

若耶溪：位于浙江省绍兴市区东南。

皇甫岳云溪杂题五首·莲花坞

王　维

日日采莲去，洲长多暮归。

弄篙莫溅水，畏湿红莲衣。

【译文】

江南女子每天都要去采莲，水中的莲地很长，经常傍晚才回来。撑篙的时候不要溅起水花，怕会打湿红莲花颜色的衣服。

【鉴赏】

这首诗是王维寓居若耶溪时所作，为《皇甫岳云溪杂题五首》的第二首。这首诗主要描写田园的乐趣，充满闲适幽趣。采莲虽然辛苦，却也充满温馨和乐趣。后两句表现采莲女爱美的情趣和开朗活泼的性格。③

① 竺岳兵：《唐诗之路唐代诗人行迹考》，中国文史出版社2004年版，第14页。
② 竺岳兵：《唐诗之路唐代诗人行迹考》，中国文史出版社2004年版，第19页。
③ 陶文鹏：《王维孟浩然诗选评》，三秦出版社，2004，第92页。

【资源】

若耶溪:位于浙江省绍兴市区东南。

采莲曲

李 白

若耶溪傍采莲女,笑隔荷花共人语。

日照新妆水底明,风飘香袂空中举。

岸上谁家游冶郎,三三五五映垂杨。

紫骝嘶入落花去,见此踟蹰空断肠。

【译文】

若耶溪旁,三三两两的采莲女正在采莲子,隔着荷花谈笑风生、互相嬉戏。阳光照耀着采莲女精致的妆容,在清澈的流水中看得清楚。微风吹起香袖,在空中飘荡。谁家公子在岸上游荡?三三五五、似隐非隐在垂杨下。骑着紫骝马,马儿嘶鸣着,花儿纷纷惊落。看着这些人在此徘徊,真让人断肠。

【鉴赏】

李白(701—762),唐朝著名诗人。这首诗描绘了精心妆扮的采莲少女在明媚阳光下的嬉戏,以及少男少女们之间的春心萌动,这让诗人产生时光流逝的感慨,有种断肠人在天涯的苍茫寂寥之感。全诗情景交汇,意趣盎然。[①]

【资源】

若耶溪:位于浙江省绍兴市区东南。

浣纱石上女

李 白

玉面耶溪女,青娥红粉妆。

一双金齿屐,两足白如霜。

【译文】

若耶溪旁的浣纱女容貌姣好,黛眉粉面,妆容漂亮。穿着一双带齿的铁木屐,两只脚雪白如霜。

【鉴赏】

此诗与《越女词》颇多相似之处。李白描写浣纱石边浣纱的若耶溪少女之美,

---

① 赵乃增主编《唐诗名篇赏析》,吉林文史出版社,2011,第62页。

只着眼于她们的面容和足部。

【资源】

浣纱石:又称"瀚纱石"。在苎萝山下、浣纱溪畔,为一巨大方石,古朴苍褐。上镌"浣纱"二字,为东晋大书法家王羲之手笔。相传西施在其上浣纱,故名。

西 施

李 白

西施越溪女,出自苎萝山。

秀色掩今古,荷花羞玉颜。

浣纱弄碧水,自与清波闲。

皓齿信难开,沉吟碧云间。

句践徵绝艳,扬蛾入吴关。

提携馆娃宫,杳渺讵可攀。

一破夫差国,千秋竟不还。

【译文】

西施是绍兴女子,出生于苎萝山。她的美貌古今无双,荷花见了她也会害羞。她在溪边浣纱时拨动绿水,与清水嬉戏,多么悠闲。她很少笑着露出洁白的牙齿,好像一直在碧云间沉思低吟。越王勾践征集全国美色,西施扬起娥眉就去了吴国。她深受吴王宠爱,被安置在馆娃宫里,高不可攀。一旦吴国被打败,她就一去不复返了。

【鉴赏】

这是一首赞美西施的诗作,描写了西施的花容月貌,及其以身救国后远去江湖的经历。

【资源】

西施故里旅游区:位于绍兴诸暨市浣纱南路苎萝东路 2 号,是浣江·五泄国家重点风景名胜区的重要组成部分,是一个以西施文化为灵魂、古越文化为背景的大型开放式旅游区,目前保留着苎萝山、西施浣纱处等历史遗存。

西施咏

王 维

艳色天下重,西施宁久微?

朝为越溪女,暮作吴宫妃。

贱日岂殊众,贵来方悟稀。

邀人傅脂粉，不自著罗衣。

君宠益娇态，君怜无是非。

当时浣纱伴，莫得同车归。

持谢邻家子，效颦安可希！

【译文】

这世界向来看重美艳的姿色，西施怎能久处低微？她原来是绍兴若耶溪边的一个浣纱女，后来成了吴王宫里的妃子。贫贱时有什么与众不同之处？显贵了才惊悟到她丽质天下稀。有多少宫女为她搽脂敷粉，她从来不需要自己穿着丝质衣服。她受到君王宠幸，姿态更加娇媚。君王怜爱她，从不计较她的是非。当年一起在若耶溪边浣纱的女伴，不能与她同车去、同车归。奉告那盲目效颦的邻人，光学皱眉就想取宠，没那么容易！[1]

【鉴赏】

诗中的西施并非完全写实的历史人物，《西施咏》也非严格意义的咏史诗，王维只是利用传说中西施的某些细节来借题发挥，悲叹世态炎凉，嘲讽势利小人，抒发怀才不遇的不平。[2]

西 施

罗 隐

家国兴亡自有时，吴人何苦怨西施。

西施若解倾吴国，越国亡来又是谁？

【译文】

国家兴亡衰败自有其时运，吴人又何苦埋怨西施。如果西施知道怎样颠覆吴国，那么后来让越国灭亡的又是谁呢？

【鉴赏】

罗隐（833—910），本名横，字昭谏，自号"江东生"，新城（今浙江富阳）人，唐代诗人，寓居萧山。[3] 历来咏西施的诗篇多把亡吴归因于西施，这首诗反对这种"女人是祸水"的论调，闪耀着思想光辉。

---

① 王向峰：《古典抒情诗鉴赏》，春风文艺出版社，1984，第80—82页。
② 周啸天主编《唐诗鉴赏辞典》，商务印书馆国际有限公司，2012，第266页。
③ 竺岳兵：《唐诗之路唐代诗人行迹考》，中国文史出版社，2004，第142页。

咏　柳

贺知章

碧玉妆成一树高,万条垂下绿丝绦。

不知细叶谁裁出,二月春风似剪刀。

【译文】

高高的柳树长满了翠绿的新叶,轻垂的柳条像千万条轻轻飘动的绿色丝带。不知道这细细的柳叶是谁裁剪出来的? 是那二月的春风,它就像一把神奇的剪刀。①

【鉴赏】

这首诗描绘了鉴湖边的柳树。此诗最巧妙之处在于拟人化,柳树好似亭亭玉立的美人,柳叶好似绿色丝带,顿显飘逸风韵。还把二月春风比作剪刀,显得生动活泼。② 这首诗的语言通俗易懂、优美形象,还充满奇思异想,是写景的顶级佳作。

【资源】

鉴湖:位于浙江省绍兴城西南,为浙江名湖之一,俗话说"鉴湖八百里",可想当年鉴湖之宽阔。鉴湖是绍兴的"母亲湖",建湖 1800 多年,不仅有独特的自然风光,还有许多名胜古迹。

子夜吴歌·夏歌

李　白

镜湖三百里,菡萏发荷花。

五月西施采,人看隘若耶。

回舟不待月,归去越王家。

【译文】

镜湖广阔,有三百里,开满含苞欲放的荷花。西施五月曾在此采莲,引得观看的人挤满了若耶溪。西施回家不到一个月,就被选进了越王宫中。③

【鉴赏】

这首诗看似讲的是西施若耶溪采莲的故事,实则赞美西施的美貌。她的美貌吸引了大量观众,人潮竟可将开阔的若耶溪挤得拥挤不堪。

---

① 羊玉祥:《古典诗文鉴赏》,中国广播电视出版社,2007,第 47—48 页。

② 同上。

③ 詹福瑞等:《李白诗全译》,河北人民出版社,1997,第 230 页。

送贺宾客归越

李 白

镜湖流水漾清波,狂客归舟逸兴多。

山阴道士如相见,应写黄庭换白鹅。

【译文】

镜湖水面如同明镜、清波荡漾,您四明狂客归来荡舟尽显豪情。古有王羲之写《黄庭经》向山阴道士换鹅的韵事,您到那里估计也会有这样的逸兴。①

【鉴赏】

这是李白赠送给贺知章的一首七绝。贺知章自号"四明狂客",又称"秘书外监",故李白在诗中称他为"狂客"。贺知章与李白是忘年交。贺知章慧眼识英才发现了李白,并将其推荐给唐玄宗。贺知章以道士的身份辞京回乡,李白当时正在长安待诏翰林,就赠给了他这首诗。②

【资源】

贺知章秘监祠:位于绍兴市区,俗称湖亭庙。相传宋绍兴十四年(1144),郡守莫将在贺知章读书的故地重建"逸老堂",以祀贺知章和李白。

对酒忆贺监二首

李 白

一

四明有狂客,风流贺季真。长安一相见,呼我谪仙人。

昔好杯中物,翻为松下尘。金龟换酒处,却忆泪沾巾。

二

狂客归四明,山阴道士迎。敕赐镜湖水,为君台沼荣。

人亡余故宅,空有荷花生。念此杳如梦,凄然伤我情。

【译文】

四明山有一位狂客,他就是风流人物贺季真。在长安第一次见面,他就叫我天上下凡的仙人。当年喜好美酒,如今已化作尘土。每每想起金龟换酒,就不禁泪盈满巾。

---

① 詹福瑞等:《李白诗全译》,河北人民出版社,1997,第 607 页。

② 周啸天主编《唐诗鉴赏辞典》,商务印书馆国际有限公司,2012,第 480—481 页。

狂客贺先生回到四明,山阴道士来欢迎。御赐一池镜湖水,为您在这片湖光山色中游赏。人已逝去,只有故居在,镜湖里空有朵朵荷花生长。想到这些,感觉人生飘渺,如同一场梦,不禁黯然神伤。[1]

【鉴赏】

天宝六年(747),李白游会稽时,为悼念贺知章而作。[2] 这两首诗采用今昔对比的手法,表达出作者强烈的伤感。李白一生中四次绍兴之行都与纪念恩师有关。浙东唐诗之路的起源也许就是李白寻访贺知章,之后效仿者络绎不绝。

王右军

李 白

右军本清真,潇洒出风尘。山阴遇羽客,爱此好鹅宾。

扫素写道经,笔精妙入神。书罢笼鹅去,何曾别主人。

【译文】

王右军本性自然纯真,潇洒超脱于世俗之外。在绍兴碰到一位道士,道士邀请这位爱鹅的贵宾,以鹅换字。他在白绢上书写道经,书法艺术精湛。书写完毕,拿着鹅就走,都没和主人告别。[3]

【鉴赏】

王右军即王羲之,长期住在会稽,为著名书法家,人称"书圣"。此诗写王羲之写《黄庭经》与山阴道人换鹅之事。[4]

【资源】

绍兴城:历史悠久、名流荟萃,为人文渊薮之地。书圣王羲之(303—361)虽原籍山东琅琊,但久居会稽山阴(今浙江绍兴),因而,绍兴有很多王羲之的逸闻趣事,众多古迹也因王羲之而增添光芒。

---

① 詹福瑞等:《李白诗全译》,河北人民出版社,1997,第 876—877 页。

② 詹福瑞等:《李白诗全译》,河北人民出版社,1997,第 876 页。

③ 詹福瑞等:《李白诗全译》,河北人民出版社,1997,第 820 页。

④ 同上。

送纪秀才游越

李 白

海水不满眼,观涛难称心。即知蓬莱石,却是巨鳌簪。

送尔游华顶,令余发乌吟。仙人居射的,道士住山阴。

禹穴寻溪入,云门隔岭深。绿萝秋月夜,相忆在鸣琴。

【译文】

　　要是不登高远眺大海,观赏海涛就难以称心。这就像蓬莱岛,不过是巨鳌头上一支簪。送你去游览华顶山,我不禁想高歌越曲。仙人居住在射的山洞中,道士居住在会稽山阴。你顺溪而入,可以找到禹穴。云门山云雾深深、山岭重重。夜晚绿萝丛中秋月隐约,想我就记得弹琴。①

【鉴赏】

　　李白在诗中提到了若干地名,如山阴(今浙江绍兴)、华顶(天台山最高峰)、禹穴(今浙江绍兴宛委山)。通篇想象瑰丽,李白的浪漫主义情怀一览无遗。

【资源】

　　华顶山:又称拜经台,浙江天台山最高峰,相传智者大师曾在此面朝西天竺,拜读《楞严经》,故名。是浙江省东部名山。

　　宛委山:在绍兴市会稽山,有禹穴、阳明洞、龙瑞宫、阳明大佛、阳明书屋、铁壁居等古迹。

越中览古

李 白

越王勾践破吴归,义士还乡尽锦衣。

宫女如花满春殿,只今惟有鹧鸪飞。

【译文】

　　越王勾践灭掉吴国,凯旋战士们都衣锦还乡。曾经满殿都是如花似玉的宫女,如今只有几只鹧鸪在荒草蔓生的故都废墟上飞来飞去。②

【鉴赏】

　　这是一首怀古之作。此诗首句点明题意,说明所怀古迹的具体内容。全诗通

---

① 詹福瑞等:《李白诗全译》,河北人民出版社,1997,第 625 页。

② 詹福瑞等:《李白诗全译》,河北人民出版社,1997,第 822 页。

过对比昔时的繁盛和眼前的凄凉,深刻呈现出人事变化和盛衰无常。

越女词五首(越中书所见也)

李 白

一

长干吴儿女,眉目艳新月。

屐上足如霜,不著鸦头袜。

二

吴儿多白皙,好为荡舟剧。

卖眼掷春心,折花调行客。

三

耶溪采莲女,见客棹歌回。

笑入荷花去,佯羞不出来。

四

东阳素足女,会稽素舸郎。

相看月未堕,白地断肝肠。

五

镜湖水如月,耶溪女似雪。

新妆荡新波,光景两奇绝。

【译文】

长干吴地的姑娘,眉目清秀,娇艳可比明月。木屐上那双不穿袜子的脚,细白如霜。

吴地的女孩白皙如玉,喜欢做荡舟的游戏。折了鲜花,对行客眉目传情,掷去春心。

若耶溪中采莲的少女,见到行客,唱着歌把船划回。嬉笑着藏入荷花<u>丛</u>,假装怕羞不出来。

东阳有个白皙如玉的女孩,会稽有个划木船的情郎。看那明月高悬未落,平白无故地愁断肝肠。

镜湖的水清明如月,若耶溪的少女洁白如雪。新妆荡漾湖水,水光倒影,奇美两绝。①

【鉴赏】

第一首诗写吴越女子相貌的妩媚可爱与穿着的异样;第二首诗写吴越女子天真活泼的姿态及调皮卖俏的开放型性格;第三首诗写采莲女子看见客人便唱着歌将船划入荷花丛中,并假装怕羞不出来的情景;第四首诗写一对素不相识的青年男女一见钟情,互相倾慕,又无缘接近,难以倾诉衷肠的怅恨;第五首诗写越女顾影自怜的娇媚姿态。这五首诗运用白描手法,抓住富有特征的景物和典型的生活细节,塑造出不同性格的人物形象,笔墨洗练简洁,语言自然流畅。②

春洲曲

温庭筠

韶光染色如蛾翠,绿湿红鲜水容媚。苏小慵多兰渚闲,融融浦日鹚鹈寐。

紫骝蹀躞金衔嘶,堤上扬鞭烟草迷。门外平桥连柳堤,归来晚树黄莺啼。

【译文】

晴日远山,苍青如黛;近处洲渚上青草绵芊,花开正好,绿色鲜润欲滴,衬得红花更为娇艳,楚楚动人;水光潋滟之中,鲜绿与娇红更显出妩媚。

那些如苏小小般弱骨柔姿的美人,春日极为慵懒,大概并无游春之兴。浦上风和日暄,池鹭蜷于水边,清亮且薄的日光照着鹭的白羽,照着它们相偎相伴的安眠。③

一声马嘶打破了如琉璃般剔透的静谧,骏马装饰华美,马嚼子金光闪动,主人时而执辔缓行,忽而策马扬鞭,马已远去,空气中还有马蹄带来的花草香,使人着迷。

门外的平桥连着柳堤,我沉醉在春日风光中忘了时间,回来的时候已近黄昏,黄莺在树上啼叫。

【鉴赏】

温庭筠(约812—866),本名岐,字飞卿,太原祁(今天山西祁县)人,晚唐时期诗人、词人。唐初宰相温彦博之后裔。其诗多写个人遭际,于时政亦有所反映,吊

---

① 詹福瑞等:《李白诗全译》,河北人民出版社,1997,第988—991页。

② 同上。

③ 王倩:《春天就是春天,美就是美——品析温庭筠〈春洲曲〉及其唯美特质》,《美文》2017年第6期,第31—33页。

古行旅之作感慨深切,气韵清新,犹存风骨,与李商隐齐名,时称"温李"。词多写女子闺情,辞藻华丽,风格浓艳精巧,是花间词派的重要作家之一,被称为"花间鼻祖",与韦庄齐名,并称"温韦"。现存诗 300 多首,词 70 余首。后人辑有《温飞卿集》及《金奁集》。① 此诗描绘了一幅江南韶光美景图,体现出一种闲适悠然、令人神往的意境。

【资源】

兰亭:位于绍兴市西南 13 公里的兰渚山麓,是东晋著名书法家、书圣王羲之的园林住所,是一座晋代园林。相传春秋时期越王勾践曾在此植兰,汉时设驿亭,故名兰亭。现址为明嘉靖二十七年(1548)时任郡守沈启重建,而后几经改建,于1980 年修复成明清园林的风格。

宿云门寺阁

孙 逖

香阁东山下,烟花象外幽。悬灯千嶂夕,卷幔五湖秋。
画壁余鸿雁,纱窗宿斗牛。更疑天路近,梦与白云游。

【译文】

云门寺阁坐落在东山脚下,山花在暮色中格外清幽。点起油灯见夜色中壁立的群山,卷起帘幔想五湖的清秋。留存的古老壁画上只剩鸿雁在,纱窗上点缀着闪烁的星群。怀疑地势高峻天路已近,在梦中和白云一起遨游。②

【鉴赏】

孙逖(696—761),潞州涉县(今属山西)人,少居巩县(今属河南)。天资聪敏,自幼能文。历任中书舍人、典诏诰、刑部侍郎、太子左庶子、少詹事等官职,卒赠尚书右仆射。③ 本诗以浪漫的笔调写出诗人夜宿云门寺的感受。全诗章法严谨,从时间上看,依次叙述赴寺、入阁、睡下、入梦;从空间上看,先从远处写全景,再从阁内写外景,最后写阁内所见,由实境写到虚境,全力衬托寺院的高古,结构上颇见匠心。④

① 夏征农等:《辞海》(缩印本),上海辞书出版社,2000,第 1163 页。
② 张国举:《唐诗精华注译评》,长春出版社,2010,第 210—211 页。
③ 周啸天:《啸天说诗二:江畔何人初见月》,四川人民出版社,2018,第 187 页。
④ 同①。

【资源】

云门寺：坐落于绍兴城南 15 公里的平水镇秦望山麓脚下一个狭长山谷里，是一座历史悠久的千年古刹，始建于东晋义熙三年(407)，迄今已有 1700 多年历史，是华夏历史悠久的古刹之一。据史书记载：晋代大书法家王献之曾于此隐居，云门寺本为中书令王献之(王羲之的第七个儿子)的旧宅，传说王献之曾舍宅为寺。义熙三年某夜，王献之在秦望山麓之宅处，其屋顶忽然出现五彩祥云，王献之将此事上表奏帝，晋安帝得知，下诏赐号，将王献之的旧宅改建为"云门寺"，门前石桥改名"五云桥"，高僧帛道猷居之，竺法旷、竺道壹先后招之。因而，云门寺还是绍兴除兰亭之外最为著名的一处书法胜地，中国书法史上的许多名人和逸事都与此有关。王羲之《兰亭序》真迹也曾长期保存在云门寺。

东山：又名谢安山，位于上虞区西南部上浦镇境内，距上虞中心区 13 公里，是曹娥江省级风景名胜区的重要组成部分。所在地东山，自古以地处古会稽郡东部而得名，为越中名山，是古代浙东唐诗之路上的重要驿站，成语"东山再起"即典出于此。历史上以东晋名相谢安、大书法家王羲之为代表的大批名人雅士云集于此，是后世文人墨客慕名游览之地。

念昔游三首(其二)

杜 牧

云门寺外逢猛雨，林黑山高雨脚长。

曾奉郊宫为近侍，分明攒攒羽林枪。

【译文】

我在云门寺外突然遭遇大雨，林黑山高雨大，只好夜宿寺内。想起之前在近侍郊宫的时候，也曾见过相似的大雨，就联想到羽林军士又直又长又亮的矛枪。

【鉴赏】

杜牧(803—853)，晚唐诗人。字牧之，京兆万年(今陕西西安)人，宰相杜佑之孙。大和进士，授宏文馆校书郎。多年在外地任幕僚，后历任监察御史，史馆修撰，黄州、池州、睦州刺史等职，后入为司勋员外郎，官终中书舍人。诗以七言绝句著称，晚唐诸家让渠独去。后人谓之小杜，诗文中多指陈时政之作。有《樊川文集》二十卷传世。[①]《念昔游三首》是杜牧的组诗作品，本诗为第二首，记叙了作者游越州

---

① 萧涤非等：《唐诗鉴赏辞典》，上海辞书出版社，1983，第 1407 页。

云门寺的一次经历。这首忆昔诗,重点不在追述游历之地的景致,而是借此抒发百无聊赖和无可奈何的内心情绪。

【资源】

云门寺:坐落于绍兴城南 15 公里的平水镇,是一座历史悠久的千年古刹。

题大禹寺义公禅房

孟浩然

义公习禅寂,结宇依空林。户外一峰秀,阶前众壑深。

夕阳连雨足,空翠落庭阴。看取莲花净,应知不染心。

【译文】

义公高僧喜欢禅房寂静,于是将房子建造在空幽的山林当中。禅房的门外是一座挺拔秀丽的山峰,台阶前面就是深深的山谷。雨过天晴之后,夕阳斜斜地映照下来,树木苍翠的影子落满了庭院。义公诵读《莲华经》,内心清净安宁,这才知道他不染世事的虔诚之心。①

【鉴赏】

这首诗是作者游大禹寺义公禅房后的题赠之作。这是一首赞美诗。诗中主要描写的是得道高僧义公禅房的清幽环境,通过安静闲适的景致烘托出义公的超凡脱俗、情操古雅以及其高尚纯洁的道德情怀,从而表达出诗人对禅意充满情趣,对黑暗的社会现实充满厌恶之感。该诗构思比较巧妙,既是一首赞美诗,也可以看作是一首优美的山水诗,营造的环境清新幽美,对情感的表达起到非常大的烘托作用,俨然一幅山林晚晴的图景,将义公高尚的德行描绘到极致,引人入胜,是一首极好的诗作。②

【资源】

大禹寺:禹祠位于大禹陵旁,1986 年重建。嘉泰《会稽志》:"大禹寺,在县南一十二里。梁大同十一年建,会昌五年毁废,明年重建。寺自唐以来为名刹。"今禹祠建于原大禹寺(又名禹寺)废址。坐东朝西,有前殿、后殿、曲廊。入口为垂花门。前殿通面宽 7 米,通进深 4 米;后殿通面宽 9 米,通进深 6 米。正贴皆用五架抬梁;边贴立中柱,前后双步梁。后殿置有前后廊。

---

① 施树禄:《全唐诗赏析》,中国言实出版社,2017,第 66—67 页。

② 同上。

秋下荆门

李 白

霜落荆门江树空，布帆无恙挂秋风。

此行不为鲈鱼脍，自爱名山入剡中。

【译文】

深秋的白霜已落在荆门山上，江畔曾经茂盛的树木已落去树叶，只剩下空空的树枝，使得山空江面也空，此时秋高气爽，刮起的秋风也来为我送行，让我的旅途一帆风顺。

我这次出行不是为了品尝那些美味，只是喜爱名山大川罢了，因此才想去剡中。①

【鉴赏】

此诗系李白第一次离开荆门，告别巴山蜀水时所作。诗人借景抒情，妙用典故，表现出诗人对理想的追求和对美好世界的向往。这首诗有着高超的艺术特色，全诗在有限的字数内将写景、叙事、议论、抒情融为一体，条理清晰，用词灵活，典故运用自如，很好地表达了自己的思想抱负，为读者创造了一个清新自然、活泼灵动的境界。②

【资源】

剡中：剡中从五代以后就渐渐地淡出了中国人的视野，成了一个基本被遗忘的地方。然而，这里却曾是晋唐古人的乐园。晋代名士在这里高蹈，唐代诗人在这里低吟。半本《世说新语》发生在这里，王谢两个大族都定居在这里；《全唐诗》收录的18个诗人游历过、歌咏过这里。这里是晋唐最热的黄金旅游地，人们在这里畅游或隐居。剡中位于浙江省东部，是会稽山、四明山、天台山这三座名山包围中的一个溪流纵横、风光无限的泽国，这个封闭的小盆地面积为几百平方公里。从卫星地图上看，这个盆地呈三角形，东北和西北的边缘非常清晰，状若飞鸟张开的两翼。一条剡溪从盆地中流出，正北而行，下游被称为曹娥江（古称舜江），最后在杭州湾注入钱塘江。

---

① 施树禄：《全唐诗赏析》，中国言实出版社，2017，第 324 页。
② 同上。

赠王判官时余归隐居庐山屏风叠(节选)

李 白

中年不相见,蹭蹬游吴越。何处我思君? 天台绿萝月。

会稽风月好,却绕剡溪回。云山海上出,人物镜中来。

【译文】

时值中年我们依然没能再相见,只有失意的我独自一人在吴越漫游。我在什么地方思念你呢?是天台山的月光正照着绿萝的时候。会稽的风光多么美好,剡溪水在我的周围萦回。海上云山变幻,水清如镜,人走在水边,就像是从镜子中走来。

【鉴赏】

此诗作于唐天宝十五年(756),当时洛阳以北的广大地区,已尽为安史叛军所占,李白到庐山躲避。《赠王判官时余归隐居庐山屏风叠》是一首酬赠诗,诗中抒写了朋友间浓厚的情谊,也表达了怀才不遇之感慨。当诗人政治上失意之时,只有美好的大自然能给诗人以心灵的慰藉。节选部分描写的天台山上翠绿的藤萝,剡溪水面清朗的风月,海上变幻的云山,无不令人心旷神怡,乐而忘返。然而置身于山水风月之间,有一件事诗人始终未能忘却,那就是"思君",时时思念自己的朋友王判官。[①]

【资源】

剡溪:剡溪为嵊州境内主要河流,是嵊州的母亲河,由南来的澄潭江和西来的长乐江汇流而成。澄潭江俗称南江,因江底坡度较大,水势湍急,也称"雄江";长乐江又叫西江,江底较平,水流缓和,称为"雌江"。洪水来时,两江泄合之后,中间夹有一条细长的银色带状水流,把雌雄两水隔开,南面浑浊而浪涌,北面清亮而波平,形成一江两流,中嵌银带,直到远处才融成一片,堪称奇观。剡溪至上虞与曹娥江相接。夹岸青山,溪水逶迤,历史上早有"剡溪九曲"胜景。沿溪古迹迭续,历代众多诗人学士或居或游,留下了无数咏剡名篇及趣闻逸事。

---

① 宋绪连、初旭编《三李诗鉴赏辞典》,吉林文史出版社,1992,第341页。

秋山寄卫尉张卿及王征君

李　白

何以折相赠，白花青桂枝。月华若夜雪，见此令人思。

虽然剡溪兴，不异山阴时。明发怀二子，空吟《招隐》诗。

【译文】

折一枝什么花赠给你们呢？那白花花香郁郁的青桂枝最好。今晚的月亮皎洁如夜雪，见此情景真是令人加倍想念朋友们啊！纵然今晚不能与你们相聚，但是我想你们的兴致，与当年王子猷在山阴剡溪见夜雪逸兴大发连夜乘舟百里去看望故友戴逵并无二致。只是我明晨就要出发，无法去看你们，所以此刻更加思念你们俩，于是空吟着《招隐》诗，独自彷徨。

【鉴赏】

卫尉张卿乃张垍，尚玄宗女宁亲公主，驸马都尉。王征君事迹不详。本诗作于开元年间李白一入长安之时，离开终南山时寄给张垍、王征君的。此诗中谓折桂枝相赠暗含自己又将回山隐居。月光似雪引起如王子猷在山阴雪夜赴剡访戴之兴致，但明晨就要出发不能去看望您，只能徒然空吟《招隐诗》怀念二位。诗中显然对张珀有调侃之意。参读《玉真公主别馆苦雨赠卫尉张卿二首》，由于张垍并没有引荐李白，因而诗中语气尽管很婉转，但言外却不无怨懑之意。①

经乱后将避地剡中留赠崔宣城（节选）

李　白

忽思剡溪去，水石远清妙。雪尽天地明，风开湖山貌。

闷为洛生咏，醉发吴越调。赤霞动金光，日足森海峤。

独散万古意，闲垂一溪钓。猿近天上啼，人移月边棹。

无以墨绶苦，来求丹砂要。华发长折腰，将贻陶公诮。

【译文】

忽然动念要到剡溪去游玩，那儿水清石妙景色空远。白昼时分天地明亮如同雪色相映，清风徐来湖光山色尽展眼前。烦闷之时学学洛生吟咏诗歌，酒醉之后漫唱吴越歌曲。清晨时分朝霞发出金光，傍晚时刻太阳垂落海边，高山一片森然。我独自一人消散万古的忧愁，闲来垂钓小溪之旁。猿猴在近处又似在天上啼叫，摇桨

---

① 郁贤皓注评：《李白全集注评》上，凤凰出版社，2018，第783页。

划船似乎驰向月边。别以官职印绶来苦累自身,去追求炉火炼丹的要诀吧! 如此华发还为区区五斗米折腰,要被陶渊明笑话的啊![1]

【鉴赏】

《经乱后将避地剡中留赠崔宣城》是诗人创作的一首五古,此诗先写安史之乱带给天下的灾难,接着写乱世中自己的无能为力及与崔令的友谊,最后写剡中的美景,劝崔钦与自己一起隐居学道。全诗前部分沉着悲愤,后部分轻松明快,过渡自然,结合巧妙,是一篇情深意切的临别赠言。节选部分是诗人对行将前往的剡中风光的描述。水石清妙,雪明天地,风开湖山,一派风光旖旎的江南景色,读来又令人神往。诗的末四句,表露了诗人重性情、轻利禄的一贯思想,同时又可看作是对友人崔钦的好言劝慰。[2]

壮游(节选)

杜 甫

越女天下白,鉴湖五月凉。

剡溪蕴秀异,欲罢不能忘。

【译文】

吴越的女子天下最美,五月的鉴湖凉爽无比。剡溪钟灵毓秀,奇丽的景色真是陶醉,我至今仍然心驰神往,想忘也忘不掉啊!

【鉴赏】

杜甫(712—770),字子美,自号少陵野老,世称杜少陵。唐代伟大的现实主义诗人,被誉为"诗圣",与李白合称"李杜"。杜甫对中国古典诗歌的影响非常深远,因为透过他的诗歌可以看到他所处的唐代社会现实,所以他的诗被称为"诗史"。[3]《壮游》诗作于大历元年(766),节选部分是诗人对青年时代漫游吴越的追述,介绍了当年20岁的杜甫前往吴越游历,在会稽游览了越王勾践和秦始皇东巡的遗迹,领略了越地的风情,在鉴湖边感受了夏日难得的凉爽,又乘船南行,来到东晋王徽之雪夜访戴逵曾停棹过的剡溪。"秀异"二字画龙点睛,点出了剡溪山川风物之美。[4]

---

[1] 詹福瑞等:《李白诗全译》,河北人民出版社,1997,第476—478页。

[2] 宋绪连、初旭编《三李诗鉴赏辞典》,吉林文史出版社,1992,第358—360页。

[3] 李锡琴:《一天一首古诗词》上,青岛出版社,2019,第140页。

[4] 《在唐诗中,寻找剡溪的前世今生(上)》,《今日嵊州》2007年8月20日,http://sznews.zjol.com.cn/sznews/system/2007/08/20/010035754.shtml。

腊月八日于剡县石城寺礼拜

孟浩然

石壁开金像,香山倚铁围。下生弥勒见,回向一心归。

竹柏禅庭古,楼台世界稀。夕岚增气色,余照发光辉。

讲席邀谈柄,泉堂施浴衣。愿承功德水,从此濯尘机。

【译文】

石城大佛雕凿在岩壁之中,金光灿灿,这里众山环抱,犹如铁围山围绕须弥山一样。浴佛盛典有若当年弥勒降生,令人一心向往,归于佛果。石城寺青竹古柏,禅院幽深,楼台参差,宇宙难得。晚霞霭雾,夕照清晖,雾气笼罩的禅院更显古朴幽深。[①] 僧人说法场所的谈柄,佛寺沐浴泉池的浴衣,但愿功德水能够洗濯自己身上的尘襟,洗涤自己的俗心。

【鉴赏】

石城寺(即今大佛寺)在唐代便很有名气。此诗不但真实记录孟浩然到新昌礼拜大佛的情形,更生动记录了大佛经过重修后的庄严盛况。诗中作者引用多处佛教术语,向世人展开了一个珍稀难得的佛的世界。[②]

【资源】

大佛寺:位于新昌县城西南,在南明山与石城山之间的山谷之中。寺内有大弥勒佛石像,被后世称为"江南第一大佛"。寺外有隐鹤洞、锯开岩、濯缨亭、俊貌石、石棋坪、放生池及一些摩崖石刻等胜景。大佛寺在唐代便很有名气,早在南朝齐梁之际,就已经开凿弥勒佛像了。晋时高僧昙光也曾在此栖迹潜修。后支道林高僧圆寂后,也安葬于石城山上,可见是块景物嘉美的风水宝地。孟浩然在《腊月八日于剡县石城寺礼拜》这首诗中向世人展示了一个珍稀难得、环境优美的佛的世界。大佛寺建寺历史悠久,在佛教界享有很高的地位,曾是中国佛学研究和传播中心之一。

---

① 唐樟荣:《腊月八日于剡县石城寺礼拜诗》,《今日新昌》2017 年 6 月 20 日第 5 版。

② 钟山:《浅悟禅诗三百首》,华龄出版社,2007,第 10 页。

（三）浙东唐诗之路上台州的唐诗精品

天台晓望

李　白

天台邻四明，华顶高百越。门标赤城霞，楼栖沧岛月。

凭高登远览，直下见溟渤。云垂大鹏翻，波动巨鳌没。

风潮争汹涌，神怪何翕忽。观奇迹无倪，好道心不歇。

攀条摘朱实，服药炼金骨。安得生羽毛，千春卧蓬阙。

【译文】

　　天台山邻近四明山，主峰华顶是百越之地最高的山峰。天台山南门有"建标"的赤城山红霞般的崖石，在阁楼上可以观赏沧岛明月。登高望远，一直可以看到下方的汪洋大海。云雾低垂好似大鹏翻腾，波涛动荡好似巨鳌出没。云雾随风像巨浪汹涌澎湃，山色迷离好似神怪隐现。观赏奇景似乎没有边际，我学道的心思也越发急切。我要在天台山攀树枝采摘下通红的仙果，服食丹药修炼成仙的道骨。我到底如何才能修炼成仙，长出羽翼，飞到蓬莱仙岛逍遥自在呢？[①]

【鉴赏】

　　此诗大约作于李白赐金还山后，与杜甫高适分手以后，来四明山看望老朋友贺知章登临天台山写下的，主要是描写天台山的华顶山，以景托情。[②]

【资源】

　　华顶峰：为天台山的主峰，海拔 1098 米。身临绝顶向西南眺望，能看到八大山峰，华顶山状如莲花的花心，四周群山向而拱之，形似花瓣层层围裹，像八叶莲花。"华"是"花"的古字，又当天台最高处，故称华顶。华顶高寒，夏季平均气温不超过25℃，是得天独厚的清凉世界，是理想的避暑胜地。"杜鹃、观日、雾凇、雾茶"被称为"华顶四绝"。

华顶峰其一六六

寒　山

闲游华顶上，日朗昼光辉。

四顾晴空里，白云同鹤飞。

---

① 吕新景、张瑞斌:《跟着唐诗游台州——浙东唐诗之路研学读本》,研究出版社,2020,第23页。

② 同上。

【译文】

寒山子偶然来到华顶峰上,恰好碰到晴天白日,万里长空,阳光灿烂。举目四顾,晴空之下,白云与仙鹤相伴而飞。①

【鉴赏】

寒山(生卒年不详),僧人。一称寒山子。传为贞观时人,一说大历时人。居始丰县(今浙江天台)寒岩。好吟诗唱偈,与国清寺僧拾得交友。其诗语言通俗,近王梵志。有诗三百余首,后人辑为《寒山子诗集》。② 全诗如同白话,风格晓畅,遣词平易,然而境界高远,读后令人心旷神怡,对华顶祥和飘逸的人间奇境心向往之。③

观李固请司马弟山水图三首(其二)

杜 甫

方丈浑连水,天台总映云。人间长见画,老去恨空闻。

范蠡舟偏小,王乔鹤不群。此生随万物,何路出尘氛。

【译文】

方丈山与茫茫大海连成一片,天台山总是在烟云中若隐若现。我常在人间的画卷中看到这样的美景。如今年纪大了,只能空闻,不能亲临其境。范蠡泛游太湖的船太小,不能载我同游;王子乔所乘的仙鹤只有一只,不能载我飞升。我这一生只能随波逐流,怎样才能摆脱这世俗之气呢?④

【鉴赏】

这是杜甫在赏鉴一幅山水画后所作的一首题画诗,诗人面对画中美景,只能徒自怨叹。而画中之景愈美,诗人的心情愈低沉。这种"以美景衬哀情"的手法,形成了鲜明的对比,将诗人内心的悲苦之情衬托得愈加强烈。⑤

【资源】

天台山:位于浙江省天台县城北,地处宁波、绍兴、金华、温州四市的交接地带,西南连仙霞岭,东北遥接舟山群岛,为曹娥江与甬江的分水岭。主峰华顶山在天台县东北,海拔1098米,由花岗岩构成,多悬岩、峭壁、瀑布。天台山素以"佛宗道源、山水神秀"享誉海内外,主要景区有国清寺、石梁飞瀑、华顶国家森林公园、济公故

---

① 吕新景、张瑞斌:《跟着唐诗游台州——浙东唐诗之路研学读本》,研究出版社,2020,第49页。
② 傅德岷、卢晋主编《唐诗鉴赏辞典》,上海科技文献出版社,2019,第2页。
③ 同上。
④ 《线装经典》编委会编《线装经典 李白·杜甫·白居易诗》,晨光出版社,2017,第233页。
⑤ 同上。

里赤城山、琼台仙谷、天湖景区、龙穿峡等。2015 年被评为国家 5A 级旅游景区。

访　隐

李商隐

路到层峰断，门依老树开。月从平楚转，泉自上方来。

薤白罗朝馔，松黄暖夜杯。相留笑孙绰，空解赋天台。

【译文】

通往隐士家的小径在层峦叠嶂之间忽然没有了去路，苍郁的古树下，隐士庐舍的门微掩。一弯月亮从远处的丛林间升空，山林间佛舍僧居隐约可见，泉水依着山势缓缓流下。早上享用隐士采来的野菜做早餐，夜晚在酒杯中斟上松花酒，醇香温润，主客相谈甚欢。隐士邀我留宿，我想起了孙绰虽然向往钟灵毓秀的天台山，却只是赋诗，没能亲自体验山中的乐趣（太可惜了），而我则真正体会到了山中的隐居之乐。想到此，我不禁与隐士相视而笑。

【鉴赏】

李商隐（813—858），字义山，号玉谿生，又号樊南生，怀州河内（今河南沁阳）人，晚唐最杰出的诗人之一，与杜牧合称"小李杜"。

从诗意来看，本诗记述了李商隐在天台山拜访隐士的经历。从"上方"（指佛寺或僧舍）二字看，也有可能拜访的是僧徒或居士。前四句描写了天台山高峻幽深、钟灵毓秀的环境，第五、六两句描绘了诗人体验隐士的款待和山中的隐居之乐。关于最后两句的含义，则有不同见解。一解为笑孙绰不得亲见而只能遥赋，二解为笑孙绰不知山中之受用，三解为诗人以孙绰自喻自嘲。但也有学者认为这两句旨在"言己今实体味山中隐士之乐也，非笑孙绰，更非自嘲"。[①]

冬日暮国清寺留题

刘昭禹

天台山下寺，冬暮景如屏。树密风长在，年深像有灵。

高钟疑到月，远烧欲连星。因共真僧话，心中万虑宁。

【译文】

天台山下的国清寺，在冬日傍晚的景致宛如画屏般美丽。国清寺周围古木参天，山风阵阵，寺前有七座古塔，每座塔供奉着一尊佛像。寺里的大钟很雄伟，香烟

---

① 黄世中注疏：《类纂李商隐诗笺注疏解》第 5 册，黄山书社，2009，第 3896 页。

缭绕,远处的野火星星点点。与高僧的一番对话,消除了我心里的种种忧愁,使我获得内心的安宁。

【鉴赏】

刘昭禹,字休明,生卒年不详,约公元 909 年前后在世,桂阳(今湖南郴州桂阳)人,晚唐诗人,擅长五言诗,著有诗集一卷,《全唐诗》存诗 14 首传于世。[①]

该诗描写了冬日傍晚国清寺幽静深远古朴的风貌,同时也表达了作者超脱、豁达的情怀。晚唐时期,许多文人雅士因为政局动荡而仕途失意、郁郁不得志,因此大多寄情于山水,诗文往往带有哀怨凄婉或安贫乐道的避世色彩。但刘昭禹的诗作在表达羁旅哀怨、避世隐匿之情的同时,还具有一种洒脱、豪迈和浪漫的风格,并没有落入晚唐穷寒或绮艳之风。[②]

【资源】

国清寺:位于浙江省台州市天台县城关镇,全国重点文物保护单位。始建于隋开皇十八年(598),初名天台寺,后改名国清寺。隋代高僧智越在国清寺创立天台宗。鉴真东渡前曾朝拜国清寺。日本留学僧最澄至天台山取经,师从道邃学法,回国后创立日本天台宗,尊国清寺为祖庭。现存建筑为清雍正十二年(1734)重修。

题石桥

韦 应 物

远学临海峤,横此莓苔石。郡斋三四峰,如有灵仙迹。

方愁暮云滑,始照寒池碧。自与幽人期,逍遥竟朝夕。

【译文】

我要追随谢灵运的步伐去游览名山,天台山石桥,横架两山,上有莓苔之滑,下临万丈绝冥。我曾任滁州、江州、苏州三州刺史,在住所的花园里造了三四座灵秀的假山,似乎看到仙人在假山间出入。我担心暮霭升起的时候,路上会湿滑,假山下一碧如洗的池水看上去寒冷澄澈。我与隐士约好在此聚会,逍遥自在,便感觉不到时间的流逝了。[③]

【鉴赏】

韦应物(737—791),字义博,京兆杜陵(今陕西西安)人。唐朝时期大臣、藏书

---

① 李群玉撰:《唐代湘人诗文集》,黄仁生、陈圣争校点岳麓书社,2013,第 533 页。

② 康红根:《晚唐诗人刘昭禹诗歌的意象分析》,《语文学刊》2015 年第 14 期,第 84—86 页。

③ 《唐诗来了》,台州公共财富频道,2017 年 5 月 6 日。

家、诗人。韦应物个人作品有 600 余篇,存有《韦江州集》10 卷、《韦苏州诗集》2 卷、《韦苏州集》10 卷等。①

韦应物的诗受陶渊明、谢灵运、王维、孟浩然等人影响甚深,以善于写景和描写隐逸生活著称。他创作了很多暮夜题材的诗歌,表达了他夜下怀人的情思、"仕""隐"交替的矛盾以及闲逸自得的雅趣。②《题石桥》便是借天台山石桥之名,抒发对逍遥自在的隐士生活的向往之情。

春山行

贯 休

重叠太古色,濛濛花雨时。好峰行恐尽,流水语相随。

黑壤生红黍,黄猿领白儿。因思石桥月,曾与故人期。

【译文】

天台山重峦叠嶂,春天细雨蒙蒙,富有古雅的意趣。风光太好,唯恐走得太快,把群山走遍,山泉伴随着人语声,回荡在山谷中。黑色的沃土里种着红黍米,黄色的猿猴带着小猴子漫山遍野地玩耍。我由此想到了曾经在石桥边,月夜下,与老友相约的往事。

【鉴赏】

贯休(832—912),俗姓姜,字德隐,婺州兰溪(今浙江兰溪)人。唐末五代前蜀画僧、诗僧,在中国绘画史上享有很高声誉,存世代表作有《十六罗汉图》。贯休雅好吟诗,著作有《禅月集》,常讥讽时事、反映现实,诗风"清冷""奇峭",不事藻绘。③《春山行》记录了诗人在天台山游玩,面对细雨蒙蒙的美景思念故人时的心情,在生机勃勃的春日景象中透出了一丝惆怅。

舟中晓望

孟浩然

挂席东南望,青山水国遥。舳舻争利涉,来往接风潮。

问我今何适,天台访石桥。坐看霞色晓,疑是赤城标。

---

① 蒋寅:《自成一家之体卓为百代之宗——韦应物的诗史意义》,《社会科学战线》1995 年第 1 期,第 200—206 页。

② 高捷:《韦应物的暮夜主题》,《名作欣赏》2017 第 23 期,第 45—46,58 页。

③ 黄世中:《略论诗僧贯休及其诗》,《浙江师范学院学报》1984 年第 2 期,第 72—80 页。

【译文】

扬帆起航,远望东南方向,路程尚远。卦象显吉,宜于远航,那就乘风破浪前进吧。若问我现在要去哪里?我要到天台山寻访石桥。朝霞映红了天际,是那么璀璨美丽,映照得山石也发出了奇异的光彩,那大约就是赤城山的尖顶所在吧!①

【鉴赏】

《舟中晓望》描写了诗人乘船去往天台山途中的所见所感,表达了诗人盼望领略天台山风光的急切之情和一路上欣赏山光水色的愉悦心情。全诗首尾相承,转承分明,结构严谨又不拘一格,神韵超然。②

【资源】

赤城山:位于浙江省天台县西北方向,号称天台山的南门,丹霞地貌景观,山色赤赭如火,又称"烧山"。国家4A级旅游景区。

宿天台桐柏观

孟浩然

海行信风帆,夕宿逗云岛。缅寻沧洲趣,近爱赤城好。
扪萝亦践苔,辍棹恣探讨。息阴憩桐柏,采秀弄芝草。
鹤唳清露垂,鸡鸣信潮早。愿言解缨络,从此去烦恼。
高步陵四明,玄踪得二老。纷吾远游意,乐彼长生道。
日夕望三山,云涛空浩浩。

【译文】

我凭风鼓帆在海上航行,黄昏时分停靠在云岛准备借宿一晚。远有到滨水之地寻访隐者的乐趣,近有对赤城山美好风光的热爱。我弃舟上岸,手揽着长萝足踏着青苔,登上天台山访隐寻幽。在桐柏观里我只歇息片刻,便四处去采摘灵芝仙人草。夜晚,山谷中传来鹤鸣声,我猛然发现夜露无声地滴落在衣襟,拂晓时分,公鸡啼鸣,清晨的潮水适时而至。我真想从此摆脱俗世的羁绊,抛开世间一切烦恼,迈开大步登上四明山顶,寻觅老子和老莱子两位仙人的踪迹。我早有离家远游的愿望,学习仙人的长生之道。因此,我日日夜夜眺望海上的三座神山,却只看到云水相接一片浩渺。③

---

① 池万兴:《落红不是无情物——中国古典诗词选鉴》,商务印书馆,2018,第56页。
② 贺新辉主编《全唐诗鉴赏辞典》第一卷(重排版),中国妇女出版社,2004,第181页。
③ 许海山主编《中国历代诗词曲赋大观》,北京燕山出版社,2007,第149页。

【鉴赏】

此诗描写的是诗人在桐柏观休憩时,采摘灵芝仙草,享受听鹤唳、闻鸡鸣、观早潮以及登高寻访仙人的乐趣,表达了诗人对仕途和世俗的厌倦、对隐逸生活的向往与追求。

【资源】

桐柏观:又名桐柏崇道观,现名桐柏宫,位于天台县城西北 12.5 公里的桐柏山上,道教主流全真派南宗祖庭,鼎盛时期的唐代和宋代有三十六处楼台宫观、千僧万道的规模。新中国成立后,于 1959 年在原址兴修桐柏水库,桐柏宫淹没于水底,现为原鸣鹤观改建。

刘阮妻二首

元　稹

一

仙洞千年一度开,等闲偷入又偷回。

桃花飞尽东风起,何处消沉去不来。

二

芙蓉脂肉绿云鬟,罨画楼台青黛山。

千树桃花万年药,不知何事忆人间。

【译文】

仙女的洞府要等上一千年才会打开一次,刘晨和阮肇二人却能轻易地进入洞府,又偷偷地离去,回到人间。春天的东风吹老了桃花,而刘晨和阮肇却一去不回,他们到底什么时候再回到仙境呢?

仙女肤若凝脂,秀发如云,楚楚动人;仙境里楼台画栋彩色斑斓,青山林木碧青;千株桃树盛开,在这里还能长生不老,真是世外桃源、人间仙境。住在如此美妙的地方,有如此美丽的仙女陪伴,远胜人间,刘晨、阮肇本该乐不思归,为何还对凡尘念念不忘?

【鉴赏】

元稹(779—831),字微之,别字威明,河南洛阳人。唐朝大臣、文学家。元稹与白居易共同倡导新乐府运动,世称“元白”。著有《元氏长庆集》,诗作传世 830余首。

此诗为元稹任浙东观察使期间游天台山时所作①,讲述了一个动人的故事:刘晨、阮肇二人在天台山采药迷路,遇到两位仙女,结为伉俪,蹉跎半年回到人间,却已是晋朝,子孙已过七代。后二人再次进入天台山,却再也没有找到仙女踪迹。诗词扣人心扉,动人肺腑。章法上,两首诗都以疑问结尾,但前诗以传统的"起承转合"之法布局,后诗则在人美、景佳、寿长三层渲染后陡然一转,逼出刘阮依然思凡的疑问。②

据说《刘阮妻》是诗人追怀初恋之作。青年元稹在蒲城任职时与崔氏少女相恋,崔氏才貌双全,元稹为仕途放弃了二人的感情,却终生难以释怀。因此,此诗充满了惆怅之情。也有学者认为这是元稹因仕途失意而借景抒情,且表达了作者问道求仙的欲望。③

【资源】

天台山桃源坑刘阮洞:位于天台县城西北13公里桃源景区桃源坑中的"桃源洞"。

久客临海有怀

骆宾王

天涯非日观,地屺望星楼。练光摇乱马,剑气上连牛。

草湿姑苏夕,叶下洞庭秋。欲知凄断意,江上涉安流。

【译文】

天涯(指地处偏僻的临海)不是日观峰,可以登高就能找到。在光秃秃的土山上遥望星光灿烂、如梦似幻的高楼。江水波动,马影摇乱,匣中宝剑一出,剑气直刺天上斗牛二星。草木上晶莹的露珠,润湿了姑苏城的夜晚。洞庭湖的秋风吹落了片片黄叶。你可知人生最凄凉最伤感的是什么? 就是在风平浪静的江上航行,毫无波澜。

【鉴赏】

骆宾王(约619—约687),字观光,婺州义乌(今浙江义乌)人,唐初诗人,与王勃、杨炯、卢照邻合称"初唐四杰"。曾为侍御史,因事下狱,遇赦后被发配到临海县任县丞,非常不得志。后因为起兵扬州反武则天的徐敬业作《代李敬业传檄天下

---

① 元稹原著:《新编元稹集》,吴伟斌辑佚编年笺注,三秦出版社,2015,第7810—7814页。
② 杨杰主编《天台读本》,文汇出版社,2014,第66页。
③ 同①。

文》而亡命不知所之。

《久客临海有怀》是骆宾王在临海任县丞时所作，骆宾王对国家和人民有很强的责任感，当他久处风平浪静的临海，会有"欲知凄断意，江上涉安流"的感叹。本诗通篇充满了凄凉肃杀的气息，抒发了诗人对当时朝政的愤懑，对国事的极度忧虑，对武力反抗朝廷缺乏信心的无力感，以及不甘心的复杂情感。通过景物描写，将历史之景和现实之景熔于一炉，寓示诗人复杂的内心世界，显示其高超的艺术匠力。①

【资源】

始丰溪：又名大溪，是天台县境内的最大溪流，贯穿天台盆地，被誉为天台母亲河。以始丰溪河道为主题的始丰溪国家湿地公园于 2019 年 12 月通过验收。

永安溪：是灵江—椒江的源头，自仙居县西南端安岭乡迂回东北，流经缙云县境，在大源附近折回称曹溪（又名金坑）。在曹店附近与发源于陈岭水壶岗的曹店港汇合后称永安溪。至临海城西三江村与天台始丰溪汇合为灵江。永安溪漂流为著名的旅游项目。

宿巾子山禅寺

任　翻

绝顶新秋生夜凉，鹤翻松露滴衣裳。

前峰月映半江水，僧在翠微开竹房。

【译文】

入夜，初秋的山顶已带着寒意，在松树上栖息的仙鹤微微一动，枝头的露水便滴滴答答落在衣服上。月光下，眼前山峰倒映在江面上，一片翠绿之中隐隐约约看到一个老僧的身影轻轻地推开了竹门。

【鉴赏】

任翻（814—846），又名任蕃，生卒年不详，江南人，唐末诗人，出身贫寒，落第后放浪江湖，吟诗弹琴，在游览天台山巾子峰时，题诗于壁。该诗文笔细腻，动静得宜，尤其是"半"字成千古绝唱。任翻后来又两度游览巾子山并赋《再游巾子山寺》和《三游巾子山寺感述》。后人评价"缀景楚楚，无斧凿痕"②，"任蕃题后无人继，寂

---

① 骆祥发：《骆宾王诗评注》，北京出版社，1989，第 309—310 页。

② 陈伯海主编《唐诗汇评（增订本）》，上海古籍出版社，2015，第 4522 页。

寰空山二百年"①。

【资源】

巾子山：位于浙江省临海古城区东南隅，高百余米，三面临街，南濒灵江。山顶有双峰，唐代建南山殿塔和千佛塔双塔，双麓双塔是临海的标志。现属于国家5A级旅游景区台州府城文化旅游区。

早望海霞边

李 白

四明三千里，朝起赤城霞。日出红光散，分辉照雪崖。

一餐咽琼液，五内发金沙。举手何所待，青龙白虎车。

【译文】

四明山绵延三千里，早晨升起赤城的霞光。日出时分，红霞万里，光芒照耀着冰雪覆盖的山崖。我以饮咽琼液作为饭食，仙药的药力自我的体内往外散发。我挥手向天，在企盼什么？是在等待迎我升天的青龙白虎车。②

【鉴赏】

《早望海霞边》记述了诗人观赏朝霞时的所见所感，想象力极为丰富，同时借景抒情，表现了作者的博大胸怀和洒脱个性。

【资源】

四明山：位于浙江东部宁绍地区，跨越绍兴的嵊州、上虞，宁波的余姚、海曙、奉化五个县市区，是天台支脉，为曹娥江、甬江分水岭，主峰在嵊州市东北，志书记载："山顶极平正，有方石如窗，中通日月星辰之光，故曰四明。"

赤城山：位于浙江天台西北方向，国家4A级旅游景区。

忆东山二首

李 白

一

不向东山久，蔷薇几度花。

白云还自散，明月落谁家。

---

① 李元洛：《李元洛新编今读唐诗三百首》，岳麓书社，2013，第133页。

② 詹福瑞等：《李白诗全译》，河北人民出版社，1997，第768页。

二

我今携谢妓,长啸绝人群。

欲报东山客,开关扫白云。

【译文】

我很久没有回东山去了,昔日种的蔷薇花开几度?东山白云堂上的白云是否仍自聚自散?东山明月堂前,曾举杯邀来的明月,如今落入了谁人家里?

我像谢安当年一样,携妓长啸,远离世人,游宴于东山。我要告诉东山的隐者们,让他们为我打开蓬门,扫去三径上的白云。①

【鉴赏】

东山是东晋著名政治家谢安曾经隐居的地方,山上有谢安所建的白云、明月二堂。这首诗是李白天宝初在京待诏翰林时作,他向往东山是由于仰慕谢安。在陶醉自然、吟咏啸歌之际,并不忘情于政治;而当身居朝廷的时候,又长怀东山之念,保持澹泊的襟怀。

【资源】

东山:位于浙江上虞西南,山旁有蔷薇洞,相传是谢安游宴的地方,现已开发为东山景区。

东山吟

李 白

携妓东土山,怅然悲谢安。

我妓今朝如花月,他妓古坟荒草寒。

白鸡梦后三百岁,洒酒浇君同所欢。

酣来自作青海舞,秋风吹落紫绮冠。

彼亦一时,此亦一时,浩浩洪流之咏何必奇?

【译文】

我携妓到东山谢安的墓地,为其祭奠,怅然伤悲。我的歌妓美貌如花似月,而谢安当年携游东山的美妓早已成为寒草荒坟下的枯骨。算来你梦见白鸡已有三百年,我在你墓前为你洒酒祭祀,咱们一起开怀痛饮。酒过三巡,为你献上一支青海舞,舞到酣畅之时,我头上的紫绮冠也被秋风吹落。你是一时之雄,我也是当世之

---

① 《欲报东山客,开关扫白云》,诗词会,https://www.shicihui.com/mingju/1041.html.

杰,我也能吟咏"浩浩洪流",这有什么可奇怪的呢?①

【鉴赏】

公元 742 年,李白来到东山凭吊谢安遗迹,写下这首《东山吟》,表达了李白对时光流逝、物是人非的感慨,读来有一种旷世的悲凉之感。

游雪窦寺

方 干

绝顶空王宅,香风满薜萝。

地高春色晓,天近日光多。

流水随寒玉,遥峰拥翠波。

前山有丹凤,云外一声过。

【译文】

雪窦寺雄伟庄严,山间春意盎然,微风吹过,带着春日的芬芳。山泉清澈,远处山峰环绕,偶尔有丹凤鸟飞来,长鸣一声,从云中穿行而过。

【鉴赏】

方干(809—888),字雄飞,睦州清溪(今浙江淳安)人,唐代诗人,诗风近贾岛,明人辑其诗为《玄英集》,《全唐诗》有方干诗 6 卷 348 篇。此诗描写雪窦寺周围的山水风光,动静结合,意境深远。

【资源】

雪窦山、雪窦寺:雪窦山位于宁波市奉化区溪口镇西北。山上岩石壁立,名千丈岩,瀑水从岩顶泻下,喷薄如雪崩。现为国家级风景名胜区,国家森林公园,国家5A 级旅游景区。千丈岩旁有雪窦寺(全称雪窦资圣禅寺),建于唐代,我国佛教禅宗十刹之一,是弥勒佛道场。

观音大士神歌赞

王 勃

南海海深幽绝处,碧绀嵯峨连水府。

号名七宝恪迦山,自在观音于彼住。

宝陁随意金鳌藏,云现兜罗银世界。

---

① 詹福瑞等:《李白诗全译》,河北人民出版社,1997,第 288 页。

众玉装成七宝台,真珠砌就千花盖。

足下祥云五色捧,顶上飞仙歌万种。

频伽孔雀尽来朝,诸海龙王齐献供。

宝冠晃耀圆光列,缨络遍身明皎洁。

脸如水面瑞莲芳,眉似天边秋夜月。

绣衣金缕披霞袂,缥缈素服褊袒臂。

玻珈珂佩响珊珊,云罗绶带真珠缀。

红纤十指疑酥腻,青莲两目秋波细。

咽颈如同玉碾成,罗纹黛染青山翠。

朱唇艳莹齿排河,端坐昂昂劫几何。

化身百亿度众生,发愿河沙救鼻阿。

我惭我愧无由到,遥望观音拜赞歌。

大圣大慈垂愍念,愿舒金手顶中摩。

【译文】

在南海幽深的海底深处,有座洛迦山,观自在菩萨就住在这里。宝陀寺里有神兽金鳌,云朵像兜罗绵一样洁白细软,呈现一片银色的世界。观音大士站在白玉砌成的七宝楼台上,头上是珍珠修饰的华盖。他脚下踩着五色祥云,头顶上有众神仙唱着圣乐。妙音鸟和孔雀都来朝觐观音大士,四海龙王也来奉献供品。观音菩萨头戴宝冠,身后闪耀着烈焰圆光,周身佩戴着华贵的饰物。观音大士的面庞如同浮出水面的莲花一般圣洁,双眉像秋夜的弯月。他身披轻柔的金缕衣,袒露着双臂,衣裙玉佩发出声响,罗裙如云,丝带长垂,轻盈舒缓。纤细的手指,肤若凝脂,黑白分明的眼眸中,眼波流转。脖颈修长,温润如玉,黛眉秀目,红唇玉齿,安然坐在宝座中,气度不凡。观音大士有无数个化身,救济世人,消除罪业。我原打算去普陀洛迦山朝拜观音大士,因为时间来不及,所以没有如愿成行,我感到很羞愧,只能眺望观音的方向,礼拜并唱诵赞歌。大慈大悲的观世音,请您赐予怜悯,用您金色庄严之手慈悲爱护众生。

【鉴赏】

王勃(649 或 650—676 或 675),字子安,绛州龙门(今山西河津)人,"初唐四杰"之首。现存诗作 80 余首,赋和序、表、碑、颂等文 90 多篇,用笔具有"高情壮思"

与"雄笔奇才"相结合的雄壮美①,《滕王阁序》是其最著名的代表作。《观音大士神歌赞》为王勃少时游历越州时所作。但也有学者认为此诗为世人假借王勃之名所作,且诗中所言并非浙江舟山的普陀山。

【资源】

普陀山:位于浙江省舟山市普陀区,杭州湾南缘,舟山群岛东部海域,相传是观世音菩萨教化众生的道场,为国家5A级旅游景区。

---

① 杨晓彩:《王勃研究》,中国社会科学出版社,2013,第179—214页。